Building
the Intentional University

Minerva and the Future of Higher Education

一所与众不同的大学

密涅瓦大学与高等教育的未来

［美］斯蒂芬·M. 科斯林（Stephen M. Kosslyn）
［美］本·纳尔逊（Ben Nelson）　编著

沈丹玺　译

中国人民大学出版社
·北京·

谨以此书献给

凯文 · 哈维（*Kevin Harvey*）和谢尔顿 · H. 舒斯特（*Sheldon H. Schuster*），

你们的胆识与远见让密涅瓦成为可能。

你们让我们的梦想成真，对此谨致以永恒的谢意。

Contents
目 录

序　21世纪的高等教育　　/001
鲍勃·克里

前言　/007
本·纳尔逊

第一部分 · 密涅瓦教什么，为什么教

1. 我们为何需要一种全新的高等教育　/017
   斯蒂芬·M.科斯林、本·纳尔逊

2. 实践知识　/028
   斯蒂芬·M.科斯林

3. 课程基础　/049
   本·纳尔逊、斯蒂芬·M.科斯林

4. 重新看待通识教育　/060
   乔舒亚·福斯特

5. 多元沟通和有效沟通　/075
   朱迪思·C.布朗、卡拉·加德纳、丹尼尔·J.莱维廷

6. 形式分析和批判性思维　/087
   约翰·莱维特、理查德·霍尔曼、里娜·莱维特、埃里克·本纳波

7. 实证分析和创造性思考　　/096

　　梅根·加尔、薇琪·钱德勒

8. 复杂系统和有效互动　　/105

　　詹姆斯·杰农、伊恩·凡·布斯柯克

9. 重新看待专业和细分方向　　/114

　　薇琪·钱德勒、斯蒂芬·M.科斯林、詹姆斯·杰农

第二部分·密涅瓦如何教学

10. 为了学习的"去学习化"　　/131

　　斯蒂芬·M.科斯林、罗宾·B.戈德堡、特里·坎农

11. 学习科学：机制和原则　　/139

　　斯蒂芬·M.科斯林

12. 完全主动式学习　　/152

　　乔舒亚·福斯特、里娜·莱维特、斯蒂芬·M.科斯林

13. 团队教学：一种新的结构化学习方法　　/164

　　乔舒亚·福斯特、薇琪·钱德勒、卡拉·加德纳、艾莉森·盖尔

14. 基于教案的教学　　/176

　　薇琪·钱德勒、斯蒂芬·M.科斯林、理查德·霍尔曼、詹姆斯·杰农

15. 主动式学习平台　　/184

　　乔纳森·卡兹曼、马特·里甘、阿里·巴德－纳塔尔

16. 用教案促进21世纪主动式学习　　/200

　　阿里·巴德－纳塔尔、乔舒亚·福斯特、詹姆斯·杰农

17. 评估学生的学习情况　　/214

　　里娜·莱维特、阿里·巴德－纳塔尔、薇琪·钱德勒

第三部分 · 创建一所新的大学

18.打造新品牌　　/229
　　阿约·塞利格曼、罗宾·B.戈德堡

19.全球推广：传递新愿景　　/238
　　罗凯、罗宾·B.戈德堡

20.21世纪的录取流程　　/247
　　尼金·侯玛法、本·纳尔逊、斯蒂芬·M.科斯林

21.多面向的文化适应：基于社区的沉浸式多元文化教育　　/261
　　诺利安·卡波拉尔－伯科威茨、詹姆斯·莱达

22.体验式学习：城市即校园，城市即人际网络　　/271
　　Z.迈克·王、罗宾·B.戈德堡

23.精心设计的全球化社区　　/280
　　Z.迈克·王、苏尔塔那·克里斯皮尔

24.21世纪多元化大学的学生心理健康服务　　/291
　　詹姆斯·莱达、诺利安·卡波拉尔－伯科威茨

25.密涅瓦学生职业发展部　　/299
　　罗宾·B.戈德堡、安妮·考思

26.办学资质认证：高等教育新探索的官方认可　　/308
　　特里·坎农

27.全新的商业模式和运营模式　　/319
　　本·纳尔逊

后记　以世界之名　/331
本·纳尔逊、斯蒂芬·M.科斯林、乔纳森·卡兹曼、罗宾·B.戈德堡、特里·坎农

附录A　思维习惯与基础概念 　／333

附录B　密涅瓦的使命、原则和实践 　／344

参考文献 　／347

关于作者 　／369

索引 　／377

21世纪的高等教育

鲍勃·克里
Bob Kerrey

很不幸，如今在美国，各种争论已经变得两极分化、非此即彼，这实在让人遗憾。一件事情要么完美无缺，要么十恶不赦；一个人的立场要么是完全赞同，要么是坚决反对——任何中庸的观点都被视为站不住脚、不值一提，为不阿之士所鄙夷。面对复杂的问题，复杂的解决方案往往被忽视；大众基于有限的信息所形成的观点，反而成为许多结论背后的主要驱动因素。人们不再重视真正的事实和审慎的分析，也不屑于聆听凡事依赖于历史教训和预测模型的专家。为此，许多决策一再拖延，决策制定者也无心花精力进行探究和思考。

有关高等教育的争论也没能逃脱这种二元化的思维。一方面，有人说高等教育过于昂贵，甚至完全就是在浪费金钱；另一方面，又有人要捍卫现状，可他们提出的改进方案犹如隔靴搔痒，丝毫改变不了大学如今的运作方式。

本书基于这样一个观点：大学并非如那些最尖锐的批判所说的那样，就是在浪费金钱。整体来看，美国的高等教育机构为我们的经济、社区、文化和领导者所贡献的价值，确实超过其他各类机构。美国高等教育的去中心化和多元化程度极高，相比世界其他各国也颇具优势。美国高等院校每年从国际学生处获得的学费收入达300亿美元，全国总体看来足以实现收支盈余。

此外，美国大学的科研成果无疑让世界艳羡。纵观历史，大学的研究成果帮助商业部门创造了工作机会和财富，减少了人类的苦难，治愈了曾经让人束手无策的疾病，也让我们更加了解自身。如果没有大学的研究工作，美国绝不会像如今这般繁荣。

事实上，我们固然能够，而且应当就科研方面的公共支出是否充足、是否优先的问题进行讨论，但所有证据都指向同一个结论——支持美国大学开展研究必将加深我们对整个世界的理解，提升这颗星球上生命的生活质量。

本书旨在回答以下问题：如果可以从零开始，究竟要如何构建一所大学？回答这个问题，有助于我们避免陷入美国大学常常需要面对的、充满怒气和破坏性的那些指责与反驳。本书汇聚了多样化的构想及其实施进程，这些构想和实践均来自一群热衷于高等教育的人，他们相信变革不可或缺，并对目前关键变革的缓慢进展深感担忧。

虽然本书的内容丰富而翔实，但读者也应当提醒自己，是否有那样一个瞬间，自己的生命轨迹曾因一名良师而改变；是否有那么一刻，自己曾因一位导师的点拨而克服了课外的困难。最近我和一个朋友共进晚餐，他是一名深受尊重的外科医生，并拿到了美国国籍。他在大学里接受了外科医学训练，此后救治了数万人的生命。他当上外科医生，是子承父业。而他父亲之所以成为外科医生，就是因为当年就读的那所只有一间教室的山村学校里，有位老师激励他去追求更高的学术目标，而不仅仅是为自家的农场牧羊。

本书努力提出种种设想，正是为了培育出更多这样的人。对那些将生命奉献于这一目标的人们，我们应当给予尊重和谢意。我希望，本书能激励这些人做出艰难而重大的抉择，让自己所处的学院或大学变得更好。

我深知做出这样的抉择有多难。我投身美国选举政治16年之久，其间担任内布拉斯加州州长4年，并任该州参议员12年。此后，我在一所大学任校长10年。我并不认为自己是学者或学术领域的专家，我仅知道点儿政策（包括高等教育的政策）罢了，因此，我在这里做出评论，只是希望自己的所见所感，能为那些努力参与建设性变革的人们提供一些启发。

大多数美国人并不理解大学管理的志愿性体系扮演着何种角色，不理解地区性认证机构在判定大学质量和费用上的重要性，也不理解美国大学内部如何做学术和管理决策。其后果就是，人们也无法理解，大学想做出哪怕是最显而易见的好决策以提高教学成果，怎会如此艰难。而且，人们也不会知道，在支持学术领导者做出英明的决策——排除万难为自己所坚信的积极变化而努力——方面，校董会起到了多么重要的作用。

在讨论上面所涉及的流程和步骤时，我会提出一些批判，这可能会引起学术界某些人士的不适，甚至激发他们回应的冲动。对此我来者不拒。我想首先澄清的是，我对选择投身教学、研究和学校管理的人们感到由衷钦佩，这并不会因为我的批判而减少。正好相反——对变革提出建议，比实现变革要简单多了，对此我打心底里感激。众所周知，学术界在政治上更推崇自由，但要让他们放弃现有的安全感，他们又可能显得相当保守。

在开始批判之前，我还想给出三个重要的背景声明。首先，我们并非生而平等。不是每个老师、每个学生都超凡卓越，就像我们观看体操运动员西蒙娜·拜尔斯（Simone Biles）①的竞技表现一样，在面对智力超群之人时，我们也无须感到自愧不如。我们应当认识到，确实有些人生来智力超群，能够取得巨大的学术成就。大学应当为其提供支持、培育和保护。

其次，不那么有天赋的我们也同样应当有机会来探索、创造和协作，从而获得更好的生活，这同样非常重要。这并不意味着所有人都必须上大学，但是，鉴于如今非技术工人和高中毕业生的工资水平面临着下行压力，我们有责任尽全力确保"机会平等"不仅仅是全然空洞而令人丧气的政治承诺。

应当注意的是，精英教育的受益者可能仅仅关心某一所大学——自己的母校——能否取得成功。有些人对公立赠地大学②、《退伍军人权利法案》③和社区大学表示反对，并因此担心精英学校受到冲击，这是杞人忧天。事实上，这些高等教育的扩张措施助推了美国中产阶级的形成，并且让高等教育整体上更上一层楼。

想要推动机会平等，就必须在学生进入高中前采取行动。等到学生进入高中，

xiv

---

① 西蒙娜·拜尔斯：美国体操运动员，1997年出生于俄亥俄州，历史上第一个获得世锦赛女子全能三连冠的选手、第一个获得全能金牌的非裔美国人，凭借惊人的天赋、爆发力和竞技难度成为美国女子体操的领军人物。——译者注

② 赠地大学：19世纪60年代起，美国联邦政府依据当时国会通过的《莫雷尔法》，将政府拥有的土地赠予各州，用来兴办、资助教育机构。宾夕法尼亚州立大学、普渡大学、麻省理工学院等均受惠于此制度而成立。——译者注

③ 《退伍军人权利法案》（GI Bill）：1944年由时任美国总统罗斯福签署生效，旨在改善"二战"后退伍军人的生活。其中，高等教育福利使不同年龄、性别、种族的人均获得了接受高等教育的机会。——译者注

才开始让其为大学做准备，或为亡羊补牢之艰难而扼腕叹息，都是大错特错的。在我看来，事实已经再清楚不过地说明，大学入学考试成功与否，和家庭收入密切相关，而教育必须从孩子出生的那一刻就开始。如果孩子在四年级时阅读和数学已经落后，那么到申请大学时，他很有可能依然是个后进生。

需要澄清的一点是：我认为纵容孩子习惯性地忽视努力和结果之间的联系，并没有任何好处。面对成功时，人们都喜欢邀功自夸；面对失败时，又都会怪罪他人。成人如果鼓励学生形成这种倾向，就不是在帮他们，而是在害他们。

最后，不管我们为降低花费做了多少努力，对许多可能从深造的机会中受益的学生而言，读大学还是太贵了。学生家庭经济困难的问题真实又紧迫。如果希望这个世界更公平，我们就必须始终不遗余力地致力于解决这个问题。

根据我的分析，学生需要的是更均衡的教育，而非更多的贷款——他们绝对不需要的，是现行联邦学生贷款制度下那种会让他们背负一生的债务，对于没有毕业的学生来说更是如此。学生需要的是更多能让他们付得起账单的工作机会。如果学生无力偿还贷款，大学需要对至少25%的欠款负责。只有这样，才能让大学确保所教课程能够帮助毕业生为如今和未来的职场做好准备。

我对高等教育的批判集中在三个相互关联的问题：一是花费高昂，二是大部分本科课程无法帮学生做好迎接未来挑战的准备，三是大学使用科技工具时常常勉为其难，无法真正服务于学生。如今这三个问题都面临着热烈的争论，本书各章中也将谈及。但是，人们欠缺对以下三个障碍的认识，导致变革的进程愈发举步维艰。

第一个障碍，是高等教育的管控方式。同行评议的地区性认证机制是成功的，尤其是其中被称为"自查"的过程。严格的地区性认证标准推动了学院和大学质量的提升。在经过地区性认证的院校之间，学分可以进行转换。但我也要指出，让新获得认证的机构自主决定接受其他院校哪些学分的做法，仅仅增加了教育成本，却没能带来可见的价值。这是因为，学分可以转换，就意味着地区性认证在学生眼里更有价值，那么经过地区性认证的院校就可以对单位学分收取更多学费。

遗憾的是，地区性认证机构也使得新出现的优质、低价教育项目几乎不可能在拥有第一批毕业生之前获得认证。这也意味着，已经获得认证的院校几乎没有竞争压力，因此也不会想要改变。相比之下，做心脏移植手术的监管许可比开设政治学课程的监管许可还要好拿得多。

造成这一障碍的直接原因，是地区性认证机构的理事会均由已认证机构的代表组成。审批通过一个可能会对自己所在机构造成竞争威胁的新的认证申请，根本就不符合这些代表的利益。于是，不仅大学的质量因此而受损，在这样一个高等教育需求不断增长的时代，每年的学费也因管控而持续上涨，增速甚至超过通胀率。

上述问题的解决方案，就是让地区性认证机构在新成立的院校招生之前，就对其进行认证审批。这样，新的院校才有可能筹措资金、吸引捐赠，才可以招募教职员工、建立运营体系。虽然有人持反对意见，但建立透明一致的质量标准、将各地院校引入竞争，并非难事，而且只有这样，才能在现有选项之外，为学生提供更高质量、更低花费的教育机会。

不打算进入社区大学或四年制本科院校的学生对上述机会的需求最为强烈。培养学生掌握雇主如今需要的技能，并不要求我们必须知道十年后的职场需要何种工作技能，但是我们必须感受到紧迫性，要让学生为今天已有的工作机会先做好准备。

为此，我可能也必须讨论一下纳税的营利性机构和获得减税补贴的非营利机构各自的比较优势。如果你在意识形态上偏向其中一种，就应当抛开固有观念和偏见，用事实来说明你的立场。

如果通过筹措资金建立的纳税企业能够让年轻人为工作做好准备、提升个人价值，社会和政府就应当支持。如果通过吸引捐款、获取减税补贴的慈善项目能够实现这一目标，我们也应当支持。但我坚决认为，任何一个机构并不能因为其组建形式，就在道德上高人一等。

营利性教育机构严重滥用资源的案例并不是没有出现过，这些机构利用联邦政府项目来敛取纳税者的真金白银。为此，公众和政治领导者有权利要求这些教育机构有更好的表现，用一清二楚的事实证明钱花得物有所值。当然，此类要求应当仅仅导向一个更平等的监管体系，一家教育公司绝不能仅仅因为自己愿意缴纳财产税和所得税，就要面临惩罚。

高等教育变革面临的第二个障碍，是该领域中普遍使用，却少有人理解的一种根深蒂固的决策机制——所谓的"共治"模式。共治模式意味着教师必须在关乎学校未来的决策中占据一席之地。在大多数情况下，这种做法合理且有益。但是，一旦这种做法成为学术界忽略眼前现实的一种方式，就会产生问题。

现实情况是这样的：讲座式课堂或许教起来容易，但对学习者来说却很糟糕。即便如此，讲座式课堂仍占据着大学教育的主流。同时，科技使知识传播的边际成本趋近于零，但对于只不过起着同样作用的课程，大学依然要收取每学分上千美元的学费。对事实和数据的识记能让学生取得近期考试的成功，却几乎不能给他们毕业后的人生带来任何价值。

学术界的领导者始终在强调批判性思维的重要性，但在组织协调自身的学术工作时，却很少运用批判性思维。对自己的教学情况，他们拒绝接受诚实、公开、可追踪的评估与问责，更对实践式学习视而不见。这样做的结果，是通识教育课程能很好地满足大学各院系的需求，却不能满足学生的需求。

最糟糕的，是学术界有太多人忽略了一个令人不安的现实，那就是我们的大学毕业生并没有养成在一生中追寻知识的习惯，没有掌握毕业后解决问题的能力。这种情况将学生和美国高等教育的优势等置于风险之中。

高等教育变革的第三个障碍是校董会治理。机构治理于公立和非营利大学的重要性并不亚于营利机构。许多时候，大学招募董事来帮助筹资，而对于筹资之外的其他应有职能，却没有给董事进行多少培训。大学校董会常常要应付的，是人们对如何让学生免于接触令人反感的思想观点的种种激烈议论，而不是学生债务的沉重现实。如果某位试图努力促成建设性改变的学校管理者提出反对意见，校董会成员则常常感到惊慌不安。

xvii　　我相信，上述三个问题的解决将有助于改善高等教育。大学不需要革命性的变化，我们也不是在要求革命。我们需要的，是稳步且可衡量的改善：我们要说服地区性认证机构，如果新院校认可高质量的教育标准，就可以在该校招收首批学生之前授予其认证资格，这会推动高等教育稳步改善；我们要确保大学共治模式依然为管理者留出空间，以便他们可以基于优质研究进行学术决策，哪怕这些决策不能满足某些教师的短期利益，但有助于推动高等教育稳步改善；最后，我们要注重招募能在筹款之外发挥更大作用的校董会成员，确保他们在有人因为狭隘的眼前利益而提出异议时，能支持学校管理者，这将帮助我们创建一个以共治推动整体成效的良好氛围。

在本书中，你会读到有关大学能做什么、应当做什么的详细内容。这些行动不仅会让美国高等教育保持比较优势，也能让我们对世界未来的商业、政府和非营利部门的领导者怀有更多的信心。

最后，我想说，我相信高等教育机构将持续进步，也相信学者、学校管理者、校董会和监管部门将做出足够多大胆而明智的选择。最重要的，我能如此乐观，是因为有这么多人志愿在这项事业上投入自己的金钱和时间，有很多聪慧、慷慨的人致力于成就这项事业。要说这样还不会成功，我绝不相信。

前言

本·纳尔逊
Ben Nelson

密涅瓦的创校历程既短暂又漫长。作为一家诞生于硅谷的机构，密涅瓦发展历程中的每一件事都像是慢动作。作为密涅瓦的创始人，我从2010年9月起，花了18个月打磨这个点子，直至获得初始资金。从我们开始筹备工作到第一位员工入职，几乎花了两年时间，而到2014年9月试点班的学生入学，则又过了两年。总体算来，从我在密涅瓦开始全职工作，到首批学生在旧金山开始第一个学年，整整花了五年时间。然而，在学术界，用五年时间把一个点子变成美国历史上竞争最激烈的大学项目，对大多数人来说快得无法想象。本书并不是讲述密涅瓦这个机构的发展史，而是概述那些为密涅瓦奠基的观点和理念；同时也要记录，在实施近一个世纪来首个全新概念的经典博雅教育[①]项目时，我们有哪些学习和收获。

如果不是因为四个人，密涅瓦创校所基于的观点和理念就不可能真正实现。其中最重要的两个人是我的父母，

[①] 博雅教育（Liberal Arts Education）的理念源于古希腊、古罗马时代的"自由七艺"，强调做人的基础知识和态度，认为相比专业知识和技能的培养，人的心理、态度和精神气质的培育更为根本和重要。——译者注

他们让我的成长环境中充满了"远迁移"①，哪怕我当时并不知道这个说法和概念。在宾夕法尼亚大学学习的第一年中，这种创新的思维方式才被赋予了理论结构。当时，李·本森（Lee Benson）和艾拉·哈卡维（Ira Harkavy）教授一起，花了一学年的时间讲授关于大学及其与所在社区互动关系的课程。就是在这门课上，尤其是在学习了美国诸多伟大高等教育机构的创始理念后，我真正看到了这些机构当下的问题，认识到它们离本杰明·富兰克林、托马斯·杰斐逊、约翰·杜威等先贤的教育理想越来越远。

2010年夏末，我重新思考了改良大学课程体系的想法。我意识到，实施这一想法的最佳方式，就是从零开始建立一所新的学校——遵循和坚守第一性原理②，提供更为卓越的教育。这样的一所学校，将成为全世界其他大学效仿的模范。在此后的一年半中，"建立全世界最伟大的一所大学"的想法遭到的嘲笑要远远多于获得的支持。但在2011年12月至2012年12月这短短12个月的时间里，为实现这一理想愿景，七位关键人士加入了我的团队，共同创立了如今的密涅瓦。这七位中少了任何一位，密涅瓦都不会变成现实。

2011年6月，我的好友、我在教育领域的导师乔恩·比施克（Jon Bischke）介绍我认识了时任新学院大学（New School）校长的内布拉斯加州前参议员和州长鲍勃·克里。克里参议员听到了我的这个想法后，立刻表示了强烈的兴趣，他说："你必须引领密涅瓦走向成功，而且你也一定会成功——这件事太重要了，不允许失败。"2011年12月，克里参议员加入了密涅瓦新成立的顾问委员会，一年后又担任了密涅瓦科研与奖学金研究所（Minerva Institute for Research and Scholarship）执行主席。在密涅瓦的创建过程中，克里参议员帮助我们突破了重重阻碍。无论是在我们与克莱蒙特学院联盟（Claremont Colleges）最新成员——凯克研究院（Keck Graduate Institute，简称KGI）敲定合作时，还是在获取监管部门的运营审批，获得让全世界学生去美国、德国、阿根廷等国学习的合法资格时，克里参议员都发挥了至关重要的作用。如果没有他为我们发声，没有他在机构创立的关键历史时刻贡献

---

① 远迁移（far transfer）：指已习得的知识或技能在新的不相似的情境中的运用。——译者注

② 第一性原理（first principle）：源自亚里士多德提出的哲学概念，指每个系统的探索中最基本的假设、命题或理念。从第一性原理出发逐步向前推演，能找到针对问题的一个或多个解决方法。——译者注

卓有成效的力量，密涅瓦很可能无法像现在这样成为一家运营有序的真实机构。

在认识克里参议员的几个月后，我第一次（也是唯一一次）见到彼得·蒂尔（Peter Thiel）[①]。蒂尔和很多人一样认为密涅瓦的想法不切实际，但和其他人不同，他解释了不认可的理由：这是一个"鸡生蛋，还是蛋生鸡"的问题。他说，要想打造最好的本科教育品牌，就要有最好的学生；要想有最好的学生，就要有最好的品牌。除非有人想出办法来迅速打造品牌，否则密涅瓦的想法就难以实现。对此，我有了大胆的想法：让拉里·萨默斯（Larry Summers）[②]对密涅瓦发表公开支持，从而实现这一目标。曾为哈佛大学掌门人的萨默斯或许是自艾森豪威尔以来最著名的大学校长，因其系统性思维和出色的洞见而广为人知。于是，我在两个人——我相识了15年的老友菲尔·布朗纳（Phil Bronner）[③]，以及他的朋友、与萨默斯很熟的菲尔·多伊奇（Phil Deutch）——的帮助下，得以和萨默斯见面。2011年12月，拉里·萨默斯已经是密涅瓦顾问委员会主席了［很快，克里、帕特里克·哈克（Patrick Harker）[④]和李·舒尔曼（Lee Shulman）[⑤]也加入了顾问委员会］，成为公开支持密涅瓦主张的第一位，也是最著名的一位学者。对于将世界级的教育带给由于录取限制而没有机会进入传统美国大学学习的外国学生这一想法，萨默斯特别感兴趣，而且对密涅瓦在此问题上的解决方案深感信服。萨默斯的参与不仅帮助密涅瓦迈出了关键的第一步，而且赋予这一新项目以公信力——要证明我们想创建的新型教育体系有何价值，这种公信力不可或缺。哈佛大学前任校长对密涅瓦公开表示支持，对密涅瓦而言是一次革命性的大事，在解决"鸡生蛋，还是蛋生鸡"的问题上也有着长远的意义。

在此之后的一个月，即2012年1月，我已经做好了找硅谷最受尊崇的风险投资公司"标杆资本"（Benchmark Capital）为"密涅瓦项目"（Minerva Project）——负责密涅瓦技术开发、课程出版和品牌营造的公司实体——融资的准

---

① 彼得·蒂尔：美国著名企业家与创业投资人，支付服务PayPal联合创始人。——译者注

② 拉里·萨默斯：经济学家，曾担任美国财政部部长、哈佛大学第27任校长。——译者注

③ 菲尔·布朗纳：美国著名教育投资人。——译者注

④ 帕特里克·哈克：美国费城联邦储备银行行长。——译者注

⑤ 李·舒尔曼：美国教育心理学家、斯坦福大学教育学院名誉教授，曾任卡内基教学促进基金会会长、美国教育研究协会会长。——译者注

备。我与标杆资本的一位合伙人马特·科勒（Matt Cohler）联络，他为我安排了连续四场会议，与另外五位合伙人讨论密涅瓦事宜。在第二次会议中，我见到了凯文·哈维（Kevin Harvey）——标杆资本四位创始合伙人之一，风险投资界的传奇人物。哈维的导师、已经去世的比尔·坎贝尔（Bill Campbell）曾在会后告诉我，哈维被密涅瓦的点子深深吸引，也看到了其变革的潜力。2012年2月，我们在投资条款上达成了共识，此次投资将成为硅谷历史上对一个除了概念外一无所有的机构创始人所做的最大投资。不仅因为该笔高达2500万美元的投资，是硅谷其他有远见、期待和能力的风险投资公司无法承担的，而且，由于投资者是硅谷最受尊崇的投资公司，加上萨默斯和克里的支持，密涅瓦作为一个无所畏惧的探索者得以崭露头角。更重要的是，哈维成了我的导师，直至现在；他也成为密涅瓦董事会的中坚力量〔同为董事的还有太空探索技术公司（SpaceX）总裁格温·肖特韦尔（Gwynne Shotwell）、美国驻英国前大使菲利普·拉德（Philip Lader）以及"好未来"的创始人张邦鑫〕，继续为我们贡献智慧、明确目标，并给予坚定不移的支持。

在融资到位的同时，比施克为我介绍了另一个人——乔纳森·卡兹曼（Jonathan Katzman）。卡兹曼和我相识于2011年夏天，他是硅谷最受尊敬的产品高管之一，此前创立了Xoopit并任首席执行官。卡兹曼将自己的公司出售给雅虎后，想要在教育领域继续发展，并同意加入我们。他不仅为密涅瓦带来了硅谷顶尖的工程师、设计师和产品专家，为密涅瓦带来了信誉，还为密涅瓦注入了硅谷顶尖的敏锐基因。他对流程的非凡专注，确保了密涅瓦高管团队能高效工作。他还为机构树立了道德指南，大力推崇教育可及性和健康生活。在短短四年中，他带领手下的精兵强将，利用自己职业生涯伊始时还根本不存在的技术，打造了全世界最精妙、复杂的实时互动教育平台——这是其他任何领导者和团队都无法想象的成就。

2012年9月的一个周一早晨，就在卡兹曼加入密涅瓦一个月的时候，我接到了理查德·温（Richard Winn）的电话。我曾向他咨询过密涅瓦的认证事宜。他当时刚离开美国西部学校与学院联盟（Western Association of Schools and Colleges，简称WASC）的地区性认证机构，并告诉我，WASC副总裁特里·坎农（Teri Cannon）在前一周周五刚刚离开该机构，并建议我邀请她加入密涅瓦。周二，我和坎农共进午餐。30分钟的午餐结束时，坎农已成为密涅瓦首席认证官。第二天，坎农便开始工作，并对密涅瓦在整个地区的潜在伙伴进行了系统性的全盘考虑。在坎农入职约一年后，密涅瓦与KGI签署了合作协议，几个月之后就通过了地区性认证机构的审批。随后，五个本科学位项目和两个硕士学位项目又以闻所未闻的速度获得了七项审批。没有坎农与高瞻远瞩的KGI院长谢利·舒斯特（Shelly Schuster）的通力协作（后者也为本书做出了贡献），就不可能有密涅瓦与KGI的合作伙伴关系；没有坎农手把手的指导，我们也不可能顺利走完审批流程。不仅如此，坎农加入密涅瓦三年后，还承担了更多、更广的职责，开始管理所有学生事务和运营——由于我们精简的团队配置和全球教学模式，这项工作不仅庞杂，而且非常艰难。

与坎农初次会面不到一个月后，我与罗宾·戈德堡（Robin Goldberg）开了一次早餐会。在担任Snapfish的首席执行官时，我对竞争早已习以为常，也没有几家公司能比Snapfish发展得更快。不过，Blurb这家公司是个例外，而且有好几年让Snapfish备感威胁。尤其当我发现，他们的产品不那么好用，但营销工作异常出色时，我更加懊恼。于是，当我绞尽脑汁为密涅瓦物色品牌定义和执行工作的人选时，我想到和Blurb的相关负责人聊一聊。这个人就是戈德堡，Blurb的前任首席市场官，她此前就职于"孤独星球"（Lonely Planet）。戈德堡当时没想离开公司，但密涅瓦的挑战吸引了她。12月的时候，她全职加入密涅瓦，担任首席体验官。她组建了团队，定义了密涅瓦的品牌特质，向全世界阐释了密涅瓦的理念，增加了媒体曝光度，为密涅瓦最初三届的招生工作吸引了50000名申请者。戈德堡及其团队还负责学生在旧金山和世界各地的沉浸式体验工作，同时主管密涅瓦学生与教职员工职业发展中心。她在市场营销、品牌管理和损益控制、公共关系和直接营销方面的技能，在我们遇到的其他市场高管中无出其右。

认识戈德堡一周后，我参加了在纳帕谷（Napa Valley）举行的"文艺复兴周末"会议。在酒店大堂，我遇见了一位亲切友好的女士——罗宾·罗森堡（Robin Rosenberg）博士。按照会议习惯，我们进行了礼貌的交谈。她在得知我从事的工作后，邀请我和我的妻子共进午餐。她的丈夫就是斯蒂芬·科斯林（Stephen Kosslyn）博士——哈佛大学社会科学学院前院长、哈佛大学心理系历史上最年轻的终身教授之一。当时，科斯林正在斯坦福大学著名的行为科学高级研究中心担任主任。午餐的对话引人入胜，结束时科斯林又约我们另选时间共进晚餐。再次见面之前，我给拉里·萨默斯打了电话，问他对斯蒂芬·科斯林的看法，萨默斯这样回答："除了科斯林外，你找不到更好的人选了。不过要把他这个级别的人招入麾下，几乎是做不到的。"我们如约共进晚餐，结束时科斯林建议再约下一次午餐，此时我问他，是否有兴趣以某种形式加入密涅瓦，他给出了肯定的回答。此后不久，科斯林成为密涅瓦的创始院长和首席学术官。萨默斯的评价，尤其是前半部分，可以说再准确不过了。科斯林不仅对学习科学有着渊博的理解，广泛涉猎诸多学科领域，还是过去几十年来最受人尊敬的社会科学学者，更是我见过的最勤勉、最平易近人的学者（要知道，我的父亲也是一名学者，而且是个工作狂，79岁高龄时依然每周伏案工作七天）。尽管密涅瓦课程体系广泛而庞杂，由一支专长各异的团队共创而成，科斯林却能把我粗略的想法转化为真正的课程。更重要的是，他负责所有课程内容，几乎亲自过目和编辑了大一和大二每一门课程的每一节教案，并与坎农一起起草了每一份认证提案。这还不算他在学术界为密涅瓦代言的所有工作，以及本书中大量内容的撰写和编辑。如今，回顾密涅瓦课程开发的海量工作和伟大成就，当时我认为这一切不难实现的想法，几乎理想化得可笑。

上述七位人士分别做出了巨大的贡献，也让我最初的想法显得更为荒唐。但是，正如本书所述，他们中的每一个人，不仅完成了从任何标准来看都是几乎不可能完成的任务，而且完成的水准远远超出任何人的合理预期。他们践行了密涅瓦的座右铭——"成就非凡"。

密涅瓦高管团队的工作的确成果卓越且富有成效，但如果没有其他人的大量帮助，我们也无法取得这么多的成绩。在此，我们还要感谢密涅瓦全体教师、员工和学生的付出，是他们共同造就了密涅瓦，实现了五六年前看起来几乎不可能的成就。本书各章的作者以及致谢的对象尤其应当得到赞赏，而我们也要感谢他们的家庭所给予的支持，这些支持使他们得以将如此多的时间和精力贡献给密涅瓦的事业。

此外，我们还要感谢麻省理工学院出版社的团队，尤其是本书的编辑菲尔·劳克林（Phil Laughlin）和出版社社长埃米·布兰德（Amy Brand）——他们不仅给予了密涅瓦信任，也坚信本书的价值。同样，我们还要对本书的项目主管表示感谢。

第一部分

密涅瓦教什么，为什么教

密涅瓦能做的事情，对许多传统大学来说是一种奢望，因为我们能够按下重启键，从头开始设计高等教育，并确保我们的每一个决定都符合第一性原理。这么做的好处在密涅瓦的课程中体现得最为淋漓尽致。密涅瓦刚成立时，所有员工围着一张桌子就能坐得下。在一次这样的会议上，我们把希望学生毕业后能做到的事情一股脑儿列了出来。这是极其关键的第一步。随后课程各个部分的开发，都是基于同一个目标：让学生获得必需的认知工具，从而在毕业后取得（我们根据标准所定义的）成功。

本书第一部分的九章囊括了这些思索与决定的内容。前三章详细阐释了课程的基本设想。其中，第1章《我们为何需要一种全新的高等教育》综述了大学教育的内容及其缘由，为全书提供了宏观的背景。第2章《实践知识》重点讨论我们课程中的一项核心创新：学生应当学习那些能够让自己在毕业后适应不断变化的世界的技能和知识。我们的目标是让学生掌握批判性思维、创造性思考、有效沟通和有效互动的核心能力。在这一章中我们会介绍这四项核心能力之下的"思维习惯"（habits of mind）和"基础概念"（foundational concepts），即HC。第3章《课程基础》总结了我们所有课程的设计原则：内容并非重点、课程体系必须结构化、课程内容必须具备根基性、学生需要获取充分信息以做出明智的选择。这些原则指导我们决定课程内容的取舍，帮助我们架构整体课程、专业、细分领域（即专业中的聚焦方向）以及每一门课。和其他高等教育机构不同，我们的课程不仅互为铺垫、注重系统性的关联，而且会从高度结构化的初始课程逐步过渡到此后学年中去结构化的课程（就好比拆掉了自行车的辅助轮）。总之，在这一章中，我们会解释密涅瓦四年本科课程的设置原理。

基于前三章的内容，接下来的六章将深入分析密涅瓦课程中的关键部分。其中，第4章《重新看待通识教育》展示了第一年通识课程的设计原理。密涅瓦的所有学生在第一年都要上四门同样的全年课程。和其他所有课程一样，这四门"基石课程"均为小型研讨课而非讲座课，并全部依赖于学生的完全主动式学习。在这一章中，我们会比较密涅瓦模式和主流的通识教育模式。此后四章则分别讨论四门"基石课程"。第5章《多元沟通和有效沟通》将解释我们如何借鉴修辞学、语言学、哲学、历史、文学、心理学、神经生物学和设计理论的内容，让学生学会有效沟通。第6章《形式分析和批判性思维》聚焦于一系列批判性思维能力，即根植于逻辑学、统计学、数学计算思维和决策科学的思维能力。在这门研讨课中，学生要学习如何识别和揭穿逻辑谬误、如何有效地使用统计数据、如何使用形式分析工具（比如博弈论）进行决策。第7章《实证分析和创造性思考》则解释了该门课程如何引入科学方法，为探索发现新事物及解决问题提供思考框架。这门课的目标是让学生深刻地理解如何创造性地使用证据，从而提出和测试假设、得到结论、识别偏差，并开发新的解决和设计方案。第8章《复杂系统和有效互动》描述了该门课程如何带领学生理解复杂系统的关键特征，并把其中的洞察加以应用。大多数社会体系是复杂的系统，学生将学着把他们对这些系统的理解用于社会互动，包括因伦理冲突、辩论、谈判和领导力而产生的互动，或者在与之相关情境中的互动。

最后，我们将思考密涅瓦本科教育的整体路线。第9章《重新看待专业和细分方向》描述了我们如何构建密涅瓦本科专业，从而使学生能够获得面向未来的交叉学科、跨学科和超越学科界限的训练。我们把每一个专业和细分方向看作学生获得特定和具体实践知识的渠道。然而，和密涅瓦的课程一样，学校的专业和细分方向都是根基性的：它们只是起点，本身并非学生学习和探索的终点。这些专业和细分方向为学生此后两年独立的"顶点研究项目"（capstone research project）提供了一个跳板，同时帮助学生按照个人计划和兴趣来设计自己的高阶研修课。

总而言之，本书第一部分的各个章节将介绍密涅瓦教育模式的根基，并详细阐述其课程的目标、结构和实质内容。我们将不仅提出思考课程建构和组织的新视角，同时呈现一种全新的、完全致力于让学生毕业后获取成功所需思维工具的教学体系。

1. 我们为何需要一种全新的高等教育

斯蒂芬·M.科斯林（Stephen M. Kosslyn）、本·纳尔逊（Ben Nelson）

密涅瓦的诞生源自两个核心信念的交融。第一，我们坚信，全球各个领域现在都极度缺乏有效的领导者。第二，教育——尤其是高等教育——必须在这一问题的解决中扮演关键角色。教育对人类的未来至关重要，这几乎是老生常谈；然而，无论是公共舆论、政府项目，还是慈善事业与企业组织，一谈到高等教育，就会聚焦在扩大本科教育覆盖人群的问题上，尤其是希望推动人人可及、负担得起且毕业率高的本科教育。这本身没有问题，但只做这些还不够。"本科教育究竟应当由什么构成"这个问题并没有得到足够重视。如果这个问题没有解决，那么解决高等教育的其他问题时就可能出现课程质量差、教学方法欠缺、教学标准低的情况。

密涅瓦之所以能出现，源于一个简单的开放性问题：如果可以重新创造面向21世纪的高等教育，它会是什么样的？一些高等教育的观察者已经回答了该问题，但他们的论述大多聚焦于现有机构变革后的潜力，而非具体描述高等教育的目标，也没有展示什么样的教育过程能够实现这些目标（如Carey，2015；Craig，2015；Selingo，2013）。虽然他们的设想通常也是基于深入的分析和推测，但也仅是对未来可能性的片面预测——如果没有全盘性地理解这些预测中的教育在未来整个世界中会扮演何种角色，就很难评价这些预测的优劣。更重要的，是我们无法知道这些想法是否能如预想般奏效；许多想法听起来不错，但并没有经过测试，更谈不上实施了。

密涅瓦做的事情则不同：我们彻头彻尾地重新思考了高等教育的系统，用学生的学习成果作为机构重新设计的指导原则。这不仅仅是一次重新思考的脑力练习，我们还把想法变成了现实。为此，我们筹集了数千万美元的资金，组建了一流的团队，设计了全新的课程、教学法和教学系统，招募了优异的教师，遴选了全世界最有潜力的学生，并为其提供了高等教育领域前所未见的全球沉浸式学习体验。我们从头开始打造了一个全新的大学项目。我们的目标，绝不仅仅是和现有的顶尖大学竞争，而是要证明，高等教育可以向前迈出关键而重要的一步。

现今，密涅瓦已经运行了三年，对于如何重塑高等教育的方方面面，我们也有了很多学习体会。本书就是我们所学所思的总结。如果密涅瓦背后没有如此大的雄心，它就毫无意义。我们不仅希望教出一批来自世界各地并且极其优异的学生，让他们携手把世界变得更好，更希望呈现出一系列能够显著改变高等教育的最佳实践。本书的目的有两个：一是基于证据，呈现高等教育未来的一种模式；二是挑战所有高等教育机构，让他们要么采用我们的系统，要么做出更好的系统为密涅瓦所用。

我们要解决什么问题

密涅瓦所回应的，是所有高等教育机构都要面对的问题。具体而言，目前高等教育正面临四大问题。

第一，高等教育无法履行自己的承诺：学生们离开大学时，并未对毕业后的人生做好准备。他们并没有获得和培养好自己的认知技能，无法在极度复杂的世界里取得个人和职业的成功（Bok，2013；Bowen & McPherson，2016）。

第二，大学学费过于昂贵，许多学生在毕业时身负债务——这对他们未来的收入潜力而言并不是理想状况，更不用说政府（即纳税人）和私营部门为此承担的大量成本，包括补贴、资助、捐款，等等（Kelly & Carey，2013）。实际上，在2015年，美国大学毕业生的人均负债达30100美元（美国大学入学与成功学会，2016）。从某个方面来说，负债对学生而言是雪上加霜：如果大学真的能让学生在毕业后取得成功，那负债的成本或许才说得过去。

第三，超过一半的大学生无法毕业（Bowen & McPherson，2016）。哪怕他们毕业了，他们在校期间的大部分时间也是心不在焉的：许多学生甚至懒得去上课，更别说注意听讲和思考讨论内容了。

第四，全世界许多有资质的学生并不能获取一流的大学教育（Craig，2017；Watkins，2013）。以美国大学为例，许多学校对招收非美国学生有人数限制。比如哈佛大学每年约录取1650名新生，而其中来自中国的学生平均每年仅十来个（哈佛大学，2017）。这样真的合理吗？

密涅瓦自设计伊始就致力于解决这些重大问题。

第一，和同类机构的课程不同，密涅瓦的课程所聚焦的，是本杰明·富兰克林、托马斯·杰斐逊和美国其他开国元勋们所说的"实用知识"[①]。我们把这个概念重塑并称为"实践知识"（practical knowledge）。我们教授知识和技能的目的并非知识和技能本身，而是让学生获得一系列思维工具，以适应不断变化的世界、实现自己的目标。更清楚地说，我们不只是提供一项职业教育或职前教育。我们不会培养学生在某一个特定工作上取得成功，也不提供仅让学生为特定职业做准备的项目。相反，我们提供的是内容极其广泛的博雅教育，使学生获得能用来适应世界变化的思维工具。我们希望学生在还未出现的工作上也能取得成功。

第二，在美国所有招生严格的本科项目中，只有密涅瓦实现了所有课堂均少于20人的小班教学，而其学杂费要比同等大学收费的三分之一还低。这是如何做到的？很简单，要上密涅瓦的课，只需住在租赁的公寓楼里，再买一台电脑就可以了。密涅瓦没有体育馆、大草坪、健身房或者攀岩墙，因此也不用背负基建、维修或者相关的行政成本。更重要的是，我们不雇佣秘书，没有配置臃肿的部门——事实上，我们既没有学术事务部门，也没有院系领导、行政人员，等等。

第三，针对由学生在校参与度缺失导致的高退学率及恼人的分数虚高的问题，密涅瓦各方面的设计都在确保每一个学生都能获得个性化的关注。我们的项目设置确保了每个学生每天都能深度参与课程和课堂内外的互动。所有课程均为研讨形式，完全没有讲座式课程。因此，不仅学生之间关系密切，师生之间也会建立情感联系。除此之外，我们所有研讨课都完全依靠主动式学习：每一个学生都要自主地参与每一堂课。正因如此，没有学生会掉队——教师不仅知道每个学生的名字，也清楚地了解他们的学习情况，并能定期提供反馈。这与来自世界各地的学生之间产生的强烈友谊一起，大幅地提升了学生的参与度，降低了退学率。

第四，密涅瓦接受所有符合录取条件的学生——事实上，我们真的录取了所有符合条件的申请者。我们没有名额限制，也不刻意去"平衡"录取学生的性别、国

[①] 实用知识（useful knowledge）：18世纪，以本杰明·富兰克林为代表的美国开国元勋，结合殖民地经济发展和社会进步的现实，相较当时空疏无用的古典教育，提出教育应当与现实生活密切联系，培养适应当时社会发展的实用型人才。1743年，富兰克林发表《在北美的英殖民地中促进实用知识的建议》，同时推动成立了美国哲学学会，极大地促进了美国科学学术研究的发展。——译者注

籍、年龄或其他任何人群特征的比例。更重要的是，我们的录取过程并不考虑学生的经济状况；学生如果不能支付我们相对来说已经较低的学费，还可以获得勤工俭学、适度贷款和资助等支持。

从零开始设计、没有历史包袱、没有根深蒂固的既得利益，正因如此，密涅瓦才能够进行彻头彻尾的创新。我们设计了全新的课程，基于学习科学研发了全新的教学方法；我们以全新的方式使用技术，实现了实时小班研讨并评估师生表现；我们想办法让城市变成校园，利用当地资源而不是在校园内复制已有资源；我们开发了一个国际化的混合式住宿模式，学生们各自在电脑上上课，但又住在一起，一同去体验全世界不同城市的生活。

密涅瓦所创建和实施的，是第一个为21世纪而建的大学项目。在建设这个项目的过程中，我们必须考虑高等教育各个方面的实际情况：从招生到教学，到职业发展，再到品牌。[①] 接下来我会简要概括我们的尝试，并阐述我们这么做的理由。此后的几节将更深入地探讨上述每一个方面，并更细致地说明我们所做的工作以及未来的推进计划。

教什么，为什么教

几乎每一所美国大学的课程都包含三个部分（Bok，2013）：通识课程、专业课程和选修课程。通识课程本应帮助学生扩大认知的广度，让学生为大学之后的生活做好准备，但实际上往往只要求学生在不同学科领域中分别修完一些课程，既非基于具体教学目标而设计，又无法构成统一连贯的学习项目。专业课程本应让学生获得对某一领域的深刻理解，但实际上在学生毕业之后几乎没什么用处。（有多少英语文学专业的学生成为英语系教授？有多少艺术史专业的学生成为艺术史学家？）而选修课程本应让学生重点学习自己感兴趣的主题，但实际上却往往只安排教师自己感兴趣的内容，几乎不怎么考虑什么对学生真正有用。

---

① 学术界不太喜欢"品牌"一词，但事实就是这样：要建一所成功的大学，就必须在某些特征和品质上树立品牌——学校的名称和标志必须与这些特征和品质有联系。换句话说，大学必须建立品牌。——作者注

密涅瓦将这三部分课程分别进行了重新设计。

第一，密涅瓦的通识教育包括四门全学年的课程，四门课程之间联系密切，旨在提供一系列广泛的"实践知识"，即学生真正能够使用，从而适应不断变化的世界、实现自身目标的知识（详见第2章）。学生通过第一年这四门通识课程的学习，可以获得一系列思维工具，这些工具能帮助他们成长为领导者、创新者、涉猎广泛而适应力强的学习者和具备国际视野的人才。为了实现这些目标，我们重点教授四个核心能力：批判性思维、创造性思考、有效沟通和有效互动。帮助学生获得这些能力并非一句嘴上空谈：学生第一年的学习均围绕百余个具体的学习目标展开，而每个学习目标都明确指向四个核心能力中的一个。这是学生课堂学习的重中之重。

第二，密涅瓦的专业课程并不依据传统的学科来设置，也非基于当下（或过去）流行的话题（比如所谓某某"学"之类的概念）。相反，我们围绕能够为学生毕业后的人生提供帮助的领域来设置专业。每个专业都包括两部分内容。学生首先要根据学科设置完成三到四门"专业核心课"，以掌握基础性的知识并对学科整体有所认知。完成这些课程之后，学生再从不同的细分方向中选择一系列课程。所谓细分方向，即要么从不同的分析层次来探究专业话题（比如，在自然科学的专业下，会有分子与原子、细胞与组织、地球生态系统等细分方向），要么与特定的研究方法相关（比如数据密集型的研究、理论性研究或者应用性研究）。学生可以选择双专业，在双专业下还可以最多选择三个细分方向。

第三，密涅瓦的选修课程——不管是专业内还是专业外——都高度以学生为中心。我们提供三种不同的选修课。（1）所有学生在自选的话题下，完成两年的顶点课程。学生会在一位学术导师——必要时另有一位相应的内容专家——的指导下，设计并完成一个研究项目。（2）在大四的时候，学生基于自己的细分方向，提出四个感兴趣的研究课题。然后我们把有共同兴趣的学生组成三人小组，并为其匹配一名合适的教授。师生四人会共同设计一个学习大纲，学生据此来选修相应的课程。根据专业的不同，学生最多可以选择四门课。（3）最后，学生在各自的专业外，还可以选择其他专业核心课程或其他细分方向的课程作为选修课来学习，这样他们在进行主兴趣领域之外的探索时，也能了解相应领域的根基性内容，而非仅在领域的外沿浅尝辄止。（详见第3章）

密涅瓦的课程结构是独一无二的。学生在完成课程的过程中，会逐步拥有更大的选择空间。而在第一年的通识教育中，学生完全没有选择空间。所有学生都要

10

打下广泛的基础，以获取能使用一生的思维工具。第二年里，学生从16门专业基础课程中选择6到8门作为自己的专业核心课程，然后确定一个专业。第三年，学生从自己的专业（包括第二专业）中选择细分方向的课程，并开始顶点研究项目。第四年，学生完成大部分选修课程、结束自己的顶点课程，并针对自身兴趣设计至少两个（最多四个）高阶研修课（senior tutorial）。最后，在第四年结束时，在为期一个月的毕业展示（Manifest）特别环节，学生需要展示各自的顶点研究项目，并基于反馈来改进结果。[①]

就这样，学生在完成课程的过程中为未来打好基础，并逐渐使学习越来越个性化，从而达成自己的目标。在完成四年的学习后，他们将更加自信和自如地开启人生的下一个篇章。

怎么教

密涅瓦的教学方法来自两个不同的研究领域：学习科学和21世纪技术。

密涅瓦是目前所有（各种类型的）学校中，唯一一个系统性地把学习科学应用于每一门课程、每一堂课的学校。学习科学并非新学科，该领域内的研究和出版已经进行了超过一个世纪。学习科学要解决的是人们如何理解、组织、记忆和提取信息的问题。许多实用性的研究和发现可以免费从专业期刊上获取，许多凝聚了该领域精华观点的论著可供我们参考。我们把相关文献整合为16个不同的原则（参见第11章的描述），作为密涅瓦所有课程的基础。我们将这些原理归纳为两大准则。第一个准则包含的原理都基于这样一个发现，即人们处理（"思考"）信息的次数越多，就越容易记住该信息——不管他们是否刻意为之。第二个准则包含的原理基于另一个发现，即当人们通过联想来组织材料，并建立与已有知识的联系时，能最好地理解、记住和回忆该信息。

我们努力将学习科学的原理进行系统的应用，这决定了我们只能采用主动式学

---

① 密涅瓦还提供应用文理学硕士学位，学生可以在完成本科的同时进行学习。在硕士项目中，学生需要另外完成研究生水平的课程，并完成一个团队项目，同时就该项目中的一个方面撰写报告，作为硕士毕业论文。——作者注

习的研讨课的形式。学术文献非常清楚地证明，学生只有在必须使用学习材料，而非被动地坐着听讲时，才能学得最好（如Freeman et al.，2014）。

我们无须对任何历史的遗留做法进行颠覆，也无须针对如何改变传统做法的问题和利益相关方协商，因此能够系统地将学习科学领域已有的认知用于每门课程的每节课。

更重要的是，我们开发了一种新的教学方法，使我们能够有效地利用学习科学（详见第12章）。我们把这种方法称为"完全主动式学习"（fully active learning）。完全主动式学习要求全体学生至少有75%的时间是专注的，同时需要依赖于"彻底的翻转课堂"。在一般的大学课程中，教师在课上进行讲授，学生在课后完成作业。而在翻转课堂中，学生在课上完成作业（教师和其他学生都是其可用资源），教师的讲解则在上课前就已提供给学生。在密涅瓦这种彻底的翻转课堂中，作业和知识传授的过程均被挪到了课前，课上的时间被用来以不同方式应用信息（比如解决问题、角色扮演或辩论等）。课堂活动依赖于学生的完全主动式学习，要求学生通过阅读材料和观看课前视频获取信息，进而掌握批判性思维、创造性思考、有效沟通和有效互动的能力。密涅瓦的课堂并不聚焦于信息传递，而注重用各种方式使用信息。比如，我们会在一项活动开始前告诉学生：活动结束时，你们需要比较和对比讨论中的不同立场。

为了让上述形式的教学能顺利进行，密涅瓦所有课程都使用一套自主开发的云计算软件——主动式学习平台（Active Learning Forum，简称ALF；详见第15章）。使用这套软件来教学主要出于两个原因。首先，ALF让我们能够进行完全主动式学习。这种方式如果在线下环境里进行，会极其复杂和昂贵。ALF包含各种工具——调查、投票、协同编辑、以不同方式快速分成讨论小组，这些在传统课堂里很难实现。其次，ALF针对每位学生的课堂表现收集了大量数据，因此我们能够为每位学生设计个性化的思维成长路径——这在其他教育媒介中很难实现，不论是线上还是线下。简而言之，ALF使教与学更为有效。

ALF一个附带的好处是，学生和教师可以在世界上的任何地方上课。这意味着：（1）我们可以灵活安排学生的住所，这样一来，学生可以在需要或者想要时（根据个人的生活和学习情况）出行，同时能在全球不同城市一起学习和生活；（2）学生哪怕身处全球不同城市，也可以上同一门课，这样就能把各自的经历和体验带入课堂，进行比较和对比的练习；（3）我们可以从全世界招募一流的教师，而无须要求他们拖家带口地搬到密涅瓦的所在地入职。

密涅瓦的教学方法之所以能够奏效，是因为我们从一开始就基于学习科学和完全主动式学习的思想来打造ALF平台。ALF融合了专门用来帮助我们实践教学方法的工具，并保证了长期教学效果的实现。另外，ALF也辅助我们设计和修改课程，还会录下每一堂课，帮助我们对教师进行评估（和适当的辅导）。这样一来，整体的效用就远远大于局部之和。

美国教育的国际化模式

国际化导向是密涅瓦模式中最独具一格，也最容易被复制的部分。大学往往会招收特定类型的学生，当然，这在很大程度上是学校自己的选择，我们并没有说其他学校也要采用密涅瓦的招生政策（即完全平等，不试图根据各种标准来平衡学生比例或限制招生人数）。与此类似的是，大学通常会在现有基础设施的所在地开展教学活动。我们同样意识到，密涅瓦的全球轮转游学制度并不适合所有学生，甚至是大部分大一新生。尽管如此，解释密涅瓦的生源构成和全球沉浸式学习项目背后的理念还是很有价值的，也能说明密涅瓦的办学思路对学生智识增长的价值。

有人认为，大学应当助力提升本国在国际舞台上的竞争力。大学通过两方面的工作来实现这一使命：一方面，根据社会需求培养专业人才，比如牙医、社会工作者、会计和建筑师；另一方面，培养能够领导国家迈向更好未来的决策者，比如政治家、企业家、记者、科学家和发明家。很显然，培养社会所需专业人才和未来领导者，应当有完全不同的侧重。比如，不难想象，一个牙医业务精湛，但可能没有很高超的归纳二阶效应 [1] 的思维技能，尽管对他来说，这项技能可能非常有用。然而，如果一个国家的总统或者一家企业的CEO不具备这样的分析技能，大多数人恐怕不会看好他的前景。在日益全球化的世界中，这些决策者不仅会塑造当地社会的形态，也会产生更大范围的社会影响力，尽管他们经常只考虑自己的行为会直接影响到的一小部分社会圈层。

---

[1] 二阶效应（second-order effect）：每个行为都会有结果，而结果所带来的变化又会导致另一个结果，即二阶效应。因为二阶效应的存在，对一个系统所进行的任何改变都可能带来预料之外的结果。——译者注

很显然，完全本地导向的教育并不能很好地满足国家利益或者学生的个人诉求，特别是在本科阶段，学生应当能够沿着多条路径去发展，所以更需要积累广阔的知识和技能。然而，哪怕是目前最为国际化的教育系统，也是相当以本地为中心的。举个例子，澳大利亚的大学可能是在全球主要的大学体系中生源构成最为国际化的，但2015年该国大学新生中也只有21%的学生来自其他国家（澳大利亚政府，2016）。美国大学给国际学生预留的位置则还要少得多。2015年，113万国际学生在美国的大学内就读（美国移民与海关执法局，2015），而当年美国的在校大学生总人数为2050万（美国国家教育统计中心，2015）。此外，只有约10%的美国本土学生在本科期间出国学习（国际教育工作者协会，2016）。但这个数字本身也是有误导性的，因为许多海外学习项目并不能让学生融入当地文化；相反，出国学习的美国学生大部分时间和其他以英语为母语的学生一起生活，其中很多人甚至也来自美国。精英大学称其培养的是具有国际视野的领袖，但上述数据都无法支持这一说法。

密涅瓦的方式则明显不同。我们设计的课程、学生体验、教学模式和机构体制都致力于帮助学生实现广泛的社会影响力（而非狭隘地聚焦于某一个职业）。更重要的是，我们希望密涅瓦能够帮助学生创建、运营或者影响主流机构，尤其是有全球影响力的机构。

这一核心目标也塑造了我们的招生理念。如果我们找到了一位极有潜力成为变革性领导者或创新者的申请人，我们怎么能以没有名额为由将其拒之门外？同样，哪怕申请人很聪明，或者背景出色，但如果他们并不具备与我们这个项目的目标相匹配的潜力，我们又凭什么录取他们？密涅瓦和同类学校不同，我们录取所有符合条件的学生，也只录取符合条件的学生，而不考虑其国籍、年龄、性别、经济水平、家庭社会地位或其他因素。

密涅瓦是一所深度国际化的学校，不仅因为我们没有基于地区或其他条件的生源配额，也因为我们深知世界各处都有人才，因此，我们广泛地部署学校的推广工作。密涅瓦只有不到四分之一的美国本土学生，同时没有来自任何一个地方的学生占据多数比例。我们认真地履行责任，确保这些出色的学生能获得成功所需的国际化经历，确保他们能从这个全世界最多元化的本科生集体里获得价值，同时在四年内充分利用在七个不同的城市——旧金山、首尔、海德拉巴、柏林、布宜诺斯艾利斯、台北和伦敦——学习和生活的机会。密涅瓦分别在这些城市中租下了至少一栋公寓楼，学生一起住在这些公寓里，并将其作为在该城市的大本营。在这里，他们通过相应的学习活动，深入体验各地文化。

为什么要鼓励学生环游世界？有三个主要原因。首先，我们相信未来会日益全球化（Friedman，2005），21世纪的领袖和创新者必须能与来自不同文化的人自如地互动。没有什么方法比直接和当地人一起生活与互动更能促进这种能力了。其次，我们把城市看作校园，必修课和选修的辅助课程活动（cocurricular activities）均要利用城市本身的资源。作为我们注重的实践知识的一部分，每门课都包括至少一项基于当地的活动，要求学生将课上所学应用在所处城市的实际情境里。此外，我们还提供一系列广泛的选修辅助课程活动，同样需要学生应用课上所学。最后，概念框架的深入学习只有通过这些框架在多个不同情境中的应用才能够实现。学生要想达成学习目标，除了直接将学习内容应用于各种文化（甚至像印度、阿根廷这样截然不同的文化）背景下的日常生活之外，还有什么更好的方法呢？

当然，我们还是要强调，密涅瓦骨子里依然是一所美式学校。我们不仅遵循美国教育的架构，提供为期四年的博雅教育并授予学士学位，而且也用非常美国化的态度来看待教育：我们相信教育是巨大的社会平衡器，为所有人带来机会。事实上，我们对实践知识的注重，深深根植于美国开国元勋们所开创的、由约翰·杜威和19世纪末期其他实用主义者（如Dewey，1913/1969；Hook，1939）所强化的教育传统。

终身体验

我们打心底里坚信，大学应当给学生今后成功、丰富、有意义的生活做好跳板。我们不仅通过课程设计确保学生能够在毕业后茁壮成长，同时也构建了机制和制度帮助学生实现职业发展。在多数大学里，面临毕业的学生仅仅能够在准备简历时得到点儿帮助，而其余的指导寥寥无几。我们采取了不同的方法。

首先，第一年我们就会给学生配备职业辅导老师。我们不想等到学生在职业发展遭遇障碍时才去联系专业辅导，而是在第一年就提供专家指导，从而避免潜在障碍的出现。基于这样先人一步的支持，学生在密涅瓦的四年内，甚至毕业后，均会获得相应指导——职业发展的支持会贯穿密涅瓦学生的工作生涯。

其次，我们建立了一个"人才机构"，积极帮助学生在在校期间找到合适的暑期实习，在毕业后找到职位。该机构会根据每位学生各自的目标来分别提供帮助，而不是简单地整理出主动上门的雇主名单。这项服务不会在学生签下第一份工作时终止：我们允许学生终身使用。我们认真地坚守让学生成功的承诺。为此，我们同时会配备终身的宣传服务，帮助学生在大众媒体中扩大自己工作的影响力。

最后，我们为学生的成功提供社会和情感的支持。在密涅瓦，心理健康教师与学生的配比要高于其他任何一所大学，并且极其强调积极主动的心理弹性教育。另外，我们还教学生生活技能，从基本的烹饪技巧到时间管理，不一而足。我们的目标是授人以渔，而非授人以鱼。

在密涅瓦，我们认识到，教育应当塑造完整的人，因此我们通过流程和步骤教会学生们自助。许多人也宣称这是他们的教育目标，但我们并不认为这仅是锦上添花的事，而是对整个世界而言至关重要的一点。

结语

正因为密涅瓦是从零开始创造的新学校，所以我们才能够后退一步并思考长远目标。我们拥有这个独特的机会，能够在各个方面遵守原则底线——让每个行动充分合情合理。更重要的是，我们得以设计大学学习体验的各个环节，从而不仅实现自身目标，也确保项目的各个方面在实施中能够产生合力。我们设计了密涅瓦的课程、教学方法、教学技术、国际化导向和学生服务系统，共同提升学生的认知、社交和情绪水平，最终实现密涅瓦唯一的总体目标：学生的成功。这，才是唯一重要的指标。

2. 实践知识

斯蒂芬·M. 科斯林（Stephen M. Kosslyn）

19　　　许多人相信，大学的首要目标是培养出有教养的公民。那么，在21世纪，"有教养"的意思是什么呢？

对这个问题，密涅瓦有一个与众不同的答案。我们的课程设计聚焦于实践知识。所谓实践知识，就是可以让人适应不断变化的世界，并实现自身目标的知识。实践知识并非职前的预备知识（它不是任何事前的预备知识，它本身就具有完整价值），也不是业务知识（它并不狭隘地关注单一的应用场景）。同时，实践知识也并非一些事实的集合。相反，实践知识是广泛、通用的，它既包含技能也包含知识（包括理论），它能为一个人扎实的博雅教育和对周遭世界的广博认知打下基础。实践知识通常也是深刻的，正如伟大的社会科学家库尔特·卢因曾经说的："没有什么比好的理论更实用了。"（Kurt Lewin，1945，p.129）好的理论能够解释新的现象，哪怕在不熟悉的情境下也能让人预测事件的发展。好的理论是具有实用性的。

在本章中，我将对实践知识这一概念的充实过程和背后思路做整体介绍。

课程中的实践知识

我们的课程研发思路和一般美国大学非常不同。现代美国大学多基于一系列具体的学科主题搭建学术项目，事实上，各个大学的课程目录很类似。这背后的假设是，任何一个受过教育的人都应当了解一系列特定的核心事实（如不同的政治体系
20　是如何运作的），并能应用一系列具体的核心技能（如具备较高水平的读写能力）。

在美国大学中，上述内容的教学在第1章所述的标准大学课程包含的三部分内容中均有涉及，即通识课程、专业课程和选修课程。通识课程的目标是给学生广阔的认知基础，专业课程要让学生深度聚焦某个领域，选修课程则是让学生探索自己

想学习的科目。

第4章将讨论通识教育的四种模式，其主要区别在于教学内容。我们也可以反思通识课程本身的结构。目前有几种通行的课程组织模式，其中两种最为常用。第一种是分类必修体系，这是最容易设计和实施的。学生按要求从A类课（例如艺术和人文学科）中选择两门，从B类课（例如自然科学）中再选择两门，以此类推。课程目录上所列多为不同领域的入门课程。据我所知，并无任何分类必修体系有意识地去建立各大类课程之间的关联。第二种是整合大量内容的概论课程，比如一些名为"西方文明"或"科学与宗教"的课程。这些课常遭诟病，其主要原因在于它们无法面面俱到（可能忽略一些重要的内容），而所含内容又不可避免地粗浅。而且，这种做法需要教师另外花费精力来备课和教学，同时要占用学校的更多资源。和第一种模式一样，这些课程中的内容几乎很少与其他课程的内容有关联。

在我看来，上述两种模式都不够好。在这两种模式中，整套课程体系对学习的广度都未做要求。更关键的是，两种模式通常都依赖于讲座式课堂，意在传播知识和技能。但很多研究已经证明，学生遗忘此类课堂上所讲内容的速度是惊人的，因此上述两种模式都存在问题。举个例子，戴尔（Dale，1969）在其经典著作《教学中的视听方法》（*Audiovisual Methods in Teaching*）中指出，学生在听完讲座课仅仅三天后，就只能回忆起不到20%的内容。布莱（Bligh，2000）甚至发现，学生在听课三天后能记住的内容还不到10%。哪怕有回忆线索（即在提供暗示的情况下），大学生在上完认知心理学课程的27个月后，也只能回忆起略超20%的名词和37%左右的概念（这些数字为基于已有文献的估算，参见Conway，Cohen，& Stanhope，1991，p.401，图2；另外，还应当考虑到被试学生在首次接触这些名词和概念后，可能在随后的课程中又温习了至少部分内容）。森布、埃利斯和阿劳在一项重要的研究中总结道："只有把（当堂）回忆测验的及格分设置为90，才能确保学生4个月或11个月之后的成绩依然超过60分。"（Semb，Ellis，& Araujo，1992，p.10）但学校什么时候会将90分当作"及格分"呢？[1]

① 尽管学术论述中常常可见类似发现，同类研究的结果亦有差别；学习者能够回忆的内容量取决于从学习内容的类型到回忆时间等一系列因素。比如，至少在逻辑上相互连接且不断累积的一些内容，尤其是STEM（科学、技术、工程和数学）领域的内容，是更容易被记住的。参见波尔、巴兰蒂斯和普里查德所进行的研究中的第三组实验结果（Pawl，Barrantes，& Pritchard，2012）。——作者注

在标准课程里，对内容记忆的强调可谓无处不在：不仅在通识课程中如此，在专业课程和选修课程里也无二致。而且，人们认为专业课程理应提供深度内容，但这些教学内容在学生毕业后往往毫无用处。教师往往将专业课上的学生看作未来的教授，但实际上很少有学生会成为该专业领域的教师。事实上，只有大约2%的美国人会完成博士学习（美国人口普查局，2016）。

在密涅瓦，我们反对把高等教育当作向学生传输信息、让其识记知识与技能的手段。在21世纪，互联网就是一种外部记忆，用户可以简便而快速地获取广泛的信息。诚然，每个人都应当大致了解已有信息的范围，并只有知道得足够多才能想清楚问题，但如果强调大学课程的主要目的只是传递信息，是站不住脚的。相反，密涅瓦注重的是实践知识。我们刻意选择了能广泛为学生所用、能帮助他们适应不断变化的世界的教学内容。我们不会简单地要求学生记住学习内容，而是帮助他们学习从多个角度去使用所学知识。不过，究竟什么内容算是"能广泛为学生所用"？我们又该如何判断呢？

密涅瓦的教育目标

我们先退一步，思考一下为什么人们要把孩子送去大学。这个问题是从父母的视角提出的，而父母已经有充足的社会经验和想法（如果从学生的视角来看，答案可能非常不同，通常他们会更看重参与社交生活或者体育项目等短期目标）。我想在这里讨论的，是大学怎样帮助学生在毕业后取得职业上和生活上的成功。大学究竟如何为学生打下长期成功的基础？为此，我们需要考虑高等教育可能承载的四个目标。

22

目标1：理解领导力，并与他人协作

许多大学宣称自己的使命是培养领导者。这究竟是什么意思？不是所有人都可以随时随地成为领导者，一群人当中通常只有一位领导者。而且不管怎么说，学生基本都不会在毕业后立即被聘用至领导职位。

在我看来，把大学的目标描述为培养学生成为领导者，其实是错误的。密涅瓦希望学生真正理解领导力。学生的确需要具备成功领导者应有的关键特质，同时

需要为逐渐成长为高效的领导者打好基础。但是，让学生分辨什么时候适合领导他人、什么时候适合服从他人的领导，起码也同等重要。当他们扮演的并非领导者的角色时，他们还要知道如何与领导者合作，使所有人向着同一目标前进。

从更广泛的视角看，不管学生是否扮演领导者的角色，都需要知道如何有效地与他人合作。当今世界所面对的大多数问题都极其复杂，没有任何一个人能够单独解决。相反，人们必须通力协作、优势互补。

正因如此，高等教育不应当只教授领导者的技能，更应当教学生如何与领导者有效协作，以及如何与具备不同优势和劣势的人们共事。

目标2：理解创新

大学通常称自己的另一个使命是培养创新者。但我们真的希望培养时刻想着创新的学生吗？或许并不是。学生应当知道什么时候创新是有用的。解决问题的第一步是找出某个问题的有效解决方案是否已经存在，并评估在特定情境下该方案是否能奏效。就好比已经有了能够充分润滑、功能完备的轮子，为什么还要重新发明一次？学生需要具备高水平的信息素养，需要知道如何快速而有效地搜寻已有信息。同时，必须避免陷入"非我原创"的执念。一个好的解决方案无所谓来自哪里。如果已经存在，把它用起来比再重新设计一个方案要更好；只有当已有的解决方案不够好的时候，才应当去设计新的方案。我们不希望（也不需要）万事万物都是全新的。

此外，创造力是真的可以被训练出来的吗？实证文献认为，启发式教学和技巧确能让人变得更具创造力（如McGuire，1997），但并不是所有人都能发明有用的创新成果（Finke，Ward，& Smith，1996）。因此，学生还需要学习识别参与实现有用创新的最好时机与方式。

对于以上两个目标，我想大部分人都会表示赞同。但如果大学的总体目标是让学生学会对社会做出贡献，那么仅有这两个目标是不够的。

目标3：思路开阔，思维灵活

据说希腊哲学家赫拉克利特（Heraclitus of Ephesus，约公元前535—公元前475年）曾说过："世界上唯一不变的东西就是变化。"在数字时代，这句真理已经是非常明确了，因为颠覆性的变化每隔几年就会发生。因此，学生必须掌握可广泛使用的认知工具，从而适应不断变化的世界。这些认知工具应当能帮助他们成长、适应时代变化，并胜任尚未出现的工作。世界变化如此之快，仅仅培养学生做好当下的工作显然是错误的。

另外，学生在未来的人生中将经历的大部分变化在当下很难预测（如Tetlock & Gardner，2015），而适应力的培养就需要广博的教育。学生的技能应当能用于应对因变化而产生的各种情况。

目标4：获得全球视野

越来越多来自不同背景和文化的人开始互动和协作。因此，高等教育的第四个目标就是让学生能轻松地和来自不同背景和文化、有不同价值取向和世界观的人共事。学生应当能自如地在不同文化中发挥作用。为了达到这个目标，密涅瓦主要做了两件事。其一是组成真正多元化的学生群体，让来自世界各地的学生每天都能够在一起交流。其二是让学生在多个城市游学，学会在截然不同的文化里生活和工作（详见第22章与第23章）。

几乎不会有大学反对上述四个目标。但这些目标——或者说是极其类似的目标——往往只停留在大学的使命宣言里，从来没有转化为教学中的具体行为。这是为什么？部分原因在于教师更倾向于教授本专业的内容，而要达到上述四个目标则需要扩大教研范畴。此外，许多教师的优先工作并非教学，也因此并无动力多费功夫来达成上述目标。相反，他们更希望从事自己的研究——从许多大学的激励机制来看，这也无可厚非：几乎在所有的顶级大学里，教师的聘用、升职、定薪和各种福利都基于研究成果，而非教学效果。

但是，这些事实还不是大学不重视上述四个目标的全部原因。在很大程度上，大学并不清楚如何选择教学内容来实现这些目标，也不清楚要如何评估这些目标是否达成。如果没法衡量成效，那么许多人就会认为没必要这么教。

四种核心能力

要实现上述四个目标，就必须教授实践知识。那么，我们首先要考虑的就是哪些知识和技能能帮助学生实现各个目标。对此，实证文献能派上用场。尤其是扎实可靠的研究发现，一些个人特质、行为和方法是成功创新和领导力的基础。对创新者特质的总结，可参见奇克森特米哈伊（Csikszentmihalyi，1996）、费斯特（Feist，1998）、费斯特和巴伦（Feist & Barron，2003）、格罗索和费斯特（Grosul & Feist，2004）以及西蒙顿（Simonton，2000，2008）的论述；对有效领导者的特质的总结，可参见德鲁等人（Derue et al.，2011）、豪斯和阿迪蒂亚（House & Aditya，1997）、贾奇、科尔伯特和伊莱斯（Judge，Colbert，& Ilies，2004）、洛德、迪韦德和阿利格（Lord，De Vader，& Alliger，1986）以及扎卡罗（Zaccaro，2001，2007）的论述。我们回顾了这些研究，并且总结了雇主在招聘新员工时会考虑的特质，发现雇主更看中思路开阔、思维灵活的员工。我们不光亲自访谈雇主，以证实这些特质的重要性，还查阅了公开的调研结果（如哈特研究协会，2013；亦可参见美国大学与雇主协会，2016）。

我们把文献、访谈和调研指出的最为显著的个人特质、行为和方法归纳为四种核心能力，即：批判性思维、创造性思考、有效沟通、有效互动。[1]

毋庸置疑的是，具备了全部四种能力的人，才能够成为有效的领导者或出色的团队成员。同样显而易见的是，要成为有效的创新者，也必须具备全部四种能力。只有创造力是不够的，还需要批判性地筛选自己的想法、与他人沟通，并和他人一同将想法落实。而一个思路开阔、思维灵活的人，或者希望能够在全球化的环境中有效工作的人，也必须掌握这全部四种能力。

这四种能力中，没有哪一个会让人惊讶或者引起争议。事实上，几乎每所大学都声称自己在培养学生的批判性思维和创造性思维（参见如Bok，2013；Rosovsky，1991）。然而有证据表明，大学往往并未达到其所声称的目标（如Arum & Roksa，2011）。

25

---

① 起初我们只确定了前三种核心能力。但埃里克·梅热（Eric Mazur）教授在访问密涅瓦时指出，我们遗漏了一种能力，即他认为和"职业化行为"（professional behavior）相关的能力（比如，成为团队中的好成员、准时参与、坚持履行承诺等）。我们发现他是对的，此前我们混淆了"有效互动"与"有效沟通"。的确，沟通是人们与他人互动中的重要一环，但并非唯一一环。更重要的是，所谓互动，不仅包括和其他个体的互动，还包括和系统、机构的互动。因此，把原本的第三种能力拆分为现在的第三和第四种能力，是完全说得通的。——作者注

分析四种核心能力

密涅瓦致力于教授学生这四种核心能力之下的实践知识。但是，究竟要怎么把这些相对抽象的能力变得足够细致和具体，从而用于课堂呢？

为了形成具体的学习目标，我们把实践知识看作产生式系统（production system；如Newell & Simon，1972）。一个产生式要包括一对条件和动作的组合。当条件得到满足时，相应的动作就会执行。比如，某一个产生式的描述是"如果下雨了，就拿一把伞"。其中的条件是"下雨了"，动作是"拿一把伞"。该动作执行后，可成为另一个产生式的条件，比如"如果想要拿伞，就去衣柜里找"。这其中的动作又可成为另一个产生式的条件，以此类推。在一个产生式系统中，有大量的产生式在等待其相应条件的满足，从而执行对应的动作。

用产生式系统的框架来形容实践知识，可以说再合适不过了，因为实践知识的本质在于行动。我们用该框架定义了两种实践知识，即"思维习惯"（habits of mind）和"基础概念"（foundational concepts）。上文提到的四种核心能力均同时涉及这两类实践知识。

思维习惯

所谓思维习惯，是指通过练习能够被自动激发的认知技能。因其来自"思维"，所以具备认知的特性；因为涉及实践知识，所以能够为人所用（即为何称其为"技能"）；同时，因为是"习惯"，所以会被自动地调用，而无须人们在使用前刻意考虑。[①]

就思维习惯而言，其产生式系统中的条件部分可以被清晰地界定，并可应用于范围较小、容易识别的情境。比如，有一项思维习惯是"根据语境和受众来调整口头和书面表达"，其条件是为某种受众创作作品。这个条件很容易识别，且识别这个条件也很容易在不假思索的情况下实现——只要经过充足的练习，就能成为一种

26

[①] 更准确地说，通过训练，信息和能力会从卡尼曼（Kahneman，2011）所说的"系统2"——慢速思考、线性化、有意识的思维系统，转移至"系统1"——快速思考、平行化、无意识的思维系统。——作者注

习惯，而无须人们刻意为之。

相比之下，思维习惯的动作部分可能比较复杂。根据特定语境和受众来调整作品取决于一系列因素，比如目标、受众已知的信息、受众的兴趣以及作品展示的时长。识别使用思维习惯的时机比较简单，而弄清楚在相应情境下具体要怎么做却很难。

某些思维习惯的条件和动作可能都有清晰的界定，因此能够在练习后变成自动的行为。比如，我们也教学生"区分信息的种类，从而判断信息来源的质量"这一思维习惯。这里的条件是一个人在面对不同类别的信息时，需要判断哪些最可信；动作则是他在使用信息时，往往会青睐那些可信度最高的信息来源。在这个思维习惯中，条件和动作都可以被娴熟地掌握，几乎不需要刻意为之。

基础概念

所谓基础概念，是指能被广泛应用的基础性知识。因其本质上是概念，所以属于知识范畴；之所以是基础性和应用型的，是因为这些概念为行动提供了跳板——人们可以将这些知识付诸行动。这里，产生式系统的条件部分不再有局限，而能用于多种多样的情境。同时，各个情境之间则很难找到共性。和思维习惯不同，基础概念所适用的场景一般并无共同点。

举个例子，我们教的一项基础概念要求学生能够辨别相关性和因果性。同样作为一个产生式，这项基础概念的条件是某个极其需要区分相关性和因果性的情况，而这样的情况本身很难找到，因为相关和因果两种关系本身内涵范围就很广，在不同事物情境中的表征又几乎完全不同（基于条件，动作即为"相应地行动"，在下文解释基础概念时一并说明）。例如，流行病学监测中存在这样一种情况：每天服用一粒小儿用阿司匹林的人，其心脏病和中风发病率比不服用的人更低。听到这条信息时，人们直觉上可能会认为用药和发病率之间存在因果关系，从而推断每个人都应当每天服用一粒小儿用阿司匹林。但是在这里，用药和发病率之间并无因果关系，仅仅具有相关性。其他因素也可能带来同样的结果。比如，有人可能既按要求服用了阿司匹林，又比一般人更注重饮食和锻炼，而事实上也许后两者才是降低发病率的原因。另外一个例子是，数据发现，唐纳德·特朗普的支持者在权威性人格的量表上得分更高，但这仍然不一定构成因果关系。上述两个例子所体现的相关性—— 一个是每天服用小儿用阿司匹林和心脏病或中风发病率之间的关系，一个是

27

特朗普支持者和权威性人格之间的关系——毫无共性。也就是说，要在基础概念的条件之间寻找规律，通常很困难。

相比之下，如果基础概念的条件成立，相应的行动通常很明确，概念很容易应用。比如，在对两个平均数能否反映相应两组潜在人群之间的真实差异进行评估的过程中，何时使用t检验之类的统计显著性检验方法通常并不好判断，但如果已经决定要进行显著性检验，实际运用就简单多了。实际要用的知识通常比较基础和明确，而弄清楚什么时候能用，才是困难的部分。

不过，有些基础概念的条件和动作都很复杂。比如，我们教的另一个基础概念是"利用算法策略解决真实问题"。判断哪些情况适合使用这一方法就很难，而实际行动——设计相应的算法——可能同样很难。

简而言之，思维习惯和基础概念间的关键区别在于，前者的条件总是能很清晰地界定，并能直接判断出来，而后者的条件更为广泛和多样，无法自动识别。相比之下，基础概念的动作通常是能直接运用的、清晰的知识元素，而思维习惯却并非如此。

利用思维习惯和基础概念的区别

思维习惯和基础概念的区别为什么重要？用条件／动作的视角来理解实践知识，不仅让我们能够将精力更加集中于教学，也揭示了掌握知识技能过程中主要的困难环节。

具体来讲，就思维习惯而言，判断产生式系统中的条件比较容易，困难之处在于弄清楚在相应情况下究竟要如何行动。因此，我们就知道，需要让学生反复运用思维习惯，使他们对产生式条件高度熟悉，最终能下意识地运用。我们还知道，一旦学生的思维习惯被激发，我们就需要集中精力帮他们学习如何做出恰当的反应。也就是说，学生需要练习在不同的情境里运用思维习惯，从而掌握相应的行动策略。

对基础概念来说则正好相反：要判断应用的恰当时机相对较难，但要搞明白特定情境下怎么做则比较简单。因此，我们就要让学生在看上去完全不同的情境里多次使用同一个基础概念，从而学会判断条件中包含的关键元素。而相应的行动则大多直截了当，因此学生就不需要花同样多的精力去学习如何将同一个基础概念付诸行动了。

有了对实践知识的上述理解，我们随之开始思考究竟把教学精力集中在哪儿的问题——是放在条件上，还是动作上，还是（较少数情况）两者兼而有之。这是对教学法的系统性考量，在大多数学校里都不太可能进行。密涅瓦很幸运能从头开始塑造，因此也不必摈弃什么历史遗留问题。相反，正如本文所说，我们能够从第一性原理出发，并尝试那些最高效的做法。

思维习惯和基础概念的教学

我们很容易识别出大量的思维习惯和基础概念［我们将其统称为HC，取"habits"（习惯）和"concepts"（概念）的首字母］。但如何确定通识课程中要教哪些HC呢？一个习惯或概念必须满足以下条件才可被纳入密涅瓦的课程：

1. 源于四项核心能力（批判性思维、创造性思考、有效沟通、有效互动）的某方面内容。
2. 让学生能够在毕业后的日常生活中，做出一些有用的事。
3. 能被广泛应用。在密涅瓦校内，其标志是至少能被用于两个专业的课程。
4. 有实证发现、证据或广为认可的最佳实践（尤其是能让人在全球语境下合理行动的实践）证实其必要性。
5. 其指导下的具体行动能够使用量规进行评价。该习惯或概念不能太过宽泛或模糊，以致无法进行系统而可靠的评估。

29

在密涅瓦第一年的通识课上，我们就会将所有HC介绍给学生。通识课包括四门持续一年的"基石研讨课"：形式分析（Formal Analyses，聚焦批判性思维的核心内容）、实证分析（Empirical Analyses，聚焦创造性思考的核心内容）、多元沟通（Multimodal Communications，聚焦有效沟通能力的核心内容）和复杂系统（Complex Systems，聚焦有效互动能力的核心内容）。学生在选定专业后的三年学习中，将继续使用（和评估）这些内容。

刚开始实施这个方案时，我们惊讶地发现，并不能简单地从四项核心能力中直接推导出HC。我再强调一遍：我们发现，并不能直接教学生掌握批判性思维和其他三项核心能力。

回头来看，其实问题显而易见：这些能力本身并非单个具体事物。比如说，并没有一件事物叫作"批判性思维"，这个名词实际上指代了一系列非常不同的技能和能力。比如说，如何评价"我们不可能教人学会批判性思维本身"这句话？为了批判性地看待这句话，我们可以尝试找到一个反例（此即批判性思维教学的实例之一），也可以思考这句话背后的假设，比如"教人学会"是什么意思，还可以检查这句话的逻辑：隐含前提是什么，结论是否紧随前提。我们甚至还可以考察这句话来源的可信度。

我们再拿上述批判性思维与做出决策所需要的能力进行比较，比如对于要决定是直接去上大学还是先工作一年这个问题，我们需要考虑什么。这时，我们就需要进行权衡。在这种情况下要想最有效地运用批判性思维，就需要列出一个收益矩阵，以便我们系统地对比不同选择的代价和好处。另外应当记住，相较潜在的收益，人们总是过分地看重潜在的损失（Kahneman，2011）。

简而言之，上述两类不同的批判性思维所需要的能力迥然不同，这就好比打棒球中的挥棒落空、击出界外球且未被对手接住、投球直接经过本垒板上空之间的关系：三者都被称为"好球"，但实际上是完全不一样的动作。

30　　　实际上，四大项核心能力——批判性思维、创造性思考、有效沟通和有效互动——每项都不是单独的能力。更准确地说，每项能力都是不同技能的组合，而这些不同的技能又分别需要相应的单独教学内容。

密涅瓦将实践知识整合成各项核心能力独特方面的集合。在下文中，我将以每项核心能力中某一方面的某一项思维习惯或基础概念作为例证，简要总结HC的内涵，并展示思维习惯或基础概念如何在现实世界中得以应用。

批判性思维的能力

基于不同的思维习惯（以下简称为"H"）或基础概念（以下简称为"C"），我们将批判性思维分为四种类型。

评判论述

第一类批判性思维是对论述和说法进行评判的能力。要评判某个论述的正误，必须判断该论述的背景假设和隐藏逻辑（包括寻找反例）。此外，还需要评判论据的质量，这又需要理解概率、统计和偏差的本质。下面，以我们讲授的此类批判性思维中的一个思维习惯为例[1]：

举例（H）。"分离复杂的论点，找出并分析论点的前提和结论。"对论述的评判、有说服力的书面写作、令人信服的口头表达和有效的辩论是四个相互关联的能力。它们都要求一个人能够理解论点是什么，能够拆解与分析他人的论点，并能够利用有效的逻辑推理来形成自己的论点。要分析一个论点，必须找出和分析论点的前提，以及前提和结论之间的关系。

应用示例。你和朋友在争论今晚要做什么。朋友们说钱不够，所以应该去看电影而不是去听音乐会。当你认识到这一论点的前提是"音乐会票比电影票更贵"时，你就找到了说服他们的新办法。如果你能找到一场免费的音乐会，那么他们不去音乐会的这个结论就站不住脚了。

分析推论

推论是基于已有知识理性地创造新知识的过程。哪怕起始的论述是正确的，基于此所进行的推论也未必正确。形式逻辑提供了判断推论是否有效的方法。

举例（C）。"在不同的分析层次对事件或事物特性之间的交互作用进行描述，从而解释现象。"目标问题不同，恰当的分析层次也可能不同。比如，一位正在调查房屋失火的保险理赔员，可能对爆炸的原因并不感兴趣，但会集中精力调查居住者是否习惯性地对点燃的蜡烛置之不理。任何事件或系统都能在不同层次进行分析理解，根据不同目的，我们也应当注重进行不同层次的分析。

应用示例。你的团队在制作一只机械手，但它总是拿不住东西，这让你非常恼火。一开始，你以为是因为手指形状不对，所以握力不够，但随即你意识到，你可能找错了分析层次。你开始考虑机械手制作材料的特性，然后发现材料太滑——机械手把东西抓在手里后的摩擦力不够。机械手本身的设计并没有问题，只是用来制作的材料不对罢了。

权衡决策

评判论述和分析推论之所以重要，部分是因为它们能帮助我们决定如何行动。

---

[1] 以下的HC举例和应用示例引自密涅瓦HC的完整列表（一些例子有部分改动）。很多人为这部分内容提供了帮助，均在本章致谢中说明。——作者注

但这两类批判性思维并非让人做出决策的充分条件。要理性决策，还必须分析不同选项各自的权衡取舍。

举例（H）。"考虑所有相关方的各种潜在成本和收益。"在做出决策时，必须从所有相关方各自的视角出发，考虑成本和收益的取舍。

应用示例。你马上要举办一场年会，打算在已经合作了六年的宾馆进行。你已经打印了邀请函，联络了嘉宾、演讲者和附近的餐厅。会议开始前一周，宾馆经理来信表示，收费将提高到去年的三倍。你要考虑对各个相关方来说，按计划在该酒店进行会议的代价和好处是什么。对你而言，代价太大了：你没办法负担这笔费用。好处则是你熟悉这个场地，不需要重做所有邀请函和相关安排。对参会者而言，代价是付更多的报名费，好处则显然是议程明确、会场熟悉。对宾馆经理而言，代价是失去你这个客户，好处则是增加营收——当然仅限于这一次（你显然不会再到这里举办会议了）。把所有这些考虑告诉宾馆经理，则可能带来一场有益的协商，最后他可能只增加50%的收费（此案例来自Carnegie，1937）。

分析问题

解决问题需要创造性思考，但在此之前的问题分析则需要批判性思维。这里的分析过程主要包括理解和归纳问题。

举例（H）。"定义问题的本质。"解决问题的第一步，是确定问题到底是什么。这听上去显而易见，但实际过程却常常被忽略——人们还没完全理解问题，就直接投身于解决问题。要定义问题的本质，就需要明确目的，明确起点和终点之间的障碍，明确潜在解决方案的限制条件（比如有限的资金），以及问题的大小。不同类型的解决方案适用于不同程度的问题。

应用示例。医生让你减肥，是为什么呢？这就需要用不同思路来定义这个问题的本质（以及不同的解决方案）。对你而言，可能是身材的问题（那么就可以通过吸脂、整容或者胃切除手术来解决）；但从医生的角度来看，可能是因为你的血液指标不正常，需要做出调整（那么就可以通过吃药或调节饮食来解决，如果你不在乎相关的健康风险，则完全不需要做调整）；又或者是出于保险费用的考虑（体重不超标的人群的某些保险费用可能低些，因为他们可能不需要做那么多手术或治疗——那么就可以通过增加保费或减少保险覆盖内容来达到目的）。可见，对于问题的不同定义会导致不同的行动路径。

创造性思考的能力

创造性思考能够带来新事物。批判性思维注重分析，而创造性思考则注重整合。不管是科学探索、寻找实际问题的创新解决方案，还是创造新产品、新流程和新服务，创造性思考都扮演着核心角色。和批判性思维类似的是，创造性思考并非某个单独的行为。我们将创造性思考的不同方面归纳为三类行为，分别描述如下。

促进探索

新事物的探索发现并无定式或规律。不过，有些做法和启发式方法（"经验"）能为探索发现打下基础或提供助力，其中包括基于充分信息而提出假设、进行预测以及解读数据的能力。在此基础上，研究方法的有效使用能够提升新发现的概率。此外，多个层面的系统性分析还能进一步助力探索。

举例（H）。"评估初始数据收集和此后假设驱动的研究之间的关联。"科学研究始于观察，但人们必须对观察结果进行归纳，才能推导出其中的规律。这些规律随即被提炼为一系列理论和相应的假设，来解释不同性质的因素如何使数据呈现出这些规律。对于这些假设，人们可以再进行测试。这样观察、推理、形成假设、收集数据以测试假设、修正理论，然后再生成和测试新假设的一系列循环，就是科学研究的本质过程，也被称为科学方法。

应用示例。你是一名作家，正在写一篇关于旧金山街头犯罪的文章。你发现，在犯罪率低的街区，居民在人群的种族构成上更单一，并且有志愿者监察治安。你开始推理，认为在人群种族更同质化的街区，人们的关系更为融洽，因此犯罪率更低。为了验证这个设想，你观察了其他街区，发现两者并无联系。于是你修改了自己的推论，转而关注治安监察，并假设它的存在与犯罪率相关，然后再测试该假设是否成立。

解决问题

当某个障碍阻挡了目标的实现，一个"问题"就产生了。当问题第一次出现（尚无已知解决方案）时，你必须运用创造性思考来加以解决。这时的创造性思考依赖于特定的启发式方法和技巧。

举例（C）。"将识别和运用'约束满足法'作为解决问题的一种方法。"障碍往往不能被轻易克服，因为可能或可行的行动往往有限。这些限制即为解决方案必须满足的要求，它们虽不决定具体的解决方案，但框定了可能性的边界。因此，解决问题的部分过程就是识别行为的限制条件。如果限制条件定义得很充分，那我们往往能够通过找到同时满足所有限制条件的办法来解决问题。

应用示例。你马上要搬去新家，必须决定卧室里放哪些家具。你有一张旧沙发，沙发后面的一只脚掉了，拿电话本垫着——所以沙发摆放的位置要确保其后部不会被看到（这是限制条件之一）。你还有张旧床，床头板必须靠墙（另一个限制条件）。你有两张边几，必须分别放在床头两侧（另一个限制条件）。一张大椅子和一个阅读灯，必须相邻摆放（又一个限制条件）。这样，当你选好沙发靠在哪面墙时，你可能已经完全解决了房间内家具摆放的问题。这是因为其他几件家具的位置随之就能确定：剩下只有一个地方能够让床头板靠墙，同时容纳两张边几，而这三件家具确定位置后，另外就只有一个地方能够放下椅子和灯了。仅凭同时满足所有限制条件的行动本身，就能够决定问题的解决方案了！

创建产品、流程和服务

有各种各样的方法和技巧能辅助创建新产品、新流程和新服务，这些方法和技巧包括：迭代式设计思维、逆向工程思维以及知觉与认知原理的应用。

举例（C）。"找到（知识、市场供应和各类想法中）亟待利用创造性解决方案来填补的空白。"只有在此前没有有效解决方案的情况下，创造性解决方案才是必要的。因此，创建新产品、新流程和新服务的第一步，是判断其必要性。这就需要具备识别已有解决方案的能力。

应用示例。你在一家烘焙店工作，发现面粉的采买量并未根据过去几天的销售量和即将推出的当季特品（比如复活节十字面包）的需求进行调整。经过调研，你没有找到合适的软件来进行估算和自动下单。为此，你雇了邻居的儿子来写代码。你们自己设计的软件非常好用，现在你们已经合伙成立了公司，打算把软件卖到其他烘焙店。

有效沟通的能力

有效沟通的能力对领导者和创新者来说至关重要，因为作为受过广博教育的社会一员，他们必须发挥应有的作用。有效沟通的能力在很大程度上依赖于口头表达，信息必须被明确而恰当地传递给特定的受众。不过，有效的沟通同样取决于语言之外的信息传递，包括面部表情和肢体语言。

有效使用语言沟通

人类沟通大部分通过语言进行，无论是口头语言还是书面语言。因此，知道如何有效地使用语言来沟通，就显得极其重要。

举例（H）。"根据语境和受众调整口头和书面表达。"不同受众的背景知识、兴趣、目的、世界观和立场都不一样。为了进行有效沟通，你就必须意识到受众的特点以及其他因素（比如自己的目标是什么，有多少沟通时间），并据此调整自己的书面或口头表达。同样的信息可以有多种传递方式，其有效性也会因为受众不同而有区别。

应用示例。你要向公司董事会展示一款新产品。董事们并不关心产品的技术细节，只想要你简要总结其功能、潜在收益和盈利所需的时间。向工程师们展示同样的产品时，他们则希望得到产品的技术细节，以及生产过程中可能出现的任何潜在问题。如果向销售人员展示，他们则希望知道该产品最具创新性和最值得注意的功能。在向不同对象展示同一件产品时，你需要调整展示的内容和方式以及展示的时长，从而有效地向不同受众传递他们各自需要了解的信息。

有效使用非言语沟通

非言语沟通本身是强有力的表达形式，也极大影响着言语沟通的有效性。沟通中的非言语元素会为整个沟通定下基调。

举例（H）。"将知觉与认知原理用于口头与多媒体的展示和设计。"大量研究记录了人类知觉和认知的各个方面，从中得出了一系列人们归纳和解释所见所闻的行为规律。出版物、演示文档和视频中的图像只有遵从这些规律，才能有效地传递信息。与此类似，具有某些特定用途的物件的设计，必须将这些用途清晰地传达出来。

应用示例。你正在观察人们如何离开一座大楼。其中超过半数的人试着拉开大门，但门实际上是设计成从里向外推开的。你仔细观察了门把手，发现里外的把手是一样的——这明显会让人向内拉门。由此你意识到，弧形的门把手，让人不自觉间就想将手伸进去向内拉门。如果门需要被推开，那么门把手传递的信息显然是错误的。

36

有效互动的能力

人和人的沟通不仅为了传递信息，也为了人际互动。不过，人际互动所包含的远远不止沟通。互动的目的，可以是对他人施加某种影响（比如在协商或者说服他人时），也可以是促进或阻碍一个团队的运转。

谈判、调解和说服

要想和他人有效互动，就需要预估特定信息的影响、感知对方的实际回应，并据此调整自己的沟通方式。这样有机的互动正是谈判、调解和说服的核心。

举例（H）。"为谈判准备多维度的最佳替代方案（BATNA）[1]。"在某种程度上谈判是一门艺术，但又要借鉴实证发现和最佳实践。其中一个最佳实践，就是在谈判开始前想清楚自己的BATNA。这里的关键在于，提前设计好具有吸引力的替代方案，并预估替代方案开始优于既有谈判结果的时机。这就要求人们准备多个BATNA，同时根据谈判情况的变化，判断谈判关键方面的变化，并据此将BATNA进行排序。

应用示例。你有辆旧车，打算把它卖了。有个朋友说他想要——如果价格合适的话。于是，你提前算好了合理的价格。你想出了两个BATNA。如果朋友因为钱不够而决定不买，你就以高于谈判价10%的价格登出广告，看能不能找到其他买家。如果朋友因为发现车里损坏部件太多而决定不买，你就把车拆成零部件卖给机修工。

与他人有效协作

每个人都在与他人的互动中扮演着多种角色。比如，我们有时候是领导者，有时候则是团队成员或跟随者。不同角色间的互动会受特定行为和做法的影响。

举例（H）。"学习合理分配团队成员的角色，这需要对工作性质和角色类型保持敏感。"领导者必须认识到，每个人的认知、元认知和社交优劣势都不同，这些差异会对每个人在团队中能否有效扮演特定角色产生影响。因此，要给人分配角色，就必须首先分析完成特定任务所需的技能和特质。有些技能和特质取决于特

---

[1] BATNA：best alternatives to a negotiated agreement的缩写，指谈判破裂情况下的最佳备用方案。——译者注

定的专业知识，有些则涉及更宽泛的人际交往技巧和性格，与合作性和社会性的活动相关性更强。只有考虑了这些因素，才能够判断谁有能力有效承担特定角色。

应用示例。你领导的团队有一项推出新产品的任务。第一步是考虑团队要做什么（从确定目标市场到设计产品、制作原型，再到撰写营销计划）。你很了解团队成员。你在分配任务时，既要考虑他们各自的背景知识，又要考虑每个人的性格。比如，你想填补市场空白，那么第一要务是组建判断市场的小组。你挑选了那些消息灵通、洞察力强、工作高效的同事——而不太在意他们能否提前考虑产品的设计或营销。

破解伦理困境、具备社会意识

一个人如何破解伦理困境，会直接影响其与他人的沟通方式。能否进行这种思考的决定因素之一，是他是否具备社会意识，即是否关心他人、关心公共利益。

举例（H）。"评估伦理困境，构建恰当的理解方式以解决困境。"伦理困境的解决，常常取决于当事人找到对大多数相关方（通常是人，但也可以是公司、动物、植物和宏观环境）来说最公平的做法，同时不违背广为接受的社会规则和习俗（包括法治）。为了解决这样的困境，可以考虑从不同视角去看待和定义情况，找到一种让大多数相关方的利益最大化，同时尽可能减少损害且不违背广为接受的社会规则和习俗的方式。

应用示例。你的机构需要雇更多人，却没有收到足够多的申请。你决定给推荐面试者的所有员工发奖金。有员工说这是个圈套，会诱使人做出不道德的行为：让朋友来面试，哪怕明知他们并不适合这份工作。你承认这是个问题，并调整了策略：只有当被推荐者被雇佣，并在机构工作三个月以上，推荐人方可获得奖金。同时，你向员工解释，相信他们会坚守自己和公司的道德准则。

广泛地运用实践知识

在密涅瓦，我们投入了大量时间和精力来设计实践知识的教学方式。我们明确地讲授批判性思维、创造性思考、有效沟通和有效互动四大核心能力下的思维习惯和基础概念（HC），而不只是寄希望于学生在学习其他材料时，偶然地获得这些关键技能和知识。那么，真的有必要这样做吗？在我们所知的范围内，没有哪个传统大学会系统地教授实践知识。（有些时候，大学会提供这方面相关的单门课程，但此类课程并不成系统，也很少有后续课程。比如，有些大学会单独提供一门批判性思维的课程，但也仅此而已。）在大多数情况下，大学教师理所当然地认为，批判性思维之类的核心技能会在学生学习英语、哲学、生物或其他课程时自动浮现——如果他们真的想过这个问题的话。比如，教师会认为，通过文学精读、哲学分析等学习技巧的积累，学生自然就会掌握批判性思维。实际上这是不大可能的，因为它取决于人类学习的本质。

首先，人们不会自动从例子中提取一般性规律（参见如Gick & Holyoak，1983）。因此，我们不能假定学生会识别和创建各个领域构成推论基础的通用策略和方法。

其次，哪怕人们能够找到某类推论或行为下的关键规律，也不大会将其应用于所学内容以外的领域。这正是我们从学习科学中理解到的核心思想。有件逸事很能说明这个道理。一位著名物理学家曾为哈佛非物理专业的学生讲授物理学基础。他认为用日常实例来教学的话，学生会学得更好，于是决定用棒球来举例（其中包含了许多物理学原理）。但是，他渐渐发现自己在课上用完了能想到的所有与棒球相关的实例。等到要出期末考卷时，他实在想不出更多棒球上的例子了，只得用橄榄球的例子。猜猜学生做何反应？他们指责教授在期末考试中玩弄了他们——他们说，整门课程都和棒球相关，教授怎么能临时变卦，让他们回答与橄榄球相关的问题呢？这太不公平了！①

学生们表现出来的就是所谓的"迁移失败"。人们经常很难将在某种情境下学习的技能或知识应用或"迁移"至另一种情境。当情境类似时，如上述例子，此类迁移就被称为"近迁移"。近迁移虽不容易，但也远远比不上两个情境看上去完全不同，且在不同时间发生的情况。在后者的情况下，恰当地应用技能和知识的迁移，就被称为"远迁移"（Barnett & Ceci，2002）。

为帮助学生将所学迁移到另外的情境，密涅瓦不遗余力地确保学生理解根本规律，并同时练习在多种不同的情境、不同类型的实例中应用所学。这样，不管是体育领域的实例，还是汽车驾驶、苹果掉落和为什么水往低处流的问题，那些物理课上的学生才能更加得心应手地解决。

① 本故事来自埃里克·梅热的转述。——作者注

为了同时激发近迁移和远迁移，我们根据学生学习HC后在新情境下有效运用HC的程度，来对其进行打分。事实上，学生在后三年学习中的得分，就取决于他们在这三年所修的每一门课程中运用和迁移HC的情况。

结语

我们已经证明，实践知识不仅可以凭借诸如HC这样的定义被详细地描述出来，而且也能够进行系统性的教学。我们先是思考了大学生应达到的四个公认的学习目标：理解领导力并与他人协作、理解创新、成为思路开阔和思维灵活的思考者、获得全球视野。接着，针对已实现前三个目标的人，我们分析了他们所具备的个性素质、行为和方法，并将这些特点归纳为四类核心能力：批判性思维、创造性思考、有效沟通和有效互动。然后，我们从几个具体方面分析了这四类核心能力，从而完成了最后一步：基于四类核心能力的各个方面，定义两组学习目标，一组为思维习惯的学习目标，另一组为基础概念的学习目标。上述对核心能力的分析，又反过来让我们能够在教学中聚焦实践知识的几个具体维度。在仔细考虑了实践知识的本质特点和学习科学的重要发现后，我们终于形成了一套自己的实践知识的教学法，同时致力于帮助学生实现毕业后的成功。

我仅仅解释了密涅瓦核心课程中寥寥数个HC的情况（有关HC的完整列表，请参见附录A）。毫无疑问，会有人质疑我们为什么选取了某些HC，而又将另一些HC排除在外；可能会有人觉得，我们忽略了某个重要的思维习惯或基础概念——哪怕他们尊重我们的筛选标准。在某些情况下，这样的质疑是有道理的，那么我们会相应修改HC列表。事实上，我们也会定期更新该列表的内容，根据学生、教师、员工、实习主管等人的意见来添加、整合甚至删减HC。因此，必须把附录A的列表看作一个实时变化的动态文档。更重要的是，这个更新过程不会结束：正因为世界始终在变化，我们所教的实践知识也应当随之变化。但是，我们的目标永远不会变，那就是让学生掌握适应不断变化的世界所需的思维工具，而正是这些思维工具，会让他们在毕业后继续取得成功——我们会持续改善自己的工作，从而实现这一目标。

致谢

许多人在我们构想和创建HC的过程中提供了帮助。我尤其要感谢密涅瓦现任和前任学院院长、副院长们，包括埃里克·本纳波（Eric Bonabeau）、朱迪思·布朗（Judith Brown）、薇琪·钱德勒（Vicki Chandler）、乔什·福斯特（Josh Fost）、卡拉·加德纳（Kara Gardner）、詹姆斯·杰农（James Genone）、戴安·哈尔彭（Diane Halpern）、里奇·霍尔曼（Rich Holman）、丹尼尔·莱维廷（Daniel Levitin）和布赖恩·罗斯（Brian Ross）。里娜·莱维特（Rina Levitt）帮我澄清了本文中总结的关键概念。此外，很多人提供了本章所引用的案例，尤其是乔什·福斯特、詹姆斯·杰农、薇琪·钱德勒、梅根·加尔（Megan Gahl）、丹尼尔·莱维廷、里娜·莱维特、约翰·莱维特（John Levitt）、卡拉·加德纳、朱迪思·布朗、贝丝·卡拉汉（Beth Callaghan）和里奇·霍尔曼。密涅瓦的学生罗伊·诺伊曼（Royi Noiman）和伊恩·凡·布斯柯克（Ian Van Buskirk）草拟了本章中的一些应用示例。我还要感谢盖·戴维森（Guy Davidson）为本章的文稿提供了建议。

41

3. 课程基础

本·纳尔逊（Ben Nelson）、斯蒂芬·M. 科斯林（Stephen M. Kosslyn）

密涅瓦的想法始于20多年前宾夕法尼亚大学的课程改革方案，该方案的目标 45
是将本杰明·富兰克林的理念传承到21世纪。一如这个起源理念，密涅瓦的创建是
我们对博雅教育课程的方方面面进行系统性重新思考的结果。博雅教育的课程究竟
是什么样的？围绕此问题已经有热烈的讨论（如Nelson，2011）。其中一种观点认
为，教育的核心应与职业相关，应针对特定职业进行教育。这会导致课程变得范围
狭窄、高度聚焦，不同学生也可能接受完全不同的教育。另一种观点则认为，博雅
教育的本质是追求知识本身——博雅教育的倡导者因此认为，不应当去考虑知识未
来有何用处。基于这个论点产生的，往往是完全去结构化的课程，其中各个部分的
内容之间毫无联系。我们认同的则是第三条路，即200多年前本杰明·富兰克林和
托马斯·杰斐逊所提倡的路径。当时，许多人在阐释富兰克林与杰斐逊的远见卓识
时，采用了注重经典著作的博雅教育模式，即聚焦于由白人先贤所撰写的、可以说
是构建了西方文明基础的论著。但是，基于这种模式的课程所依托的经典著作，不
可避免地根植于其他时空背景，与富兰克林和杰斐逊希望教育实现的最终目标也就
不完全一致了。因此，我们采用了不同的路径，来传承国父们的思想衣钵。

基于代议共和制的概念，美国的开国元勋构建了政府的系统——实现了一个古
代罗马政府结构的理想化版本。在共和国中，任何一位公民都可以接受任命，作为
他的（在当时只能是"他的"，而非"他的或她的"）公民同伴的代表来参与国家
治理。因此，所有公民都需要接受博雅教育的训练，因为社会领导者必须借助其知
识来做出决策。富兰克林和杰斐逊则提倡将实际的（practical）或实用的（useful）
知识作为美国高等教育的基础。我们也认可这一观点。

不过，第一性原理尽管催生了美国高等教育，但并不意味着如今的美国大学应 46
当回头采用以前的课程。教育研究者不仅对教育系统进行了大量研究，更对学习本

身的原理、个体如何建立普遍性知识①的框架，以及如何训练个体以不同方式对某一话题进行探究等内容进行了探索。我们相信，博雅教育的根本任务，就是为公民提供一系列适用于各种情况的思维工具——这些思维工具也因此作为实践知识发挥作用。我们所谓的实践知识，是每个人为适应不断变化的世界、实现自我目标而使用的知识（参见第2章）。与富兰克林和杰斐逊的设想一脉相承的实践知识，正是博雅教育的核心，它与为了知识本身而习得的知识或职业训练所讲授的知识截然不同。

基于上述思考，我们究竟要如何设计出一套能够在当下社会有效传递实践知识的课程？的确有一套设计规则能帮助大学更好地组织课程，从而让学生不仅知道自己应做什么，也知道自己不应做什么。下面我们将对这些规则展开讨论。

基础原则

我们提出了四条用于构建课程的原则。这些原则可更广泛地用于课程体系的构建，以推动前沿博雅教育的发展。

原则1：内容并非重点

第一条课程设计原则是，高等教育所聚焦的核心不应当是内容。如今每个人都被海量内容所淹没，只需要敲几下键盘便可轻易获取大量信息。内容固然很重要，但大学不应当把重点放在让学生记忆内容上。相反，大学应当首先认可，学生（在恰当的支持下）能自主获取大部分信息，而且（通过使用"翻转课堂"的模式；参见第12章）通常在课前就能做到。尤其是在如今信息爆炸的社会中，问题不在于是否要记住内容，而在于知道去哪里寻找内容、如何评判内容价值、如何使用内容。大学的核心任务在于教会学生围绕自己的目标来寻找、评估、分析、整合信息的方法。

另外，网络上有大量免费或近乎免费的信息，而机构还要通过向学生收费、颁

---

① 普遍性知识（generalizable knowledge）：指在某范畴内研究发现的、能够用于更普遍领域、其构成更为通用的理论、原则或关系，以及信息累积的结论、事实或规律。——译者注

发证书的方式，来证明他们记住了足够多的内容并通过了考试，这种做法可能存在伦理问题。这里的背景信息是，美国私立非营利四年制高等教育机构每年的平均学杂费为33480美元（不含食宿费；美国大学理事会，2016）。假设学生每年上八门课，那么等于学生为了证明自己能通过一门微观经济学或基础代数的入门课程，要支付4185美元。如果再考虑到大学里提供的多为讲座式的大课，那么换算的结果就是，每个学生一共要花大约10万美元来获取一项原本为免费和人人可及的服务。

再进一步讨论，大学甚至未能有效地传递信息——大量内容依赖讲座来传递，但讲座早已被反复证明无法有效促进学生学习（参见第12章）。许多大学已经意识到了这一点，于是发布了一些数据，好让自己看起来提供了更多小型、非讲座式的课堂——但这些数据经不起进一步推敲。哥伦比亚大学是个很好的例子。根据《美国新闻与世界报道》（*U.S. News & World Report*，2017）的信息，在全美排名前一百的大学中，课堂规模低于20人的比例最高的是哥伦比亚大学。《美国新闻与世界报道》称，哥伦比亚大学有82.7%的课堂学生人数少于20人，8.9%的课堂有20到49名学生，8.2%的课堂有至少50名学生。粗略计算的话，假设上述三种规模的课堂的平均学生数分别为12人、30人和100人，那么，按照哥伦比亚大学授予学生的课程学分总量来计算，其中只有47%的学分来自20人及以下的课堂（尽管如此，这些小课中肯定还有很多采取了讲座式教学）。假设这三类课堂的规模整体偏小，比如平均分别有10人、25人和75人，计算的结果也基本一样。假设这些课堂的整体规模都偏大，比如分别平均有15人、35人和120人，结果也显示，大部分学分来自规模较大的课堂——这些课堂肯定都是讲座式的。

更糟糕的是，哥伦比亚大学2017年的学杂费并不与全国平均数持平，而是高达55056美元（同样不算食宿）——学费收入大多来自那些不符合助学金条件的学生，而他们占了总学生数的一半还多。这就意味着，一个完全自费的哥伦比亚大学学生，作为拥有全美最高小班比的精英大学的一员，要支付远超10万美元的费用坐在那里听讲座，而且无法有效学习。很明显，这当中有问题，美国的高等教育也无疑大有改进空间。

原则2：课程体系必须结构化

48

第二条课程设计原则来源于我们坚信的理念，即大学必须用结构化的方法来培养学生的心智。我们可以把教育比作一次脑部手术：它能有效地改变大脑的结构和功能。和任何手术一样，拟订一个明确的手术计划是首要的步骤。如果还没想好下一步要做什么就直接开始手术，是绝对不可接受的。同样道理，大学在进行"脑部手术"，以此来提高个体的心智水平与能力时，也不可恣意妄为。行动计划是不可或缺的。因此，教学路线的结构，也就是大家所说的课程列表，具有重要意义。

课程的重要性不容置疑。但是，大部分高等教育机构却没有依据自己清晰的目标来审慎地构建课程。传统美国大学的课程一眼看上去好像有贯穿始终的逻辑；所谓的逻辑就是，大部分课程要求学生必须遵循一定的核心顺序来学习。但是，这样的结构仅和特定专业的教学目标有关，和通识教育或者选修课没什么关系——但后者占据了美国大学生的主要时间。通常来说，学生可以从几十门课（甚至更多）中选择，因此可以勾勒出不同的学习路径。但他们选择路径时往往没经过太多推敲，往往是这里选一门，那里上一课，而不是始终朝着同一个学习目标推进。这样的课程体系虽然有结构，但主要由选课条件所决定：有些课程要求学生必须先上完其他一些课。但这些先修课程通常也是彼此孤立的，并未成为整体课程结构的重要组成部分。

简而言之，在大部分传统大学中，课程体系的结构化程度是非常粗浅的，只是将单个专业内的基础课程进行死板地排序。在专业之外，几乎没有一个逻辑连贯的课程结构，或者因为各门课程之间被认为毫不相关，而根本无法形成一个逻辑连贯的课程结构。这些课程之间没有协同，没有整体一贯性，也没有全局的质量控制。

原则3：课程内容必须具备根基性

前两条原则意味着，大学课程不应当仅用来传播那些在其他地方也能轻易获得的信息（或者至少不应当为此而收费）；相反，大学应当提供的，是架构良好的一系列课程，以此传递基础性的技能和知识，让学生在现实情境中能有效行动。

这就意味着，大学课程必须经过审慎的选择和严谨的组织。不仅如此，大学课程还应当符合第三条原则：课程内容必须具备根基性，也就是说要明确课程中的哪些内容会为其他内容打下基础。根基性的课程要教学生关键的技能和基础性的知识，这些内容要具有启发性，要能激发和促进思维成长。大学一旦提供了一门课程，就应该使学生在相应领域达到精通的水平。如果大学课程能起到这样的作用，那么没上过某门课的学生就不能说自己熟稔相应领域的内容。

这样看来，特别是同时考虑到前两条原则，课程是否具备根基性就成为一个意义深远的问题。根基性的要求意味着课程目录要大幅精简：如果大学想在某个领域开设一门课程，就须确保这门课程具备根基性，同时与严密的课程架构相契合。学生不必完成某个领域的全部课程，但一旦选定聚焦方向，就要上一系列课程——这些课程需要有明确的设计逻辑，从而传递根基性的技能和知识。每个大学都应当非常仔细与彻底地思考，究竟想让学生学到什么。

原则4：学生需要获取充分信息以做出明智的选择

第四条原则强调的，是要帮助学生在面对课程表时，能获取充分信息，做出明智选择。刚进入大学时，大多数学生最多只是模糊地知道自己毕业后想做什么，要做出明智的选择，就必须能轻松地获取信息。事实上，大部分大学生至少会转一次专业（Chen & Soldner，2013），大约有80%的学生会有转专业的经历（Garton，2015）。给学生系统的、明确的指导或许是解决方案之一，但哪怕只对选择某条路的可能性结果提供多一些信息也是有用的。比这些更重要的，是确保设计的课程为学生提供了真实的选择，而非假象。比如，从课程目录上看，学生可以在大二时主修生物，但是很少有学生能这样确定专业，因为他们必须在第一年先完成一定的先修课程才行。而密涅瓦的大一课程为所有专业和方向打下了基础，大二课程则带领学生探索好几个相互关联的专业课题，此后才让他们决定主攻方向；密涅瓦的学生在大二中期选择专业，在大三时确定细分方向，这样就能在做选择时做到心中有数。

宏观背景和远迁移

密涅瓦的课程基于上述四条原则，但同时也根植于我们对一个问题的分析，即大学课程究竟怎样帮助学生为毕业后的人生做好准备。在第2章中，我们回顾了密涅瓦的课程目标：帮助学生理解领导力、学会与他人协作，让学生理解创新的方式和时机，并成为思路开阔、思维灵活的思考者和具备全球视野的个体。随着我们回顾相关文献、访谈不同雇主、仔细分析雇主对招聘时看中何种特质的回答，上述课程目标逐步形成。此外，密涅瓦的课程构造也回应了传统大学课程的两大问题。在本节中，我们还将分析这些问题，并给出我们的回应。

宏观背景的重要性

纵观其他国家的高等教育系统，其课程大都比较狭隘。通常这些大学为每一个学生提供的课程，多局限于某一专业，或许他们教得更深入，但也只是局限在三年的时间内——在学生选择的专业之外，鲜有更宏观的探索。而在我们看来，更宏观的探索才是全世界公民所需教育的核心。

为什么我们主张学生应当获取更宏观背景下的信息？可以想一下，我们希望在这个世界上身居要位的人是什么样的，比如大公司的CEO、议员和国会成员、总统与首相、影响关键决策群体的记者，等等。有人会说，我们希望CEO能够理解商业机制，希望议员和其他选民代表能够理解法律，希望记者有出众的文笔。这些都没错，但还不够。历史上的关键人物不仅仅因为自己在某个狭隘领域里拥有特定专长就能留下英名——正好相反，他们更懂得将宏观框架应用于自己所在的领域。如果你是公司CEO，你需要知道如何在竞争环境中行动，知道如何做出决策来影响人们的生活，还要知道竞争对手、客户和供应商的心理。政府当权者（无论是在国家、地区还是城市层面）或者负责个体协作的负责人，毫无疑问需要了解法律，但想要发挥真正广泛而深远的影响力，还需要理解经济学原理，知道如何做出恰当与合理的决策。

总而言之，一个人要在现实世界中产生长远的实质性影响，所需要的远不止在特定问题上的专业知识，更需要将专长融入宏观背景，将专业领域作为宏观系统的一部分去理解。对大学而言，帮助学生学会思考宏观问题，是比传播特定领域的知识更重要的使命。人们在评价总理或总统（或任何潜在领导人）的时候，不会因为其对法律史了解不够而感到失望，对公众而言这并不重要。真正重要的，是领导人与领导候选人能彻底想清楚自己的行动会带来什么后果，以及自己的决策会对所有相关方产生怎样的影响。

与此同时，领导者的周围，更需要能够与其保持良好协作的人。我们希望领导者具备的技能，对于在领导者身边、能影响领导者的人而言，甚至更为重要。

远迁移的重要性

人们可以从直觉或实操上理解博雅教育的意思，但很少有大学能编排出好的课程，让学生学会进行明智和理性的决策。几乎所有大学都声称想教会学生批判性思维和创造性思考，但它们实际上是怎么做的呢？比较典型的做法，是让学生从不同学院的大量课程中选择两三门课（选择的依据通常只是学生自己对课程内容的粗浅印象，最多也只有少得可怜的一点儿指导）。更糟糕的是，这些课的目标根本不是教授批判性思维或创造性思考。相反，这些课的教师会讲授某个专业的内容，然后希望学生在这个过程中能顺便掌握点儿宏观思考的能力。这根本不会奏效。学生不会自动地从不同思维模式里过滤出其中的共性，也不会自动就把学到的东西应用于新的情境（参见第2章）。

正如上一章所述，在这里起作用的基础原理被称为"远迁移"（如Barnett & Ceci，2002）。当学生把在特定情境中所学的内容应用于新的、表面上看来与原本场景完全不同的时空背景时，远迁移就发生了。远迁移是决定教育是否有效的核心因素。如果任由学生自己去寻找和运用事物的基础原理，就无法使其获得远迁移的能力。要让学生学会远迁移，不仅需要明确地教授相关的基础原理，还需要帮助学生明白如何在一系列不同的情况中加以应用。要做到这一点，就绝不能把远迁移能力看作教学的副产品，而必须将其看作教育的目标，并据此来构建课程。

我们来考虑跟"沉没成本"这个概念有关的一个例子。如果想要判断某个项目是否值得继续投资，理解沉没成本就至关重要。假设你已经花了100万美元来建一家宾馆，而要完成建造则还需要再投入100万美元。这时你收到一份新的评估报告，称该宾馆建成后的总价值是50万美元。根据这份报告来判断，你就不应该再投资100万美元。你已经投入100万美元这个事实已经无关紧要了；你不可能收回投资，因此只应当考虑未来投资能带来多少回报。

每个商科或经济学专业的学生都会学习沉没成本的概念，但这个概念的教学通常也只局限于上述狭隘的语境。可是，沉没成本的概念适用范围很广。比如，你的朋友已经花了五年时间去学习小提琴，但拉出来的声音还是很难听。他现在的小提琴课要续约了，他要不要再注册一整年的课呢？他可能会想："我已经花费了这么多功夫，投入了这么多精力，不应该在这个时候半途而废！"但事实是，他可能需要反思自己天赋和能力的局限，然后判断再勤学苦练一年到底会不会有用。那些仅仅在经济学范畴内学习沉没成本的人，可能不会意识到这个概念也能用于上述情况。

这是为什么呢？因为人类很难运用远迁移。

如果没有结构化的课程体系，指望教师在教学的同时让学生获得远迁移的能力几乎是不可能的。教师如果想在一堂课中讲某个概念，要怎么知道这个概念有没有在学生已经上过的其他课里出现过，或者这个概念会不会在未来的某堂课上被用于不同的背景呢？但是，光有一套结构化的课程体系也是不够的，必须同时有一套评估系统，使教师能够跟踪每一个学生在不同情境下应用不同概念的进展水平。如果学生的目标是在各种不同情境里运用能力和知识，那么客观评价得出的反馈就至关重要。

支架式教学与系统性教学：密涅瓦的做法

密涅瓦在课程设计方面最重要的创新，或许就是将学生自主选择的空间与课程架构融合在一起。大学的核心课程被取消之前，有两派不同意见进行着激烈的论争：一派支持严格规划的课程体系，认为只有这样的课程体系，才能够确保学生思维能力的发展有径可循；另一派则称在这个充满大量卓越智识的世界里，不可能摘取出一小套必读内容给学生。许多人认为，用牺牲课程体系的结构性来换取学生智性探索的自由是值得的。而密涅瓦设计出了第一个不需要进行这种妥协的教育体系——既赋予学生智力探索过程中的极大灵活性，又能使学生四年的学习保持一定的结构性。

此前我们提到，大部分大学的课程目录看似给了学生选择空间，但其中不少课程事实上根本没得选。更糟糕的是，剩下那些也和本该给学生的选择南辕北辙。没错，大学有厚厚的一本课程目录，但其中大部分是选修课——学校列出这些课并非基于任何原则，而仅仅因为它们属于相应领域。这种做法是有问题的，主要体现在以下三个方面。

第一，很难解释一个大学对学科课程的取舍。很多时候，学校提供某些选修课，仅仅因为有教授在该领域具备专业背景。哪怕学生对某个领域并不那么感兴趣，学校也会开设课程。

第二，由于教师在很大程度上是根据自身的专长来开设选修课的，所以这些课程的核心目标就是传递相应学科的信息，而不是深挖适合该领域的分析框架。这是一个细微但重大的差别。现在选修课的设立，是基于教师自己的考量，而非课程体系的考量。

第三，有些课的报名条件学生很难达到，因为教师自己都不能确定学校是否能提供相应的先修课程。比如，一门关于维特根斯坦[1]的课可能需要学生先完成哲学通识课、逻辑学和语言学课程，还要了解维特根斯坦思想的历史背景。如果上述内容都是维特根斯坦这门课程的先修条件，那么学校就必须开设这几门课程。这超出了任何一名教师的控制范围。而学校开设所有这些课程的概率也是非常低的。

密涅瓦通过课程的系统化来解决上述问题。我们首先对课程进行分解，不仅确保课程的先修内容得以讲授，而且注意在此后课程中持续巩固和应用先修内容。这个思路促使我们仔细思考课程的顺序。很明显，最关键的基础内容——我们设想中的通识教育——必须首先讲授（参见第4章至第9章）。正如第1章所说，所有学生在第一年必须完成同样的四门学年课程，初步掌握批判性思维、创造性思考、有效沟通和有效互动的核心能力。

第二年则包括一系列在核心能力基础上延展的课程，更注重将核心能力应用于不同专业领域（参见第9章）。虽然构成专业的大领域（比如人文和社会科学）看起来还是很传统，但我们持续强调的还是实践知识。大二的每门课都让学生初步接触某个专业的一个具体方面（比如，在社会科学中，既有通过经济繁荣、衰退和泡沫等概念提供经济学综览的课，也有认知科学概述的课）。这些课程提供了宏观领域下大多数子领域里的根基性概念。在我们看来，在宏观领域下的小领域之间建立联系是极其重要的。

到第三年，我们在第二年的基础上开设更具体的课程。这一年的课程由专业内的"细分方向"组成（比如，在社会科学中设有"认知、大脑与行为""经济与社会"和"政治、政府和社会"等细分方向）。由于对实践知识一以贯之的强调，我们的细分方向哪怕致力于解决传统论题，通常也具备跨学科的特点（参见第9章）。更重要的是，密涅瓦的细分方向课程也将教学内容放在更宏观的语境下探讨。比如，如果一位学生希望毕业后进入官场，那可以选择"社会科学"作为专业，选择"政治、政府和社会"作为细分方向。和其他任何大学都不同的是，密涅瓦的专业和细分方向要求学生具备相应领域的学术背景，比如上述这位学生就需要

54

---

[1] 路德维希·约瑟夫·约翰·维特根斯坦（Ludwig Josef Johann Wittgenstein，1889—1951）：20世纪最有影响力的哲学家之一。生于奥地利，后入英国籍。其研究领域主要在语言哲学、逻辑哲学等方面。著有《逻辑哲学论》（1921）。——译者注

了解心理学、经济学和政治学，而且必须深入思考改善社会所需要的条件。

与此同时，三年级的学生要为自己的顶点研究项目选择课题。该项目将持续两年，要求学生为所选领域贡献一些新内容。学生需要梳理过去两年所学的内容，并与此后的学习内容相结合。顶点研究项目提供了聚焦的机会，让学生能充分体会到，过去所学的技能和知识是可用来解决真实问题的。

最后，学生在四年级时会上选修课，同时在教授指导下设计自己的研讨课，并完成顶点研究项目。学生将选择四个感兴趣的研讨课主题，我们会将兴趣相近的三位学生结为一组，匹配合适（即在学生感兴趣的领域有相关经验）的教授。师生四人将共同设计学习方案，学生随后在教授的指导和资源的支持下完成学习。这样的研讨课能解决选修课为教师兴趣驱动，而非学生兴趣驱动的问题。如果一门课不是教学序列中的必要一环，那这门课的主题最好还是由学生选择。

这样，密涅瓦的课程就从完全结构化的第一年过渡到几乎完全由学生自主驱动的第四年。在学生准备好为自身的思维发展肩负越来越大的责任的过程中，我们的课程体系也在审慎地扩展。从头到尾，每一门课都巩固了此前课程所教授的思维习惯、基础概念和其他学习目标。尽管密涅瓦的本科课程目录上总共有71门课，但学生能够选择的课程几乎是无限的，因为在最后一年他们有自己设计课程的机会。正因为前三年的基础学习是充分结构化和系统化的，学生才能够在第四年主导自己的课程。最后，学生在第四年中还要完成顶点研究项目，并在此过程中应用和结合此前的全部所学。

有一点很关键，就是学生在第二年到第四年期间，还可以在本专业之外选修课程。他们不仅可以在自己的专业领域内学习，还可以在至少五门其他专业的课程中获得宏观的背景知识。学生所选的选修课，和以该领域为专业或细分方向的学生所修的专业课完全相同。密涅瓦没有任何一门课仅仅作为选修课存在：一门课可以是该专业学生的必修课，也可以是其他专业学生的选修课。

这样的设置不仅保证了选修课的供应，也确保了其先修课程的供应。另外，课程采用支架式教学[①]，学生们因此能够对学习内容进行深入思考。哪怕是在本专业领

---

① 支架式教学（scaffolding instruction）：建构主义教学理念。与传统的教师讲述、学生被动接受不同，它强调在教学活动中，教师提供必要的辅助，把复杂的学习任务加以分解，帮助学生搭建理解知识的概念框架，使学生能够自主学习，沿"支架"逐步攀升，从而加深理解，达到更高水平。——译者注

域之外，学生对教学材料的探究也能达到不同寻常的深度，从而学会做出重大决策。

结语

　　或许最重要的是，密涅瓦的课程结构允许学生在准备好的时候推进学术探索和个人发展。第一年的课程不仅引入了四项核心能力中的基础内容，也让学生初步体验密涅瓦的课程。第二年第一学期，学生可以在五大专业领域中最多选择四个专业来尝试，在第二学期中则可完成最多两个专业的必修课，或转至第五个专业。第三年中，学生可以在选定的专业下的六个细分方向中选择两个方向的课程，并且能再次对自己的聚焦方向进行审慎的选择。

　　只有经过整整三年的高强度准备，学生才能在第四年具备有效的自我能动性，从而在教授的直接建议和指导下，自主制定学习路径。这一切都为学生进入真实世界做好了准备，因为在社会中，有准备且能够充分利用机会的人，将拥有无限的选择。密涅瓦对课程进行系统而全面的设计，为的是实现一个总目标：帮助毕业生在自己选择的职业中取得成功。这个目标是密涅瓦教育使命的核心，而密涅瓦的使命就是：为世界培育批判性智慧。

4. 重新看待通识教育

乔舒亚·福斯特（Joshua Fost）

　　我们在两个维度上思考课程和教学法——教什么和怎么教，本书的结构就体现了这种思考。正如第2章所说，我们在通识教育中主要教学生一系列思维习惯和基础概念（HC），它涵盖了批判性思维、创造性思考、有效沟通和有效互动四类核心能力。相应地，我们也以特定的方式组织教学内容，构建密涅瓦的通识课程。本章中，我将概述这部分课程，并与其他做法进行对比。

密涅瓦的模式

　　我们认为，HC并非每个人都应当了解的一系列信息，而是每个人都应当使用的一套工具——类似一套基础认知的操作系统。我们的目标是将这些工具牢牢植根于学生的脑中，使他们在所有相关情境中都能迅速而本能地加以运用。和任何专业技能的获取过程一样，这个扎根的过程需要大脑首先清晰地认知这些工具，然后在各种不同的情境下分散练习[①]，于是我们就形成了以下教学方法：我们明确地介绍各个HC（每个思维习惯或基础概念都有一个名称标签，比如#找对问题，并附有文字说明；参见附录A）；我们为学生指定相关阅读内容等材料，并附上学习指南；我们以小型实时研讨课的形式，让学生在真实世界的语境中练习运用所学的思维习惯或基础概念，对事物进行条分缕析；我们要求学生在独立或小组作业中磨炼他们新习得的技能。学习科学的原理（参见第11章）明确指出，最好少做讲座式教学，多用学习材料进行训练，这恰恰就是我们组织课堂的方式；此外，我们还确保每个学生至

---

① 分散练习（spaced practice）：指把一个完整的学习任务分成多个阶段加以完成。——译者注

少有75%的时间在认真参与——这才是我们所说的完全主动式学习（参见第12章）。密涅瓦的研讨课一贯注重让学生深思熟虑、建立联系、练习所学技能。只有在极少数情况下——可能不到总课时的5%——教师才会通过明示教学[①]来传递信息。

表 4.1　密涅瓦通识课程的主要特点

- 一年级学生全部上同样的四门课，即"基石课程"（详见第5—8章）。每门课均持续整个大一阶段。
- 基石课程大约覆盖了115项学习目标（HC），包括了四类核心能力下的各个目标（参见附录A）。
- 每项HC下设总分为5分的掌握程度评价量规。量规的得分是该课总成绩的主要依据。
- HC的概念借助多个领域的内容来说明，并均指向"大问题"（详见下文论述）。
- HC的测评贯穿四年学习的所有课程；而基于每门课的测评情况，一年级的成绩可持续更新。

学习目标和评估

密涅瓦整体教育计划的核心执行细节，可参见表4.1。所有学生在第一学年完成同样的四门基石课程，每门课大约讲授30个HC。通过教学日程的安排，我们确保在大约一半的课时中介绍新的思维习惯或基础概念；另一半的课时要么是"继续教学日"，即内容特别丰富的HC需要较多课时讲解，要么是"整理综合日"，即整合并运用多个HC。我们不太会在同一天介绍多个思维习惯或基础概念，但这种情况也会偶尔发生，尤其当两个HC如硬币正反面般密切相关之时。

我们注重形成性评估[②]，而非终结性评估（也就是说，我们更看重在学习初期

---

① 明示教学（explicit instruction）：是一种使用直接的、结构化的、系统性的指导来教授技能和概念的教学法。它为学生提供完成学习任务所需的明确信息，并给学生足够的时间进行实践。——译者注

② 形成性评估（formative assessment）：指通过多种渠道和方法，对学生日常学习过程中的表现，所体现的情感、能力进行持续观察和综合评价。而终结性评估（summative assessment）是指在学习结束时对学习成效的总结性评测。——译者注

和中期的低利害性反馈，而非学习结束时高利害性的考试成绩），同时，我们也非常关注评估过程的透明度和可信度。因此，基于通用的模板，我们为每项HC分别设立了最高5分的掌握程度评价量规（参见表4.2）。学生通过课堂参与和正式作业来获得分数，不同作业的得分权重则取决于课程的难度和重要性。

表 4.2　掌握程度评价量规模板*

得分	描述
1	哪怕经过提示也无法回忆或使用该技能或概念，或回忆和使用得几乎不准确或完全不准确。
2	借助引用、复述、总结、概括或应用，能略准确地回忆或使用该技能或概念，或虽能够回忆和使用，但无法解决相关问题或实现相关目标。
3	能够准确地回忆、使用、复述、总结、概括或再造该技能或概念的标准或示例，并能解决相关问题或实现相关目标。
4	能够通过阐释、在复杂和非标准的事例中运用、辨别不同组成部分、应用关键差异、分析不同组成部分间的相互关系，展现出对该技能或概念的较深理解。
5	能够基于新的视角（即有别于课程或能轻易从相关文献中找到的内容）来改进现有的问题解决方法，创造更有效的方法，设想出比标准更为巧妙的解决方案，或创造出异常机智和有效的应用方案，从而创新而有效地运用该技能或概念。

*各个HC的评价量规均以此模板为基础。

为确保学生在四年内能始终如一地为达成通识教育的目标而努力，我们实施了一套让人很自然能联想到"穿越时间"的评分系统。从第二年开始，学生会同时收到与课程内容相关的学习成绩以及与HC运用水平相关的成绩。越到后面几年，HC成绩的权重越高，这样一来学生就有动力持续地展示和提高自己的HC运用水平。直到毕业时，每门基石课程的成绩——通过基石课中所有HC的相应得分累计得出——才会最终锁定，从而显示出学生通过整个本科学习后，在四类核心能力上分别达到了什么水平。

整个过程会常常提醒学生要掌握通识教育要求他们具备的能力。为此，ALF主动式学习平台的仪表板（参见第15章和16章）会显示每个学生在各项HC上的成绩变化。这些数据可以根据课程或核心能力进行简便的分类排序。基于此，学期成绩单上也包含了核心能力的总结报告，我们还打算让学生选择是否将其纳入定制化的简历。

利用"大问题"组织教学内容

我们很早就意识到，哪怕我们想要专注于可迁移的技能与知识，而非只获取某些表面信息，也必须有某种成形的内容组织架构。要做到这一点有不少好方法，但此前的研究（Fost，2013）已经提出了一项顺理成章的解决方案——利用所谓的"大问题"（big questions）。这个想法来源于美国大学和学院协会（Association of American Colleges and Universities，简称AACU）的建议（2007）：课程应当通过"（讲授）科学与社会、文化与价值观、全球相互依存关系、不断变化的经济以及人类尊严与自由等领域内那些意义深远、已经存在且将持续存在的话题"，来让学生"参与探讨大问题"。

这一做法的优势非常明显。首先，把问题与教学单元（即HC的自然分类）联系起来，并持续教学两到三周，就能保证课程主题相对稳定。以往，学生在某一狭窄领域中学习，需要花费大量时间和精力，只为了长时间牢记该内容，以便参与课堂讨论，可该话题讨论结束后，学生会迅速忘记这部分内容并识记新内容。而上述教学策略可以改变这类现象。因此，密涅瓦的学生能花更多精力在HC上，而不用频繁地随着学习内容的变化而改变话题。其次，这些"大问题"划定了现实中的运用范畴。在课程中，首先出现的是与引入思维习惯或基础概念的单元相关联的"大问题"。而在此之后的整理综合日的课程，则会组合多个HC来讨论，并将它们应用于新的问题。这一过程可能在一门课中多次进行，也可能跨课程开展。比如，"如何让全球人口免于饥饿？"以及"战争是可以避免的吗？"这两个"大问题"，可能出现在多门基石课中。这一做法符合学习科学（参见第11章）的多个原理，包括分散练习、交替学习[①]、利用先前知识等。

---

① 交替学习（interleaving）：指针对同一个学习内容或目标，以不同方式来进行学习的方法。
　——译者注

教学总指挥：课程地图

为了更近距离地了解基石课程，我们来详细讨论被称为课程地图的一小部分内容。课程地图展示了大一学年所有四门课程要完成的教学目标，以及在何时会利用哪些具体的"大问题"来完成教学。表4.3摘录了课程地图的片段，显示了秋季学期最开始两周实证分析课的内容（表4.3涉及的HC的具体内容，参见附录A）。

表 4.3　课程地图摘录

单元	所教HC	大问题
解决问题	#自学 #找对问题；#拆分问题 #差距分析；#限制条件 能力整合：#找对问题，#拆分问题，#差距分析，#限制条件	如何让全球人口免于饥饿？

在表4.3中，"所教HC"下面的每一行代表一节课。也就是说，"解决问题"单元的第一堂课要教"自学"这一思维习惯，即教授自主学习和无监督学习的技巧。随后的两节课会再教四项HC。所有这五项HC的阅读材料，要么与HC本身相关，要么与"大问题"中体现其应用意义的某些方面相关。比如，在上述单元的第三节课上，学生可能要阅读一篇关于非营利机构如何为欠发达国家提供农业援助的文章。这篇阅读文章的学习指南会要求学生留意，这家机构如何使用差距分析（聚焦差距分析的基础概念），来判断农业援助中的哪些问题能利用已有工具来解决，哪些需要新的解决方案。在课堂上，学生先分享自己的思考过程，然后以小组讨论的形式针对一个略微不同的问题运用差距分析，不过新问题仍然和"如何让全球人口免于饥饿？"的"大问题"相关。

比较其他方法

本书第5章到第8章就基石课程提供了更为详细的说明，因此接下来我将比较密涅瓦的第一年课程与其他通识教育的做法。我比较的对象是布林特（Brint）及其同事在一项研究（2009）中归纳的四类主要通识教育模式，按照普及程度从高（即采用的学校最多）到低分别为：核心分类必选、传统博雅教育、文化与道德教育、公民／功利主义教育。布林特及其同事通过要素分析法，找到大学课程目录和其他机构的数据中的隐含结构，虽然分析过程有些复杂，但本质上归纳出了学生要上的各类课程中的常见模式。该研究覆盖了1975—2000年间292所不同规模与类型的高等教育机构的数据。这个研究范围很广，但其归纳的四种模式却无一能概括密涅瓦的做法。

核心分类必选模式

核心分类必选模式的出现旨在解决自由选修课体系过于杂乱的问题，它要求学生在不同学科领域中选择课程，比如自然科学类、社会科学类和人文类。乍看上去，密涅瓦的基石课程恰好符合这个模式，但仔细研究就会发现，两者的相似性很大程度上来自这些课程所使用的"大问题"。比如，我们复杂系统课的内容的确主要来自社会科学领域，但课程里讲到的许多HC却并不来自，或不仅仅通用于社会科学学科。更具体来说，在该门课秋季学期的基础单元中，介绍了六个与系统复杂性相关的HC，而这些HC的子概念则贯穿该课全年的内容。这六个HC包涵了从系统动态到涌现属性[①]等一系列概念，而这些概念其实在某门应用数学课中更为常见。在此之后有一个与伦理学相关的单元，一般则属于哲学系的课程范畴，而再之后一个与协商和斡旋相关的单元，则更常见于商科的课程。

与之类似，其他基石课程也体现了不同程度的多样性。比如，实证分析课的学习目标包括学会解决问题（其实将此作为学习目标，在其他任何地方都很少见），形式分析课包括与数理逻辑（哲学）和风险分析（商科、经济学）相关的单元，而

---

① 涌现属性（emergent properties）：指多个要素组成系统后，出现了系统组成前单个要素所不具有的性质。——译者注

多元沟通课则包括设计思维（工程学）、艺术阐释及多媒体（艺术）的内容。

然而，更本质的区别在于，核心分类必选模式默认将知识探索分割到了各个学科领域。我们并不支持这种做法。在我们看来，通识教育的内容如果要发挥价值，就应当能在至少几个领域中得以应用，这在HC标准中（参见附录A）有明确体现。此外，分类必选模式意味着，从数百门课程中选取任何一门（或两三门），就能让学生获得充分的知识广度——我们一概反对此种观点。

63

传统博雅教育模式

传统博雅教育模式是另一种分类必选模式，只不过区别在于，该模式分修的课程大类避开了可实际应用的学科领域（而实用性至少是核心分类必选模式的目标之一），而更倾向于能够充实学生内在生命的教学内容。文学、哲学、外国语言占据着正统地位，继承了布林特及其同事所谓的"社会地位教育"（status education）的衣钵。同样，这个模式也并不契合我们的做法。密涅瓦的学生很有可能进入这些专业学习，但主要是在二年级之后，而且是在完成专业课和选修课任务的过程中进行这部分的学习。除了选修课之外，在密涅瓦的通识课程中，我们更强调获取实践知识，即用于解决现实问题的认知工具，而非为了丰富自我而进行的探索（参见第2章）。

文化与道德教育模式

文化与道德教育模式始于19世纪60年代，当时世俗自由派认为高等教育过于欧洲中心主义，文化与道德教育即在这种日益强烈和敏感的反思中出现。在这样的思考下，文化与道德教育的课程要求学生从任何学科中选课学习，只要其内容超越了欧洲中心的范畴，不管是印度哲学、南美宗教，还是中医、日本教育等，都可以。这显然不是我们的模式。原因之一正好与我们避免采取"经典名著计划"[①] 模

---

① 经典名著计划（Great Books Program）：20世纪二三十年代时任芝加哥大学校长的哈钦斯（Robert Maynard Hutchins）推行的通识教育计划，主张用名著替代教材，将所有课程建立在具有永恒价值的经典和研究之上。——译者注

式的原因一致：在浩如烟海的经典著作和丰富多彩的文化中，我们不能找到充分的原则，来判断哪些典籍应当选入课程。换言之，这并不是说我们否认阅读经典的意义，这些典籍确实具备改变人的能力，能让读者的视野得以扩展，了解自己所不曾熟悉的文化。但更重要的，是我们不知道为什么要选择某个文化而非另一个文化，或者选择某本书而不是另外一本——如果背后没有理由支撑，那么这种选择恐怕只体现了课程设计者的喜好和偏见。"经典名著计划"曾经遇到过这个问题。有什么证据能证明，应该教授的是霍桑[①]而非梅尔维尔[②]呢？为什么选择教非洲文化，而非新几内亚文化呢？我们没有看到任何理由。

不管怎样，我们还是尝试通过其他方式保留这一模式的优势。最直接的，是我们相信亲身体验文化多样性，能够给学生带来很多好处，所以我们安排全体本科生在四年里到全球七个不同的城市生活，遍布美洲、欧洲、亚洲。除了学习地点具有多样性，密涅瓦的学生群体本身也具有多样性。我们没有按地域分配招生额度，而数据显示密涅瓦只有一小部分（约25%）的学生来自美国和加拿大，其余学生则来自不同国家。除生源的多样性之外，七个城市游学的运作模式又加强了多元文化的影响力：学生们共同生活、一起旅行，而四个年级的学生总数不过150人——著名的邓巴数[③]（Dunbar，1992）。这样的体验非常有利于学生透彻而真实地理解他人及其价值观和看法。我们相信，在课程之外还存在着这样一种有助于实现文化和道德教育支持者所希望看到的诸多价值的模式。

公民／功利主义教育模式

公民／功利主义教育模式的某些方面与分类必选模式正好相反，因为其所关注的领域范围较窄：学生需要学习的是与美国联邦或州政府、与当代商业和技术相关的内容。这个模式的出现有可能是源自这样的观点，即教育应当让学生准备好在毕

---

① 霍桑（Nathaniel Hawthorne，1804—1864）：美国浪漫主义作家、短篇小说家，代表作《红字》等。——译者注

② 梅尔维尔（Herman Melville，1819—1891）：美国小说家、散文家、诗人，与霍桑齐名，代表作《白鲸》等。——译者注

③ 邓巴数（Dunbar number）：指英国牛津大学人类学家罗宾·邓巴（Robin Dunbar）提出的定律，即人的大脑可以同时承载的朋友个数大约为150人。——译者注

业后从事有利于社会的活动。在布林特和同事提出的四种模式中，这种是最不稳固的（布林特及其同事所谓的"稳固"，是指在各模式中，课程要随时间推移而保持不变）。同时，这也是最新出现、最具有地方特色的模式，在1980年才首次出现于美国中西部和南部的州立大学。这些大学的典型课程内容显然（从过去到现在）远比密涅瓦的基石课程范围要狭窄。批判性思维和创造性思考——密涅瓦最核心的两项能力——并不在公民／功利主义教育中占据显著地位，而科学方法、复杂系统或形式分析等基础概念，也并未得以凸显。唯一实质性的共性在于，公民／功利主义教育也包括了口头和书面有效沟通的技能，以及部分覆盖了计算机科学的内容（计算机编程是我们形式分析课程中附带引入但同样非常重要的内容）。

总体而言，我们的通识教育在很多方面是独一无二的。布林特及其同事在总结研究发现时称："（1975—2000年）这段时间内，高等教育最显著的进步，是基础学术技能课程（数学、英语写作、演讲／沟通和学术基础）以及多元化和非西方的文化课程。"这些基础的学术技能以及其他较常见的通识课教学要求，如批判性思维、伦理道德、计算机基础等，无疑也在密涅瓦的课程中占有相当重要的地位，但反过来，我们课程中的许多内容完全没有包括在布林特的模式列表之内，而且我们对这些内容的思考剖析，要远比一般的认识更加细致入微。

65

如何应对共同的挑战

在围绕通识教育的学术讨论中——比如在《通识教育学刊》（*The Journal of General Education*）上的讨论——对课程结构的探讨常常伴随着其他同样重要的话题，即和课程实施相关的话题。在本节中，我会回顾密涅瓦如何避免或克服其他学校面临的结构性问题和社会政治挑战。为了给出问题全貌，我会引用扎伊（Zai，2015）和牛顿（Newton，2000）的研究。在扎伊看来，高等教育课程实施的核心挑战在于：

• 内容不严谨；课程打折扣。
• 课程和学习测评之间缺乏关联。
• 内部矛盾，包括领导层陷于困境或管理乏力。
• 外部矛盾，例如教育认证机构和监管部门的压力。

- 在尊崇单独一套知识系统的教育是否符合个体认知规律这一问题上，受到社会建构主义的批判。

牛顿指出的核心挑战是：

- 高等教育界存在着重于让学生学习多个领域的知识还是着重于学习超越具体领域的通用知识的论战。
- 怎样做才能最大限度地教好学生？要确保教学的广度还是教学的深度（以及是否有可能两者兼得）？
- 谁最应当或最能够教授通识课程？是通才型教师，还是专才型教师？
- 西方学术传统过分主导。

上述有些挑战并不适用于密涅瓦，在此不予详述。比如，扎伊指出的第二点挑战是课程和学习测评之间缺乏关联，而这个问题在密涅瓦并不存在，因为我们同时对课程、学习成果和评价程序进行整体设计。扎伊指出的第四点挑战也不太符合密涅瓦的情况：密涅瓦项目在申请之初，就向教育认证部门完整和详细地解析了我们的通识教育方案，而我们的治理结构一开始就保证了密涅瓦不会像其他机构——尤其是州政府预算支持的学校——那样面临外部压力。其他几点挑战可以结合起来谈。比如，扎伊对社会建构主义的批判，就与牛顿对西方中心主义的批判紧密相关。因此在本节的剩余篇幅中，我仅讨论那些有可能影响密涅瓦，但得益于机构组织和发展管理方式而避免和克服了的挑战。

66

内容不严谨／课程打折扣

上述挑战中有几个与学术标准和严格程度有关。有时，这些挑战的关键在于课程本身内容与概念的连贯性和一致性，有时则在于课程在多大程度上被严格实施、教学者是否有共同的理念表述、是否有确保理念完整落实的决心。另外，有人担忧内容讲解的效果：通识教育课常常规模较大，上课的往往是薪酬最低（通常也是经验最少）的老师。

对于连贯性和一致性的挑战，我们主要解决两个关键问题。第一个问题是不同学生之间的差异问题，也就是说，在多大程度上人们能确切地知道获得了某个学位即意味着掌握了哪些知识和技能。通识教育历来有一个目的，就是确立每个毕业生都要掌握的能力和知识标准。用人单位对此感兴趣，在校学生和即将入学的学生也想了解。在这方面，密涅瓦的课程具备一致性，因为每个密涅瓦学生的大一课程都相同，而其大一所学的HC在整个本科四年都会得到测评。学生成绩单上基石课程的分数，确保了外部相关方和学生自己都能对在四项核心能力上的表现进行比较。

第二个问题是跨课程的整合，即课程彼此咬合的程度。有关这个问题的探讨可以追溯到1820年左右（Boning，2007），那正是经典博雅教育开始面对其他模式的竞争的时候——后者（诸如鲍登学院、布朗大学或密歇根大学）提供了更为个性化的学习路径，帮助学生为特定职业道路做准备。对于这个问题，密涅瓦的解决思路是多层次的。如前文所述，有些"大问题"会出现在多门课中。比如"战争是可以避免的吗？"就是个很好的例子。这些问题是课程之间的纽带，同时突出说明了一个道理：真实世界的任何一个单独问题，通常也需要我们运用不同的核心能力，整合多个想法来解决。还有一个确保课程连贯一致的做法，就是设置期末项目。期末项目会占据每门基石课程的最后一周，学生需要在各门课中选择至少两项HC（即总共八项），并在自主选择的课题中连贯地应用。学生在大一学年中，分别在秋季学期和春季学期各完成一个期末项目，期末项目完成情况在学生的HC成绩中所占比重最大。最后，在大一学年中，学生需要经常性地将在某门基石课中学到的HC应用于其他基石课。实际上，对有些基石课中的部分内容而言，如果学生没有先学过其他基石课中的某个部分，教学就没有办法进行——至少不能实现理想的教学效果。

密涅瓦学术标准的剩余内容，在本章各处已或多或少谈及。通过将所有HC归纳为四大核心能力（参见第2章和附录A），课程在概念上实现了连贯统一。毫无疑问，HC研习者已经形成了一个群体，他们会用同样的语言体系表达想法，并密切关注其他人对HC的使用。的确，某项思维习惯或基础概念的确立，必须有相关的学术研究做支撑，但在很大程度上，我们也在创建一个新的社群，这个社群中的成员将以课程结构为试金石。思维习惯和基础概念的命名过程，即为每一项HC确定主题标签的过程，就为这个社群奠定了统一的话语体系。正因如此，仅仅在密涅瓦开展第一年教学后，我们就已常常听到HC在人们的谈话中被随口提及，更别提有三届学生的现在了。

为确保思维习惯和基础概念能被完整而恰当地应用，我们制定的评分量规精确且详细地说明了什么是好的用法、什么是糟糕的用法，同时也在ALF的显著位置发布各项HC的明确定义。学生学习任何一项思维习惯和基础概念时，想要浑水摸鱼几乎没有可能；当然，某些极其聪明的学生帮助我们发现了HC早期定义中的一些疏漏，敦促我们进行了修改或更正。最后，人们对学术严谨性的另一种担忧——对课程人数和教授水平的担忧——也不适用于密涅瓦：我们所有"课堂"都是小型的（最多19名学生），所有教师不管受雇于哪个学院，都要参与基石课程的教学。（这是目前的情况。随着密涅瓦的发展，我们会决定是否保留这一做法。）

领导层的问题和改革

扎伊在其研究中忧虑地指出，如果由已经获得终身教职的教师来领导教学改革，他们可能更倾向于优先考虑自己的学科，甚至是大学之外的相关方群体（比如学科专业协会），而非致力于推动通识教育的发展。这些教师往往也并不熟悉通识教育的研究文献。为此，密涅瓦有意识地回避了许多大学鼓励教师重研究而轻教学的激励体系。首先，密涅瓦并不使用出版数量或影响因子[①]来决定教师的去留和晋升。当然，我们鼓励并支持教师进行研究，特别鼓励那些让学生真正参与的研究，但这并不是教师成功与否的核心因素。同时，由于大学学术圈在整体上已经高度激励教师从事研究，在机构层面再施加压力便会适得其反。其次，出于同样的考虑，密涅瓦对教师的绩效评估首先取决于他们是否成功地完成了教学任务——正因此，我们才说自己是以学生的学习成效为中心。在这一点上，通识教育课和各个学院的专业课没有差别。最后，目前我们所有教师都至少要教一次基石课程，并为此接受超过一个月的培训，包括对学习科学、教学法最佳实践和密涅瓦通识课体系的广泛了解。

扎伊另外还指出，一些通识课不够严格可能有来自整个体系的原因，即在大学中执掌大权的人看来，通识教育并不那么重要。这个问题密涅瓦也不用担心。我们课程的主要设计者就是密涅瓦的创始人和首席学术官，他们开发了整套教学计划，并请董事会和出资人过目。这些相关方并非随随便便地就批准了项目方案，事实上

---

① 影响因子（impact factor）：衡量研究者在学术领域内影响力的重要指标。例如，一份学术期刊的影响因子，即该期刊的文章在特定年份或时期被引用的频率（引用总次数除以文章总数）。影响因子能在一定程度上体现学术质量的优劣，但受学科性质、领域宽窄等影响，故无法对学术质量进行精确性定量评价。——译者注

正是因为项目设计本身，他们才愿意支持密涅瓦的整个教学事业。

我们在革新过程中的另外一个优势，是能够从大一学年开始按顺序开发课程。而恰恰因为大一学年完全用于通识教育，我们就更需要在通识课上下功夫做到最好，这样才能实现密涅瓦的承诺。其他任何大学都无法做出这样的行动。

在其他一些大学，尤其是采用核心分类必选模式的学校里，有些院系会固执地想要在通识课上讲授某些学科领域内的艰涩知识：这样一来，这些课上的教学成果就不会被其他院系所掠夺。由此，院系各自圈地，阻碍了改革在多个方面的实施。这种做法还会带来院系之间的争斗，同样阻碍更广泛的跨学科合作。那么，密涅瓦要如何避免上述问题？本书至此为止的论述应该已经清楚地表明：我们详细制定了一系列学习目标，这些目标与划定学科界限的做法毫无关系甚至背道而驰，因为我们专设的系列通识课程不会给任何个别院系带来任何好处。而且，HC的适用性非常广泛，我们相信它会频繁出现在所有院系的课堂上。换句话说，我们也不认为要去设置特别的措施，来强迫各个院系在教学中涉及特定的HC。

谁能教、谁该教

因为每一门基石课都是跨学科的，所以单独一名教师很难完全熟悉所有的内容——不管是HC还是"大问题"。为了给教师提供支持，我们每周都会请所有正在教同一门课的教师共同进行一个小时的教研会。在开会前，教师会查看他后两周要用的教案，在会上则主要关注他们各自不熟悉的内容或有关教学方法的问题。教案虽然早就完成，在教师拿到手时也已经过充分打磨，但仍有灵活的调整空间，可吸收新的建议和方法。同时参会的还有一位教学专员——其任务是同时参与所有四门课的教研会，帮助各个教学组理解所教课程与其他三门基石课的关系。教学专员还起到传递教学经验的作用，在必要时分享普遍存在的问题和特定话题的最佳教法，等等。有时学院院长也会参会。

这种基于团队的工作方式也适用于教案的研发过程。教案研发由经验丰富的跨学科教育者主持，每个教案都要经过大量深入的编辑。在过去的两年中，8至15人的教研团队已经撰写和审阅了大约3400页课程内容。我们使用这样一支跨学科的标准化教案研发团队，目的就是消除任何一名教师的特定专业训练对跨学科课程的潜在负面影响。但与此同时，这样的教案又允许我们充分发挥专业训练的优势：每门课的教案都有可以完全自由发挥的部分，允许师生在课堂上针对学生的特定问题或不理解的困惑进行深度探讨。在这样的情况下，教师自己的专业能力就会起到关键作用。在每周的教研会上，我们还让教师反馈各自的做法，并扬弃地纳入教案作为注解，使未来的教师和学生从中受益。

多学科或跨学科知识

通识教育应当包括的，究竟是来自多个学科的知识，还是超越学科界限的知识？对于这个问题，我们现在已经有了清楚的答案：我们的通识教育课程不强调知识的获取，即那些被编纂成文的、被证实的真实信息，而是注重讲授那些要么能够产生知识，要么能让学生针对某一目标来用好知识的一系列思维习惯和基础概念（参见第2章）。实证分析课中为期九周的"科学方法"单元，或是复杂系统课中（同样为期九周）的"领导力与团队协作"单元，都可以作为例子。这些单元的学习目标包括的HC分别为#假设求证——关于如何判断一个假设的内部和外部一致性的能力，以及#权力动态——关于不同类型的权力以及行使权力的不同方法和后果。我们让学生阅读有关这些话题的学术文献，但确保学生记住阅读内容并非我们的目的。正如多项有关高等教育的研究所发现的，哪怕让学生记住学习内容就是教学目的本身，他们也根本记不住多少。相反，我们的目的其实有两个：一个是让学生形成某种思维习惯，也就是让他们能够在相关的情境下自发地进行某种行为；另一个是教会他们某种基础概念，让他们能够理解问题。我们的教学目标由评价量规支持，这些量规所评价的内容，从单纯的知识掌握情况迅速过渡到能力的实践水平。我们的学生要是只靠机械重复习题册里的信息，绝不可能真正掌握学习内容或者拿到A，何况这些课也没有考试。取而代之的，是学生必须在合适的情境里——很有可能在与原始学习情境完全无关的课上——使用所学技能或概念。比如，新的课程和情境可能在初次学习#假设求证的思维习惯很久之后才出现。所幸我们有跨学年持续更新的成绩体系和ALF的学生情况仪表板，这让我们能在学生的本科四年中自始至终地将通识教育目标放在重要的位置。

结语

我想用克利福德（Clifford，1877）的一段话来为本章结尾。这段论述发表的时期，恰好是人们对于通识教育的看法首次出现百家争鸣的时期，这或许并非巧合。

> 我们并不要求初次接触电学的学生立即相信欧姆定律，相反，我们要他从根上理解问题，他的面前会放上实验仪器，他要学会证明该定律。他要学习如何行动，而非仅仅认为自己知道；他要使用工具、提出问题，而非盲目接受一个传统的说法……如果所有人突然忘记了欧姆定律，只要问题和解决方法依然存在，人类就可以在一个小时内重新找到结论。而就结论本身而言，如果人们不能理解问题的价值或者解决问题的意义所在，那么仅仅知道结论就好像是野人手里虽抓着钟表，但根本不会给它上发条……如此，我们就能理解，人性历史的崇高之处，并不在于那些因为传统的权威而被接受或认可的观点或主张，而在于人类问出的恰当问题，在于那些让我们提出更多问题的概念，在于我们回答问题的方法。

71

5. 多元沟通和有效沟通

朱迪思·C.布朗（Judith C. Brown）、卡拉·加德纳（Kara Gardner）、丹尼尔·J.莱维廷（Daniel J. Levitin）

密涅瓦课程的四项核心能力之一是有效沟通的能力。一个人光有批判性和创造性的思考还不够，还必须能将这种思考的结果向他人进行传达，并能借助任何符合情境的沟通模式来让对方理解其观点的价值。和其他学校的类似课程不同，密涅瓦的多元沟通课程援引了从认知科学到脑科学等广泛领域的实证发现，覆盖了尤为多样的沟通类型，从而保证了上述教学目标的实现。而且，密涅瓦的多元沟通课程注重将思维习惯和基础概念（HC）持续、同步和系统地应用于多元沟通方式的分析和表达之中。

要培养有效沟通的能力，首先要意识到，人类的沟通方式远不止于口头话语。人和人的沟通向来都有多重模式，即便是那些看似纯口头沟通的情况，实际上几乎也总是伴随着一些语言之外的暗示，比如手势、动作、叙述和描绘（Clark，2016）。人类的史前祖先和如今的我们一样，会使用口语、面部表情和手势等进行多元沟通。一项科学研究发现，讲故事的人每分钟会用到20次手势（Bavelas，Gerwing，& Healing，2014）。此外，当我们和别人当面交谈、视频通话（比如用Skype或Zoom），以及制作一个集合了脚本、讲话、音乐和视觉提示的视频时，我们都在使用多元沟通的方式。然而，直到近几年来，多元沟通才成为一个正式的学术研究领域，有了自己的期刊、会议、研究项目和课程，让学生能够学习这个新领域，并在项目中运用相关的知识和技能。

这个学科的蓬勃发展为何如此姗姗来迟？这并不是因为人们忽略了有效沟通的重要性。哪怕在古代，亚里士多德和西塞罗等伟大的哲学家已经认识到，在当时的社会中，有效沟通对确保公民生活的存续起着核心作用。正是出于这种思考，先哲们就当时所称的修辞学撰写了长篇论述。所谓修辞学，也远不止将复杂的辞藻进行简洁的运用。当时的学者就已经意识到，有效沟通的前提条件，是对口头语言表现力的敏锐理解，以及对语言在不同情境下的有效使用。

和瑞普·凡·温克尔^①一样，修辞学在此后进入了漫长的休眠期。几乎有两千年左右的时间，大多数修辞学的进一步研究和论述都脱离不了昔时的思考框架。直到两个各自独立而相互联系的历史进程，将沟通领域的研究从沉睡中唤醒，并确定了新的发展方向。其一，是过去半个世纪的数字通讯革命。其二，是认知科学和脑科学的发展。而这两项学科发展的背后推手则是新的科学技术。这些新科技使人类得以深刻地理解大脑如何运作、如何对来自不同沟通模式和媒介的信号做出反应。

这两股沟通领域的发展力量——数字通讯革命以及认知科学与脑科学的发展——也塑造了密涅瓦多元沟通课程的大部分架构和内容。多元沟通课程持续两个学期，是密涅瓦大一新生必修的四门基石课之一。该课程教学生使用写作、口语表达和其他媒介来有效沟通，同时告诉学生，人类心理、文化和社会等因素的交互作用是如何使受众对获取的信息产生不同的理解的。掌握并练习使用这些知识，会让学生增强有效沟通的能力，并更好地与他人协作。

同样对本门课的结构和内容有重要影响的，是马歇尔·麦克卢汉（Marshall McLuhan）的精准见解："在一个像我们这样长期习惯于将一切事物分裂和切割的文化中……我们可能会惊讶地意识到，在事物运转的实际过程中，媒介即是讯息。"（Mcluhan，1964/1994）因此，我们的学生在学会单独分析体裁和媒介后，还要学习进行综合分析。有些课程注重文学和电影的交互作用，有些则关注歌词与乐曲的融合，另外还有些关注多元模式设计和多媒体设计。我们希望学生明白，无论是在课上还是在真实生活中，多种沟通模式通常同时发生，与其承载的媒介交错融合，而媒介本身也成为其所传达信息的一部分。学生掌握这些知识后，我们就会为他们提供运用并在自己的作品当中呈现的机会。

与其他三门基石课相同，多元沟通课最终关注的还是实践知识——学生可以用来适应一个不断变化的世界，并在尚未出现的工作和职业中取得成功所需的技能和知识。

---

① 瑞普·凡·温克尔（Rip Van Winkle）：美国小说家华盛顿·欧文（Washington Irving）创作的同名短篇小说中的主人公。他在山中喝完酒后，在睡梦中度过了20年，醒后回到自己的村子，才发现已经人事皆非。——译者注

开放心态和精读

在学会将有效沟通策略用于自身行动之前，学生首先要能分析他人表达的内容。这就需要学生先学会用他人之眼观察世界，哪怕在进一步的反思和分析后与他人的观点仍有分歧。这也需要学生进行批判性的自我评价和基于伦理框架的分析——学生要愿意提出这样的问题："为什么我会反对自己所见所闻的事物？""我是否有恰当的理由坚持现在的立场？""我有没有偏见？""这些偏见所基于的价值观是否在道德上站得住脚？"总而言之，这需要学生开始和未经审视的不同层面的自我构建对话，就自我和世界的关系进行探讨。这种内心对话和自我审视，是迈向良好沟通的第一步。

在一组课程中，我们的学生需要参与这样的内心对话，并将其运用到特定的艺术和文学作品中。这些课围绕着精读活动展开，同时测试两项重要的HC：#开放心态和#批判。若能将两者加以联合运用，就能为丰富的分析与讨论赋予智性空间并框定范畴。我们为学生选择观看、聆听或阅读的材料，既非因为我们认定受过教育的人就必须欣赏它们，也不是因为我们认为它们优于其他作品，而是因为它们能有效地体现开放心态和批判的基础概念，以及两者之间的复杂关联。

通过写作教授沟通的新方法

在拓展了视野、具备了批判性阅读能力后，我们的学生就准备好攻克写作技巧了。在写作的教学中，我们也采用了与众不同的思路。

使用新的写作教学方法

没有什么个体的社会形象比一个遗世独立的写作者更加深入人心，同时可以说带来最多负面影响了：人们常常想到的，是一个自我放逐、隔绝于整个世界的天才，似乎这样的特征是撰写伟大作品、创造文学精华的必要条件。与此截然相反，密涅瓦创新的写作教学方法讲究的是同步和重复。我们在写作教学中采用数字技术，特别是基于云端的ALF主动式学习平台，使学生不管身在何处，都能实时进行四到五人的小组合作，阅读和编辑各自的习作，同时在屏幕上看到作者的创作过程。这一实时同步的过程让教授得以根据情况来观察或参与学生的活动，也允许写作者和编辑者匿名参与，这样既能获得一对一交流的直接性和针对性，又能发挥同伴教学的优势。

随后，各组学生通常还会将修改好的习作以及其他新的思考拿出来与其他组员分享和探讨，并与全班同学再度进行修改讨论，从而获得更多的观点。这样的互动在密涅瓦能够频繁发生，得益于学生们的多元国际背景，以及我们筛选创新独立思考者的招生标准。

上述写作过程能让学生有效地从自己和同伴的作品中找到共性问题并进行改正，同时帮助学生培养创造更复杂作品的能力。我们针对HC打造的ALF平台，让学生能够定期和不断地修改自己和同伴的习作，从而领会反复修改的重要性。这样的写作过程也向学生说明，极长时间的精读慎思，是高质量写作的必要条件。我们还意识到，发现他人文章中的瑕疵比找到自己文章中的问题往往更容易，而年轻的写作者越多地练习识别他人文章中的问题，就越能娴熟和独立地修改自己的文章。

当然，我们的学生要学习修改用词、语法、文风、逻辑、事实、文章结构等方面的欠缺之处，更重要的是，他们还要学习写出基于实证又有说服力的论文，在其中陈述核心观点、确定所需要的论据、根据逻辑组织论点的阐述条理，并运用一系列文学和修辞工具来丰富语义内涵，使文章对不同的读者都能展示出说服力。与此相关的课程均注重培养一系列HC——从#论点和#信源质量，到#组织、#构建、#隐含意义和#受众，不一而足（见附录A），也让学生能够围绕自己了解的任何话题进行阐释和书写，不管是文学、科学、政治还是个人话题。

主题选择

写作的可选题材层出不穷，但密涅瓦的教育目标之一是助力学生为世界带来积极变化，因此，写作技法课采用乌托邦类文学的共同主题，让学生探讨"乌托邦是否能够或应当通过复制来实现"这一"大问题"。这些主题使学生得以在一堂堂精心设计、积极互动的课堂上，联系不同体裁和沟通模式，最终进行伦理框架的思考和评析，并为写作的论点找到支持依据。

身体语言和面部表情的作用

我们也希望学生了解语言的局限，理解不同环境和文化中语言与面部表情及身体语言的关系，并将这些知识用于自己的沟通行为中。这一课程单元要求学生了解身体语言（如de Gelder，2006）和面部表情方面的相关研究，知道哪些手势是通用的（美国加州科学院，2009），哪些则在各文化内部或之间有所区别（Maloney，2014）。在某个社会中被认为是自信而得体的姿势，可能在另一个社会中反而显得傲慢无礼。同样，某个手势或某种语言风格，再加上某种面部表情或身体动作，就可能因为个人的社会阶层、性别、沟通场景、受众组成或角色的不同，而表达不同的含义。

这些互动的知识不仅能让学生解读沟通对象的身体语言，也能让他们改善自己的身体语言，使自己在别人心目中的形象与自己的预期相符。这样的自我认知与大脑额叶的发育有关（Luu，Collins，& Tucker，2000），而大学阶段的学生可能还未完整地形成此类自我认知。因此，这个单元的课程就旨在给学生提供解读他人身体语言和面部表情的工具，并让学生加强自我认知，从而更清晰地意识到自己通过姿态和手势表达了什么信息。

学生在对有关上述话题的学术著作进行批判性阅读后，还要将其与真实生活的应用案例进行比较，从而加深理解。学生会观看并分析专家证人出庭做证的视频，仔细观察公众人物在身处紧张场景中的身体动作，并分析虚构电影中的片段（Cramer，Brodsky，& DeCoster，2009）。

最后，在本单元中，学生还会观看演讲大师的视频，学习他们如何将口头表达、身体语言和面部表情结合起来，提升沟通效果。其中最好的例子之一，是马丁·路德·金的演讲视频。他将身体语言、面部表情、声音语调和丰富而多层次的语言使用结合到一起，创造出令人难忘的多元沟通效果。正如一名学生在听完他的演讲《我已到达山顶》（I've been to the mountaintop，1968）、观察其面部表情和身体语言后所说："关键不在于他说的内容，而在于他说的方式。听他演讲之前，仅仅在纸上阅读其演讲文字时，我已经被讲稿的字句和诗歌般的行文所打动。但他表达的方式，让这份演讲呈现出了一种截然不同的力量。"

将艺术作为沟通工具的教学

密涅瓦将视觉艺术和音乐作为沟通形式，归入多元沟通课程。鉴于视觉艺术和音乐在媒体、网站以及越来越多基于技术的个人沟通中可谓无处不在，因此对这些话题的理解，显然在实践知识的范围之内。这些媒介在无数的沟通场景中——广告、街头艺术、背景音乐——将我们包围，我们常常几乎忘了它们的存在。哪怕我们意识到身边有这些媒介，比如在博物馆或音乐厅，我们也很少将其看作沟通的工具。但是，我们应当这么做。比如，在看一个选举广告时，我们最好能意识到伴奏、镜头角度和画面背景正影响着我们对候选人的看法，又比如当我们买衣服时，最好能意识到商标是如何影响我们的购买行为的。注意到我们对视觉艺术和音乐形式的所有接受方式，是掌握有效沟通的重要一步。在密涅瓦的多元沟通课上，我们将视觉艺术和音乐看作表达工具，教会学生思考如何以非语言的形式使用这些工具进行解读和生产意义。

有两个"大问题"贯穿多元沟通课中的视觉艺术和音乐部分——"艺术作品与其产生背景有何关系？"以及"如何创造和找到艺术中的意义？"我们让学生应用HC来解读一系列不同的形式——歌剧、交响乐、歌曲、绘画和宣传海报。学生先要了解一个作品的历史背景，然后思考这一背景会如何帮助他们诠释该作品。这样一来，学生就必须直面自己的无意识偏见，思考那些先入为主的想法如何主导了他们对音乐和视觉艺术的反应。我们还要求学生观察作品的颜色、形状、线条、音高、旋律、音色等种种特点，并在此基础上清晰地表达自己对作品含义的看法。

以视觉艺术为媒介的沟通

为了领会视觉艺术的沟通与语言表达的不同之处，学生会仔细赏析西班牙内战时期的两幅作品，即毕加索的《格尔尼卡》（*Guernica*，1937）和萨尔瓦多·达利的《内战的预兆》［*Soft Construction with Boiled Beans*（*Premonition of Civil War*），1936］。在不同时期和世界的不同角落，有无数艺术家创作了可供深度解析的作品。但是，这两幅作品具备以下优势。它们都对西班牙内战（1936—1939）这一具有全球意义的历史冲突做出了反应，但两者虽然来自同一时代、围绕着类似的社会政治议题，却展示出截然不同的风格。这就让我们能够分析艺术家们在表达同样或类似的主题时，是如何使用多种方式进行呈现的。这些艺术家在绘画中使用的技法在当时看来极具实验性和创新性。无论是毕加索还是达利，都对当时已有的绘画方式进行了批评和超越，并在作品中更加注重色彩、线条、空间和其他工具的使用。

要理解这些画作如何传递意义，学生就必须仔细地思考两幅作品中的所有元素，并了解创作的历史背景。这两幅作品都需要观看者与画面进行多个层次的积极互动。正如毕加索所说："观看画作的公众必须根据自己的理解来解读各个符号的含义。……一幅画不是在创作前就能想好和设计好的。在绘画过程中，这幅画会随着画家想法的变化而变化，并且在完成后，这幅画还会根据看画者的心境而继续变化。"（美国公共电视网学习媒体中心，日期不明）

以音乐为媒介的沟通

在讲授以音乐为媒介的沟通时，我们采用了类似的方法。学生们研习的是墨西哥作曲家西尔维斯特里·雷维尔塔斯（Silvestre Revueltas）的室内乐作品《向加西亚·洛尔卡致敬》（*Homenaje a García Lorca*，1936）。该作品专门纪念声誉斐然的西班牙诗人加西亚·洛尔卡，他在西班牙内战期间惨遭国民军杀害。该乐曲和毕加索与达利的画创作于同一时期，因此学生可以再度利用此前所学的历史（和文化）知识，来更好地理解作品。在课上，学生们分小组讨论，重点分析该作品中的音乐元素。雷维尔塔斯在这首小型的室内乐作品中使用了不同寻常的音色，突出了铜管乐器和大锣（tam-tam）等特殊打击乐器。哪怕学生没有接受过正式的和声训练，也可以描述乐曲中出现的令人惊讶的不和谐声音，同时思考这些声音给听众带来的感受。

学生一旦开始分析，就会关注到乐器、音量、不和谐与和谐音程的平衡以及乐曲的速度等细节。同时再思考雷维尔塔斯的一生及其政治观点，特别是他作为社会主义者，在西班牙内战期间赴西班牙支持共和军一派的经历。不过，评论家在点评雷维尔塔斯的作品时，常常更强调作曲家的政治观点，而非其中的音乐元素。但在我们的课堂上，学生必须首先思考什么才是决定音乐表达内容的最关键因素，是作品背景还是音乐元素，或者两者皆有；然后——也是最重要的环节——学生必须对整个作品进行解读。

视觉艺术与音乐的结合

除了对视觉艺术和音乐分别展开研究，学生们还要思考两者如何产生联系。比如，歌剧中的歌词、音乐、服装和表演结合在一起，在不同时期创造出了不同的意义。学生研习指定的歌剧作品，结合作品背景和自己的视角来进行解读。在课堂上，我们通过意见调查、辩论、深入分析和其他教学方法，让学生有机会延伸课前所学，并运用HC来加深对作品的理解。我们的目的不是让学生掌握音乐史或艺术史的渊博知识，而是让他们获得一系列解读工具，可以用于此后一生中碰到的任何形式的音乐或视觉交流。

超越解读：说服的艺术

上文中，我们探讨了批判性解读，以及如何教会学生在艺术中寻找和创造意义的问题，接下来我们进入说服这一沟通领域，以及如何区分说服和操纵的复杂问题。我们的学生未来要想对世界做出积极贡献，就需要掌握心理学和多元沟通的工具，从而成为成功的劝说者。然而，我们绝不是要让学生成为操纵者，但要让他们能够意识到别人试图操纵自己的举动。正因如此，我们在"说服"这一单元中使用了伦理框架相关的HC，并围绕着一个"大问题"开展教学："自由选择是如何受人操纵的？"

在说服性沟通的教学中，我们重点强调两种说服方法：认知（或理性）说服的方法和情感说服的方法。两者是可以区分的，对某个个人或群体来说，有时它们在一种情况下适用，在另一种情况下却行不通。但我们也同样认识到，在实际情况中，两者经常有交集且可以同时使用。

认知说服方法作用于实际内容。此类说服需要个人或群体调动理性认识，并进行系统性思考。认知说服意在调动对方的逻辑思考，并作用于其已有的明确立场、可能的动机和已知其在某些问题上的灵活态度。

相反，情感说服方法则作用于对方的感受。社会文化规定了人们应当有的情绪反应，以及哪些情绪符合社会礼仪，哪些反映道德素养，此类说服就运用了这些社会文化规则，使说服对象形成某种态度。情感说服也能够满足人类对被接纳的共同渴求，即渴望融入某个社会群体，或被看作其中一员，从而巩固自我的社会地位，减少不安全感。无论是积极还是消极，情感体验通常都会比与情感无关的体验要来得更为强烈和难忘，因此，只要调用了情绪，尤其是幽默、惊讶和辛酸，就可以带来特别有效和持续的影响（Wang et al.，2015）。

人们早就知道，说服性沟通的必要条件是了解沟通对象，以及（经常要实时地）满足对象的需求（Aristotle，1994）。为此，当我们教情感说服的HC时，我们会基于社会心理学理论和情感神经科学的研究，来对讲故事、重复、幽默、弱化等表达手法进行讨论。作为讨论背景，我们引用的理论和研究包括认知失调[①]、归因理论[②]和条件作用理论[③]，以及有关人们如何应对权威，如何回应呼吁一致、互惠和共识的社会状态等的控制观察研究（Dawes et al.，2012；Harris，2013）。

情感说服

围绕上述问题，学生需要审视情感的说服力，特别是在真实的公共演讲及其紧张的氛围中、在虚构电影的说服性争论场景中，情感扮演了何种角色。我们要求学生在阅读时找出与说服性沟通相关的内容要素，包括社会判断理论[④]、详尽可能性模型[⑤]、认知失调理论、叙事范式理论[⑥]以及人品诉求、情感诉求和理性诉

---

① 认知失调（cognitive dissonance）：是由美国社会心理学家利昂·费斯廷格（Leon Festinger）于1957年提出的阐释人的态度变化过程的社会心理学理论。费斯廷格认为，个体对事物的先后态度，以及态度和行为间出现不一致时，会产生认知不和谐的状态，即认知失调，并会导致心理紧张。个体为了解除紧张，会使用改变认知、增加新的认知、改变认知的相对重要性、改变行为等方法来力图重新恢复平衡。——译者注

② 归因理论（attribution theory）：是有关个人如何阐释他人或自身行为原因的社会认知理论，解答了人们如何通过自我感觉、自我认识，来解释、控制和预测相关的环境，并改变和调整自身行为。——译者注

③ 条件作用理论（conditioning theory）：心理学中行为主义学习流派中的重要理论，研究个体因为不同刺激而引起行为改变的机制，包括经典性条件作用理论、操作性条件作用理论等。——译者注

④ 社会判断理论（social judgment theory）：指人们根据已经持有的某种判断标准和已有的感觉，来吸收、同化新信息，在此基础上形成对新信息接收或拒绝的态度。——译者注

⑤ 详尽可能性模型（elaboration likelihood model）：由心理学家理查德·E.派蒂（Richard E. Petty）和约翰·T.卡乔鲍（John T. Cacioppo）提出，认为不同说服方法的效果，取决于说服对象对所接受信息做精细加工的可能性（即接受该信息的动机和能力）高低。——译者注

⑥ 叙事范式（narrative paradigm）：修辞学家沃克·费希尔（Walk Fisher）提出的理论，认为人类的一切交流均基于叙事，人并非绝对理性，而是基于故事的逻辑来进行判断和选择的听故事者。——译者注

求[1]等。

这部分教学内容的目的，不是要让学生学会恶意操纵他人，而是为了让学生在他人进行政治宣传或散布虚假新闻时，能够保持清醒，做好准备以免受他人操纵。我们希望学生在面对与事实证据或自身审慎思考结果相悖的观点时，不会轻易苟同。

与此同时，我们将学生自己的真实体验融入教学。比如，我们虚构了一位学生，该学生认为旧金山的流浪汉需要获得帮助，但有人来要钱时他却从不施以援手。对此，学生们要准备一种说服方案，目标是让这位学生做出改变。这一教学活动结合了费斯廷格的认知失调理论（1957）和卢因提出的渠道因素[2]的概念（1947），也要求学生不局限于识别和归纳自己读到的理论方法；更重要的是，学生需要将掌握的知识，在大一所在城市的全新生活情境里学以致用。

地点性任务

城市就是密涅瓦的校园，因此在我们眼里，大一学生学习、生活的旧金山就为地点性任务（location-based assignments）的学习提供了丰富的资源。在多元沟通课程中，地点性任务让学生研究、参观和访谈一些与自己观点大相径庭的当地组织。这么做的目的是让学生不仅理解一家机构如何根据目标受众来调整信息，还要评估它是否成功表达了恰当信息，以及自己要用什么沟通方法才能成功地让机构参与对话。

科技如何改变沟通？

多元沟通课程最后还要讨论新技术如何影响人们沟通的一系列问题。这些问

---

① 人品诉求、情感诉求和理性诉求（ethos, pathos, logos）：亚里士多德提出的三种基本说服方式。——译者注

② 渠道因素（channel factors）：社会心理学家库尔特·卢因在其论文《群体生活的渠道》中提出，信息在群体传播时，总是沿着包含有检查点即"门区"或关卡的某些渠道流动，该过程中存在着一些"守门人"，只有符合群体规范或把关人价值标准的信息，才能进入传播的渠道。——译者注

题也在近几十年中催生了相关学科的发展。人们在许多事务和职业中，都需要用图像或多媒体的形式来呈现（包括阅读和视听等）内容，从视频、播客、网站，到PowerPoint或Keynote幻灯片，不一而足。因为新技术的出现，这些沟通形式能够达到哪怕在十年前也无法实现的特殊效果，从而增强沟通效能。

认知反应和情感反应的结合

我们从认知和情感两个视角同时看待新技术对沟通的影响，首先在课堂上对两者分别研习，再汇总讨论。两个视角结合时，效用最大。电影作为多媒体沟通方式的那一课，就不失为认知反应与情感反应结合的好例子。在课前，学生要阅读有关电影特效和电影音乐叙事力的学术文章（McClean，2007），另外还要完整观看《盗梦空间》（Nolan，2010）之类的电影——该电影精妙的数字特效、音乐和声效将错综复杂的故事结构清楚地层层离析，尤其适合学生观察不同媒介的互动。学生必须认真地观察，随后既要解释导演如何将所有元素无缝串联，还要为其中一小段重新配乐，看能否改变观众的理解。

新形式的沟通

多元互动的复合媒体平台是21世纪新技术的产物，它让我们再次思考，如何结合多元互动与多媒体内容，创造出新的沟通方式。要判断这些内容是如何影响人们沟通的，首先必须理解要如何单独使用一种沟通模式或同时使用多种沟通模式，从而在沟通效果上实现相互补充、阻碍或增强。能理解这一点越来越重要，因为全球交互型媒体的使用者数量——主要是电子游戏玩家（Duggan，2015）——每年都会增长数百万。许多电子游戏创造了拥有故事叙述线的虚拟世界，让玩家觉得信服且沉浸其中（Bogost，2007；Ciccoricco，2013；Ryan，2013）。

正因为拥有沉浸式的叙事特点，电子游戏未来很可能在沟通和说服方面扮演重要的角色，从而造福社会。比如，一些医学机构用电子游戏改变人的饮食、身体运动或其他与健康相关的个体行为（Baranowski，T.，Buday，Thompson，& Baranowski，J.，2008）。还有机构用电子游戏向公众告知和倡导与社会问题相关的项目。我们的学生读到并参加了一个此类多媒体平台，该平台的目标是为解决加拿大一些流浪者长期无家可归的问题争取公众支持（Sweeney，2012）。学生在使用该平台时，运用课上学到的以人为中心的多元设计的知识，分析该平台如何传达自己的信息和主张、测评该过程的有效性，并提出可能的改进方案。

运用设计原则

沟通有效与否也取决于是否使用了恰当的设计原则。举例来说，美国认知心理学家诺曼介绍了影响日常用品设计的原则（Norman，1988），这些原则也影响着人们的沟通。我们教学生运用这些原则来评价各自的沟通经历和产品的使用体验。这样的知识也会帮助学生运用交互媒体平台、图像、电影、视频或者日常事物来创造自己的多元沟通方式。我们的目标是提升学生欣赏好的设计、理解好的沟通意图的能力，从而使作品不仅仅是在草草地网络搜索和寥寥几次鼠标点击后，对文字、图像、技术工具和其他资源随意堆砌的产物。我们希望学生能够创造出意图明晰、连贯完整的作品，实现超越局部之和的整体效果。

结语

在多元沟通课的最后，我们会将学生一年所学的所有HC进行总结。我们尤其强调写作、组织、口头表达和技术使用的能力，同时看重学生能否在沟通中保持开放心态、建立伦理框架、同时使用认知说服与情感说服的方法，并使用有效的设计原则。我们希望学生利用所学技能和知识来促进他人行动，从而让世界变得更美好。这正是密涅瓦教育的主要目标之一，也是学生的目标：在栖居的世界中成为有效和积极的领导者。正因为有这样的目标指引，学生在多元沟通课中学习的技能和知识定会让其终身受益。

6.形式分析和批判性思维

约翰·莱维特（John Levitt）、理查德·霍尔曼（Richard Holman）、里娜·莱维特（Rena Levitt）、埃里克·本纳波（Eric Bonabeau）

在科技高度发达的社会中，每个社会成员无时无刻不被观点、数据和事实轰炸，而每个人都应当对这些信息加以分析并据此做出决策。这么做的必要性已被无数事例所证实。比如，气候变化这个可以说人类目前面对的最大议题，就是鲜活的例子。为了理解气候变化问题的范围、人类活动对它的影响程度以及人类为减轻这种影响所能采取的行动等，我们需要使用一系列形式分析范畴内的重要技能。我们必须理解数据传递的信息，尤其要能发现全球气温的变化趋势、辨明其中的关联、测试因果关系，更要对行动与否的风险进行量化评估，并最终将所有信息沉淀为有说服力且逻辑连贯的论证结果。

另一个例子来自医疗卫生领域。在前列腺癌的诊断中，曾经的标准做法是定期进行前列腺特异抗原（PSA）化验，医生根据PSA的数值变化来判断治疗方案。最近，这一推荐做法有所变化，因为PSA检查导致了大量假阳性病例的出现，使患者遭受了不必要的手术，更导致保险公司出台新的政策，限定了为PSA检查提供理赔的条件。问题在于，让任何一个想要早做筛查的（有能力支付的）人自付检查费是否合适。而且，更为复杂的问题是，前列腺癌进展缓慢，医学上经常发现前列腺癌患者死于其他疾病而非前列腺癌本身。要解决这一问题，就需要了解医学数据的处理过程，还要知道如何进行数据推论、如何量化评估风险。

最后的例子来自英美两国的政治选举以及英国的脱欧公投。在这些场合中，对立两党声称的内容里均含有逻辑谬误或错误前提。我们在形式分析课中培养学生用逻辑来分析对方陈述，以及运用统计学与决策学中的概念的能力，这些能力都是选民做出明智决策的必要工具。

形式分析课的内容在其他学校的各类课程中也能够找到，但我们的教学思路在本质上有所不同。我们用不同的方式组织内容，强调构成（密涅瓦概念中的）实践知识的话题，并用创新的方式构建技能和知识的运用过程。在课程结束后，我们希望学生能够将博弈论与统计论证运用于特定的决策问题，并基于严密的逻辑框架进行分析。我们的目标是提高学生批判性思考的能力，因此学生不仅要掌握逻辑学、统计学和决策理论的工具，更要学会评价别人使用这些工具的有效性。比如，课程中反复强调的关键概念之一，就是人为偏差对分析和决策客观性的影响。另外，在形式分析课内和课外的活动中，我们都鼓励学生质疑课程内容本身，识别所学技能和知识在适用性上的局限。

本章主要介绍形式分析课程的三个核心单元：分析论证、用数据评估证据、在面对风险和不确定性时做出有效决策。我们会简单概述重点内容，并以学生的探究和练习活动为例进行评述。

分析论证

在形式分析课中，密涅瓦学生要学习的第一个重要主题就是分析论证——论证的结构、说服力、恰当和不当的用法。这一单元是学生在批判性地思考本课程其他主题和所有基石课程内容的基础。我们最关注的是演绎逻辑和归纳逻辑。完成本单元的学习后，学生应能对他人和自己得出的结论做出评价。

演绎逻辑

学习演绎逻辑的目标，是能够借以判断不同论证的有效性（validity）和可靠性（soundness）。这样，对于"前提为真，才能确保结论为真"这种形式的论证，学生就会形成一种"正确性"的概念。学生还要学会使用形式逻辑的各种工具来评判论证的有效性。可靠性较难判断，因为必须确保前提本身确凿无误，而这可能需要更多的调研。

为了掌握演绎逻辑的用法，学生要将英文语句分别翻译成一阶逻辑和二阶逻辑的符号语言。对学生而言，最大的挑战之一就是精确地解读自然语言中复杂逻辑语句的含义。将这种语句翻译为符号表达，能帮助学生把握其内涵，揭示论证的措辞（比如口语表达中的"而且""或者"之类的连词）中可能隐含的多重意义。符号表达也能帮助学生理解复杂语句中的对立含义，其中可能涉及逻辑等价式的使用。

在演绎逻辑的学习部分，学生要通过不同类型的练习来提升相应能力。练习中的典型内容包括构建真值表[①]、找到逻辑等价关系、找到（含量词或不含量词的）语句的逻辑否定，以及判断演绎规则的使用。

和其他逻辑课的不同之处在于，密涅瓦学生还要从非书面的沟通中识别隐含的演绎论证。比如，学生看到一张图片广告后，应当能够认识到，该图片的表达内容是要实现人们购买其产品或服务这一结果。此外，学生在课堂内外完成的活动也体现了一点，即演绎逻辑及其有效性不仅是自然语言，更是编程语言的核心要素。相关的活动包括在给定的一段代码中找到逻辑矛盾、自己写代码来解析某些一阶符号表达式等。

在演绎逻辑部分"集大成"的练习中，学生要研究一位全球领导人在演讲或其他陈述中的论证。学生首先要找出其中的演绎过程，然后进行评判。他们能用此前掌握的工具来识别其论证中的谬误——由错误推导所导致的问题（当然，这并不局限于演绎逻辑中的错误；许多谬误之所以发生，也可能是因为观点虽然具备有效性，但并不具备可靠性）。

我们不仅讲授形式演绎逻辑中的谬误，也涉及各种各样的非形式谬误。我们发现，了解非形式谬误的各种类型，能让人更好地识别从而改正这些谬误。实际上，学生经常惊讶地发现政治语言中充斥着此类谬误，比如在他们研究的政治演讲中就屡见不鲜。

归纳逻辑

逻辑谬误也和接下来的话题——归纳逻辑——相关。与演绎逻辑不同，归纳逻辑为评判某个前提能否对应结论提供了另一种机制。在形式分析课中，我们将给出归纳论证的定义，将其与演绎论证进行区分，并从宏观视角评估归纳论证的强度。这个过程包括对归纳中的逻辑蕴含关系以及人为偏差对结论的影响分别进行研究。

在归纳逻辑的课时中，学生会接触到概括法（generalization）和类比法（analogy）。这两种方法虽不能概括归纳逻辑的全貌，但足以让学生理解从样本中

[①] 真值表（truth table）：在逻辑中使用的一类数学用表，能够表征逻辑事件中输入和输出的全部可能状态，以确定一个表达式是否为真或有效。——译者注

归纳出结论的过程。具体而言，在学习概括法时，学生根据子集来推断出总体的特性；在学习类比法时，学生要基于某一样本和另一样本的共性来推导出该样本的特性。举个例子，如果观察到一小群企鹅的毛色为棕色，我们可能用概括法推断所有企鹅的毛色均为棕色；又比方说，如果观察到有两种鲸鱼均有鲸须，其中一种的平均寿命为50年，那么用类比法就可能推断，另一种鲸鱼的寿命也大致一样长。

我们向学生强调的是，归纳结论并不像演绎结论般具有唯一性。在前面企鹅的例子中我们也可以推测，只有某一地区的企鹅有棕色毛，或者推测出所有鸟类均有棕色毛这一更广义的结论。结论的多样性是学生区分归纳和演绎的又一依据。

正因为归纳法总是可能推导出多个结论，自然就会让人思考要如何评估归纳结论的强度。可靠的演绎必然使得演绎结论为真，但归纳结论的强度是相对于基于同样前提的其他归纳结论而言的。在企鹅一例中，某一地区企鹅有棕色毛的归纳结论，相比所有鸟类均有棕色毛这样更广义的结论，要合理得多。学生也发现，这一结论不仅较为合理，同样也更符合常识。

与之相关的一个问题是人为偏差对结论的影响，这一问题在形式分析课后期还会出现。在企鹅一例中，我们为什么得到了最后那个结论？为什么用"常识"可以判断前面的结论较弱，而后面的结论较强？为此，学生会接触到确认性偏差[①]和可得性偏差[②]的概念，以及包括代表性启发法[③]在内的启发式思维方法。在分析归纳逻辑时，学生将以这些概念为依据，来判断归纳结论的强度。此外，学生也要学会区分这些结论中，哪些利用了心理学家丹尼尔·卡尼曼（Daniel Kahneman，2011）所说的"系统1"思考，哪些利用了"系统2"思考，也就是说，哪些运用了（系统1的）快速、自动、"直觉式"思维，哪些运用了（系统2的）仔细、审慎、更客观的分析。我们强烈建议学生更注重后者。

要判断一个归纳逻辑的强结论是否代表了客观事实虽非不可能，但极度困难，不过如果要判定它错误，却是可以做到的。我们告诉学生如何审视归纳论证中的

---

① 确认性偏差（confirmation bias）：指无论观点合乎事实与否，个人更倾向于支持自己的想法、成见和猜想，从而产生认知偏误。——译者注

② 可得性偏差（availability bias）：指个人根据认知上的易得性来判断事件的可能性，而忽视对其他信息进行深度发掘，从而造成认知偏误。——译者注

③ 代表性启发法（representativeness heuristics）：指人们在决策和判断时根据事件代表总体的情况来评定该事件发生概率的启发式思维方法。——译者注

逻辑蕴含关系，并利用逻辑蕴含来对结论证伪。继续拿企鹅的例子来说，我们可以说，如果所有鸟类都有棕色毛，那么我们看到的任何一只鸟都该有棕色毛。因此，如果我们发现一只没有棕色毛的鸟，我们就已经可以通过否定后件律（modus tollens）将结论证伪。运用实证来进行归纳，并对结果进行测试的过程，恰恰构成了科学方法的核心支柱。在实证分析课程中，学生还将进一步学习科学方法。

在形式分析课程中，学生将用多种方法来强化对上述概念的掌握。在一些课堂练习中，学生阅读一段基于虚构前提或真实观察的描述，并在其基础上推导出多个结论，随后运用学到的工具来评判结论的强度。在这个学习阶段，我们希望学生能够明辨合理观点，并能觉察到偏差的出现。另外，学生也会获取一些陈述完整但含义模糊的论证，然后判断哪些属于演绎论证，哪些属于归纳论证。这一练习的目的在于让学生能够判断一个给定的结论需要什么证据支持。

归纳逻辑的最后一项练习是学生们最喜欢的。归纳论证的评价标准为论证强度，而非结论是否为真，因此，我们要求学生就是否能依赖归纳逻辑进行辩论。作为本练习的一部分，我们促使学生思考，人类如果不用归纳逻辑，还能获得哪些知识。除此之外，我们也强调，归纳结论永远具有不确定性，也常常需要用演绎法来验证。最后我们强调，两种推论方法经常具有互补性，应当同时运用。

描述统计和推论统计

演绎和归纳法在逻辑推断中具有相当的普适性，但要评判结论的强度，可能还需要更多的形式思维工具。紧接着分析论证的单元中，学生要学会并练习如何用一些工具来理解数据。描述统计学和推论统计学均属于密涅瓦形式分析课的内容。完成这一单元后，学生就能够通过数据可视化和定量工具，对一套真实数据——比如气象观测数据或商业智能数据——各变量及其关系进行量化描述。同时，如果数据代表的是总体的一个样本，那么学生要能基于可靠的统计学原理来进行准确的推导。此外，学生还要能分析其他人的推论——比如学术文章中的观点，而且不仅要能判断这些推论的强度，还要能理解其所用方法的固有局限。

在此，我们不会赘述课程讲授的所有统计学概念和工具，但会介绍几项重点内容，这些内容在帮助学生批判性地理解数据和相应表述时，起到了关键的作用。

92

描述统计

在描述统计的教学中，我们最强调下列四项内容：识别恰当的中心性（centrality）度量指标、避免后此谬误[1]、认识相关性的量化指标的局限，以及运用回归分析[2]来比较不同变量对某种效应的影响大小。至少前三项教学任务的主要目标，是让学生避免做出站不住脚的推论。在讨论中心性时，我们特别强调学生必须注意到数据类型和异常值的影响。而学生在判断不同变量间的关系时，必须避免盲目地推出因果关系，也不能仅仅使用皮尔逊相关系数r和决定系数R^2[3]的数值，而忽略数据的其他特性。

为了掌握上述概念，学生会参与一系列活动，使用电子表格和Python等工具来分析虚拟和真实数据，尤其要尝试通过调整不同量化指标中的各个变量，观察并解读变化效应。学生不进行手动计算，而是通过自己写出的Python脚本来完成计算。最后，描述统计部分的教学会在一项开放性任务里结束：在该任务中，学生自己找来数据，用所学工具描述数据，并避免犯下已经了解的错误。

推论统计

在推论统计部分，学生要掌握常见的概率分布，并学会从样本数据中推导出总体分布的参数。我们特别强调学生不仅要计算和区分实际显著性和统计显著性[4]，而且要仔细地解释任何计算值的含义，理解其背后的假设。

统计显著性计算的本质，就是评估某个观察到的差异有多大可能是纯偶然的——如果并非纯偶然发生，则应当具有统计显著性。这样的评估过程会受到种种因素的重要影响，包括样本大小、采取重复抽样还是不重复抽样、是否有已

---

[1] 后此谬误（post hoc, ergo propter hoc fallacy）：来自拉丁文中"在此之后，必然由此造成"这一短语，意即仅因一件事先于另一件事发生，就认为前者是后者的原因。——译者注

[2] 回归分析（regression analysis）：一种确定两种或两种以上变量间相互依赖的定量关系的统计分析方法。——译者注

[3] 两者均为评价变量之间相关性的统计指标。——译者注

[4] 统计学的显著性检验用于判别某种效应量是否存在。在统计意义上，一个被计算出存在某种效应（即具备统计显著性）的变量，在现实中的效应可能极小，即不具备实际显著性。——译者注

93

知的总体参数，以及如显著性水平这样的主观因素。密涅瓦的学生要学习建立和评估单样本和双样本假设检验、分析第一类错误和第二类错误[1]、思考多重比较的问题。另外，学生还要探索如何利用置信区间[2]的概念，来更好地描述推断出的参数值。

上述内容的教学主要通过解决问题的活动来完成。其中，有些活动需要学生围绕真实情境建立和开展显著性检验，有些活动让学生根据对获得的实验数据的分析，来评估其他人得出的相应结论质量如何。其中许多具体问题要么缺少假设，需要学生补充，要么指示学生尝试其他假设并比较结果。这些活动的目标，是让学生理解不同变化是如何影响结论的。另一个有效的教学方法，是让学生为彼此设计练习题。这样，学生不仅能从新的视角来看待数据分析，还能进一步探索统计推论的潜在应用。

我们不仅讲授统计显著性的内容，还讨论实际显著性的概念。要衡量实际显著性，首先需要确定效应量是否足够引起注意或引发行动。关键在于，某个统计效应虽然有显著性，也就是不太可能为纯偶然发生，但效应量太小，并不足以产生实际应用意义，或还抵不过实际应用的成本。衡量实际显著性的过程要么比较主观，要么依赖于复杂且针对某个实际用途的标准。不过要衡量效应量，可以使用诸如表明两个均数之间标准差异的科恩d值（Cohen's d）之类的公式。对此，我们着重指出，有不同的公式可供使用，而某一个名词也可能同时指代了很多完全不同的度量方法。我们强调学生要非常清楚自己在算什么、为什么用了某个公式。我们也常常要求学生自己建立标准，来判断某个真实场景中的实验是否检验出了足够大的效应量，并说明建立该标准的理由。比如，为什么认为某种新的杀虫剂能够提升作物产量和农场收益？是否计算了使用该杀虫剂的成本？等等。

94

有效决策

形式分析课的最后一个重点是有效决策。首先，学生需要学习如何评估风险和

---

[1] 统计学中，根据样本统计量做出的统计推断，结论有两类可能的错误：原假设正确，却拒绝原假设，即为第一类错误；原假设错误，却没有拒绝原假设，即为第二类错误。——译者注

[2] 置信区间（confidence intervals）：统计学中指样本统计量所构造的总体参数的区间估计，即某个参数真实值有一定概率落在哪个范围内。——译者注

不确定性。为了区分二者，我们将"风险"定义为可量化的，将"不确定性"定义为不可量化的。通常来说，人们通过计算或估算决策结果的预计价值来量化风险的大小。如果能够识别和量化某个决策结果的相应风险，就能够运用多个理性决策工具找到最优选择。其中，决策树①和非合作博弈②是密涅瓦形式分析课的重点。

同时，学生还要学习一些常见的思维偏差，了解其如何影响人们做出最佳决策，如何避免某些选择。完成这一单元后，学生就能够客观判断——或者意识到尚不能判断——某项决策的各种可能结果及所对应的风险或不确定性，并且运用相关工具来助力能带来最优结果的最佳决策。另外，学生还可以评判其他人的决策。当他们在评估中发现该决策并非最佳时，能够识别出影响该决策的因素。

通过将决策工具运用于虚构和真实的场景，学生积累了决策经验。举个例子，学生要通过构建决策树，对古巴导弹危机时美苏双方的决策过程分别进行评价。这项练习非常有趣，其中一个原因就在于博弈双方面临着同样的一系列决策问题，但对风险有不同的评判。对此，学生要讨论如何运用博弈论的技巧来分析该情况，并考虑不同决策工具的相对优劣。

最后，学生还要了解有哪些认知偏差会妨碍决策者对结果进行客观评估，包括狭窄框架③、双曲折现④、沉没成本⑤以及多种风险厌恶的行为，比如在面对两个均能导致净损失的选择时，选择风险更高的选项，而在面对两个均能带来净收益的选择时，选择更为保守的选项。

---

① 决策树（decision trees）：用树形结构图来进行概率分析的方法，用于在已知各种情况发生概率的基础上，评价事物风险，判断可行性。——译者注

② 非合作博弈：博弈分为合作博弈（cooperative game）和非合作博弈（non cooperative game），非合作博弈研究的是在利益相互影响的局势中，个人如何进行自主决策，以使自己的收益最大化。——译者注

③ 狭窄框架（narrow framing）：人们将客观上的同一问题放在不同的参照系中思考，从而对问题进行不同的描述，导致不同的决策判断，心理学上把这种现象称为"框架效应"。狭窄框架即指以一种相对狭窄的参考框架来做决策的思考方式。——译者注

④ 双曲折现（hyperbolic discounting）：一种认知偏差。面对同一个事件，人们在当下所做的决策与站在未来某个时间点上做出的决策相比，可能有所不同。双曲折现即指决策者可能会倾向于看重当下利益、低估长远利益的认知行为。其中，得到利益的延迟时间越长，对利益的价值评估便打越多折扣。——译者注

⑤ 沉没成本（sunk costs）：在经济学和商业决策中，沉没成本是指已经发生且无法收回的成本，例如已经付出的金钱、时间、精力等。——译者注

为了加深对上述内容的理解，学生需要在给定的场景中，评估其他人所做的决策，并识别其中有哪些思维偏差可能导致了欠优的选择。学生还要在时间压力下进行决策，强制运用卡尼曼所说的系统1思维，随后再在更充裕的时间内，和同学一起重新评估自己的决策。在时间紧张时，学生常常会依赖启发式思维来决策，而通过上述练习，他们就能认识到，自己更容易受到认知偏差的影响，而时间充裕时则能更好地思考其他选项。

结语

作为本章结语，我们想分享在讲授此课期间的一个小发现。随着形式分析课的开展，学生思考的变化也渗透到了其日常语言中。在和学生交流的过程中，我们经常发现他们会指出听到的和自己所说的话中所体现的思维偏差和谬误，并能对其中的不同类型加以区分。这样看来，学生正在充分吸收课上所学的概念，并逐渐内化为快速、自动发生的系统1思维。

7. 实证分析和创造性思考

梅根·加尔（Megan Gahl）、薇琪·钱德勒（Vicki Chandler）

密涅瓦的实证分析基石课重点关注的，是学生如何挖掘出通常隐含在科学研究里的方式方法，并将其广泛运用于各个领域，从而实现创造性地实证思考与分析。实证分析课会探讨在问题解决、科学方法、认知偏差、研究设计以及科学方法的不当运用等方面（在本章中我们会逐个详细讨论）所蕴含的技能和知识。我们要借助教学内容，构建本课所教技能和知识的练习与运用情境，因此，相应各类思维习惯和基础概念（HC）都要策略性地与教学内容的主题领域相匹配。这些教学内容通常来源于自然科学领域，既能够显示HC的实用性，又能够展示其在实际运用过程中的微妙之处。

实证分析中的创造力

实证分析的核心能力之一是创造性思考能力，这或许让很多人惊讶，因为提到创造力，人们通常想到的是艺术专业，而科学家则往往被归为做事有条不紊的线性思考者。但科学家无疑是富有创造力的。无论是设计新的数据收集方式、组织数据，还是设计研究问题、生成假设，又或是设计实验、解决问题、分析数据和解读结论，这一切都需要创造力。从促成科学发现，到构建解决方案，再到创造新事物，无一不体现着创造力。而这三件事也是科学家一贯的工作内容（Dunbar，2000；Ossola，2014）。

在实证分析课上，我们更强调实证研究和问题解决过程中的迭代与创造行为。我们致力于培养创造力，让学生系统地掌握相应的技能和知识，从而更有创造力地识别与克服偏见、推导创新的问题解决方案、挖掘出新的创新问题并加以解决。为了进一步增强学生的创造力，我们帮助其掌握一整套启发式思维方法，比如构建类比、逆向工程[①]、手段—目的分析、设想反向观点，等等。这些启发式思维方法能帮助学生应对任何类型的问题。此外，我们还要教会学生从研究团队中吸取多种不同经验，这一过程也常常能激发解决问题的思路和方案中的创造力（Dunbar，2000）。

自主学习

实证分析的教学首先从探究学习科学（HC中的#自学，参见附录A）开始。作为基础，我们为学生提供了一系列实证检验过的学习技法，供其在所有课程中使用。为此，学生要识别出其中的根本原理，并判断在学习不同类型的材料时，这些基本原理对哪些学习技法有效。随后，学生再思考如何才能更有效地进行自主学习。同时，我们也向学生重点展示了密涅瓦如何基于有效的学习原理来构建教学方法，使学生得以深入理解我们使用主动式学习方法的原因，以及如何最有效地通过课堂互动来学习。

解决问题

在学校中，知识的认知资源被视为第一要务，这很重要，但不能解决所有问题。讲授、学习和测试固定的知识和算法并不难，难的是解决问题时那些错综复杂的网状过程。

——迈克尔·E. 马丁内斯（Michael E. Martinez，1998）

解决问题的过程需要调动一系列广泛的技能和知识，因此，教会学生解决问题绝不是件简单和直截了当的事。最核心的挑战就在于，如何教学生将相应的技能和知识应用于具体的问题。要解决的问题可以很简单或者有方法可循（例如，冰箱

[①] 逆向工程（reverse engineering）：是对一个人造产品进行逆向分析及研究，以得出其设计流程、结构、特性的设计技术再现过程。——译者注

里的东西怎么收纳最整齐），也可以极度复杂甚至并没有最佳答案（例如，如何解决全球饥饿的问题）。而实证分析课的整体思路，就是通过讲授技能和知识，促进学生在解决问题时采用循序渐进和系统性的思路，即首先判断问题是否存在，继而思考是否需要创新的解决方案。比如，如果问题是为八个忙碌的参会者安排会议时间，并不需要创新的解决方案，但如果问题是确定学生学习情况的评估方式，则可能需要全新的解决方案，或者几个已有解决方案的结合。

"解决问题"单元分两部分：一是定义和描述问题，二是寻找和评估解决方案。每堂课关注一个具体的问题解决工具，并提供两个案例：一个案例展示如何解决某个明确易懂的问题，用于澄清相应技能或概念的内涵；另一个案例的问题较为复杂，学生需要运用所学的技能或概念来尝试解决基于本单元"大问题"的一个挑战。

定义和描述问题

什么是问题？乍一看，这很好回答，却常常遭到人们的忽视或误识。如果没有对问题本质的深入了解，推导出来的解决方案就可能无关或无效。在解决问题前打好这个基础非常重要，正如一句名言（常被错认为是来自爱因斯坦）所说："如果我有一小时来解决问题，我会先用55分钟思考问题本身，再用5分钟来思考解决方案。"

我们首先教学生的是#找对问题和#拆分问题这两个HC，重点确保学生解决的是正确的根源问题，随后利用鱼骨图、向下逐层分解法和"5个为什么"（如Spradlin，2012）等工具，将问题拆分到可处理的水平。同时，对问题的描述也取决于能否识别出问题中的限制条件，寻找到可能的解决方案，并利用差距分析来确定问题的规模、水平和程度，从而判断已有的解决方案是否足以解决问题（#限制条件、#差距分析）。如果尚未有解决方案，学生们则要设计新的解决办法。通过解决"大问题"，学生们可以练习定义和描述问题："如何让全球人口免于饥饿？"的问题可以延伸出许多不同的子问题，这就能让学生练习识别容易处理的问题层面以及分解问题。

寻找和评估解决方案

有些时候，人们在定义问题，尤其是识别解决方案的限制条件和考量潜在解决方案（利用差距分析）的过程中，会发现已经有可行的解决方案。另外一些时候，则需要全新的解决方案及创新的问题解决思路。我们借鉴不同学科中的有效方法和启发式思维（利用#类比、#提炼、#问题启发法和#创造性启发法等HC）来培养学生的创造力。我们的目标，是学生能使用所掌握的工具来进行创造性的头脑风暴，以寻找到不同寻常的解决方案，或者从其他学科里找出解决方案；在此之后，学生则能对寻得的解决方案的潜在效用进行系统性评估。针对本单元"如何分配水资源？"的大问题，学生还要尝试从不同角度来寻找和设计解决方案。比如，他们要根据国际空间站的已有做法，通过逆向工程得出类似的解决方案，从而探究如何在加利福尼亚州一些易遭旱灾的城市里减少家庭用水量。

在本单元最后，学生要开发出一套用于解决复杂问题的系统方法，并在课堂活动和书面作业中运用。在课堂活动中，学生分小组进行咨询师的角色扮演，帮助火星一号团队解决食物和水的问题。这项活动的目标是让学生撰写出系统的、循序渐进的问题解决方案，帮助火星一号团队识别出已有的解决方案和创新做法。随后的讨论则进一步扩大范围，让学生思考如何调整系统思路，从而解决不同类型的问题，最终让学生掌握能更广泛应用的技能和知识。

科学方法

我们从经验主义中的语汇——#认识论（epistemology）开始，进行科学方法的教学，以此探究知识的本质，摸索如何区分科学知识的不同类型。这一过程能确保学生理解精确的语言在科学中的必要性。事实（fact）、理论（theory）、定律（law）、假说（hypothesis）等词语的科学含义，不一定总是与人们口语表达中的所指相同，这就可能造成混淆。学生只有区分了这些词语的口语意义和科学意义，才能够精准判断科学家的论断是否可信，并理解相应证据的含义。

科学中的归纳推理

科学是一个迭代的过程，通常始于观察，而观察也是经验主义的根基。只有注重细节、发现规律，才能得出可靠和有用的观察结果，并能继而激发好奇心、形成研究假说。我们的学生要学习进行这样的观察（#观察），运用可视化工具来展示数据规律（#数据可视化），再思考数据规律如何帮助自己形成研究假说（#假说驱动），并最终进行研究实验来测试假说。比如，学生在练习归纳推理时，先要基于观测到的全球变暖数据来形成假说，然后根据看到的更多证据进行微调。设计这项练习的目的，是让学生模拟科学研究中的迭代过程。

科学中的演绎推理

科学同样可以由演绎推理驱动：根据总体理论，形成可供验证的假说和预测。在形式分析课中，学生已经学习了演绎推理，本课中我们则基于大爆炸理论的背景，让学生运用演绎推理的能力和知识，在理论的基础上提出预测（#理论验证），并判断这些假说能否被验证（#可验证性）。我们区分出两种可验证性：其一，是假说能否在原理上被验证（即是否有具体的预测、恰当的证据链以及产出该证据的方法）；其二，是假说能否在实践中被验证（即在现存的政治、社会和技术条件下能够被验证）。我们还教学生评估合理性（即判断假说背后蕴含的假定和前提是否逻辑连贯、一致）。

模型

在上述科学方法的基础上，我们还让学生使用模型进行实证分析（#模型类型）。学生运用物理模型、概念模型和计算模型，并探究它们在科学推理过程各阶段中的作用。比如，模型常用于建立和验证预测，以及探究不同变量间的关系。对此，我们采用全球流行病的相关背景内容，来说明如何用不同的模型协助决策。举例来说，学生借助模拟模型来验证预测，判断疾病控制（如隔离，或在公共交通中尽可能减少潜在的疾病传染概率）或预防措施（如疫苗）是否能有效地遏制全球疫情。

偏差

> 首先，不要欺骗自己——你自己正是最容易被欺骗的人。
>
> ——理查德·费曼（Richard Feynman，1997）

创造性的解决方案只有在真正解决了相应问题时才有价值。许多研究已经显示，基于无其他辅助，同时缺乏系统性的人为观察而得出的结论，往往是不可靠的。在偏差的教学单元中，我们考察人们可能犯的错误和出现的偏差，特别关注如何识别和减少各种偏差对人类观察与决策的影响。为此，我们通过司法科学的失败和成功案例，探究人的情绪、视觉和认知功能会如何导致个体记忆、理解和最终决策的偏差。探究的每一种偏差我们都进行当堂演示，以使学生能够亲身体验该偏差的发生，并随之通过学习一个司法案例，来研究该偏差带来的影响。

探究偏差的基础是认知科学。学生先要思考记忆出错的效应，考虑短期记忆和长期记忆的各自优势与相互制衡关系，并根据目前人们对记忆编码和记忆提取的了解，来讨论目击证人证词中的内在问题（#记忆偏差）。随后学生要思考，情绪会如何影响决策和记忆（#情绪偏差），以及自上而下和自下而上的思维方法会如何聚焦并影响注意力和知觉（#注意力与知觉偏差），反过来导致观察结果出现偏差。

决策本身也可能被决策的方法所影响。因此，我们也要考察启发式方法的使用会带来何种偏差（#启发式偏差），以及人们如何为了巩固自己已经确信的想法，而有意无意地对证据进行某种解读，从而导致确认性偏差（#确认性偏差）。这些概念被运用在课堂讨论中，学生要通过对司法案例的思考，分析启发式方法和偏差会如何导致错误的判决。另外，他们还要辩论，要不要让司法鉴定专家了解背景证据，尤其是其导致确认性偏差的风险是否超过了提供背景信息可能带来的好处。

识别偏差只是第一步。要想获取可靠的知识，做出明智决策，就需要消除和预防偏差的发生。为此，学生要对不同的司法鉴定工具进行评价，判断其中哪些最容易受偏差的影响，并找出包括技术创新和方法调整在内的消除偏差的最佳手段。此外，学生还要回顾科学方法，探究在科学研究的过程中，哪些环节最可能出现偏差，以及如何通过良好的研究设计来消除偏差。这个研讨过程也为接下来的"研究设计"单元提供了过渡和铺垫。

研究设计

在本单元中，学生要认识研究设计的几种主要类型。这一单元的总体目标是让学生掌握评价各类研究所需的技能和知识，并理解相应的研究推论的局限。为此，我们重点关注不同研究设计的动因，判断其推论的普适性，并权衡不同研究思路内在的取舍。我们选择了两个领域的内容来探究不同类型的研究设计：人类对进化的影响以及衰老背后的科学。

在深入了解不同研究设计类型前，学生先要知道好的研究设计需要遵循哪些关键原则，如标准实验性研究设计和观察性研究设计都需要包含什么要素（#实验性设计和#观察），从不同研究设计出发分别能得出何种推论，以及如何进行系统性的复制和抽样（抽样的概念已在形式分析课中引入，因为抽样法会用于研究设计，所以特在本课中加以讨论）。为此，学生要进行一项重要练习，即设计出对研究进行评估的标准，并在学习到每个新的研究设计时，相应地迭代自己的评价标准。可以说，这一单元整合了"科学方法""偏差"等教学单元以及其他基石课的部分概念（例如形式分析课中的#抽样和#相关性、复杂系统课中的#层次分析和#多重原因等HC）。

在本单元中，我们指导学生思考丰富多样的研究方法的潜在缺陷，从无法直接操控目标现象的研究设计（即观察性研究和某些案例研究、问卷调查和大部分访谈），到可以完全或部分控制实验条件的研究设计（即真实验、随机控制医学实验和准实验），均要涉及。为了深刻地理解和体会上述各类研究设计的优势和局限，学生要：（1）形成对各类研究设计的评估标准；（2）进行自主研究和设计，并对研究方案进行评价；（3）评价已发表的研究，找出其中的瑕疵。

为测试学生是否理解了各类研究设计的异同，我们会为学生提供某类研究的结果，然后让他们设计一个不同类型的研究来测试同一个假说，或者给学生布置某个问题，让他们找出最佳的研究设计。比如，为调查寨卡病毒是否会导致出生缺陷这一问题，学生要判定最有效的研究方法；然后，他们还要列举出所选方法相比其他研究方法的好处，以支持自己的选择。此外，学生还要通过贯穿研究开发各阶段（例如提出假说、设计问卷和数据分析）的同伴批判和反馈，来研制、实施一项问卷调研并分析其结果，从而综合自己对研究设计的理解。

科学方法的不当运用

在最理想的状况下，实证分析能够将主观性和偏差降到最低，帮助人们获得可靠的知识。但是，科学也并非"一股势不可当地逼近真理的力量"（Gould，1996）。在研究设计的种种偏差和问题之外，哪怕在科学家能够对研究负责且满怀善意的情况下，社会因素也有可能影响科学。比如，公众的意见会影响哪些研究能获得经费、哪些能获得发表的机会，以及哪些能获得关注（比如媒体报道），从而左右科学进程的发展方向。

基于上述思考，我们带领学生对一系列科学方法的不当运用进行探究，深挖学术撤稿的深层次原因，辨别伪科学，理解媒体的角色，以及探索求异思维[①]（包括评判其何时有效）。在这一单元中，科学革命（即科学的新发现导致人们需要对固有的观念进行重大修改或更替）的内容贯穿始终，我们引导学生基于这个概念，练习对出乎意料的和"革命性"的科学发现进行评价，在此过程中，我们也强调怀疑在实证分析中的作用。

我们利用好几个案例，促进学生在课上将所学技能和知识加以运用和练习。比如，为区分科学和伪科学的观点，学生运用科学方法和数据分析的相关知识，来考察布隆德洛（Blondlot）的N射线。在X射线被发现后不久，当时法国的物理学教授布隆德洛声称发现了另一种射线——N射线，虽然随后不久便被质疑和否定，但仍有不少研究者发布了关于N射线的研究（Tretkoff，2007）。N射线现在已经成为科学家的一个警诫，提醒他们哪怕对自己的结论也要保持怀疑态度。对此，学生要判断N射线的发现属于伪科学还是科学方法的不当运用（答案应当为后者）。然后，他们要找出科学方法运用过程中的种种问题，并学会判断哪些问题可能导致研究成果被撤回。此外，学生也要对比原始文献中科学研究的结论与大众媒体归纳性的报道有哪些区别。

另外，学生也会了解到，求异思维有时的确很有效，但关键在于明确它在哪些情况下可能无效。为了探究求异思维在科学中的作用，学生要识别出科学方法的内在检验机制，以确保求异思维带来的范式转移是符合逻辑且有效的。

在本单元的最后，我们讨论人们对证据的分析是如何受先验信念的影响的。对此，我们通过实证，检验迷信的效用并加以分析，并在此过程中运用"偏差""研究设计"和"科学方法"等单元中的部分内容。

105

综合

在实证分析课的最后，我们带领学生通过一个案例分析来整合所学知识。该案

[①] 求异思维（contrarian perspective）：指超越已成定论的事物或一般的大众想法，进行不同和反向思考的思维方式。——译者注

例围绕一篇著名的科学论文展开。该论文写道，已有的（作者声称的）强有力的证据表明，砷元素可以通过微生物进入生物分子（Wolfe-Simon et al.，2011）。如果该研究结果有效，那便能带来关于生命理论和地球生命起源的一场科学革命，并对其他星球上是否存在生命的猜测产生重大影响。

这个教学案例（改编自美国国家科学案例教学中心Prud' homme-Généreux的研究案例）可以让学生练习运用许多与实证分析相关的HC，以及其他基石课所学的一些HC。学生分析案例中的研究方法、潜在偏差和研究设计，同时评估该研究的复制实验（Reaves et al.，2012），并在此过程中认识到，原始研究的哪些缺陷导致该研究不被科学界广泛支持（尽管还未撤回）。这个特别的案例涵盖了媒体曝光和社交媒体中的大量非正式同行评议，能启发学生对复杂的社会因素如何影响科学的进程和公认的事实进行深入思考。

结语

> 很遗憾，人们学习如何不欺骗自己，以及修得科学品德的漫长历史，并未在我所知道的任何课程中出现。只希望你们靠自己去参透省悟。
>
> ——理查德·费曼，1997

实证分析课的总体目标是让学生有能力识别亟待用创造性方案解决的问题，并着手构建出创造性的解决方案。我们用科学成果的创新应用来阐明这个目标的实现过程，同时强调在创造性地解决问题的过程中，必须保持最高水平的科学品德。我们不希望学生只是"碰巧"理解了这一点，而是在课程中给学生提供培养科学品德的相关工具。无论学生选择哪条职业路径，本课讲授的实证分析能力和知识对他们都有用，因为我们日常生活的方方面面都会因创造性的解决方案（尤其但不限于科学方案）而产生改变。比如，决定哪种（或是否有某种）医学治疗方案最有效、确定在解决问题时使用哪种启发式方法，抑或是发现问题解决提案中的问题——这些都涉及本课所教的能力和知识，这也正是学生在生活和工作的各个维度中都会使用的内容。对新一代的问题解决者和领导者而言，理解问题、评估问题（并且知道自身理解和评估能力的局限）以及设想新的解决方案，都是至关重要的能力。

8. 复杂系统和有效互动

詹姆斯·杰农（James Genone）、伊恩·凡·布斯柯克（Ian Van Buskirk）

世界越来越复杂，因此领导者和创新者要想实现目标，就必须与他人进行有效 109
互动——这样的说法已经是老生常谈。但越来越复杂的当今世界究竟意味着什么？
世界的复杂性和有效的社交互动又有什么关系？密涅瓦认为，理解这些问题的答案
背后的相关实用知识，才是取得个人成功和职业成就不可或缺的前提条件。因此，
我们才让学生花大一学年的四分之一时间，专门学习他们身处的复杂系统，理解他
们与系统及系统中的其他个体互动时所面临的挑战和机遇。

数十年来，复杂系统的特性一直是科学研究的一个主题，而近几年来，生物
学、物理学和计算机科学的洞见更是被系统地用于对人类社交互动的分析。有关这
个话题，不少大学也开设了课程，但密涅瓦的教学思路依然是独特的：和其他复杂
系统相关课程不同，密涅瓦的复杂系统基石课首先关注的，并非对系统特性事无巨
细的认识，也非利用复杂的数学模型来描述系统中各独立单元间的互动及其引发的
系统特性。当然，我们会介绍基本概念，但随后很快就会开始将系统框架用于分析
人的互动。在复杂系统的基石课上，为了展示人类社交系统有何本质特点，我们借
鉴了复杂系统学以及哲学、心理学、经济学、政治学和管理学理论，还考虑到辩
论、谈判、伦理推论的能力在复杂系统的语境下如何重新定义，以及这些能力和其
他能力、知识又该如何帮助提升团队合作与领导力。

在开始研究复杂系统对学习有效互动究竟有哪些好处之前，我们必须将复杂系
统的特点放入一系列不同的社交领域进行考察。对此，我们会先提供一个复杂系统
的概览，然后教学生运用复杂系统的相关知识来理解有效的社会互动。 110

什么是复杂系统

复杂系统几乎无处不在，典型的例子有蚁群、鱼群、鸟群，还有人类的大脑、城市和经济体。研究者和理论家尽管对这些典型实例已有科学共识，但尚未就复杂系统的通用定义达成一致。很多时候，复杂系统被定义为由自主行为个体组成的系统，这些个体在其中彼此互动，不受系统的集中调控，并产生"涌现现象"。涌现现象是系统的整体属性，无法仅仅通过考察系统中个体单位或子群体的行为来理解（Mitchell，2011）。例如，蚁群由成千上万只蚂蚁组成，这些蚂蚁相互沟通，从而在蚁群内分配任务、建立巢穴和协同应对掠食者。这些事情只凭一只蚂蚁是做不到的，但通过许多蚂蚁的互动，整个蚁群就可以做到。

复杂系统通常与简单而"仅仅是繁杂的"系统形成对比，但两者的区别并不总是显而易见的。比如，一辆车是繁杂的（complicated），但并不复杂（complex）。车辆运动乍看上去可能像是一种涌现现象，即被认为是构成汽车的许多机械部件之间相互作用的结果，但事实并非如此。环境影响忽略不计，只要知道从活塞到化油器等每个零部件的运行机制，就能明白车辆的整体运作机制，并解释其运动原理。相比之下，在复杂系统中，各个组成部分的行为并非孤立的，人们不能仅仅通过将各部分行为进行简单相加来解释整体行为。比如，了解了一个人脑中所有神经元的状态——至少基于人类现在的理解——并不能告诉我们这个人正在经历什么（O'Connor，1994）。同样，了解了鸟群中每只鸟的位置和速度，并不能让我们预测鸟群接下来要去的地方（Ballerini et al., 2008）。仅根据个体行为来预测复杂系统中的涌现现象，在某些情况下或许有可能，但在大多数情况下，我们目前无法准确而自信地进行这种预测。

复杂的社会系统

社会系统中各种不同的案例可以帮助我们理解预测整体行为及个体与整体间的联系能带来的深远影响。例如，在社会系统中做出的决策往往意在引发整个系统的变化，但社会系统层面的特性又很难直接被操控，所以这些决策会先影响系统中的各个行为主体，进而影响整个系统。例如，政策制定者可能会决定通过拓建公路来减少交通拥堵。但是，由于系统的复杂性，人们难以准确判断在系统某个层面上的干预会如何影响另一个层面的特性。人们可能会发现，增加车道实际上会加剧拥堵（也许是因为有太多的司机会选择新修的路），反而是其他干预措施（如降低限速）会更有效地缓解问题（Chen，1998）。

此外，尽管对复杂的社会系统进行单独研究可能是有用的，但最终我们还是必须联系其他系统来加以理解。例如，交通运输系统既影响着经济系统又同时受其影响，而两者又共同与政府和法律体系发生相互作用。城市是集合了多个系统的系统，要充分理解城市，必须考虑到其复杂性。在城市所有系统中，人的系统是核心。尽管有一些非常有影响力的人（如市长、企业高管、明星）的存在，但城市的整体行为归根结底是一种无领导的行为，很大程度上取决于当地各个层面的互动关系。例如，市长和市政府可能会尝试使用分区法和税收激励措施来吸引企业去某个区经营，但是最终，个人企业主和消费者的决定——加上上述政策决定的影响——决定了某个购物区是否能成功。城市的身份不是规定的结果，而是个人分享想法、建立新连接、四处移动、购买商品、交换服务和相互学习的结果。

网络和涌现属性

网络是人们在城市中进行互动（通常为群体互动）的方式，而这些网络的结构限定了互动的可能形式。例如，城市规模对人们彼此的关联方式有重要影响；城市人口密度的提高既会导致个人更多的社交互动，从而催生更多的创新和财富，也会导致疾病和犯罪率的上升（Bettencourt et al.，2007）。

这种网络效应会带来反馈环，即系统的输出会反过来影响系统本身的功能。例如，技术创新可以让更多人生活在同一个城市，而人口密度的提高则带来了更多的创新和更迅速的技术进步。为了更好地改善城市和社会互动，我们需要理解如何调控网络，以保持积极互动（如创造想法和财富）、抑制负面互动（如疾病的传播和暴力的发生）。

将城市视为一系列重叠的复杂系统，就可以更清楚地理解一些看似棘手的问题。人们在一个城市中聚集、形成不同社区的现象，往往被视为该城市特定的地理、法律和历史所造就的独特结果。但是，在理解复杂系统的基础上，还有另一种看待问题的方式，这种方式只聚焦于人们决定在何处居住的几条简单原则。单凭这些互动原则，我们就能预测出能够反映现实情况的人类聚居和分离模式（Schelling，1971）。这个过程体现了城市自我组织的力量：人们彼此之间不受控制且往往简单的互动，恰恰使系统显现出协调和秩序。更宏观地说，分布式决策的特点使得城市及许多其他复杂系统呈现出高度的自适应性和应对变化的能力。

城市是复杂社会系统的一个重要例子，因为城市在人们理解和应对世界上最紧迫的挑战时发挥着核心作用。反过来说，城市又是更大的州、省和国家系统的一部分，而后者则在全球范围内参与互动。另外，复杂系统框架还可以被有效地用于分析国际关系和军事冲突（Green，2011）。例如，这个框架已经被用来表明，即使在双方国家都同意最好避免冲突的情况下，信息不对称、过度自信和损失厌恶[①]能通过网络效应和反馈扩大，从而导致国家间发生冲突概率的增加（Jackson & Morelli，2011）。

分析的层次

通过复杂系统的视角来观察互动，这个方法对个人也很有用。我们与朋友、同事和陌生人的日常交往在很大程度上被彼此互动所处的系统所影响。为了改善这些互动，我们必须认识到这些系统的复杂性，并理清个人和系统行为的网络。一个常被讨论的例子是团队成员之间的互动。人们直觉地认为，最有成效的团队肯定拥有最有成效的成员，但情况经常并非如此。成员观点多样和技能多元的团队，往往胜过成员平均能力较强但工作思路较狭隘的团队（Page，2007）。

通过研究一系列不同规模的复杂社会系统，我们可以找出重复行为的规律，识别社会系统发生重大质变的动态。暴乱行为给这种现象提供了生动的例子：在一群和平抗议者中，每个人都可能具有加入暴乱的特定临界值，该值取决于抗议者中有多少已经加入暴乱（Granovetter，1978）。为了管理这种情况，政治领导者和执法人员就必须掌握人群的构成情况，从而了解临界值的大致水平。

这些例子说明，我们每个人都被嵌入了多层重叠的复杂社会系统，而这些系统的特征影响着我们的所作所为。在此基础上，我们将继续说明我们是如何教学生使用复杂系统的相关知识，来理解自身所处的系统并改善彼此在系统内的互动的。

113

[①] 损失厌恶（loss aversion）：认知心理学概念，指人们对损失的敏感度要高于对收益的敏感度。在面对等量的收益和损失时，损失带来的痛苦感要高于收益带来的幸福感。——译者注

如何讲授复杂系统

复杂系统课程的首要目标，是引导学生学习在特定系统内如何与他人互动，以及如何与系统本身互动。有鉴于此，复杂系统课程的架构就要确保学生在学习了复杂系统如何运作后，能学会在各种社会情境中识别出复杂系统的相关特点。作为课程的基本概念，有关复杂系统特点的教学占用了相当多的时间。通过这部分内容的学习，学生能够掌握分析复杂系统的方法，并可将其用于在不同社会系统中的互动。

通过学习将日常的社会系统视为复杂系统，学生可以更好地制定与复杂系统有关的研究问题，并通过科学研究和建模来解答。此外，学生还可以借鉴他们在实证分析和形式分析基石课程中学到的解决问题、实验研究、统计推理和编程的技能——这也是说明各门基石课程相互交叉的无数例证之一。

分解系统

114

学生首先学习的，是识别系统的主要组成元素和子元素，并根据与他们希望了解或预测的行为（#多重主体）相关的方式，对系统进行相应的分解。这些分解必须在多个分析层次内进行（#层次分析），既要考虑系统内最相关的群体，又要考虑组成这些群体的个人。

学生经常要比较分解同一群人的不同方法，以评估哪种方法最符合研究目的。例如，如果学生试图了解大型企业内部的动态关系，可以根据不同部门或团队（如产品、销售、市场营销、人力资源）来分析，也可以考察跨部门的团队（如负责某个产品的所有员工，无论其从属哪个部门或团队）。根据兴趣和目标的不同，某种分解方法可能比其他方法更有用。随着学生将系统分解的技巧作为理解系统的第一步来反复运用，他们在面对新系统时，就会本能地寻找分解系统的不同方法，以加深对系统的认知。

识别涌现属性

学生的下一个主要任务，是在系统中确定他们感兴趣的涌现属性，并确定系统内哪些元素的互动可以使涌现属性出现（#涌现属性）。继续以企业为例，学生可能希望理解为什么某个企业始终能够以比竞争对手更快的速度进行创新。为此，学生必须判断企业内部哪些个人和群体的互动引发了创新。这使学生能够对两种系统分析进行区分：一是对系统的解释性分析（Hedström，2006），即通过分析系统来发现产生涌现属性的互动有哪些；二是预测性分析，即利用分析结果来确认未来在不同条件下，系统可能产生的行为（Epstein，1999）。

为了帮助学生理解涌现属性，我们会介绍一系列技能和概念。学生可以考察系统中个人和群体之间的网络联结，从而更好地理解这些联结如何为系统内的信息流动提供机会和限制（#网络）。学生也可以进行因果分析，以确定引发系统中特定行为的主要原因，并判断这些原因的次级和三级效应（#多重原因）。如前所述，反馈环往往是系统中出现涌现现象的主要驱动因素。比如，如果公司的架构能使不断创新的团队获得额外资源，就可能催生更多的创新——如果反馈环的结构和设置并非如此，则创新可能会减少。

系统动力学

学生还要考虑系统中的行为是如何随时间变化的（#系统动力学）。举例来说，虽然公司在某些市场周期内会创新，但是学生或许更想了解某些政治或经济事件如何导致系统行为发生变化。在此过程中，学生会注意到系统行为的规律——动态系统理论所说的"吸引子"（attractors），即当某些条件被满足时，这些规律就会显现出来。要理解复杂系统如何适应或无法适应变化的情况，关键就在于找到上述变化条件，并识别出哪些事件会使系统从某种行为模式向另一种转变。

考虑互动的不同方面

在学生熟悉了社会系统的分析过程后，我们会继续考察复杂系统的各个特征，同时引入与理解和参与社会互动相关的其他技能和概念。我们的目标，是基于复杂系统的分析框架，让学生掌握使用该框架来理解和预测个人和群体行为的更多用法。更重要的是我们还想给学生传授相关的技能和概念，使他们能判定系统中可能有助于实现特定目标的干预因素。这些技能和概念包括：了解管控人们的行为与决策的因素，如效用和动机；识别社会互动中出现的伦理问题；学习辩论和谈判方法；研究高效团队和领导者的实践经验。

在运用复杂系统的方法理解社会系统时，个人和群体心理是核心的考虑因素。因此，我们研究与决策相关的传统经济学理论，以及一些探讨偏见如何影响决策的行为经济学理论（#效用）。学生需要讨论在特定情形下"完全理性"的主体应该做什么，以及如果用不同的方式重构对该情形的理解（例如，将其视为潜在损失而非潜在收益），则主体行为可能受到何种影响。

我们同样要思考，人们所说的目标可能无法完全反映某些利益相关者行为背后的驱动因素（#动机）。识别动机需要情商，因此我们要让学生认识到，无论是对个人还是群体而言，识别系统中会对行为产生影响的情绪至关重要（#情商）。

116

然而，仅仅了解行为的原因和结果，并不足以让人决定如何对系统中出现的挑战做出恰当的反应。在社会系统中，这些挑战通常也有伦理方面的因素（#公平性）。学生必须分析系统中是否存在不公平的做法或资源分配方式，并确定哪种干预措施可以纠正这些不平衡现象。为此，我们引入伦理学理论，借此比较不同的可能解决方案，并教导学生根据给定情境中的相关背景因素，来对相互对立的伦理原则进行平衡和取舍（#伦理框架和#伦理冲突）。

学生运用上述工具来分析复杂的社会系统，讨论当今社会面临的一些主要挑战。他们的练习任务围绕一系列"大问题"展开，包括"人们为什么犯罪？""如何让全球人口免于饥饿？"和"战争是可以避免的吗？"等话题。学生用复杂的系统框架来探讨这些领域的具体问题，从而熟悉可用来加深对各种社会问题的理解的方法。

随后，学生将转而研究如何运用上述知识，使自己在复杂社会系统中的互动更加有效。我们先带领学生探究如何通过激励和抑制措施（#胡萝卜加大棒）来改变群体和个人的行为，然后给学生各种机会来锻炼辩论和谈判技能（如#制定策略和#谈判）。学生需要研究当今世界最紧迫的社会和政治挑战，包括宗教自由、教育改革、移民、环境监管和医疗，从而练习使用上述技能。他们不仅要进行结构化辩论和模拟谈判，还要编写战略计划和政策建议；同时还要具体说明，自己是如何就所研究的社会或政治问题展开辩论或谈判的。学生要练习提出正反两面的论点，并努力确定分歧中各相关方的共性，确定谈判中的切入点，确定谈判共识的替代方案，并制定策略来影响各方对争议内容的理解。

在上述各个情形中，学生都要尝试使用所学的复杂系统工具来预测干预行为的后果。比如，他们要考虑辩论中的反馈环如何激发双方的涌现属性，开始采用预料之外的新观点。此外，个人行为与群体行为之间的关系始终是教学重点，这可以让

117

学生能够更好地研究系统互动，如考察各种激励的有效性如何因人际关系和群体互动而发生变化。

领导力和团队协作

此后，课程转向对领导力和团队协作的进一步研讨。学生要一如既往地使用所学的复杂系统相关概念和分析技能，来理解成功的领导者和团队如何实现他们的目标并应对所面临的问题，其中包括分析有效领导者用哪些做法激励和启发下属（#领导力原则），协作良好的团队有哪些特征（如#权力动态、#差异、#团队角色等）。学生将学会理解团队工作中不同知识和技能的重要性，并学习如何通过分配权限和分布式决策来组织团队，使之能够适应不断变化的情况和挑战（#组织架构）。我们通过分析个体和群体的互动及互动中的涌现属性，审视系统复杂性的影响。

课程的最后，学生要进行自我检查，并回答这样的问题：如何监控自己所学的知识，并更好地了解在自己所承担的任务和自身能力方面（#自我评估），还未掌握哪些信息（#元知识）。学生要考虑如何避免盲目地遵从外部期望（#从众），思考如何积极行动并对自己的行为结果负责（#责任）。由此，学生将不再仅仅认为自己是所处复杂系统中的齿轮，而是将自己视为变革的主体，有能力通过自己的行为和主动性使所处系统产生深远而有益的变化。

结语

人们在思考学生在本科教育中可以获得何种技能和概念时，很容易低估与他人有效互动的重要性。有些人可能认为学生在未来工作中会学到，或者认为这是一种无须明确教授的天赋。我们不这么认为。我们相信，通过了解社会系统、学习和练习能够影响这些系统的技能，人们可以提高与社会系统的互动水平。学生社交互动水平的进步程度，对他们未来的生活和事业将产生重大影响。

正如无数有关管理的书籍所描述的，娴熟的领导者和变革推动者有一些习惯，这些习惯说起来相当简单，学起来却很难。对此，密涅瓦的复杂系统课程结合两种独特的方法来教学：一是通过对复杂系统的研究，为学生提供理解社交互动的复杂分析框架；二是主动式学习的实践，让学生将技能和概念应用于实际问题而非仅从事理论研究。

将社会系统视为复杂系统，代表了一种观察世界的新方式，这种方式从根本上改变了我们分析和解释行为的方式。这一视角使人们对不同系统如何相互作用有了新见解，也让学生明白，审视系统间的相互作用是分析系统运作的重要步骤。在了解了复杂系统的特征后，学生就能继而解释和预测系统行为，并确定为实现自身目标所应做出的恰当反应。在课程结束时，学生应当能够对社会系统进行现实的分析，在避免过度简化的同时制定可行的干预措施，使社会系统更好地发挥作用。最终，我们希望帮助学生在与他人和社会系统互动时做出明智和合理的决策，为此我们既要教会他们谦逊地面对预测他人行为过程中的挑战，也要让他们掌握相应工具，来识别自己的行为如何为系统带来正面影响。

致谢

十分感谢乔什·福斯特，他不仅为我们系统梳理复杂系统的相关文献提供了指导，并在我们围绕复杂性的本质展开了无数富于启发性的讨论的过程中给予了引导，还对本章文稿提出了反馈意见。

9. 重新看待专业和细分方向

薇琪·钱德勒（Vicki Chandler）、斯蒂芬·M. 科斯林（Stephen M. Kosslyn）、
詹姆斯·杰农（James Genone）

在制定密涅瓦的专业和细分方向时，我们面临着独特的机遇和巨大的挑战：我们必须从零开始设计课程。这要求我们退后一步，解决一个简单的问题：学生要想在自己所选领域内取得成功，究竟需要什么？我们花了数年时间研究答案，并且可能会在未来几年内继续探寻。本章既是一份研究进展报告，又是一张指引未来探究的蓝图。

具体来说，我们基于第3章中概述的核心原则——内容并非重点[①]、课程体系必须结构化、课程内容必须具备根基性、学生需要获取充分信息以做出明智的选择，重新梳理了学士学位课程。我们从头开始设计课程，不受传统教学部门结构的约束，因此就能够回答这一问题：如何设计高度结构化而又灵活的跨学科人文课程和科学课程。

本章描述了密涅瓦本科学位课程的理念、结构和内容，这些课程分布在艺术与人文学院、商学院、计算科学学院、自然科学和社会科学学院五个学院。

设计理念

首先我们思考的，是在不断变化的全球化世界中，人们需要什么样的实践知

[①] 对高年级课程而言，我们将这条原则重新定义为"内容并非唯一重点"，因为我们的确将部分重点放在内容上。但内容的用途是阐释一个领域的关键概念和原理，其目的是帮助学生在自己所选领域中，成为终生的内容贡献者或应用者。——作者注

识（根据密涅瓦的定义，参见第2章）才能取得成功。这个问题的答案成为我们第一年教学的主要驱动力。尽管我们相信第一年引入的思维习惯和基础概念（HC）必不可少，但我们也意识到，学生在第一年的学习是不够的。我们的课程需要引导他们把对这些实用知识的初步理解应用到自己选择的学科领域中。此外，学生也需要在自己感兴趣的领域内，继续拓展相应的基础概念和技能。我们努力在高年级课程，尤其是在专业的核心课程中，实现这些目标。122

我们还花了大量时间来解决另一个问题：如何平衡课程的广度与深度？我们的学生需要广度，因为这是博雅教育的标志，而这种广度也必须跨越学科、传统教学部门和学院的边界。同时，专业课程还需要有充分的深度才可谓有效。

我们认识到，我们的学生需要掌握一定的知识和技能，才能与提供传统学位的其他院校的学生竞争。的确，我们生活在一个信息时代，查找大量信息有如探囊取物，但只有对一个领域知道得足够多，才能确定哪些信息有用，才能从无关甚至错误的信息中甄别出相关和有效的信息。此外，某些领域需要特定的技能和知识，学生就必须在成绩单（以及实践）中证明自己在这些方面的熟练程度。比如，数学水平之于物理、化学、工程和生物学研究生训练，获取和分析数据并产生可检验的假设的能力之于社会科学和自然科学研究，理解分析惯例和研究方法的能力之于文学艺术和哲学历史研究，这些都体现了相应领域内特定技能和知识的重要性。

在设计高年级课程期间，我们很快意识到，问题的关键在于是什么构成了广度和深度之间的适当平衡。我们对适当平衡的定义是：既能使我们在具体学科领域内扩展学生的知识和技能储备，又能涵盖通常的基础内容，使学生具备竞争力。下文将描述我们具体如何定义广度和深度。

课程广度

从大一开始，密涅瓦就力求实现课程的广度。如此前所述（参见第4—8章），密涅瓦在四门大一的基石课程中，就采用源自诸多领域的内容来介绍HC，作为四项核心能力——批判性思维、创造性思考、有效互动和有效沟通——的基础。在高年级课程中，课程广度通过多种方式建立：第一，学生通过每个学院的专业核心课程，接触到该宏观学科领域内的多个子领域；第二，我们鼓励学生攻读双专业或辅修专业；第三，我们有学习广度的要求，确保所有学生都能上到自己主修123

学院之外的课程。

专业核心课

每个学院的专业核心课程都旨在让学生对某个宏观学科有所了解，但绝非用来介绍学科概况，而是用来夯实学科基础。因此，这些课本质上是跨学科的，而且会以具体问题为背景来教授基本概念和技能。专业核心课程是修习更高阶的细分方向课程的基础。

举个例子，所有选择自然科学专业的学生都需要学习自然科学的三门专业核心课程，以便了解自然科学的研究范畴和其中各学科方法的多样性。这三门专业核心课涉及的范围从无限小（如粒子、原子、分子）到较大的实体（如细胞和生物），再到非常大的实体（即地球系统）。这三门课的内容摘要如下（直接摘自我们的课程目录）：

- NS110　物理作用的理论与应用。使用数学概念和技法，探索物理原理在现实世界的应用，并解决定性和定量问题。

- NS111　地球周期的影响。探索地球上碳、水、硅酸盐和金属的起源、化学特性和作用，深入探索生命系统（包括人类）与地球系统的相互作用，以及人们研究地球的方式因传感技术的进步而改变的进程。

- NS112　各层面的进化。进化是所有生物过程的统一原理。详细探讨如何运用进化的基本机制来解释细胞、个体和生态群落中的基础变化过程，包括变异、自然选择和遗传漂变，了解最新技术如何揭示所有生命系统间的内在关联。

与此类似，计算科学的三门专业核心课程也讲授了不同层面的内容，概述如下（同样直接摘自课程目录）：

- CS110　计算：用算法解决问题。运用设计、算法分析、数据结构中的核心概念，以及基于计算的问题解决技法来解决复杂问题。本课程中会学到的算法有散列、搜索、排序、图形算法、动态编程、贪心算法、分治算法、回溯、随机数生成和随机算法等，用以解决从物流、路线优化到机器人手臂控

124

制等方面的诸多问题。

- **CS111　结构：数学和计算模型**。使用一系列数学和计算模型来应对复杂问题。本课程从宏观上涵盖了现代数学和计算研究的核心概念：集合论、组合理论、概率论、图论和微分方程，以及蒙特卡罗方法和代理人基建模法。主题来自包括食物网、工业优化和投票在内的不同领域——一些概念乍看起来可能是完全理论化的，但这些应用主题将概念的多样性和实用性呈现在学生面前。

- **CS112　知识：基于信息的决策**。学习如何运用贝叶斯推理等现代方法从数据中提炼含义。如此获得信息后，再运用决策科学的工具来解决各种各样的问题。本课程主要注重应用统计推断和决策的形式模型来设计实用的解决方案。学生构建并量化一系列场景，从而解决生命科学、能源和技术行业的实际问题，了解如何使用数学、统计和模拟做出重大战略决策。

从这些课程的描述中可以清楚地看出，专业核心课程范围广泛，可以让学生对专业的各大主题和领域均有所了解。

专业

密涅瓦的五个学院中各有一个专业，专业课程的架构可以确保教学内容的广度。通常情况下，后两年的高级课程（即细分方向课程）和专业核心课程一样，可以覆盖不同层面和规模的内容。事实上，在大多数专业中，每门专业核心课程都为三门更具体的高级课程奠定了基础。同时，我们还会根据内容的重点交叉组织这些高级课程。通常来说，课程的架构要么侧重于理论，要么聚焦于实证研究，要么重点在应用。所有这些专业都要求学生确保学习的广度。

我们不仅在每个专业中引入广泛的主题，而且允许学生便捷地申请双专业，或在某个学院上主修、在另一个学院上辅修，或在某一学院中攻读超过一个以上的细分方向（每个细分方向包括三门相关的专业课），从而确保学习的广度。这些组合都能让学生获得更广阔的跨学科学习体验。

广度要求

为确保广度，我们还要求学生修读专业以外的课程。例如，攻读单一专业的学生有十门选修课，其中至少有一半必须从其他学院的专业中选择。密涅瓦有一个创新的选修课模式：某名学生的必修课即是另一名学生的选修课。也就是说，没有任何课程单独作为选修课存在，因此学生在密涅瓦学习的每门课程都是根基性的（参见第3章）。这样一来，攻读单一专业的学生可以通过选修其他专业的核心课程或高级课程来达到他们的广度要求。想在本专业学院外修读高级课程的学生，则必须先修读相应的专业核心课程，这也进一步确保了广度。

如果学生选择攻读双专业，或在一个学院中主修、在另一个学院中辅修，则他们能修读的选修课数量会减少；取而代之的，是他们要为第二专业或辅修专业修读相应的专业核心课程和高级课程。选择双专业或辅修的学生自然可以保证学习的广度，因为他们要从至少两个，甚至更多的学院中学习多门课程。

课程深度

我们确保学习深度的方法也是独特的。一方面，我们要求学生深耕各自选定专业内的细分方向，从而确保学习的深度；另一方面，更重要的是，密涅瓦的课程要求学生设计一个顶点研究项目并参加高阶研修。两者都使学生得以深入探究他们感兴趣的领域。

细分方向

每个专业都有九门高级课程，只有在完成相应的一门（商科专业则是一系列）先修专业核心课程后，才能学习高级课程。这些课程分别排列在一个三乘三的矩阵中，其中的每行或每列构成一个专业内的细分方向。我们必须策略性地决定提供哪些细分方向，以及每个细分方向中的课程内容。基于第3章中概述的原则（回顾如下），每个学院都要有理有据地制定其课程矩阵，以满足本专业学生的需求。例如，表9.1显示了社会科学专业的课程矩阵。各行对应了不同层面的内容，各列则分别代表该学科领域的理论、数据和应用。

表 9.1　社会科学专业的课程矩阵

	社会科学的理论和分析	社会科学的实证方法	设计社会
认知、大脑和行为	SS142　认知和情感理论	SS152　认知神经学	SS162　个体动机和社会动机
经济学和社会	SS144　经济学理论和工具	SS154　计量经济学与经济制度	SS164　全球发展和应用经济学
政治、政府和社会	SS146　构建良性政府理论	SS156　实践中的全球政治体系	SS166　设计宪法

　　表格中课程内容的层面逐行上升。第一行是"认知、大脑和行为",侧重于探究作为行为基础的个体神经生物学和心理功能层面的内容,重点是大脑和心理。中间行是"经济学和社会",侧重于较宏观的层面,考虑群体行为模式,重点是经济学。最下面一行是"政治、政府和社会",侧重于更加宏观的层面,回应塑造社会的制度和法律问题,重点是政治科学。表格各列的内容则从更基本的方法(即"理论和分析")到最具应用意义的方法(即"设计社会")。学生根据自身兴趣选择一到两个细分方向(某行或某列),或选择一个细分方向加上其他课程作为选修。

　　所有细分方向的矩阵都具有以下四个共同特征。第一,某一门(或商科专业的一系列)专业核心课程中进行过宏观介绍的内容,在这些细分方向的课程中得以深挖。第二,每行或每列中的三门课程形成一个环环相扣的集合,使学生能够专注于特定的内容范畴。第三,我们的课程设置旨在确保学生能学到合适的学科知识,从而使他们无论是继续攻读硕士,还是在政府或私营企业工作,都能够在今后各阶段的职业生涯中,与接受传统训练的学生竞争。第四,每个细分方向中的课程互为补充,学生可以按任何顺序修读。因此,学生只要完成了先修的专业核心课程,就可以按任何顺序从任一行或列中选择细分方向课程。这样一来,我们就无须在同一年的两个学期中分别提供某门课程,相反只需要每年开课一次,就能够让学生完成其细分方向或选修课的学业要求。

顶点课程

通常来说，大部分专业核心课程和细分方向课程在大二和大三分别进行。在大三期间，学生还要开始各自的顶点研究项目。顶点研究项目是基于学生自己想法的研究或创意项目，既可以是设计一家创业公司的商业计划、开展一项实验室研究，也可以是创作剧本或艺术装置。不过，所有项目都必须有实质性的书面描述和分析。顶点研究项目的标准很高：我们希望学生能为所选领域贡献一些新东西，而开展项目的方法必须符合专业标准。

为开展顶点研究项目，学生要在大三两个学期分别参加两个单元的顶点课程。在第一学期的顶点课程中，我们希望学生有广泛涉猎，能先退后一步，考虑他们想要解决的重大问题。为此，我们把每个学生与另一个不同专业的学生配对，要求他们找出值得解决的"开放性问题"。随后，学生要围绕问题的答案提出假设，并设计出测试假设的方法。这一过程要经历多次迭代，同时需要接受教授和其他学生的点评。

在第二学期的顶点课程中，我们希望学生能够集中精力制定其独立研究项目的提案。学生首先起草一份初步提案，可以与第一学期所考虑的开放性问题相关，也可以无关。学生在第一堂课前给全班发送提案，并在课上简要展示。然后，他们的提案将接受教授和其他同学的点评。同样，在经历修改提案、反思他人点评的多次迭代过程后，学生最终要形成一个清晰而有说服力的提案。

此后，学生需要找一位密涅瓦的教授做顾问。如果这位教授不是学生所选学科的内容专家，就还要再找一位相应专业的专家作为导师，在大四一年中同时接受密涅瓦教授和专家导师的指导，从而完成自己的顶点研究项目。

我们的计划是要求所有学生在大四最后为期一个月的毕业展示（参见第3章）期间，向同学、教授和其他专家展示他们最终的顶点研究项目。顶点研究项目让学生有机会更深入地掌握所选领域的知识和技能。

高阶研修和实习课程

高阶研修旨在保证学生在自己所选科目中的学习深度。我们希望高阶研修的课程能让学生集中学习感兴趣的主题。在大三结束时，学生需要提交与自己专业和细分方向相关的四个感兴趣的主题，随后我们让有共同兴趣的三名学生组成一组，并匹配一位合适的教授。师生四人将花两周时间来共同设计教学大纲，供随后的学习使用。这些课程的形式模仿了牛津大学的辅导课（tutorial）或剑桥大学的辅导制（supervision）；而在密涅瓦，我们采取三名学生为一组完成每周阅读和作业，辅以专家教授直接参与指导、讨论和总结的形式。高阶研修的主题以学生的专业为基础，因此能够让学生在相应领域进一步深入学习，并确保他们至少在所选学科方面和传统大学的学生一样，能够获得充分训练。这对于想申请继续攻读研究生的学生来说，将大有裨益。

攻读单一专业的学生在大四时将完成顶点研究项目、剩余的选修课程（从专业核心课程和细分方向课程中选择）和两个高阶研修课。每个专业都需要完成两个高阶研修课，因此攻读双专业的学生需要完成的选修课较少，但需要多完成两个高阶研修课。辅修专业则无须完成高阶研修。

在商学院中，学生不进行高阶研修，而要参加实习课。实习课要求学生将专业核心课程和细分方向课程中学到的内容应用于工作当中。学生要分析自己是如何在现实工作环境中使用HC和高年级课程学习内容的，并需要撰写一篇内容充实的论文，由密涅瓦教授评分。

在限制中摸索

通过课程，我们在学习广度和深度之间形成了适当的平衡。为确保教学设计的方向正确，我们回过头反思作为工作准绳的课程设计标准，确定我们是否遵从了其中的原则。接下来，我们以自然科学专业为例，简要说明如何在平衡教学广度与深度的同时，满足第3章中概述的所有课程设计标准。

内容并非唯一重点

实践知识是密涅瓦各个专业的核心所在。我们的核心目标之一，就是让学生掌握必要的技能和知识，以适应不断变化的世界。为此，我们一方面让学生巩固在大一基石课程中学习的HC，一方面在所有课程中引入新的、特定领域的实践知识。此外，每个专业都有一个应用型的细分方向（对应矩阵中的一列）和分别包含一门应用型课程的三个其他细分方向（对应矩阵中的一行）。

此外，学生在每个高年级课程中都会获得两个分数，一个对应其课程内容掌握情况，另一个显示其在课程内容中运用HC的能力。其中第二个分数会被用于适当地上调或下调学生大一学年末的成绩（参见第17章）。为确保高年级课程的内容也能用于实践，我们为每门课程规定了要取得的学习成果（并用于评估）。这些学习成果描述了学生在课程中应当掌握的可迁移技能和具体知识。

课程体系必须结构化

很显然，从整体专业设置到专业核心课程的先修材料，再到每个专业中基于三乘三矩阵的六个不同细分方向，我们已经在多个层面上搭建了课程结构。此外，顶点研究项目和高阶研修则又增加了另一层结构，为学生提供了自由选择的空间。

课程内容必须具备根基性

我们的课程旨在为学生进一步探究和学习提供跳板。以自然科学中的一门课为例。快速浏览世界各地高等教育机构的课程目录就会发现，在科学学院以及环境和农业科学等其他相关学院中，学生可以在无数的专业和研究方向中进行选择，不管是基础科研还是应用领域。那么，在只有12门课程又没有实验室的密涅瓦，我们如何培养未来的科学领导者呢？我们主要靠课程内容的根基性：这些课程实际上起到了跳板和请帖的作用，让学生能随之进入其他诸多领域进行探索。为此，我们要确保专业核心课程和细分方向课程依赖于广泛的跨学科手段，以及解决具有挑战性的世界问题所需的各类方法。这么做的目标是帮助学生掌握物理、化学、生物学和有关地球系统的基础知识和技能，以便未来进入任何感兴趣的领域。

此外，每门课程的设计工作都让我们不断反思，其中的技能或知识是否具有根基性、学生未来是否可以通过运用在密涅瓦学习的技能和知识来学习相关内容。举个例子，我们不会开一门只讲神经生物学的课程。相反，正因为我们提供的课程具备根基性，我们的学生可以通过不同方式来探究神经生物学领域。他们可以修读细胞和生物体的细分方向，从而学习基础遗传学、生物化学和生物工程学的知识，并将其应用于神经生物学。如果学生对分子神经生物学感兴趣，也可以从分子和原子的细分方向中修读更多与分子有关的课程。相反，如果他们对神经科学有更宏观的兴趣，他们可以攻读双专业、辅修或从社会科学中选择认知、大脑和行为这一细分方向的课程。如果他们对计算神经生物学感兴趣，他们可以在计算科学中攻读双专业、辅修或选修课程。而且，学生可以在顶点研究项目和高阶研修中进一步探究感兴趣的神经生物学内容。我们还鼓励学生到其他神经科学研究机构完成至少一项暑期研究，下文还会论述。

学生需要获取充分信息以做出明智的选择

课程结构的目标之一，是确保学生知道自己修读特定课程后能学到什么。如前所述，我们在基石课程中采用各类内容来说明HC的含义。我们将这些课程视为"试用内容"，让学生可以了解自己感兴趣或不感兴趣的各个领域。以这些内容为基础的专业核心课程，则能让学生继续深入了解专业中的专题内容。

对于高年级课程，我们让学生深入了解其内容的方式，是在课程目标下面列出待评价的学习成果，而课程目标则在宏观层面描述了学生将通过课程学到的内容。表9.2显示了NS111"地球周期的影响"的课程目标和学习成果（每个目标和成果都有一个标签名称）。

131

表 9.2　地球周期的影响：课程目标和学习成果

学习在特定时空尺度上运行的系统背后的科学原理，了解系统的反馈因素和能源如何导致系统处于稳定但远不够均衡的状态。

- #反馈：对地球系统中正负反馈的例子、反馈所受的扰动及其影响进行分析。
- #尺度：确定分析的时间和空间尺度，以及人类文明在该时空尺度内的适当定位。
- #系统性思维：对分析世界的简化方法和"系统性思考"的方法进行区分。

对包括地球形成及其在宇宙中的位置在内的科学叙述加以阐释。

- #地球的内部分层：解释地球如何从岩石和金属的均一混合物，演化为内部有分层结构的行星，包括解释不相溶性和部分熔融的概念。
- #宇宙的年龄和构成：分析判定恒星、地球和其他行星等宇宙星体的年龄和构成的恰当方法。
- #从元素到矿物质：解释元素形成的不同模式、元素如何组合形成分子和矿物质，以及它们的特性如何影响行星的结构和功能。
- #太阳系的形成：解释太阳系形成的通用模型和支持证据。

了解地球的主要物质循环及其如何支持地球生态系统。

- #气候调节机制：对稳定地球气候的自然控制机制和导致气候可变性的自然原因

进行解释。

- #人类影响：分析人类对地球产生的众多影响，包括对地球气候、海洋、生物圈的影响以及由人类驱动的进化。

- #自然资源的循环：认识到人类使用或受人类影响的自然资源（如地下水和化石燃料）具有不同的形成周期和循环周期，了解在地球不同的历史条件下，某些自然资源的产生过程。

- #板块构造：评估板块构造的多种证据源，并认识到板块构造对几乎所有其他地球循环系统有着重要影响。

了解地球如何逐渐演化成为一个有利于生命的环境。

- #生命的起源：考察生命何时在地球上出现的相关证据，并分步骤说明"生命起源"问题。

- #氧化还原：分析"生命和地球表层的共同演化"，即分析氧化还原反应的关键作用如何既使生命成为可能，又同时从根本上改变了地球的表面环境。

132

　　我们以上述方式构建每门课程的学习目标，从而使学生理解每节课和相应作业是如何融入一门课的总体目标，而每门课又是如何贡献于细分方向目标和专业目标的。

　　与此同时，学生还会极其频繁地收到有关自己学习表现的反馈，并据此充分了解某条学术路径是否适合自己（见第17章）。每位学生都会与自己的学术导师讨论反馈结果，而学术导师则在学生明智地选择学习方向时，发挥着核心的指导作用。

　　此外，我们会提前发布教学大纲，使学生可以很好地了解每门课包含的内容。正如第16章我们将讨论的，密涅瓦的教学大纲非常详细，不仅会说明每周课程的主题，以及整门课程的教学目标和预期的学习成果，还包括具体的阅读和作业内容。最后，我们还会配备内容专家帮助学生完成顶点研究项目，学生在高阶研修中则会与教授建立尤为密切的学术关系。

确保学生的竞争力

　　除了上文讨论的四个课程设计原则外，我们还要努力确保密涅瓦学生能与传统大学的学生竞争。我们让学生了解多个相关领域，要求他们专注于反思"如何知道自己知道了什么""关键的开放性问题是什么""当前解决这些问题的工具和方法是什么"，以及"什么是主要的未知条件"。例如，我们的目标不仅是培养学生像科学家一样思考，还要让他们增强对科学探究所需的关键知识和技能的掌握。这些教学内容确保我们的学生在接下来的职业生涯中具有竞争力，无论是攻读特定学科的硕士学位，从事科学政策的制定，还是在政府、非政府组织或私营企业中任职。

对攻读自然科学辅修专业的学生而言，目标也是类似的。主要区别在于，辅修学生不会掌握那么广泛的知识，但他们能在专业之外的学院中深入了解所选学科。辅修自然科学专业的学生将能够"像科学家一样思考"，并将这些技能和方法应用于各种各样的职业。

经常有人问我们，密涅瓦的课程都没有实验室的环节，那么学生如何在自然科学的研究中竞争？尽管我们充分利用计算机模拟，并在课上让学生使用真实数据，但我们也坚信，所有科学专业都应包含真正的实操，累积研究经验，让学生在教师指导下解决真实的研究问题。为此，我们鼓励学生在世界各地的大学和研究机构积累暑期研究经验。密涅瓦自然科学学院的院长、教学团队和职业发展团队都致力于帮助学生成功地获取这些机会。这些研究经验为学生完成扎实的顶点研究项目打下了基础，更激发了学生对特定高阶研修课的兴趣，使他们在高阶研修课中可以继续深入研究感兴趣的主题。

结语

基于第一性原理，我们开发了密涅瓦独有的课程体系。这个体系使我们能够以新的方式在教学广度与深度间取得平衡。与此同时，我们也遵守了课程设计的指导原则，确保学生能够真正受益。

作为课程设计的一部分，我们鼓励并促进学生进行交叉学科和跨学科的研究，这既体现在单个专业领域内，也体现在为学生完成双专业所提供的便利上。与此同时，我们让学生基于宏观背景来学习，通过课程要求和体系结构，实现教学的广度。最重要的是，密涅瓦的教育具有前瞻性；我们的总体目标，是赋予学生继续学习和适应世界变化所需的知识和技能。

第二部分

密涅瓦如何教学

从头开始设计课程的优势之一，是我们能够创建和使用促进学习的教学技术，同时免遭既有利益、传统或遗留做法的阻碍。大量实证文献表明，作为最传统的教学方法，讲座式教学对学生的学习来说并非有效的方法，却是非常有效的教法：一个人给一大群人讲课，就跟给一小群人讲课一样容易。讲座式教学具有明显的经济意义，这可能是其作为主导教学模式经久不衰的原因之一。

许多实证研究不仅指出了讲座式教学的有效性等问题，还对另一种明显更有效的方法——主动式学习提供了支持。主动式学习要求学生参与辩论、角色扮演和分组解决问题等活动，即与教学内容互动。相比讲座式教学，主动式学习能使学生理解并记住更多的信息。

我们用心研读了这些研究文献，并基于主动式学习设计了整套教学法。第二部分的八章将系统地解释密涅瓦教学法的开发、实施和使用过程。

第10章《为了学习的"去学习化"》解释了我们如何为有效的主动式学习创造条件。我们很早就发现，教师和学生都必须主动抛弃以前的一些假设和习惯。我们预料到摒弃讲座式教学的困难，但过程中的一些挑战仍然在意料之外。例如，学生和教师必须重新适应课堂教学的目的；我们强调利用信息来实现特定的学习目标，而非专注于信息的传授和识记。

此后两章则阐述了主动式学习在所有课程中的基本使用原理。第11章《学习科学：机制和原则》讨论了从学习科学的实证文献中提炼出的16条原则。这些原则解释了学习者是如何获取和存储信息，又是如何在适当的时候从记忆中提取信息的。这些原则可以结合成不同的组合来使用，为课上主动式学习技术的具体运用打下了基础。第12章《完全主动式学习》则回顾了这些主动式学习技巧。我们将主动式学习与其他方法（例如协作式学习）进行对比，继而对我们称之为"完全主动式学习"的概念展开讨论。完全主动式学习要求每个学生至少有75％的时间是投入的。比如在课堂上，只有一两个学生参与辩论是不够的，每个人都需要通过某些活动参与到学习内容中。

接下来的两章描述了每堂课的组织过程、教师的教学方法和课程的实施思路。第13章《团队教学：一种新的结构化学习方法》解释了我们如何确保同一门课程中不同老师讲授的各个小班，都能为学生营造同样高质量的学习氛围，以及如何确保为教师提供富有成效和激励的工作环境。这一章还将介绍所有教师都要完成的一个月培训和入职课程。在此期间，教师将学习广泛的知识和技能，涵盖从学习科学和主动式学习技术，到软件平台的使用和课堂管理。教师培训课程的教学方法与学生课程的教学方法完全相同。第14章《基于教案的教学》将考察我们的教师在课程中的作用，而他们的所有教学活动都要以详细的教案为依据。教案为课上的活动及其开展顺序提供了结构和指引，并确保同一课程的不同小班所使用的教学素材是一致的（这样，后续课程的教师就有把握所有学生在此前都已获得了相同的背景知识）。然而，教师并不是简单地阅读教案或遵循严格的指示就好；相反，在指导讨论和确保学生真正实现学习目标上，教师要发挥至关重要的作用。本章介绍了我们在设计教案时，如何确保教师的知识、创造力和技能能够得到充分利用。

第二部分的最后三章将集中讨论如何将教学法融入主动式学习平台（ALF），即所有课程所基于的云端软件程序。第15章《主动式学习平台》不仅说明了ALF如何通过内置的各种工具帮助教师更好地教学，更体现了它如何让学生更有效地学习，这部分归功于教师通过平台给予学生的多种反馈。第16章《用教案促进21世纪主动式学习》描述了一个用于增强和补充ALF功能的计算机程序。该程序使新教学大纲和教案的开发更为便捷，其中，大部分课程的开发实现了自动化，其他教研工作也可从中获得高度结构化的指引。随着学校的发展和更多课程的开发，这项名为"课程创建工具"（Course Builder）的程序使我们能够轻松实现规模化，迅速满足并超越了我们对学习管理系统（LMS）的需求。最后，在第17章《评估学生的学习情况》中，我们总结了如何用ALF来评估学生的学术表现。我们对如何在ALF中嵌入我们的评价量规，如何对量规进行构建和应用，不同类型的任务在评估中有何作用，以及如何评估学生在新情境中迁移所学技能和知识的能力进行了探讨。我们将重点讨论为此类评估而专门开发的技术产品。

总之，第二部分的整体主题是教学法与教育技术之间的密切关系。我们开发的所有技术都不仅仅源于教学法，更要反过来提升教学法。技术进步为教学技法的提升创造了新机会（比如展示和讨论投票结果的新方式）。同时，教学法和教育技术也相互促进，共同发展。

10. 为了学习的"去学习化"

斯蒂芬·M.科斯林（Stephen M. Kosslyn）、罗宾·B.戈德堡（Robin B. Goldberg）、
特里·坎农（Teri Cannon）

密涅瓦正在推动高等教育的重塑。我们拥有独特的条件：没有既得利益者，没 ₁₃₉ 有前人遗留的余念，也没有历史包袱的约束。因此，我们可以退后一步来思考，既然我们了解学习科学，明白学生在21世纪取得成功需要的知识，也具备运用现代技术的能力，那么，我们应该教什么，又应该怎样教呢？

对那些深感传统学术环境束手束脚的人来说，光是听到这种自由条件，就会感到如释重负和振奋。他们的感受没错，在密涅瓦，我们可以根据明确的学习目标和核心价值做出原则性的决策，而不必受以往做法的限制，也不会遇到既得利益者的强烈阻挠。

当然，尽管我们不必考虑许多相互对立的力量和利益纠葛，也不用因此而做出违心的妥协，但我们必须与在传统机构中成长起来的学生和教师合作，而他们有时会出于习惯固守原来的学法和教法。我们的学生多来自以传统方式教学的高中，我们的教员在传统大学中获得了高学历。重要的是，这些高中和大学通常都注重传授信息，并主要依靠讲座式教学。

我们的师生都在传统的教育方法和制度中浸淫多年，这给我们带来了一些挑战。在本章中，我们将总结在应对这些挑战过程中的反思。要让学生和教师都转换到我们所设想的轨道上来，这本身需要时间和耐心。只要我们选出了合适的申请 ₁₄₀ 者，而学生和教师都愿意摒弃先入为主的观念，重新理解应该教什么、应该如何教的问题，这就是一个对各方均有益的过程。

要自如地使用密涅瓦的教学法，关键之一是对新体验保持开放态度。这种开放态度意味着，师生要愿意反观各种假设和习惯，并愿意在遇到更新和更好的方法时忘掉旧方法。这一点，在我们依据实证研究和第一性原理开发新课程时尤为凸显。我们的课程在三个方面体现出独特性：教学内容、教学方法以及开展方式。其中每

个方面都要求我们的学生和教师面对新的挑战。

适应教学内容

高等教育常遭诟病的地方是它没有让学生做好毕业后争取成功的准备。哈特研究协会（Hart Research Associates）对雇主进行了多次在线调查，最近的两次是2013年1月和2014年11月代表美国大学和学院协会对300多名雇主进行的调查（哈特研究协会，2013，2015）。调查报告详细分析了现今在大学生要想成功所必备的知识和思维技能中，哪些是雇主眼里最优先考虑的因素。

调查显示，雇主认为贯穿所有专业的通用能力对应聘者的职业成功潜力具有重要影响，他们认为这些技能比学生选择了哪个本科专业更重要。在2013年的调查中，93%也即几乎所有接受了调查的雇主都认为"应聘者表现出批判性思考、清晰沟通和解决复杂问题的能力比他们的本科专业更重要"。在2014年的调查中，雇主认为学生最重要的学习成果是书面与口头交流、团队合作、道德决策、批判性思考以及在现实环境中应用知识的能力。此外，由于世界变得日益复杂，大量信息随时可及，学生如果要成为有效的公民和全面发展的人，那么上述技能也至关重要。

尽管有这些明确的发现，大学依然很少指导学生掌握这些毕业后争取成功所必需的技能和知识。为了解决这个问题，密涅瓦注重教给学生我们所说的"实践知识"，即学生可以用来适应世界变化的一系列知识和思维能力——对此，第1章和第2章已做了全面解释——从而使学生在各式各样的工作和更广泛的生活中取得成功。

认识并改变固有习惯

由于教师和学生习惯于注重特定主题领域的信息，而非掌握上述类型的知识和思维技能，因此要把实践知识放在优先位置有时很困难。许多教师和学生有意无意地相信，要是没有记住事实、数字和概念，就没有真正地学习。这个问题很有挑战性，因为密涅瓦的大一课程包含四门综合性的通识教育课程，目标就是教学生掌握基础的实践知识。随后几年的教学也始终围绕第一年的学习目标，并继续教授更先进和专业的实践知识。而介绍、说明和运用实践知识，必须依赖于具体的背景信息

（比如，要学习如何构建一个论述，就必须围绕特定主题来构建），这就有可能带来问题：教师和学生有时会不自觉地将注意力放在内容上，即放在用来培养实践知识的具体背景信息上。哪怕教师确实认可内容本身主要是手段、教授实践知识才是目的，也常常必须有意识地抵制以内容为先的诱惑，防止陷入传授信息的旧习惯。我们发现，教师们非常愿意接受这种观点的改变，但有时的确需要花些功夫。

另一个挑战在于，最初学生和教师都可能觉得课堂讨论"浮于表面"，或者感觉没有学到任何东西，但这只是因为他们忽略了一点，即学生开始发展具体的思维技能，而内容是实现这一目标的工具。从一开始与教师和学生互动时，我们就很清楚内容的作用。内容的大门应该向学生敞开，让他们自己探索新的主题领域。对此，在为期一个月的教师培训课程中，我们特别强调内容的作用，教师们也赞同这一目标和方法。但是积习难改，有时教师需要借助教学反馈才能保持新的做法。

掌握实践知识

关于教学的另一个挑战很有意思，学生有时会误认为他们已经掌握了特定的实践知识。比如，学生经常觉得自己已经知道该如何组织一个清晰而连贯的论述，但我们发现他们并不熟悉论述的构建原则，结果对复杂和深入的论述感到束手无策。类似地，我们的一些学习目标乍看起来似乎显而易见，但实际上并非如此。142

对此，我们发现，往往只有时间才能让学生意识到自己还需要学的东西有很多。这种日积月累的改变，只有当密涅瓦的学生和进入传统大学的高中朋友重聚时，才体现得尤为明显——密涅瓦学生会发现，在短短几个月的学习之后，他们的思维能力得到了极大的提升。这种差异在学生进行暑期实习时也体现得淋漓尽致。他们会发现，其他人都不会在尝试解决问题之前停下来，描述问题的本质（这是实证分析的基石课程所要达到的一个学习目标）。有时候，学生在没能运用或用好某项实践知识（比如根据受众调整表述内容）时，也会立即有所察觉。

为了让学生弄清自己是否真正掌握了所学的实践知识，我们有时会在每个单元的开头和结尾进行简短的选择题测验。我们不会对学生的答案进行评分，但会向他们出示测验结果：即便学生自己没有意识到学到了多少，但与单元开始时相比，他们在该单元结束时的确更好地掌握了其中所介绍的实践知识。

适应教学方法

大量研究表明，多数大学里真正发生的学习其实很少（如Arum & Roksa，2011）。其实本不该如此。通过学习科学的详细研究和记录，我们对人类如何学习已有了充分了解（参见第11章中的总结）。密涅瓦是第一个系统运用学习科学的高等教育机构，我们不仅在所有课堂教学中运用学习科学，更在课程和制度设计上加以运用。得益于学习科学的指导，我们在所有课程中推行主动式学习，例如进行解决问题、角色扮演、辩论等学习活动（参见第12章）。这些具体活动的设计，都充分利用了人类有效学习的规律，我们也据此设计出促使学生密切关注并思考问题和情境的学习活动。

适应主动式学习

有时，教师会提出质疑：一堂讲座课所依据的教材，源于多年的广泛研究和深思熟虑，主动式学习怎能更好？不仅如此，教师往往也很难放弃贯穿和根植于自己整个教育生涯的教学方法。如果不向学生讲述和解释信息，他们可能就觉得自己教得不好。教师（和学生）有时会成为我们称之为"学习幻觉"的牺牲品，他们觉得记的笔记越多就越会学习。但是，大量研究已经证明，这不是一种有效的教学方法：学生只有在积极参与，而不是在被动接受讲座内容时，才能学得最好。讲座无法促进深度学习；学生很少能够以这种方式运用或综合自己所学，也不能记住很久。主动式学习已被证明远远优于传统讲座（如Freeman et al.，2014）。

解决上述问题的常用方法是在做讲座的同时进行一些讨论。在许多课程中，教师每周进行两次讲座式教学，助教每周进行一小时的讨论。但对大多数学生来说，很多时候课上讨论也并不见得就是主动式学习。要真正实现主动式学习，学生就必须积极思考信息并尝试使用信息（参见第12章）。大多数讨论的领导者没有接受过主动式学习的培训，所以他们可能会允许少数学生主导讨论，或者允许学生全程被动参与。而当学生真正参与时，教师可能又不知如何适当地向学生提出挑战，促使他们用新的方式与教学内容互动。传统的讨论环节通常都用于分享课后感想。这些讨论往往不是为了促进学习而构建或设计的，反而成了已经积极参与的学生继续提出问题和表达看法的平台。

团队教学

在密涅瓦，教师不仅用主动式学习取代讲座式教学，而且组队一起工作：负责同一门课各个小班的所有教师在教学时要依据同一份详细教案；教案具体说明了学习目标、准备材料、测评方式、作业内容和课上的主动式学习练习活动（参见第13章和第14章）。我们采用了这种方法（借鉴哈佛商学院多年的使用经验），使得在同一门课不同小班中的学生能获得一致的学习成果，并确保学习科学在所有小班中得到系统运用。这也是密涅瓦在发展过程中始终保持高质量的方式之一。使用相同的教案有助于减少同一门课不同小班间的差异，帮助所有学生获得同等水平的学习体验。

来自传统机构、曾完全掌控自己的课堂和教学方法的教师，在面对这种新架构时可能会感受到挑战。而如果教师曾经学习或任教的院校并没有设置需要进行此类跨小班协调的核心课程，教师则会感到更困难。但是，大多数教师在这种结构中会变得越发得心应手。每周，所有负责同一门课不同小班的教师会碰面审阅下一周的教案，并根据需要修改和更新。其间，他们会回顾上一周的课程情况，提出下一年这份教案应当做何修改。教师很快就会意识到，团队协作可以帮助自己和同事更好地教学。他们认为这种体验大有裨益。

此外，教师也开始认可教案的灵活性，发现其中有充足的空间可以让他们在每次课上发挥创造力。课堂讨论的效果取决于教师能否很好地回答问题、能否推动学生进行富有成效的讨论。尽管有统一的教案，但由于学生的回答和教师的反应千差万别，实际情况会各不相同。为此，每个教案中都留有机动时间，教师每周也都会向团队分享机动时间的"最佳用法"——反过来帮助教师下一次更好地使用该教案。

教师的努力和激励

教师不再完全控制课堂内容后，就可能需要比在进行传统课堂教学时投入更多的努力。教师喜欢讲座式教学的一个原因，是他们事先知道在课上会发生什么。他们不仅知道自己会说些什么，而且在讲了几次之后，他们通常很清楚学生会问什么问题。与密涅瓦的研讨式教学不同，进行传统讲座式教学的教师无须担心自己要应对什么具有挑战性的问题，也无须担心学生提出困惑，或者课堂讨论偏离学习目标，更无须考虑如何确保所有学生都能被课堂活动吸引。

相反，为了引导学生进行主动式学习，教师则需要运用不同于讲座式教学的技能，在密涅瓦的课堂上尤其如此。密涅瓦的教师需要学习使用信息技术，并在规定的时间内确保完成课堂活动。而且，几乎任何事情都可能在课堂上发生——一开始这会让一些教师感到紧张。但我们也注意到，教师们很快就会发现这些研讨给他们带来了超乎寻常的激励和启发。他们再也不会厌倦，因为他们发现自己比用传统方法教学时学到的更多。上完课后，教师们常常满怀兴奋和喜悦。

密涅瓦提供的是一种全然不同的教学体验。当教师接受这种新方法后，就能营造出富有活力和吸引力的氛围，这使所有学生能够齐心协力让课程内容变得富有意义——最终有助于学生学习。正因为我们的教师致力于帮助学生学得更好，他们才能够认识到这种方法的优势，但这确实需要教师具备开放的思想，以及学习和尝试新方法的意愿。

学生参与

主动式学习的达成也需要学生的努力。听讲座课时做笔记很容易，但和其他学生互动、思考困难的问题或情况，却不是件简单的事。学生在上课前必须做好准备，并且必须从始至终参与每一堂课，不能坐在后排成为被动的旁听者。主动式学习的关键在于，学生越是集中注意力，越是投入到学习内容中，就越能学得深入（参见第11章和第12章的讨论）。

有些学生一开始对密涅瓦所要求的课堂参与程度感到不适应，然而几周之后，他们便能够适应，认为密涅瓦的课堂比以前经历的任何课堂都要更有趣、更富有启发性。

适应课堂开展的方式

我们的目标是为所有合格的学生提供一流的教育，无论他们身处何地、能够支付多少钱、身世背景如何。为了实现这一目标，我们必须创建一种新的课堂模型，提供既有成本效益又有实际效果的教育体验。为此，我们开发了一个全新的、基于云的技术平台"主动式学习平台"（ALF，参见第15章的描述）。有了该平台及其相关软件，所有课程都能以小型研讨会的形式开展，学生和教师能实时会面和互动。这就好比每个学生都坐在教室前排，所有学生和教师都可以随时看到对方——相比之下，传统教室并非如此，哪怕在大多数小班，学生们即便坐在安排好的座位上，也不一定能同时看到所有同学。

ALF内置促进主动式学习的工具，包括快速投票、比较投票结果、根据不同标准让学生分组讨论等功能，从而让教师更好地教学。不仅如此，这些工具还可以帮助学生更好地学习。而且，每堂课都会被录制下来，教师通过查阅录像来评估学生每门课学习目标的达成情况，并提供形成性反馈。这一反馈机制是ALF的主要优势，也是提升学生学习水平的有力工具。所以，虽然学生们在一起上课，但我们仍会单独录制每个学生的视频，这样教师在课后就可以借助录像来提供丰富的反馈，而不仅仅依据期中和期末成绩。

当然，课后对学生的评估要占用教师相当多的时间。每节课持续90分钟，而教师至少需要花一个小时来回顾课程（有时是双倍速播放），从而确定要对哪些学生的参与做出评注。教师不会使用模糊的类别来评分，而是利用标准化的五分制评价量规，且经过培训后，所有教师都会以同样的方式使用这套量规。这种方法有助于我们制定清晰、透明的评分标准，并确保不同教师的评分方法完全相同。

我们发现，得益于良好的招聘工作，我们的教师都能够真正致力于教学和促进学生学习，因此他们很容易就能有效地运用这些方法。因为密涅瓦的教师关心学生究竟学了什么，所以很快就会认同我们希望利用这套方法所要达成的目标。此外，我们的教师是积极的合作者——他们对我们使用的每种方法和流程都有所贡献。例如，一位教授观察到我们的分数量规和标准的字母评分等级之间的换算有些奇怪，于是，为解决这一问题，各个学院的院长和教研团队开会讨论，并立即重新设计换算关系。我们不盲从任何教师的偏好，但教师们也都知道，他们的观察和想法会得到认真对待。

此外，由于我们强调主动式学习，学生的出勤就变得很关键。在传统教学模式中，学生可以不听讲座（或边听课边发短信），只要拿到笔记就好。但是，在主动式学习中，学生必须在场并参与其中。起初这让一些学生厌烦，因为他们习惯于在没有准备或不听课的情况下取得学业成功，还有些学生认为大学里的非学术活动与学习同等重要或更加重要。但是，几乎所有学生都会很快看到这种方法的好处，并在大多数同学的带动下同样深度地投入和参与到课堂中来。

结语

　　在密涅瓦，我们认识到，拥有开放心态，愿意抛弃旧方法、学习新方法，有多么重要——不管是对教师还是对学生均如此。但是，不是每个人都能付出适应这一过程所需要的努力；教师和学生都必须对新体验持开放态度，并确信尝试新方法是值得的。初步结果表明，努力保持开放心态是值得的：我们发现，在大一结束时，学生不仅在学习上取得了显著并且可测量的进步，而且他们中的大多数开始意识到，在实习工作和日常生活中，实践知识让他们受益匪浅。

11. 学习科学：机制和原则

斯蒂芬·M. 科斯林（Stephen M. Kosslyn）

学习科学涵盖了在一系列广泛领域中的研究发现，包括人类如何感知、组织和存储信息，以及此后如何从记忆中提取信息。我们已经对人类处理和存储信息的方式有了大量了解，这些知识可以在教育中被系统地使用，以帮助学生掌握学习内容。149

奇怪的是，学习科学虽然在几十年前就已经发展成熟，却很少被用于促进教学。相反，大多数课堂使用的仍然是一千多年前开发的教学方法。如果你走进任何一所大学，更有可能看到的是一个"舞台上的圣人"：教室前面站着教师，下面是一排排乖乖坐着的学生（其中有些在听讲，有些在做笔记，但更多人在发电子邮件、浏览推特或网上冲浪）。据我所知，密涅瓦是唯一一所在课程体系的各个方面都系统地使用学习科学的大学。

讲座是一种常见的教学方式，但我们需要区分教与学。"教"侧重于信息的传递，"学"则关乎知识的获取。乍看之下，教与学应当完全并行一致，但通常并非如此。"教"通常以教授认为方便和高效的方式进行，教授很少考虑如何教才能促进学生学习。因此，讲座是一种极好的"教"法：一名教师可以轻松地给一万人讲课，这和给十个人讲课并无二致。但无数研究表明，讲座对学生而言，是一种非常糟糕的信息获取方式（更不用说深入习得知识了，因为这不仅需要获取信息，还需要了解信息的宏观背景和效用）。

举个例子，有学者对225项关于学生在讲座课和主动式学习研讨课上的学习情况的研究进行了综合分析（Freeman et al., 2014）。该研究仅涵盖了可能对本科生而言最具挑战的STEM（科学、技术、工程和数学）课程。分析结果很有戏剧性，150其中的发现包括：

本次分析中的研究成果表明，主动式学习可以提高考试成绩，平均可提高半个等级，参与传统讲座课的学生的不及格率比参与主动式学习的要高55%。本次分析支持了此前的理论，即如果能用主动式学习来取代传统讲座课，至少能部分响应让更多学生取得STEM学位的这一呼声……（p.1）

最后，数据也显示，STEM教师也许该开始反思是否要继续在日常教学中使用传统的讲课方法，尤其是最近的研究已经发现，对于来自弱势背景的STEM学生，以及身处这些由男性主导的学科领域的女性学生而言，主动式学习能够带来尤其多的好处。（p.4）

虽然以上论述仅来自一项综合分析，但种种研究，包括对非STEM课程的研究，也都得出了相同的结论。也就是说，主动式学习无疑要胜过被动式听课。

既然如此，为什么讲座式教学仍然主导了多数大学课堂呢？部分原因可能在于，教学者对学习科学知之甚少，无法将其加以运用。这并不是说不存在其他症结，比如大学的财务机制、激励体系和严苛制度等，但毫无疑问的是，大多数想要让教学真正有效的教师，一定能从更全面地理解学习科学中受益。

在本章中，我将简要概述从实证文献中收集到的有关学习科学的关键原则。我将之总结为两条总体原则（我称之为"准则"），进而探讨两者范畴内的16条具体原则。在开始前我要指出，不同的研究者对文献进行了不同的回顾，归纳的原则数量也不同。例如，格雷泽、哈尔彭和哈克尔找出了25条原则（Graesser，Halpern，& Hakel，2008），而威林厄姆仅归纳了9条原则（Willingham，2009）。差异的形成似乎主要是因为某些原则被当作特殊情况，或被视为其他原则的变体。在下文中，我的论述会特别细致，以便更容易地解释课堂上可以使用的主动式学习实践（参见第12章）。

区别与动因

在正式开始论述前，我需要澄清一些概念和背景假设。

重要的区别

第一，"学习"是获取、识别和存储信息的心理过程。与其相对的是"记忆"，即已经存储的、此前获取的信息。记忆一词通常包括留存信息及此后将其提取以供使用的过程。学习和记忆是同一枚硬币的两面：如果不获取和存储信息，之后也就无从提取信息；如果不留存信息并用于此后的检索，那信息就没有存在的意义。

第二，要区分两种不同类型的记忆：动态记忆只有在积极维护时才存在；相比之下，结构记忆哪怕没有被时常想到，也会持续存在。打个比方来说，有个人试图记住一个四边形，为此，他在草坪上一遍又一遍地沿着这一四边形的轨迹走动。在他走路时，该形状的表征是动态的；形状基于他的持续走动才得以显现。而一旦他止步，该形状的表征就会消失。一段时间之后，他在草坪上走出了一条泥路，此时他是否持续走动就不再重要了。因为走动即便停止，该形状仍将持续存在。此时，这个形状已从动态的呈现转变为结构化的表征了。大脑中存在类似的区别。要让学习有用，必须使它产生持续存在的结构性变化。

第三，要区分两种不同类型的学习。一方面，我们学习陈述性信息，例如单词、地址、概念和理论；另一方面，我们学习程序性信息，例如如何开车、如何谈判、如何辩论，以及如何使用语法规则来说外语。在学习不同类型的信息时，通常应以不同的顺序运用下文所述的原则。例如，在获取程序性知识时，掌握基本规则可能比在获取陈述性知识时更为重要，因此，应首先引入基本规则，帮助学生围绕自己要做什么的问题形成思维模型。但我认为，无论学习什么，学习的基本原则是相同的。

第四，可以通过我称为"应用技法"的方式，用不同方式将一些具体原则组合运用。例如，向自己解释一些内容，将有助于学习该内容。但这个做法并非只运用了一条单独的原则。相反，它是一种利用不同原则所蕴含的一系列认知过程对学习施加影响的方式。在对学习原则进行讨论后，我将回到这一点来阐述。

原则的动因

下文描述的原则旨在实现三个目标。

第一，我们可以利用其中许多原则来引导学生学习，哪怕学生不刻意这么做。有个了不起的发现：人们通常不是（或不仅仅是）有意地学习，而只是在信息的使用中学到了知识。例如，在一天结束时回想自己从早上醒来到现在所做的事情——跟别人聊了什么、在报纸上读到了什么等，你真正有意识地试图记住的有多少？我打赌很少。

第二，通过对下文归纳的原则的反复运用，我们可以从刻意为之过渡到自动为之。例如，你刚学开车时非常费力，驾驶教练会告诉你该怎么做，而你则尽力按教练的指导完成动作。但是通过练习，你很快不用经过刻意思考就能做好这些动作了。

第三，这些原则可以帮助学习者将所学知识运用于所有相关的情境。这并不容易，因为人们必须很努力才能触类旁通（参见第2章和第3章）。而新情境与原始学习情境越不相似，迁移的难度就越大。当一个人能够在全新的情境（表面上与原始学习情况完全不同的情境）中很好地使用所学内容时，"远迁移"就会发生（Barnett & Ceci，2002）。

准则

我们可以将学习的原则归纳为以下两条大的准则。

准则一：深入思考

这条准则的核心观点很简单：对某件事情思考得越多、对自己所做的事情越专注，未来就越有可能记住它。

是否遵循这条准则，决定了你是否能从读过的报纸文章中回忆起事实和数据，哪怕自己没有刻意去记这些信息。人们之所以能记住信息，正是因为关注和思考。偶然学习是指人在非刻意获取知识的情况下产生的学习，它是理解、分析或综合等认知处理过程的副产品。

在阅读下文中一系列具体原则时，你可能会注意到明显缺了一样东西——动机。经常有人告诫要"找出学生感兴趣的内容，要投其所好"，但有证据表明，关键是让学生参与其中。他们参与可能因为受到了某种激励，或仅仅因为形势所需，但据我所知，他们参与的原因并没有太大的差别，关键是引导他们进行相关的认知处理，并在过程中给予关注。

这就是第一条准则——深入思考的核心。

准则二：创造和使用联想

联想不仅帮助我们组织内容以便记忆，更像个钩子般方便我们提取记忆以回忆相关内容。

埃里克森、蔡斯和法伦的研究充分展示了联想对人们整理思考内容的推动力量（Ericsson, Chase, & Faloon, 1980）。研究人员要求一名本科生在一年半的时间内，每周至少来实验室三次。每次在实验室会面时，研究人员都会对他说一系列随机数字（每秒一个数），并要求他重复这些数字。一开始研究人员只报一个数字，参与者能正确地回忆起来。然后研究人员报了另外两个随机选择的数字，参与者也能回忆起来。然后是三个，依此类推。每次数字的长度都会增加，直到参与者无法回想起整串数字（第一天他记住了八个数字）。每次会面时研究人员都会从前一次中断的数字个数开始，报出长度相同的新一列随机组合的数字。每次会面研究人员都会使用新的一组数字，因此参与者无法就同一列数字反复练习。但是，当研究最终结束时，该参与者可以记住79个随机数字！

他是怎么做到的？事实上，这项研究的参与者是一位长跑运动员，参加过多次马拉松比赛。他将听到的随机数字与长跑比赛的不同元素相关联。例如，如果他听到"3、4、9、2"，他可能会将这些数字与"3分钟、49.2秒"相关联。因此，四个数字通过联想被转换为单个"组块"（即组织信息的一个单位）。这个组块就像单个数字一样容易存储！最终，他还设计了其他策略来建立这样的联想，例如将数字与某个人的年龄或重要日期相关联。

联想不仅能帮助我们将新信息输入记忆，从而有效地存储信息，也可以帮助我们在未来提取这些信息。联想可以作为线索和提醒，打哑谜猜字游戏如慢镜头般说明了这个过程。例如，打哑谜者四肢着地，像动物一样四处爬行，猜字者就可能大喊"猫""狗""驴子"。打哑谜者的姿势就是一个线索，它激活了这些概念。然后打哑谜者把手指靠着前额伸出来，模仿动物的角，就会有猜谜者说"一只鹿"或"一只山羊"。打哑谜者再站起来，模仿一只动物冲过一件斗篷，猜谜者就会随之大喊："公牛！"每个线索都会引起特定的联想，继而让人从记忆中提取出某些信息。每当我们尝试想起一些信息时，这种通过提示回忆起特定信息的过程就会发生。

16条具体原则

现在，我们来讨论这两条总体准则下的具体原则。我在筛选和确定这些原则时用了三个标准。第一，它们不能通过诉诸其他原则来解释。每条原则必须描述某个（或多个）特定类型的认知处理过程究竟是如何促进学习的。第二，每条原则都必须来自高度可复制且证明对学习有重大影响的研究。第三，这些原则必须对教学有直接的影响，其在实际情况下的运用必须明确。下文我将简要介绍每条原则。

"深入思考"包含的原则

首先，"深入思考"这一准则下包含7条原则。

1.唤起深层处理

一个人越能够有意识和专注地进行认知行为，就越有可能在此后回忆起相关信息（Craig et al.，2006；Craik & Lockhart，1972）。这是"深入思考"这项准则中最明显的含义。就比如说，如果你能为如何在特定情况下使用每条原则分别想一个例子，那么相比仅仅阅读和理解这些原则，你会记得更牢。

2.选择理想的学习难度

我们可以将此视为"金发姑娘法则"（Goldilocks Rule，意即不多不少刚刚好）。当学习任务既不简单到无聊，又非难到让人望而却步时，才是最好的（Bjork，1988，1999；VanLehn et al.，2007）。为了最大限度地发挥深入思考的价值，学习者则需要尽可能地参与其中——要不多不少刚刚好。例如，如果你擅长数学，和那些数学知识较少的人相比，你就需要更具挑战性的概念示例来保持专注学习。

3.引发生成效应[①]

仅仅回忆信息——特别是在需要努力回想时——也能提高人对该信息的记忆

155

---

① 生成效应（generation effect）：指在学习过程中，学生通过自己生成信息来记忆的效果，要好于单纯通过阅读来记忆的效果。——译者注

程度；从记忆中挖掘信息的这一行为本身，也会重建和加强该信息的心理表征。例如，这一原则可能引发这样的结果：频繁的测试如果能引导学习者回想相关信息，就能够加强学习（Butler & Roediger，2007；Roediger & Karpicke，2006）。

4.进行刻意练习

想要有效学习，有时就需要关注并思考所学内容的一些具体方面。其中，反馈尤其能够帮助你纠正心理表征中不甚理想的方面（Brown，Roediger，& McDaniel，2014；Ericsson，Krampe，& Tesch-Romer，1993）。例如，在学习法语时，最好的方法是让以法语为母语的人听你的发音并仔细纠正。当学习者进行"刻意练习"时，这种反馈是最有效的。当你仔细注意错误，并根据犯错的原因来纠正后续表现时，就是在刻意练习（然而，仅使用这条原则并不足以让你成为专家；Hambrick et al.，2014）。

上述四条原则都聚焦于同一个事实，即大脑对相关信息处理得越多，将越能更好地记忆。接下来的三条原则侧重于促进人们对信息的进一步处理。（我在这里打断并指出这一点，应当能帮助读者将这一系列原则分为两个大组，前四个一组、后三个一组，这遵循了下面会提及的一个原则，即一个记忆组块最多存储四个单元的信息。）

5.使用交错技法

不要只关注一种类型的问题（好比在做数学题时），而是最好搭配不同类型的问题一起思考。这一原则同样也暗示了（但据我所知尚未有研究）在学习法语时，最好先学习一些法语，然后学一些历史，再学一些数学，最后再回到法语。这是有道理的，因为人们更容易关注新事物，而非长时间持续关注相同的内容。例如，假设其他条件不变，如果你在读完这一部分后做点其他事情，此后再回来了解第二组原则，那么可能会更有效地掌握本章中的内容。

156

6.促进双重编码

假设我给你一小段话要你记住，如果其中包含了一些插图，就会更方便记忆。一般来说，同时呈现口头和视觉材料可以增强记忆。在这种情况下，大脑在记忆中存储了多个表征（一些是语言表征，一些是视觉表征——它们存储在大脑的不同部分），这就使你以后从记忆中挖掘信息时有多次机会（Kosslyn，1994；Mayer，2001；Moreno & Valdez，2005）。此外，假设只给你一个名字或一段口头描述，如果你可以将其视觉化（即形成脑中图像），你的记忆也将大大改善：且不说你会（在本身的语言之外）创造另一种类型的表征，仅仅将描述的对象或场景视觉化的过程，就可以增强后续的记忆。

7. 唤起情感

如果能让人在经历某个事件时感受到某种情绪，通常就会使他更有效地回忆起该事件。情绪既会让注意力集中，也会使大脑投入额外的资源来存储信息。负面情绪尤其会使注意力聚焦，让人更注重细节。负面情绪的这种额外作用可以用 β 受体阻滞剂消除，这就反映了情感作用隐含的药理学过程（Erk et al.，2003；Levine & Pizarro，2004；McGaugh，2003，2004）。例如，如果你对一场面试感到焦虑（并且不服用 β 受体阻滞剂），那么与不焦虑时相比，你或许能记住面试的更多细节。

以上就是"深入思考"准则下的7条具体原则。

"创造和使用联想"包含的原则

"创造和使用联想"这一准则下包含的原则可以区分为两大类。

一、使用联想来构造信息

"使用联想来构造信息"大类包括以下5条原则：

1. 促进组块构建

正如我们在此前那位能记住大量随机数字的长跑运动员（Ericsson et al.，1980）身上所看到的，你可以使用记忆中已有的联想将材料组织成数量相对较少的几个组块（即有组织的信息单元）。人们可以轻松地记住三到四个组块的内容——显然，每个组块单元本身还可以包含三个或四个组块。例如，如果你想要学习16条原则，就可以想办法将它们分为四个左右（或更少）的组合，每个组合分别由四条（或更少）原则构成。将材料组织成人脑可处理的单元明显对学习有益（如

Brown，Roediger，& McDaniel，2014；Mayer & Moreno，2003）。

2. 借助已有联想

在学习新事物时，要尽可能找到它与记忆中已有信息的关联，且关联越多越好（如Bransford，Brown，& Cocking，2000；Glenberg & Robertson，1999；Mayer，2001）。例如，遇到一个陌生人时，你最好把他的长相和你认识的同名朋友的长相联系起来，以此记住他的名字。比如，你可以在脑海中想象出你那位朋友的长相，然后将脑海中的图像变形为新朋友的长相（Kosslyn，1994）。这样做几次后，你就会将新朋友的长相与老熟人的长相相关联，而熟人的脸早已与相应的名字关联起来了。

已有联想可用于新信息的学习，这也解决了一个古老的难题：研究人员曾一度忧虑所谓的"专家的悖论"，即一个人知道得越多，反而越容易学到更多（Reder & Anderson，1980；Smith，Adams，& Schorr，1978）。原本的直觉是，一个人知道得越多，其记忆就应该越"满"，因此存储新信息应该更难，而不是更容易。但研究人员已经了解到，一个人已知的信息越多，可以用来存储新信息的现有关联就越多。就好像一棵果树拥有的枝条越多，树上的叶子和果实就越多。因此，这种悖论实际上是不存在的。

3. 首先展示基础内容

想要学生习得复杂信息，教师就要利用已有联想首先展示最基本的内容，再一点点融入新内容，这样就能够增强学习效果（Bransford，Brown，& Cocking，2000；Wandersee，Mintzes，& Novak，1994）。首先展示的基础内容提供了教学主干，教师可在其基础上增加额外信息，使学生逐步形成有条不紊的思维结构。例如，我首先提出了两项准则，这就给读者提供了用来理解具体原则的框架。

以下两条原则以上述原则为基础，但聚焦于实例和基本原则之间的关系。（我在这里打断并指出这一点，是希望能帮助读者创建两个思维组块，让读者获得处理这些内容的思维武器。）

158

4. 利用适当的实例

没有实例就无法完全理解抽象概念。但是，实例必须令人难忘，这可以通过与先前信息建立联系来实现。同一学习内容的多个示例必须彼此关联，并与待学习材料聚合成一组内容。例如，我在讲授远迁移的概念时，如果仅提供一个例子（比如，将课上学到的辩论技术用于几个月后与朋友争论政治问题）是不够的。我需要几个不同的远迁移例子，而且要确保学生找到它们彼此间的关联，哪怕它们可能看起来非常不同（Hakel & Halpern，2005）。

5. 依靠原理，而非死记硬背

学习不仅需要熟悉实例，还要理解那些组织和整合实例的基本原理（Kozma & Russell，1997；Bransford，Brown，& Cocking，2000）。例如，学习远迁移的关键是区分表面特征（特定实例）和潜在的深层特征（这些特征表明了应当将哪些知识迁移到当前实例）。例如，辩论的原理也可以用于教学，但并不意味着必须形成对抗（辩论的表面特征），而是意味着敏锐地察觉其他人的目标和观点（辩论的深层特征）。原理必须与实例相关联。总体来说，明确信息如何与其他信息形成抽象（文献称之为"深层结构层面"）的关联，能够增强记忆（Chi & VanLehn，2012）。

二、创建丰富的提取线索

同样属于"创造和使用联想"这一准则的另一大类原则是"创建丰富的提取线索"。其核心思想是，学习者需要把所学内容与独特的信息关联起来，以便此后在需要时能获得有效的提醒。

动态的心理表征产生于最近的经历或思想，它通常是有意识的，因此很容易被回忆起来。相比之下，结构性的表征就像电影《夺宝奇兵》[1]最后一幕中那个堆满箱子的巨型仓库。我们可以保留不计其数的这种心理表征，而且它们往往杂乱无章。我们通过使用线索和提醒来提取这些表征。例如，可以把电影中的一个箱子与棺材相关联，因此在看到棺材的形状时就会提醒自己这个箱子的存在（如果最初的联想不正确，还可以继而搜索其他形状）。因此，为了更容易回忆，结构性表征必须包括未来容易获得提示的特征，包括与独特时间和地点的关联。以下原则可以让大脑生成这样的线索。

6. 创建关联链（即讲故事）

故事是建立在一系列相互联系的因果事物之上的——这是故事情节的本质。通过创建一个具有叙事主线的、由不同关联组成的序列——也就是一个故事——来整合学习内容，不仅有助于创建更大的组块（编故事就是构建联想以创建组块的方式之一），更重要的是有助于你在未来回想学习内容时，也可以使用故事的各个部分来提示下一部分内容。这样的提示能够为将来回忆故事中的信息提供极大的便利（Bower & Clark，1969；Graesser，Olde，& Klettke，2002）。例如，要理解"深入思考"这一准则下的各个原则，你可以创造一个关于某朋友为了掌握计算机编程语言Python，是如何利用每一条原则，并在某一原则不够用时又采用新原则来学习的故事。

7. 使用间隔练习

死记硬背或许是一种有效的识记方式，但却是一种糟糕的学习方法。用一个类比来说明。我年轻时有一张黑色的木桌，我觉得如果把它漆成白色会更好看。但忙中出错，我忘记按照别人的建议，涂几层薄漆而不是一层厚漆。相反，我把一层厚厚的油漆倒在了桌子上。一开始，一切看起来很好，原来的黑漆被完全覆盖了。但没过多少时间，油漆就开始裂开——很快，桌面就一团混乱，比原来的样子更加丑陋。类似的事情也会发生在记忆上：想要把信息一股脑儿地记下来，反而更容易遗忘。原因之一在于，如果你死记硬背，你就只有一组提取线索，即在存储信息那一瞬间大脑所建立的联想。相反，如果把学习内容按时间逐步排开，大脑会将学习内容与许多不同的线索相关联（比如学习时所在的房间、当时的情绪以及思考该信息时脑中的想法）。在相对较长的时间内重复使用信息，要远好于在学习过程中一次性地识记信息（Brown，Roediger，& McDaniel，2014；Cepeda et al.，2006，2008；Cull，2000）。例如，在学习本章节的内容时，你可能需要先阅读一遍，然后再重读几次作为温习。

8. 建立不同的学习情境

远迁移是学习的终极奥义。如上文所述，当在一个情境（如教室）中学到的

160

信息，被提取和应用于一个非常不同的情境（如在多年后的工作环境中用于看似无关的问题）中时，远迁移就发生了。远迁移在很大程度上是可能的，因为学习者已经学会了一组不同的例子，并牢牢掌握了所学内容背后的基本原理（Hakel & Halpern，2005；Van Merrienboer et al.，2006）。但这个过程能否实现更取决于学习者是否知道所学信息与当时的情境具有相关性。为此，学习者应当将学习内容与大量不同的学习情境联系起来。例如，在不同地点学习，将提高学习者未来在不同环境中使用信息的能力。

9. 避免干扰

独特的记忆提取线索之所以至关重要，某种程度上是因为这些线索可以帮助学习者避免其他信息的干扰（Adams，1967；Anderson & Neely，1996）。心理学家记录了两种类型的干扰。其一，当之前学习过的内容干扰到新信息的学习时，发生的是前摄干扰（proactive interference）。例如，如果你学过西班牙语，那么你在学习"de"在法语中的发音时，可能就会产生困扰，因为"de"在法语中的发音类似"duh"，而非西班牙语中类似"day"的发音。其二，当新学的内容损害了回忆先前学过内容的能力时，发生的是倒摄干扰（retroactive interference）。同样以语言学习为例，一旦你学习了法语发音，就可能很难回忆起西班牙语发音。而创建独特的提取线索，可以帮助我们同时避免这两种类型的干扰。比如，就"de"一词的法语发音，你可以想象这样的场景：一个法国人不理解为什么学习者会有此问题，从而轻蔑地说了声"哼"（duh），而一个西班牙人则在某日（day）午睡。

使用学习原则

以上总结的原则涵盖了贯穿所有学习的一些基础过程。这些原则就像字母表中的字母，它们的不同组合可以指导不同类型的学习。

人们研发了许多"应用技法"，来促成学习者使用不同学习过程的组合以实现有效学习。例如，研究者证明，人们可以通过向自己解释事物来有效地学习（如 Chi et al.，1994）。为事物创造出解释是生成效应的一个独特实例，而为了确保自己的解释正确所做的检查，也是刻意练习的一个环节。因此，该方法之所以有效并不是因为它引入了一种新的认知处理方法，而是因为它有效地调动了一组具体原则背后的基础认知过程。同样，记忆术（mnemonics）也是一种非常有效的学习方式。事实上，我在上文的叙述（学习新名字和避免干扰）中就借助了记忆术的方法。这其中并无玄机：记忆术的技法就涉及特定学习过程，如唤醒深层处理和借助已有联想这两个原则的组合。

结语

以上讨论的16条原则，为各式各样的学习提供了基础，无论是从高尔夫挥杆的学习到版权法的学习，还是对学习原则本身的学习。很多时候，你必须先对所学规则或步骤进行有意识的把控［通过卡尼曼（Kahneman，2011）的"系统2"］，并且只有在练习之后，才能自动地（通过卡尼曼的"系统1"）对学习内容进行处理。

在密涅瓦，我们从头开始设计课程，并在此过程中保持了系统性和原则性。我们决定充分利用学习科学，基于上述学习原则的应用技法来设计（和继续设计）每一门课程：每堂课都围绕主动式学习来构建，而每一项主动式学习的练习都以上文描述的各组原则为基础。如果我们在呈现和使用学习内容时遵循了这些原则，那么学生就能很有效地学习——有时甚至不用费其他刻意的功夫。

致谢

感谢布里安娜·斯默克（Brianna Smrke）帮助我从前几版文稿中厘清了上文呈现的许多想法，贝赫南·阿尔扎基（Behnam Arzaghi）出色地找出了文稿中的错误，劳伦斯·霍尔特（Laurence Holt）则提供了精准的反馈，帮助我搭建了本文的雏形。我还要感谢戴安·哈尔彭和丹尼尔·莱维廷就这一主题和相关话题与我进行了对话，使我获益匪浅。

12. 完全主动式学习

乔舒亚·福斯特（Joshua Fost）、里娜·莱维特（Rena Levitt）、斯蒂芬·M. 科斯林（Stephen M. Kosslyn）

密涅瓦正面临着独特的挑战，因为所有课程都是实时在电脑上以研讨会形式进行的。我们正在与互联网带来的所有干扰竞争：推特、脸书、短信、电子邮件和各种同类电子服务。没有人在学生背后监督，在课上他们也同时面对着许多其他事情的诱惑。因此，我们需要开发新的教学方法，来促使学生保持参与状态。

在本章中，我们总结了一系列自主开发和调试的、用于保持学生课堂参与度的新方法——让学生不仅能感兴趣和受激发，更能投入各种有助于学习和远迁移的认知过程。其中许多方法都借鉴了主动式学习平台（ALF）的功能，在借鉴过程中我们得以甄别各种技术的有效性。

关键术语和相关概念

我们先要澄清一些关键术语和相关概念，并将我们的方法放在更广泛的背景下讨论。让我们从主动式学习的概念开始。弗里曼及其同事的一致看法是，主动式学习"通过课堂上的活动和（或）讨论来吸引学生学习，而不是要求学生被动地听专家讲解。它强调高阶思维，而且通常涉及小组协作"（Freeman et al.，2014，pp.8413–8414）。弗里曼和同事还引用了邦威尔和艾森的研究——他们对主动式学习的定义是"让学生参与行动和思考自己在做什么的教学活动"（Bonwell & Eison，1991，p.iii）。我们不对任何定义进行争辩，但相信它们都可以更精准。我们建议如此定义：

如果学习调动了与理解、推理、记忆和模式感知相关的认知过程，我们

就可称之为主动式学习。

第11章对这些认知过程进行了讨论，还总结了一系列原则，描述这些过程如何在学习中发挥作用。正如该章所述，这些原则可以归纳为两个总体准则，即"深入思考"和"创造和使用联想"。

完全主动式学习

正如这个术语字面所示，完全主动式学习要求所有学生在课堂上至少有75%的时间保持参与。也就是说，完全主动式学习不仅要让学生参与课堂讨论，更要让学生通过活动和练习，参与有助于学习的各种认知处理活动，即上文所述的过程。

弗里曼及其同事提到，对许多教学者来说，主动式学习往往意味着包含团队合作。有些人同意这一观点，也有些人至少在为了评估高影响力的教学实践时，会把主动式学习和协作式学习（即要求学生在小组中为共同目标努力）归为一类。比如，基于2006年美国"全国大学生学习参与度调查"（National Survey on Student Engagement，简称NSSE）的结果，库尔提出了"主动式和协作式学习变革"（Kuh，2003）。将这两种实践结合起来，一部分是由于研究者观察到，协作式学习更有可能也是主动式的，因为小组成员无法被动地接收信息。但是，用弗里曼及其同事的话来说，至少没有权威教学者对此进行"持续论述"。

其他教学方法

基尔戈、席茨和帕斯卡雷拉也将主动式学习和协作式学习结合起来，并强烈认可这两种教学方法的效用要远大于大多数其他影响力较大的教学实践。他们写道："主动式学习、协作式学习和本科研究三者，能持续、显著和积极地预测出几乎所有博雅教育的成效。"（Kilgo，Sheets，& Pascarella，2015，p.521）实践证明，主动式学习和协作式学习结合起来，比服务学习、大一研讨课和学习社群等其他教学方法都要更有效。

在密涅瓦，我们将主动式学习和协作式学习区分开来。更精确地说，我们将协作式学习视为一种特殊类型的主动式学习。我们所有的课堂都基于主动式学习，因为学生都要"进行有意义的学习活动并思考自己在做什么"，而不是被动地从教师那里获得信息（Prince，2004）。但是，我们只有一些活动是以大多数学术作者所说的协作式学习方法来开展的。

我们最常使用的协作式学习发生在"分组"活动中。在此期间，我们的研讨课小班（最多19名学生）会分成小组，每组通常有2—5名学生。小组通常私下协作10—15分钟，然后全班集合来汇报各组的解决方案、批判观点等。密涅瓦的学生也在课后小组作业中进行协作式学习。这类工作约占一年级课程作业的10％—15％。总体而言，协作式学习是我们课堂和课外教学共用的教学法之一，但绝不是我们使用的唯一一种主动式学习形式。

文献中出现的主动式学习还涉及另一层含义，即以学生为中心的学习（student-centered learning，简称SCL）。李和汉纳芬在研究中（Lee & Hannafin，2016）引用了乔纳森（Jonassen，1991）的观点，将SCL定位为主动式学习的基础范式之一。然而，我们拿SCL的特征与密涅瓦的教学技术进行比较，发现两者并不相同——在某些方面实际上是相反的。在李和汉纳芬看来，当学生参与SCL时，他们会针对自己选择的模糊内容进行分析，从而达成他们自己设定的学习目标。有些问题式学习（problem-based learning）的确采用这种方法。对于大多数密涅瓦课程来说（除第9章所述的高阶研修外），课堂的内容基础——构成课堂活动的核心材料——均由课程设计者（通常不是课堂教学者，当然也非学生）来选择，课堂的学习目标和助力学生掌握内容的探究路线也同样出自课程设计者之手。同时，我们也鼓励学生通过自主研究对教研备课内容做补充。我们认为这对学生的成功至关重要，因而在通识课程的第一周就将#自学作为一项HC（即思维习惯和基础概念，详见第2章和附录A）来介绍。

但是，这种既要自我选择，又要自我导向的探究仅仅在极偶然时才能构成课堂的基础。当然，这个过程确实时不时地出现在课外作业中，例如大一课程中分数权重很高的期末项目，以及第三、第四年学习中的顶点研究项目。然而总体来说，与我们的教学法相比，SCL赋予学生更多的自主空间，而对预先设定的学习目标的精确度要求则降低了很多。

不过，SCL中的某些元素的确与我们的方法异曲同工。例如，SCL和密涅瓦的完全主动式学习都将教师首先视为引导者（facilitator）而非知识来源，通常也同样将学生视为知识的主动建构者而非接收者。从这个意义上说，我们都是建构主义者。我们一致认为，知识无法仅仅被单向接受。相反，必须对知识进行检验、批判，将其放入语境、进行应用以及与其他知识进行综合——而这些又必须由学生自己来做（Deslauriers，Schelew，& Wieman，2011）。如前所述，我们采用这种观点的最重要原因，均来自学习科学所揭示的原则。

简而言之，我们将主动式学习与协作式学习和以学生为中心的学习区分开来。我们始终采用主动式学习的方法，有时则运用协作式学习和以学生为中心的学习中的元素。

本章余下的大部分内容旨在更详细地解释我们用哪些技术开展上述的主动式学习活动。

教学法工具

完全主动式学习有赖于我们开发的特定教学技术以及ALF平台内置的工具。每个课程教案的核心，均为在课前作业基础上开展的一系列活动（参见第14章）。我们确立了一整套设计实践，确保在每项活动中最大限度地实现主动式学习。我们的指导性问题是："其他人在做什么？"也就是说，开展每项课堂活动时，我们不仅关注当前发言或演示（如解方程）的学生正在做什么，还关注其他学生在做什么：我们不希望学生在任何时候被动地坐在那里听别人说或做。相反，我们希望所有学生在尽可能多的时间里尽可能多地参与其中。

为实现这一目标，我们设计了两种做法：一是反复斟酌我们的教学技术，确保其明确；二是尽可能频繁地添加明确的"参与提示"，让学生在没有积极产出学习成果时（比如演说、写作或表演等），知道自己应该做什么。下文详细描述了这两种做法。

不同的活动类型

人们在重复做同样的事情后就会习惯成自然——除非停下来，否则他们就不会注意自己正在做什么。因此，如果我们要求学生反复做同类型的活动，他们的参与度就会出现问题，也会变得心不在焉。因此，有效的主动式学习必须包括各种类型的活动。我们最初教案中的活动原型来自主动式学习的各种方法（Barr，2013），包括同伴教学（Mazur，1997a；Mazur，1997b；Crouch & Mazur，2001）、小组协作（Macpherson，2015）、辩论（Kennedy，2007）、苏格拉底式讨论（Faust &

Paulson，1998）、基于任务或问题的学习（Allen & Tanner，2007）、角色扮演（Deneve & Heppner，1997），以及基于游戏的教学活动（Lepper & Cordova，1992），等等。

以原型活动为基础，我们开发和描述了大约25种不同类型的活动和课堂习作，每种活动或习作都有独特的"标签"。其中一组标签用于跟踪活动或习作的产出，比如写作、演讲、演示、绘图、算数和编程。另一组标签数量更多，用于跟踪活动类型，或与教学法相关的内容。其中一些活动类型是不言自明的，如讨论、辩论和头脑风暴；另一些活动类型则不那么显而易见，但已被证实能持续有效地确保每个学生保持至少75%的课堂参与度。举例来说，比如焦点问题（focus questions），即在制定教案时编写的、用以强调该课特定内容的问题（这些问题足够困难和细致，因此在一名学生回答之后，老师通常会要求其他学生进行补充或修改）；又比如综合（synthesis），即学生必须将几条不同的探究序列纳入一整个连贯的观点中；还比如评估（evaluation），即学生对目标观点或习作提供和论证评估意见。通常来说，我们可以为每个活动贴上多个标签。以下是我们自然科学学院二年级的一门课程。标签标注在活动的每个步骤旁边，用"@"符号和斜体表示。

活动：古尔德和列沃汀的研究（Gould & Lewontin，1979）对HC的运用。

1. 介绍 @信息传递（2分钟）（幻灯片）。以小组为单位，讨论古尔德和列沃汀反对适应主义者纲领①的核心论点。以要点列表的形式，列出三到五个最重要的论点，并描述作者如何使用特定的HC来支持这几个论点。

2. 分组 @讨论 @分析 @写作 （10分钟）。学生们依据上述幻灯片中的指示来行动。

3. 汇报 @讨论 @综合 @焦点问题 @演讲 @演示 （15分钟）。教师应随机选取学生，要求他们在共享文档中添加其小组所提炼的论点。然后，由展示者指定组内另一位成员来解释研究者如何利用某个具体的HC来支持其论

---

① 适应主义者纲领（adaptationist program）：进化生物学中的一种主张，认为自然选择拥有至高力量，它以所有可能方案中最佳的方式来设计和支配生物体，生物的性状即为自然选择按生物功能所设计的最佳结构。——译者注

点。古尔德和列沃汀可能娴熟地运用了HC，也可能没有。当小组成员在描述两位研究者如何利用某个HC来支撑其论点时，教师应当要求全班同学使用密涅瓦的评测量规来评价研究者对HC的运用水平。

4. *活动总结 @综合 @演讲 （3分钟）*。随机挑一名学生或找一名平时不怎么说话的学生进行提问："在这个活动中你所使用的HC，多大程度上帮助你理解了本课程的学习目标？"

上面这个例子中有几个特别值得注意的内容。第一点值得注意的，是活动介绍中的@信息传递（infotransfer）标签的意思是"信息传递"（information transfer）。在某些情况下，教师必须通过向学生提供信息来说明教学要求，但信息的传递绝对保持在最低限度。在密涅瓦，课堂是用来学习使用信息，而非学习记忆信息的。此步骤中"（幻灯片）"的标记表示的是用屏幕显示的方式提供给学生预览的内容。

第二点值得注意的，是在例子中没有显示的内容，即ALF平台上伴随活动各个步骤的功能配置。ALF究竟如何促进主动式学习的问题，下一部分将进行讨论；在这里只需注意，虽然教案编写者在如何使用ALF技术来支持教学上相对不受约束，但仍有一些典型的做法。例如，在步骤2中，ALF分组工具会将学生分成指定人数的小组，并为每个组提供"单独教室"和记录讨论结果的空白文档。

此外，步骤3的汇报对完全主动式学习来说非常重要：学生知道讨论后要汇报，而且自己可能被点名发言，就会集中注意力。此时的ALF界面可能会显示小组笔记，以及两三个小组成员和其他组学生的图像。教案设计者会精确地利用这些配置和其他功能，优化每个学生展示其主动式学习成果的次数。

这些标签具有重要的作用，既可以进一步提升教学法的效能，又能实现程序化评估。标签为生成结构化的数据奠定了基础，从而使我们能够系统地研究在不同情况下哪些教学技法最为有效。这些研究可能包括：考察让学生在课程结束时写下活动总结（即提高学生对学习目标的掌握程度）是不是有用（我们预设为是），或者解决问题的练习更适用于两人小组、三人小组还是四人小组（对此我们没有预先的假设）。

171

明确的参与提示

社交上较为保守的学生的学习体验很容易被忽视。在课上，即使是一个尽职尽责的教授，也可能最终只让三到四名性格外向的学生参与，或者依赖那些别人眼中能贡献答案的可靠学生。对这几个学生而言，这种关注无疑能产生教育价值，但对其他学生来说，这种体验无论如何也算不上主动式学习。虽说ALF平台的一些功能可以帮助避免这些问题，但我们也并不完全依赖这几项功能。一旦我们确定了教学活动方案，我们立即问自己："（除了活动参与者外）其他学生要做什么？"为了让教案编写者设计出的完全主动式学习方案能确保所有学生至少有75%的时间积极参与，我们创建了近30个参与提示，它们几乎适用于任何学科或科目，并可与密涅瓦各个类型的活动相结合。

我们将参与提示分为两种类型：滚动参与提示和结尾参与提示。滚动参与提示要求学生集中注意力，因为他们要立即回应另一个学生的发言。这些提示可以在讨论的任何时候出现。表12.1列举了几个例子。

表 12.1　滚动参与提示示例

展示重要人物的观点	说明一个重要人物会如何用自己的观点参与讨论。示例："当我点你名时，请解释卡尼曼（2011）会如何评论上一位同学的观点。"
最尖锐的批判	不管你的个人观点如何，请针对刚才的评论进行最尖锐的批判。
用连词（以及/但是）接力	拓展上一个学生的观点，要么（在提示用"以及"接力时）延伸阐述，要么（在提示用"但是"接力时）进行反驳。

在课堂活动开始时，我们会事先提醒学生准备好对这些滚动提示做出回应，从而让学生更有可能投入与学习相关的认知过程。

然而，我们也注意到滚动参与提示技术的缺陷。即使我们进行"重置抽样"（即可能反复叫同一个学生发言），学生也很快会发现，一般来说，只要他们被点过一次名，就不太可能很快被再次点名。因此，在被点名之前，学生能保持注意力和参与度，一旦被点名后就不再如此。相比之下，滚动参与提示与结尾参与提示相结合的方法，可以改善学生注意力下降的情况。

结尾参与提示要求学生在整个活动中保持参与度，以便在结尾时做出回应。这些回应通常要求学生归纳此前讨论，并写下自己的分析，因此学生必须始终集中注意力。表12.2给出了一些示例。

表 12.2　结尾参与提示示例

选择"最佳"回答并解释原因	哪个小组的成果最佳？哪条评论最有说服力？哪个例子最有用？解释你的选择优于其他选项的原因。
归纳关键点	归纳整个活动中的关键点。
确定潜在维度	解释为什么在同一维度上会产生不同的观点。是哪些维度？通过举例，阐释观点的差异。

当学生写下自己的回答（只有教师可以看到）之后，教师可点名要求几个学生解释和进一步拓展自己所写的内容。教师经常会点名叫一个回答得不好的学生，然后再叫一个回答得非常好的学生。口头汇报这一环节是必要的，因为口头公开展示自己的答案可能会给人带来一些压力，这能确保学生集中注意力、持续吸收课上所学内容，以便学完之后写出合理的答案。此外，展示一个不那么理想的回答并予以纠正，也是澄清学生中潜在的普遍问题的一种方法。

我们发现，这种结尾参与提示方法的主要缺点是所需时间相当长。学生通常需要三到五分钟才能写出合理的答案，而口头汇报还需要五分钟左右的时间，加起来明显会在90分钟的课堂上占用不少时间。尽管如此，该做法的教学价值是显而易见的，因此我们认为这个时间值得花。

技术工具

173

密涅瓦的所有课程都是在ALF上进行的基于计算机的线上研讨。ALF的一些功能是专门为促进完全主动式学习而设计，同时对上一部分中描述的教学技法提供补充的。其中一些功能旨在消除计算机使用过程中的干扰（如互联网、推特、脸书、电子邮件等），其他功能则旨在吸引那些在传统教室中可能被忽视的安静学生参与其中。例如，ALF包含"发言时长"功能、"关注安静学生"的工具，以及几种类型的投票功能，同时它还便于教师设置和实施灵活的、可重新分配的小组讨论，如下所述。

让所有学生都能平等参与

实体教室不能让所有学生获得平等参与的机会——所谓获得平等参与的机会，即指能够看到和听到其他所有人、并被其他所有人看见和听见。即使在一个传统的小型研讨会上，有十个学生围坐在桌旁，也没有人可以同时看到其他所有人；不管你如何扭头或转身，你都只能看到一部分人。在讲座型教室里，学生面向教室前方，因此大多数学生要想看到别人的脸，就必须转向一侧或完全转身。而大多数情况下，学生看到的是同学的后脑勺，唯一能看到的是教授的脸，还可能离得很远。与此同时，教授可能只看得清前面几排学生。

这种缺乏参与的情况值得注意，因为与他人互动通常是完全的认知参与和主动式学习的先决条件。而要与一个人互动，就要了解他对我们的观点和行为做何反应，反之亦然。如果学生不能始终将每个人的一颦一笑尽收眼底，理论上讲就不会完整地了解这种反应。相比之下，ALF以传统教室无法做到的方式提供平等的参与机会。所有学生的图像都会在屏幕顶部显示出来，一目了然。每个人，不管是学生还是教授，都好像坐在了教室前排，能让其他所有人看到和听到。

"发言时长"功能

教师按一下"t"键，就会触发"发言时长"功能，该功能会在屏幕顶部每个学生的图像上覆盖一层半透明的底色，但只有教师会看到。其中，绿色表明该学生的发言比其他学生少，因此，在其他所有条件相同的情况下，应尽快让其发言，确保他有机会进行主动式学习。红色表示该学生比其他人发言多，黄色则表示该学生的发言大致处于课堂平均水平。该功能由数据驱动，根据每个学生发言音频流的总持续时间来实时更新。它并不强迫教授做什么，而是提供了比个人记忆更为公平和客观的依据，让教师来决定请哪位学生发言。

174

"关注安静学生"的工具

"发言时长"功能是手动触发的，同时ALF还提供了更自动的方式来调动参与度低于平均水平的学生。在编写教案和上课的过程中，教师均可以设置此工具。这就是"关注安静学生"的工具。教案编写者在设计课堂活动时，会指定何时向学生提问或让其参与讨论。一种选择是让计算机自动选择一位或一组安静的学生（由记录的发言时长确定），另一种选择是指定计算机随机选择学生或由授课教师现场选择。通常，在课堂活动中每一步开始时，教案编写者都会进行ALF设置，因此可以反复设置是选择安静的学生发言，还是对所有学生进行随机选择。

ALF基于实时数据实现了上述过程的自动化，使教师能将更多的精力放到引导课堂活动上来——仔细地聆听学生、提前思考，并策略性地提出问题、将讨论推向有益的方向。此外，我们几乎零成本地降低了教师偏袒某些学生的风险，这不难理解，因为教师可能更倾向于反复叫那些能贡献可靠观点的学生来发言。

自由回答调查

ALF还通过要求学生写下对相关问题的回答来保持其课堂参与度。大多数情况下，此类回答采用"自由回答调查"的形式。ALF界面提出一个包含简短提示的调查问题（比如一个必答问题、一个应做的比较，或必须做出的选择及其理由），学生在文本输入框中写下他们的回答。通常这类调查会持续三到五分钟，学生们会写下几句话。

我们几乎在每堂课中都使用两种类型的自由回答调查。第一种类型是预备性评估调查，学生在每节课开始时，都要对此类调查做出回应。此类调查是必要的，因为我们使用的是翻转课堂的方式，学生主要在课前获取信息（阅读、观看视频等），课堂时间则专门用于学习用不同的方式使用信息。在翻转课堂中，课堂活动能否顺利开展取决于学生是否提前获取了必要的背景信息，因此，我们必须激励学生做好课前准备。这些调查就是这样一种激励。学生只有在阅读和观看了指定材料，并仔细考虑了这些内容与学习目标的关联后，才能很好地回答调查中的问题。在每节课前，学生都会收到一份学习指南，包括他们在阅读或观看材料时应该完成的主动式学习练习；这份指南也解释了我们选择这些阅读或视频材料的理由，以及在课堂上使用这些材料的方法。因此，该调查对学生而言并不是什么出乎意料的要求，但也不容易完成。

教授可以看到每个学生的答案，在所有学生完成后，教授还可以决定是否要花几分钟进一步讨论。不管怎样，在课后教授会对所有回答进行评分（使用评分量规），并将其计入每个学生的课堂成绩。这个分数可以激励学生做好课前准备，同时也让学生知道积极阅读和观看材料的必要性。调查还可以为学生提供及时反馈：教授通常会在课程结束后的一天内完成评分，分数会立即显示在每个学生的ALF评估仪表板上。

第二种自由回答调查是反思调查，它以"一分钟论文"的方法（Angelo & Cross，1993）为基础。反思调查在课程结尾时进行，通常在最后五分钟开展，学生只有整堂课都始终积极思考，才能很好地回答这些问题。反思调查的提示如："在这堂课中，最具挑战性的概念是什么？为什么？请选一个特定的时刻举例说明。""比较新HC在不同课堂活动中的使用方式。你看到了哪些共同点，哪些不同点？"回答这些问题需要的不仅仅是回忆，学生还必须对比课上的不同时刻，并进行有理有据的评价，这反过来需要他们集中注意力。更重要的是，反思调查通过借鉴学习科学（在第11章中已讨论）中证据充分的原则来增强学习效果，例如对生成效应和适当示例的使用。这些反思调查的答案也会用合适的量规来评分。对两种调查的回答，教授除了进行课后评分外，还可以对某些回答做出点评。这种做法为学生提供了每日的形成性反馈。

分组讨论

分组在完全主动式学习中发挥着一定作用，部分是因为学生在同伴面前无法浑水摸鱼，而想要"搭便车"不劳而获，也会面临社交压力。尤其是当小组人数很少，每组只有两到三名学生时更是如此。即使一开始谁都不熟悉材料，这样的讨论小组也有助于学习（Smith et al.，2009）。

ALF允许教师以三种方式分组：（1）计算机随机分配；（2）以自己认为合适的方式指定；（3）根据具体标准（如调查中的回答）。未来，我们还打算将学生过去的表现（如相关的HC分数）作为另一个选项，以便具有相似（或不同）水平的学生组合在一起。分组可以提前确定或现场进行。此外，教师只要滑动一下鼠标，就可以把学生从一个组移动到另一个组。

虚拟教室的巨大优势之一就是单击一个按钮即可创建小组，在ALF中更是如此。学生不需要站起来把椅子拖到教室的某个角落，再被重新分配座位。此外，从笔记和幻灯片到计算机模拟模型，大量的数字材料都可以在小组中共享。而且，教授可以在学生不知道的情况下，观察和倾听每个小组的讨论。教授还可以迅速在小组间轮番旁听，但只在必要时才能打断。因此，ALF达到了传统教室无法实现的教学监督水平。

结语

完全主动式学习充分利用了学习科学的原则：唤起深层处理，引发生成效应，使用间隔练习，等等（参见第11章）。完全主动式学习还确保所有学生——不仅仅是那些本身喜欢说话的外向学生——均有机会参与。此外，完全主动式学习所建立的架构（例如ALF提供的架构）和激励（例如不希望在同伴面前出糗），能防止学生开小差或做其他事（如浏览推特等）。

虽然我们的技术工具从一开始就是为完全主动式学习而开发的，但并非只有使用了我们的技术才能从完全主动式学习的方法中获益。无论如何，技术工具不可能帮助讲座式课堂的教师激励学生集中注意力——要想从完全主动式学习中受益，就需要采用主动式学习的方法！

13. 团队教学：一种新的结构化学习方法

乔舒亚·福斯特（Joshua Fost）、薇琪·钱德勒（Vicki Chandler）、卡拉·加德纳（Kara Gardner）、艾莉森·盖尔（Allison Gale）

179　　密涅瓦贯彻学习科学的决心和提供高质量课堂的承诺，要求我们对课程的各个部分保持高度一致性。但变化因素也同时存在：教师和学生有不同的专业知识和兴趣，没有任何两个对话或课堂活动会以完全相同的方式展开。因此，为了实现一致性、利用多样性，并最大限度地获得教师的支持，我们采用了一系列有别于传统但已被证明有效的实践。在本章中，我们将介绍教学团队的工作阶段、团队组成、沟通工具和记录办法。在此，我们将重点描述第一年通识教育课程，因为它已经运作了较长时间，且已有几年实践积累。不过，在撰写本文时，我们也正在将这些实践转移到高年级课程（大二及以上），很明显，这些做法可以很容易地在整套课程体系中广泛应用。

　　下文详细解释了团队教学模式的工作机制。正如团队教学的字面意思所说，密涅瓦的课程开发和教学过程以小组为单位开展，而我们实施的流程也旨在确保整体的效用远超其各部分的总和。

课程开发过程

　　要了解教学团队在密涅瓦所扮演的角色，首先要了解我们课程开发过程的宏观背景。我们基于团队的工作方法早在课程开始之前就启动了，尽管工作流程因课程

180　类型而异。首席学术官、四个文理学院的院长、教务副校长、机构和教学研究副校长、课程开发主任，以及未来的教研与教学团队共同组成一个团队，花三年时间针对大一学年基石课程的课程大纲、学习目标、教学方法和评估机制，进行开发、改进和迭代（事实上，改进仍在继续）。在密涅瓦的课程体系中，通识教育课程起着

核心作用，而其涵盖的内容又非常广泛，因此我们致力于并将持续在这部分工作中投入大量时间和精力。

就课程数量而言，最近更常见的课程开发工作围绕着高年级课程的设计进行。课程开发流程如下：

1. 学院院长为课程写一段概述，确保课程描述完全符合学院的整体课程目标。
2. 聘请一位教师或顾问撰写课程大纲。院长和大纲编写者共同制定课程目标、学习成果和要涵盖的主题，并为每节课选择恰当的阅读材料。在迭代中，首先制定大纲框架，然后是完整的教学大纲。
3. 院长委员会的主席审阅课程大纲。此后，该课程大纲根据需要进行更多迭代。
4. 两位外部内容专家对课程大纲进行审核，并在必要时继续进行更多迭代。
5. 首席学术官审查课程大纲的最终草案。在被最终批准前，大纲将持续迭代。

根据我们的经验，在开发中对课程大纲进行如此密集的持续迭代和包容性的提升，可谓非比寻常。我们如此不遗余力的原因之一，是课程大纲为其他大量工作奠定了基础，这些工作包括精心设计测评机制和20多种完全主动式学习的课堂练习，而每一个练习都可以在许多节课中使用（每个学期包括28节课，平均每节课有两个主动式学习的练习）。也就是说，如果课程大纲的基础薄弱，那么有赖于该基础的其他工作就难免受影响。

我们努力开发课程大纲的另一个原因，是我们寻求特定专业或子领域内课程之间强大的整合和互补。正如我们的一位教师所说："在密涅瓦，重要的是将自己正在开发和教学的课程视为'我们的'课程，而不是'我的'课程。"在许多其他院校，课程的开发和教学可以由教师在相对隔离、极少或没有监管的情况下完成。以这种方式开发的课程可能在不同学年、不同课堂，以及不同教师之间，都有很大的变化。我们认为这是有问题的，因为尽管我们也关注教学效率，但我们同样关注该效率的可靠性。再现性是科学的基本原则：基于对学习科学的坚信，我们需要保证本校教师和他校教师均能遵循相同的课程蓝图，从而达到相似的教学成果。为此，仅仅确定阅读材料——无论它们多么有价值——以及不管教师掌握了什么教学工具都派他们去教室，是不够的。这个问题在密涅瓦特别重要，因为我们的课程架构极其严谨：高年级课程的教学以此前课程中的某些内容为基础，因此我们必须确保学生真的学过这些内容。

181

沟通渠道

我们的虚拟教室模式为师生提供了教学地理位置的自由，这也产生了一个有趣且有益的"副作用"——我们更加有意识地确保各参与方能进行轻松而频繁的交流。毫无疑问，这也让我们成为一个全新的机构并从中受益：实现创新并创建一个真正的"学习型组织"这一愿景激励了全体员工，而加入密涅瓦的新同事也期待以新方式来工作。我们顺势开发了至少四个明确的沟通渠道，专门用于促进团队内和团队间的对话。其中，至少有三个渠道本质上是传统意义上的会议——在主动式学习平台（ALF）上进行的同步对话。会议本身当然没有什么新鲜的，但真正新颖的，是这些会议取得了高度的一致和卓越的成效。第四个沟通渠道较难定义。下面我们将对这四个渠道进行描述。

每周会议

每周会议的规范模式如下。我们故意不在周五安排课程，主要是为了让学生能够充分利用丰富的辅助课程活动，并探索其游学所至的城市。这样的安排也意味着教师在这一天没有课堂教学工作，因此每个团队（即教授特定课程的所有教师、课程设计者，常常也有相关学院的院长）就有时间在ALF上进行一小时的周会。

这些会议的主要目的是进行"前一周和后两周"的温故知新。通常情况下，会议首先会简要回顾刚刚结束的一周工作的成败，主要的依据是教案评论中记录的内容（更多相关信息，请参阅下文"利用个人优势"部分的讨论）。随后，会议会对下一周的教案进行详细的逐条梳理，对再后一周的教案则进行较简单的审阅。教师可以提出自己看来需要解决的潜在问题，或者直接提出改进方案。会议考虑的修改内容如测评问题的澄清、添加适用于课堂讨论的丰富主题、"抖包袱"的想法（见下文），以及为教师增加有用的背景阅读。在某些情况下——鉴于已经融入每个教案的深度协作和监督水平，这些情况很少见——会议也会建议做出实质性的教学法变更，例如将全班讨论的活动修改为分组解决问题的练习。跨课程互助很常见：教师们具有不同的子学科背景，可以分享与各自教案相关的独特见解。

我们中的一些人曾任教过的院校，也采用过类似的模式，至少在名义上如此。然而很多时候，此类会议的频率可能先下滑到每月一次，然后再降至每学期一次，直至完全消失。这种情况发生的原因既不复杂也不重要，真正重要的是，正因为密涅瓦将教学的效能而不是研究的效能视为机构核心，教学团队的工作才不会被错位的激励机制所影响。每个团队的每周会议确实会如期展开，而且会议本身足够高效和令人愉悦，自然能够持续进行下去。

Slack聊天群组

Slack是一个多平台的团队沟通工具，其核心功能是基于聊天群组（channel）的交流：用户可以任何目的创建聊天群组；人们加入这些聊天群组，在其中发布消息，并在其他人发言时收到提醒。Slack还支持个人对个人直接发送消息，工作小组还可以创建临时私密聊天群组，以解决紧急问题。聊天群组内的对话按时间顺序排列，格式清晰，比典型的电子邮件序列更容易拆分阅读。一些辅助功能，如电话式实时对话（使用计算机而不是电话）、其他软件工具的自定义集成等，也常常十分有用。

我们以各种方式广泛地使用Slack。对教学团队而言，最适用的是各个课程的专用聊天群组。所有核心相关方都可以访问相应群组。例如，我们有一个实证分析基石课程的群组。该群组的参与者包括目前教授该课程的所有教师、编写原始课程大纲及教案的教研员、自然科学学院院长、大一课程主任和课程研发主任。

在典型的教学周中，该课程的群组成员会通过对话，协调任务日期和细节，在各个小班间校定课上问题的标准答案。Slack还适用于一系列场景，如分享有用的背景知识或补充阅读材料、发布代课需求和代课报告、发布令人振奋的教学经验（偶尔倒倒苦水）、提出评估中的标准问题，以及更新技术以便师生获取资源。

因为所有这些信息流在不同时间发布和阅读，且以一种易于快速浏览的形式存储，所以花费的时间远远少于为实现相同目的而进行的面对面会议的时间。由于需要的时间更少，人们更有可能读完发布的信息，并在团队中保持充分、活跃的参与度。此外，由于我们的教师通常不在同一时区，非同步阅读是一个非常重要的要求。

Slack的软件集成工具有一个新用法，与团队教学间接相关，即"今日HC"（HC是思维习惯和基础概念的缩写，参见第2章和附录A）。这个软件每天会自动随机选择一个HC，并将它的完整描述和一个实际应用示例一并发布于Slack的通用群组。机构中的每个人，不仅仅是学术团队的成员，都会看到这一系列消息。让每个人都了解密涅瓦的通识教育目标，实际上有效地扩大了教学团队的规模。例如，学生体验团队（组织社会合作活动的团队）能够更好地规划辅助课程活动以强化

HC的掌握，学生生活团队则可以鼓励学生将这些技能应用于学术之外的生活中可能遇到的问题。令人欣慰的是，正是这些团队的探索促使我们创建了这个功能，相关消息的阅读率也很高。

全体教员会议

每个月，所有教师都会参加一次全体会议。一开始我们在ALF上开会，但现在已经转向商用大规模视频会议系统；ALF仅限于约30人的会议，已经无法满足我们的需求。我们没有"必须使用自己的发明"的执念；如果另一个供应商能够更好地满足我们的需求，我们就加以使用（但我们也会考虑发展自己的技术来满足需求，以免依赖他人）。

以最近一次具有代表性的会议为例，会议的议程包括对学术指导目标和学术导师辅助工具的审议，也包括旨在促进学生体验团队和教师之间协作的"设计冲刺"[①]，还包括特殊项目的进展汇报（在这次会议上做汇报的是致力于帮助在数学、写作或计算机编程等科目的学习中有困难的学生的一些工作坊）和一般性通知，最后是公开的问答讨论。

教师顾问委员会

上述机制有助于我们解决一系列问题——从（影响单个课程计划的）战术问题到（影响整个机构的）战略问题。我们设计的第四个机制则针对更具战略意义的问题。我们创建了一个教师顾问委员会（Faculty Advisory Committee，简称FAC），由每个学院（艺术与人文学院、商学院、计算科学学院、自然科学学院和社会科学学院）分别派一名代表组成，其中一名代表担任FAC主席。主席主持常规会议，并负责FAC与其他学术群体（如教研团队、课程主任和学院院长）之间的联系。FAC的成员和主席均自愿服务，但参与FAC工作要经各自所在学院的教学团队批准。

---

① 设计冲刺（design sprint）：原指近来从敏捷开发（Agile）延展出来的一种产品创新方法，由谷歌充分运用并大力推广，要求团队在较短时间内迅速理解问题、完成创新设计并验证设计，从而简化和加速产品设计过程。——译者注

FAC收集教师体验的相关信息，并与课程主任和学院院长分享。当课程主任和学院院长需要收集教师意见时，FAC也负责联络。FAC每月举行一次会议，主席在会议前会向成员收集议程内容。会议出席者包括所有FAC成员、各学院负责教师工作的副院长以及五个学院院长中的一名代表。每个月的会议结束后，议程和纪要由密涅瓦学术团队的所有成员共享，并在学校内网上发布。

为确保FAC具有代表性，我们正在考虑将每个成员的任期限定为一个学期。虽然这可能影响连续性，但我们认为不必太担心，因为在委员会这个层面上做出的大部分决定都会在当学期内实施完毕。

为了强调会议结果、分享通知公告，以及整理和保留来自各个沟通渠道的所有内容，我们制作了每周简报。所有简报都存储于在线门户平台，以供教职工参考使用。

利用个人优势

我们的大一课程包括四门为期一年的基石课程，这些课程的学习目标和应用场景各式各样，对我们的教师提出了很高的要求。例如，我们形式分析课的学习目标（HC）覆盖了形式逻辑、非形式逻辑、计算机科学、概率和统计学、博弈论和决策理论等多个学科——这些内容又都融入了广告、生物技术、气候变化、人工智能、流行病学、心理学和政治学等领域。我们并不期望每位教师在所有这些领域都有很强的学科背景。相反，我们帮助他们学习如何"教别人不知道的东西"（比如要求他们阅读；Huston，2009），并充分利用一支多元化团队所具备的各种技能和学科背景。我们通过各种方式培养丰富的互动，并依靠教师之间的同伴指导，帮助每位教师在所有这些领域内掌握充分信息，成为有效的主动式学习活动的引导者。

邀请教师对教案进行评论

我们的ALF和课程创建工具（分别在第15章和第16章中描述）中有鼓励教师对自己刚刚教完的教案发表评论的工具。这些评论篇幅不用太长，关键是鼓励教师趁着自己的反馈仍然新鲜时——特别是课程刚刚结束时将其记录下来。

以这种方式收集的反馈会用于至少三个地方。第一，课程开发人员会阅读这些反馈，并在周五会议上讨论，如果涉及的问题有时效性，则通过电子邮件或Slack群组进行讨论。第二，这些反馈被用于帮助我们修订课程。所有课程都会定期修订，并且整个教学团队都可以看到，这样，所有教师都能够使用相同的教案、所有学生都可以平等地从我们最大的努力中获益。课程进行前两次或前三次迭代时，我们可能会做大量审阅，基石课程尤其如此。这些课程在第一年实施后，我们对其进行了深度、全面的修改——原来课程中只有大约10％的内容得以保留；第二年实施后我们又进行了重大修订——大约60—70％保留了下来。在此期间，我们会借鉴教学团队的评论。我们还会更广泛地邀请教师和学生超越某一个教案，甚至某一门课程或某一个学院，在更高的分析层面，对"结构性"因素进行反馈。例如，经过一系列临时对话和随后的全体教员会议，我们在开课第二年意识到，我们没能很好地设定我们的评分期望。更重要的是，我们要求教师打的分数，从数量上来看就不可行。我们对学生在大约115项HC上的表现进行评分，每门课程大约包括30项。如果每个学生在每个HC上获得三个评分，则每位教师为一门课中一个小班的学生就要打出1700多个分数。考虑到教师还有其他工作要做，我们既要将打分目标降低到更容易实现的数量级，还要保持高度精细和频繁的形成性反馈，这是很有挑战性的。毕竟最终，要想创建一个符合教学法要求的扎实而现实的计划，教师的意见至关重要。第三，这些反馈还被用于绩效评估。学院院长为教师提供的职业指导，部分基于教师在课程持续修订工作中的贡献情况，而对教案提出建设性意见就是教师参与修订工作的一个例子。

课堂一线报告

根据教案教密涅瓦的学生是一件价值和挑战兼具的事情。这些学生非常聪明，而我们要求他们在课前做好充分准备，在课上就所学内容进行讨论、批判和辩论，根据该课程此前教授的或其他课程中介绍的想法触类旁通，并将其应用于现实情境和自己感兴趣的领域和项目。有时，学生会提出复杂而富有洞察力的问题，这些问题在课上有限时间内无法充分解决，或者连教师也不知道答案。另外一些时候，对于课堂管理的问题——比如，学生可能会批评活动的教学方法而不是内容或学习成果本身——则需要创造性的回应。在所有这些情况下，如果教师能分享各自在课堂上的经历和处理经验，所有教师都能受益。通常，这些对话中出现的最佳实践会进入相关教案作为教师活动的指导，或者进入反馈数据库，用于在下一次课程迭代中完善相应活动。

评分辅助

上好团队教学的课程，其挑战不仅在于要确保学生获得同等水平（并非完全相同）的体验，也在于保持评估学生表现时的一致性。密涅瓦的新教师通常会怀疑自己给学生的评分是否公平准确，以及对同一份作业同事是否会以同样的方式评分。保持教师之间标准一致的这一新要求，可能会在初期引起一些焦虑。

为了解决这种不确定性，教师们自己找到了创新和有效的方法。在为期一个月的入职指导及"如何在密涅瓦教学"的培训期间，教师会收到一份有关如何基于量规来评分的说明。这份说明是起步指导，包含了一项用于提高评分者打分稳定性的示范练习。但对新教师来说，没有任何东西可以替代实战练习。因此，在接下来的学期中，教师以两种主要方式进行相互统一：（1）通过Slack或其他工具实时分享学生的回答示例；（2）通过在ALF上发起小组会议，为特定作业或调查问题的打分建立通用规则。两种方法之间并不冲突，教师可以随时利用两种方案，以确保评分的一致性。

基于量规评分时，偶尔会出现一个问题，即许多HC的范畴较广。例如，#数据可视化这一在实证分析课中教授的HC，用于有效地对数据进行视觉化的展示——适用于任何数据的任何可视化表达。显然，决定一个可视化表达有效（或无效）的因素有很多，因此，在对学生使用多种可视化技法绘制数据图表的作业进行评分前，授课教师决定先内部开会讨论。会议帮助教师澄清了评分量规中"2"与"3"究竟代表了什么。例如，针对坐标轴刻度标签和图例标签的错误应当如何处理和区分的问题，教师可以展开讨论。毫无疑问，这样的会议能引发热烈的讨论甚至是分歧。但是，密涅瓦教师可以凭借团队意识来求同存异。总之，量规为解决问题提供了指引，但规则无法预测所有情况，因此教师最终会在对量规进行微调后实施，就像在教案上的做法一样。

上述情况与大多数高等教育机构的做法大不相同。在大多数院校里，教师在教学内容和方式上具有极大的独立性，通常他们只需要满足自己的需求，偶尔需要回应学生的需求。而且，由于密涅瓦评估的细致、量规的严格以及不同教师之间的协调，密涅瓦教师在打分工作上要花不少时间。尽管如此，这份付出带来了回报：教师与同事建立了联系，感受到了自己是（事实上也是）更大事业的一部分。一位经验丰富但入职不久的教师说道："在密涅瓦的前几个月，我不仅感到自己与同事之间产生了更深刻、更有意义的联系，而且对自己在更大的教学法体系中的定位有了清晰的认识。我清晰地感到不想让同事失望，这促使我每天都做得更好。这种感觉让我充满活力。"

虽然我们的HC评价量规和同一门课不同教师间合作的机制，对严格地实现评分一致性起到了深远作用，但学生习作的多样性意味着外部支持有时依然是必要的。尤其是当教师发现，在对并非由自己教授的课程中所引入的HC进行评分时，外部支持尤为重要。比如，没有音乐背景的教师可能要对学生在#音乐这一HC上的掌握程度进行评估。在这种情况下，教师需要对学生的习作进行临时而简要的考察，并对学生的掌握程度提出指导意见，这类似于医学咨询的过程。此时，Slack就是一个很好的工具，有需求的教师可以将案例发布到教授#音乐这一HC的多元沟通课的消息群组，该课程的整个教学团队就会看到消息。因此，在几分钟内收到一个或多个回答，并不是什么难事。

针对上述问题，还有另一种更主动、在使用中效果尤佳的方法，就是请学科内容专家为HC的评价量规提供简短的附录，即"评分指南"。该评分指南解释了作业中如何运用HC才算是合格的。这些附录被收录在相应作业的教师专用内容中，以供将来使用。

虽然密涅瓦的评分方式需要教师花费更多时间，但其正面效应可能比最初预期的更为深远。诚然，我们的主要目标是实现不同课程评分的一致性，但这种做法还有一个不应忽视的重要作用——在同事之间创造了凝聚力。这种凝聚力让教师真切地感受到自己是团队的重要一员。

教案研发

密涅瓦的每节课都是高度结构化的，详细的教案均提前起草完成。教案不仅指定了阅读材料，还包括相应的测验（在上课开始时实施）、对课前作业（如有）的描述、课堂活动（从一个到三个不等，通常为两个）的详细说明，以及最后的反思调查和收尾总结活动。

在高年级（二年级或以上）的课程中，课程提纲的编写者通常也会编写教案。但是，对于高度跨学科的基石课程，没有单独一位课程开发者能具备所需的全部专

189

业知识。这些课程中的每一门都涵盖了广泛的主题，其中许多都超出了开课学院的正常教学范畴。因此，课程开发者在编写教案的过程中，有时需要寻求帮助。相应的帮助也分程度：有时候寻求帮助的范围有限，比如提供阅读材料、在开发教案之前进行"教师培训"、对课上聚焦的一系列问题进行评判，或设计整堂课的教学计划等。用一些例子来说明会更具体。

举一个例子就可以大致说明基石课程的内容范围。多元沟通课不仅介绍了与书面和口头交流有关的HC，也介绍了和美术及多媒体领域中的艺术创作与阐释相关的HC。多元沟通课还介绍了"设计思维"的过程，这是为了鼓励学生首先考虑所有类型的表达工具，再决定哪种方法最适合特定的沟通目的。设计思维在工程学中比在文学和艺术中更常见，实际上，这门课的课程教案的开发者中就有教过工程学的教师。在复杂系统课中也有类似的情况。虽然该课程属于社会科学学院，其涉及的大部分话题也都属于社会科学的范畴，但动态系统理论和代理人基建模等内容，哪怕是跨学科教授也不能经常接触到。因此，在复杂系统课中，一些教案也是通过课程开发者和学科内容专家之间的协商来制定的。当课程开发者意识到自己不是最适合处理该主题的人，并且预计其他人能处理得更好时，就可以向后者进行相应的咨询。

"抖包袱"

我们用"钩子"（hook）一词来指一个生动的、常常令人感到意外的轶事或例子（好比相声里的"包袱"），它激发了学生对特定学习目标的需求，或提供了某个学习内容的应用示例。如果有一个好的"包袱"，就可以吸引学生，并利用学习科学（参见第11章）中的唤起情感和创建关联链（即讲故事）的原则促进他们的学习。然而，"包袱"本身的内容并不广为人知，有时只有一个人知道特定课程可以使用某个内容作为"包袱"。团队教学的形式能让这些故事所提供的丰富教学资源得到有效共享。例如，我们的实证分析基石课程介绍了#知觉偏差这一HC。这一概念本身——人们的期望会影响其感知——并不复杂，但很难引起接受了极少甚至没有接受过心理学训练的学生的共鸣。对此，一个很好的例子是具有知觉心理学背景的教授都可能知道的棋盘阴影错觉（checkershadow illusion）。然而，许多教实证分析的教授都来自自然科学领域，他们并不了解这个现象，因而无从将其作为"包袱"来使用。另一个例子是，我们的形式分析课程介绍了#相关性这一HC，它既包括相关性的数学计算，又包括相关性与因果性的本质区别。为了生动地说明这种区别，教授可能会举例说，虽然美国缅因州的离婚率与人造黄油的人均消费量密切相关（r = 0.9926），但我们却很难想象两者有什么直接的因果关联（Vigen，2016）。简短的讨论有助于将相关性的概念固定在学生的脑中。但显然，这个例子并非数学教学中的标准示例——也正因如此，它才能成为一个难忘和有效的"包袱"。

准备就绪：教师入职培训

基于高度结构化的教案来实施教学，有助于在同一门课多个小班间保持一致性，而我们的评价量规则有助于确保所有教师在评估学生作业时都采用一致的标准。但是，来到密涅瓦的教师们拥有不同的学科背景和课堂经历。这些学者在读博士和博士后工作期间，通常很少或根本没有接受过有效教学的培训。我们发现，教师入职培训对教学法体系的实施起着至关重要的作用。因此，所有新教师必须参加为期一个月的培训课程，了解我们的教学方法背后的科学，并在教案实施和学生习作评估方面获得实践经验。

在培训的第一周，教师会了解密涅瓦的整体教学法。培训在ALF上进行，培训课程的结构与密涅瓦本科课程非常相似。教师要提前完成阅读和作业；在培训开始时，也要完成调查，以评估课前准备情况；还要参加主动式学习的练习（例如，在分组协作中利用同伴教学来处理和回答问题）；在每堂培训课期间，培训引导师都会随机点名让教师分享答案。这种形式让教师有机会扮演学生的角色，使他们能够建立同理心，体会到密涅瓦学生的感受。最重要的是，教师要深入学习各个关键主题的内容，包括学习科学、主动式学习的不同类型以及密涅瓦的HC、课程、测评和量规，并且要用完全主动式学习的方式来进行。

在完成了有关如何在ALF平台上上课的技术培训课程后，教师们将从各自秋季学期的教案中选出几节课，为同事、院长和（如果可能的话）密涅瓦学生开设试讲练习课。每堂练习课之后都会有一个反馈会议。每个观课者都必须告诉上课教师，哪些方面做得好，哪些方面可以改进。在这些课程中，教师将真正明白如何驾驭ALF，以及如何真正实施教案。同一份教案常常被不同的教师用于试讲练习，这让教师能够看到每堂课是如何真实、自然、灵活地开展，又是如何利用一系列结构化的活动来达成明确的学习目标的。

191

在完成并记录了各自的试讲练习课后，教师通过为自己的课堂视频打分的方式，学习如何评价学生的学习成果和HC。他们还要给论文示例打分，之后，再与教学团队会面，进行评分者之间的打分稳定性练习。在一个月的培训结束时，教师就会对一学期里要执行的所有教学任务积累初步的实践经验。

结语

我们的教师培训课程涉猎广泛，因而教师在开学第一天进入教室时，就做好了充分的准备。尽管如此，与学生一起工作时，每天还是会遇到新的挑战。学院院长和学术主任会提供全学年的支持，每天回答Slack群组中的问题，并通过每周的学术简报让教师了解信息。每月的教师会议，则让我们能够作为一个群体来解决出现的问题。另外还有定期举办的教学法会议，用于分享教学策略和最佳实践。总之，我们的教师每天都在努力构建一个团结一致的社群以实现共同的目标：为我们的学生充分发挥潜力助力。

192

14. 基于教案的教学

薇琪·钱德勒（Vicki Chandler）、斯蒂芬·M. 科斯林（Stephen M. Kosslyn）、
理查德·霍尔曼（Richard Holman）、詹姆斯·杰农（James Genone）

　　密涅瓦的教案（lesson plan，简称LP）是课程大纲和课堂之间的重要桥梁。密涅瓦的课程都是小型研讨会，所以分成多个小班上课是一种常态。我们基于哈佛商学院和哥伦比亚大学核心课程中成功使用数十年的模式，让教同一门课的所有教师使用相同的LP。这种做法确保了同一门课的不同小班使用统一的教学方法、涵盖相同的材料，并且至关重要的是，确保学生获得同等的参与和学习机会。

　　因为有了LP，教师在遇到紧急情况时可以求助于代课教师，而不会影响学生的学习进度。使用精心设计、表述清楚的LP还有另一个好处，那就是已经教授的内容会被记录下来，这为在未来学期中修改和更新课程提供了基础。这有助于我们每学年改进课程，同时确保各学年的一致性。

　　但是，我们对LP的使用并不会大幅减少教师的作用或贡献。教师不是"讲台上的圣人"，但也不仅仅是"学生身旁的指引者"。我们的教师必须是各自领域内的专家，才能指导讨论、调整课堂进度，以确保学生真正学习了规定内容。

　　接下来，我们将回顾每个LP中包含的内容、其中各部分的教学目的，以及教师在达成教学目的中的作用。以下例子将说明密涅瓦的LP如何活化教学，赋予每个教师充分的机会，将各自的专业知识、技能和个性带入课堂。

课前工作：为主动式学习做好准备

　　密涅瓦在每堂课上都使用完全主动式学习的模式（参见第12章的描述），无论该课是通识教育的基石课程，还是专业核心和细分方向课程。完全主动式学习指的是，所有学生至少有75％的时间专注参与，从而深入挖掘和加强自己对课堂内容的

学习。而要让主动式学习有效，学生必须在课前吸收具体信息。

此外，密涅瓦"彻底翻转课堂"的方法把课堂作业和初步知识的传递都安排到上课之前，从而将90分钟的课堂时间全部用来教授如何有效地使用信息——这与我们对实践知识的强调是一致的。具体来说，我们会设计一些课堂活动，引导学生把课前预习（观看视频、阅读论文、做作业）中获得的信息加以运用，比如用其中的想法来解决问题、参与辩论，或者通过角色扮演在不同情境下运用相应概念。

密涅瓦的教师不"讲"课。我们的研讨课并非主要用于传递信息。相反，教师的作用是帮助学生学会用创新的方式高效地使用信息。教师把精力用于引导主动式学习，而非大声朗读讲义或讲解、演示幻灯片。

上述方法意味着，在课程开发中，确定适当的阅读材料和其他预习任务是至关重要的工作：学生必须在课前自己做好准备，因为没有讲座可以让教师对学习材料进行补充。

因此，为了帮助学生预习，每个LP都为阅读或视频配上了"为什么用／怎么用"的说明。这个说明解释了指定学习该材料的原因，以及学生应当关注哪些关键方面，才能为课堂活动做好准备。LP还提供了学习指南，进一步解释了学生应该聚焦的内容，比如它可能要求学生定义关键术语、归纳理论的主要组成内容，或比较和对比两份阅读材料。很多时候，学习指南还提供了学生预习时要回答的问题。

在某些课中，LP还会指定学生在课前需要单独或分组完成的任务，然后在课堂上以特定方式加以运用。课前任务可能要求学生准备好赞成和反对的论述以用于课堂辩论，或者要求学生构建和解决数学问题，为在课堂上将相应概念和方法应用于新的（通常也是更复杂的）问题奠定基础，抑或是分析一组数据或生成假设以用于课上评判。课堂活动中经常使用这样的作业，而所有课堂活动都在课前准备的基础上推进。与其他做法相比，这样的安排能够让课堂活动更为深入。

195

学习成果与活动学习目标

每一个LP的核心是两到三项旨在加强该堂课教学成果的活动。基石课程的学习成果为思维习惯和基础概念，也称HC（参见第2章和附录A）。高年级课程的学习成果则取决于课程的具体主题，通常是实践知识中的某个专业方面，或能最终加强实践知识掌握的某些技能和概念（参见第9章）。

　　每项活动都始于一个"活动学习目标"，该目标强调了该课程的学习成果中的一个具体方面。活动以目标为始，目标又为活动之终。活动学习目标通常会基于相对抽象或宏观的学习成果，并深入挖掘其中某个具体的方面——反过来，只有这样我们才能够设计出活动。

　　活动的完整结构包括活动介绍（内含一页说明活动学习目标的幻灯片）、活动本身，以及一个"完结时刻"。在学生完成某项活动后的完结时刻，教师会询问具体的"焦点问题"，指引学生关注与活动学习目标直接相关的某方面内容。这些问题不是简单的是非题；相反，它们促使学生深入参与和讨论，教师也借此将学生的注意力维持在一定水平。因为不同的学生将以不同的方式回答这些问题，所以同一课程两个小班的讨论也永远不会完全相同——同时，无论发生什么情况，教师都必须提出有启发性的后续问题，并回答学生的提问。因此，教师必须仔细研究教案，准备好应对常见的困难，同时辅助学生探索比提供的材料更为深入的内容。

　　以下两个示例说明了学习成果、活动学习目标和活动本身之间的关系。其中，一个是形式分析基石课的例子，另一个是自然科学专业核心课程的例子。

196　　形式分析基石课程的学习成果之一是在讨论形式逻辑时介绍的一项HC：#断言（识别分析前提和结论）。该课在LP中包含两个活动，旨在让学生练习将陈述分解为前提和结论。第一个活动的学习目标是"识别逻辑语句和逻辑论证，并将其分类"。为实现这一目标，学生会看到一组句子，然后回答诸如"这些句子是否构成论证？"或"这些句子中有多少是偶真句[①]？"这样的调查问题。学生完成调查后，教师会简要分享，讨论学生的回答并提出焦点问题，比如"每个逻辑陈述分别是恒真句[②]、矛盾句[③]还是偶真句？"

　　一旦教师判断学生确实掌握了识别逻辑陈述及其类型的能力，那么全班将进入第二个活动。此活动的活动学习目标是"确定一组陈述的一致性或不一致性"。这一目标触及逻辑推理的核心，显然是学生应该掌握的。教师先要列出一

---

① 偶真句（contingent sentence）：在逻辑学中指在某些情况中可能为真、在某些情况中可能为假的语句。——译者注

② 恒真句（tautology sentence）：在逻辑学中指在所有情况下均为真的语句。——译者注

③ 矛盾句（contradiction sentence）：在逻辑学中指在所有情况下均为假的语句。——译者注

组非常相似的语句，让学生仔细阅读这些陈述。他们要判断这些语句是否构成逻辑一致的论证。然后，学生分成小组，创建自己的几组陈述，其中的语句要么一致，要么（有细微的）不一致。在活动的汇报部分，教师要求一个小组展示几组语句，而其他学生则逐组判断分类。（学生们喜欢尝试设计仅有细微不一致的语句组合，这可能会让他们的同学错认为该组语句是一致的。）然后教师要求学生对语句进行小改动，使其从一种类型转换为另一种类型，其间教师会引导讨论。显然，教师需要具备超出单纯讲课所需水平的专业知识，同时深入理解相应内容，以便适当地指导讨论。

另一个例子来自"多种尺度进化"的专业核心课程（在自然科学专业的二年级教授；参见第9章），课程的学习成果之一是"区分进化中不同的选择模式，并分析它们对种群内和种群间遗传方差[①]的影响"。这门课第一个活动的学习目标是"区分不同的选择模式及其对物种特征变化的影响"。在这个活动中，教师向学生展示了一系列代表不同选择模式的图表（来自第一手研究论文）。随后，教师会要求学生指出每个图表所代表的选择类型，并回答更深入的焦点问题。这些图表与学生的阅读内容相关但又不同——这就要求学生运用课前学习的基本概念。

这门课第二个活动的学习目标是"设计、评论和解释选择实验"。学生每三到四人分为一个小组。教师会让学生回顾课前阅读的一篇文章，该文章基于实验设计测试了频率依赖选择[②]的理论。然后教师要求学生修改实验设计，并测试密度依赖选择[③]的理论。回到课堂后，学生展示各自的实验设计和预测。教师从展示者以外的学生中点名，要求其提出问题或改进方案。根据学生所说的内容，教师会进行纠正、强调或将课堂推向某些方向。活动的最后，教师会展示一项真实的密度依赖选择研究，以便学生将其与自己的设计进行比较。

[①] 遗传方差（genetic variance）：由生物的遗传基础（基因型）发生变异而引起的差异。——译者注

[②] 频率依赖选择（frequency-dependent selection）：演化生物学中的理论，认为对某种基因型的选择依赖于该基因型在群体中存在的频率，即物种（或基因型）的适应度与其在群体中存在的频率相关。——译者注

[③] 密度依赖选择（density-dependent selection）：与频率依赖选择相对，指种群密度相对高的物种具有更高的适应度。——译者注

在主动式学习平台上教学

经过设计和审查，LP会立即自动上传到主动式学习平台（ALF）上，研讨课即在该平台上开展。ALF是许多不同类型活动的实现平台。教师虽然要执行LP，但可以自主决定课堂各项内容的开展顺序。ALF的时间轴会显示课上每个主要步骤，教师能够监测每个环节所花费的时间并据此调整进度。教师通常按照课前预设的顺序实施各环节的教学，但如果他们认为另一种顺序在课堂上更有效，也可以轻松更改。例如，基于课堂最初的讨论，教师决定从LP中的第二个而非第一个活动开始，这种活动顺序的调整通过点击鼠标即可轻松完成。一个活动中的各个步骤也可重新排序或调整。

举个例子，LP可能指定了小组讨论之后的汇报顺序。但是如果教师观察了大多数小组后发现它们得到了相似的结论，只要点击一下鼠标，就可以更改ALF设置，让所有小组一并汇报。同样，如果学生理解某堂课的内容有困难，教师也可以选择取消预先计划的分组讨论，调整为全班一起完成学习任务。这种灵活性使教师能够监测每项活动的情况，并通过调整来促进当堂学习；不过，无论在何种情况下，教师都要持续聚焦于实现活动学习目标。了解何时以及为什么要修改LP中各环节的顺序，是密涅瓦教师必须具备的一项最重要的技能。

教师还可以通过其他方式调整LP，比如：为分组讨论增加更多时间、提前结束分组讨论、通过同时向所有小组发送消息来强调或修改活动指令（如教授在旁听讨论时注意到学生理解不清的情况）、迅速创建一次调查、在某个特别激烈的辩论之后再一次做调查并比较前后的结果、临时组织赞成／反对投票、增加一块新的白板、通过共享屏幕进行模拟演示（或点名让学生来演示），以及调取网络资源等。教师可以指定同时让多少学生（一到八名）出现在课堂的"主讲台"上（参见第15章；教师和所有学生的图像都会在电脑屏幕的顶端显示出来，下方的主界面即为主讲台，可以放置一到八个窗口，用来载入师生的画面或文件内容），还可以根据情况快速改变窗口数量。

要充分利用好这些功能，教师就需要同时判断学生的个别需求以及班级的整体进展。有时，教师可以对已经掌握课程主要概念的学生提出更大挑战，让他们进一步解释所学内容，这既能帮助他们巩固理解，又能帮助其他学生提升。为了有效地做到这一点，教师必须根据学生的课堂产出来准确判定他们理解了哪些内容，并且要充分熟悉教学内容和课堂技术以满足当时的课堂需求。

吸引学生参与

只有当学生专心投入学习内容时，主动式学习才能成功实现。根据学习科学的原理，学生必须进行真正透彻的思考，并以特定的方式梳理学习内容——这就需要他们集中注意力。因此，教师的一项重要工作就是确保学生专心致志地参与。LP的目的就是以下文归纳的各种方式来促进学生参与。

激励学生预习

一门成功的密涅瓦课程，需要（几乎）所有学生在课前做好充分准备，提前阅读或观看课前布置的材料，以确保在课上能全情投入。为了激励学生提前做好准备，我们采取的措施之一是在每堂课开始时进行调查，调查的内容在LP中有详细规定。在基石课程中，调查的内容是与当堂课所教HC有关的课前（阅读和视频）材料。在专业核心课和细分方向课中，调查则针对当前课程的学习成果，评估学生对课前材料的理解深度。这些调查中的问题无法轻易通过在谷歌快速搜索来回答；相反，要回答这些问题，学生必须在课前阅读、观看、思考和梳理预习材料。

临时点名

另一个激励学生做课前准备的措施是在课上随时点名叫学生发言。尽管ALF允许学生举手（屏幕顶端学生头像缩略图上会随机显示手形图标），但教师通常会在讨论开始时点名叫学生发言（通常是那些尚未积极参与的学生）。为实现这一操作，ALF有一个"发言时长"功能，允许教师查看每个学生在课堂上发言的相对时长。同时，学生则永远不知道自己什么时候要回答问题，或者什么时候要用新思路运用课程材料。这样，如果有谁在课前没有完成预习，全班同学都会知道。

课堂参与方法

为确保学生充分参与，我们开发了"课堂参与方法"来促进学生集中注意力。在设计LP时，课程设计者必须始终思考"其他人在做什么"这一问题。正如第12章所讨论的，我们花费了大量的时间和精力确保那些没被点名发言的学生仍专心于课堂。我们发现，当讨论和汇报的机会在多个学生之间快速传递时，学生更有可能集中注意力。而这种情况需要教师使用相当多的技巧来进行管理，以使对话不被粗鲁地打断。这是我们在培训密涅瓦教师如何教学时特别强调的问题。我们让学生避免进行长时间的陈述，保证答案简明扼要。学生知道，自己随时可能被点名回应此前同学的发言或提出相反意见。此外，在进行课堂汇报或讨论之前，教师还会提醒学生，该活动结束时会请一些学生来分析、归纳、对比／比较讨论所涵盖的各方面内容。比如，学生可能需要对比／比较讨论中出现的不同立场，或者简要概括多个赞成或反对的观点。教师也可能要求所有学生参与"自由回答调查"，然后选择几名学生向全班同学详细阐述自己的回答。

总结环节

LP还指定了一个最终的"总结环节"，要求学生回顾整堂课，反思课上自己是如何取得了学习成果、实现了活动学习目标的。该环节包含一次"反思调查"，这也是另一种促进学生在整堂课上保持参与的措施（参见Angelo & Cross，1993）。反思调查要求学生对贯穿整堂课的内容主题进行（既有分析也有归纳的）回顾，或对课上某一段时间讨论的某方面学习成果进行反思（学生事先并不知道教师会让他们回顾课上哪段时间的内容，因此必须全程保持专注）。教师对每个答案进行评分，还常常写下书面点评，为学生提供更丰富的反馈，让他们知道哪些内容已理解到位、哪些还需要改进。

在总结环节结束时，教师会要求几个学生总结本课的主要心得，并让其他学生进行补充，直至涉及该课所有关键点为止。

结语

LP按标准顺序指定了每堂课的各部分教学内容，形成了90分钟课程的架构。然而，这种架构绝不是死板的，也并不妨碍教师在课上主导讨论或根据情况变化来重新分配时间。具体而言，一节课包括以下各部分内容。（1）在课程开始时，教师会简要介绍该堂课的学习成果和活动学习目标，这也让教师能够就课前预习材料进行相关的提问和解答。（2）在此之后教师会进行调查，以评估学生对课前指定预习材料的理解情况。随后，引导学生深入讨论，确保全班学生都能理解实现本课学习成果所需要掌握的关键概念。（3）然后，教师介绍和开展（通常为两到三个）课堂活动，并全程与学生充分交流。（4）最后，教师主持总结环节并进行反思调查。总结环节的一个关键在于要求学生回顾学习成果和活动学习目标，并讨论课上的活动如何促进这些目标的达成。

LP的结构能引导教师在教学的每一个环节监测全班的情况，并根据不断变化的讨论对课程进展做出相应调整。教师有很多机会实时修改LP的构成，以最好地实现课程目标。

不过，我们也必须指出，虽然教师享有很大的灵活性，但他们必须坚持使用教学材料，并努力达成每堂课的学习成果和活动学习目标。我们的课程体系是高度结构化的，因为我们需要确保学生学习了此后课程所必备的先修内容。此外，我们希望教师在整堂课中运用主动式学习的教学法（而不是讲课），并确保在每堂课的结尾留出总结环节（包括反思调查）的时间。教师上一堂密涅瓦的课所需的技能，要比上一堂讲座课所需的技能多得多。为此，我们要求所有新教师参加为期一个月的培训，学会使用完全主动式学习的方法、学会在ALF上进行教学。

因为我们鼓励学生成为主动式学习者，并为在课上积极投入、挑战所学内容做好准备，所以教师要想提前预测课程的每个环节将如何进行并不容易。因此，我们的教师需要成为有技巧的聆听者，并随时准备调整教案结构。这需要教师既要对课程材料有深入了解，又要快速和恰当地做出正确决策。一位卓有成效的密涅瓦教师，不仅知道什么时候多让一名学生发言就能更好地巩固一个关键概念，而且能够找出适当的时机将讨论转移到下一个主题。此外，我们的教师必须很好地了解自己的学生，并知道如何根据学生不同的准备情况和能力水平，最大化个人和小组的学习成效。

总而言之，根据教案进行教学，需要教师既掌握所教课程的专业知识，又具备高超的课堂引导技巧。正是这些专业的知识和技能——加上与LP的结合——为我们的教师提供了无与伦比的教学体验，也为学生提供了独特的学习体验。

15. 主动式学习平台

乔纳森·卡兹曼（Jonathan Katzman）、马特·里甘（Matt Regan）、阿里·巴德－纳塔尔（Ari Bader-Natal）

在开始搭建主动式学习平台（ALF）时，我们不仅需要与密涅瓦的学术团队合作，以确定如何最有效地教学，还必须设计一个远远超出学生（基于传统大学的）想象的学习体验。为此，密涅瓦产品团队与学术团队合作，思考教学和学习相关研究带给我们的启示。有一项开创性的研究启发了我们，即教育心理学家本杰明·布鲁姆（Benjamin Bloom）于1984年提出的"两个标准差问题"（2 Sigma Problem）：布鲁姆发现，接受一对一辅导的学生的表现比接受传统课堂教学的学生的表现提高了两个标准差。这一结论后来得到了许多其他研究的支持（如Freeman et al.，2014）。

布鲁姆认识到，让一个纯粹基于个人辅导的教育系统规模化的成本极高，因此他提出了一个挑战：我们如何用一种替代的教学形式，在获得同样收益的同时，也能够保证经济上的可行性？他提出并评估了"精熟学习法"这种替代性方法，而且在过去30多年中，他提出的两个标准差问题更激发了许多研究人员和从业者去开发和评估其他替代方案。其中有一类通常被简称为"主动式学习"的方法，在越来越多的正面结果（主要来自物理教育的文献）中涌现出来。主动式学习的目标是直接让每个学生参与一系列有组织的活动，与典型的物理入门课程的大型讲座式教学形成鲜明对比。其具体方法或内容从同伴指导（Mazur，2013）到团队任务，再到小组问题解决，不一而足（参见第12章；另见Willingham，2010）。

为了努力创建一个学习成效远超出传统研讨课的课堂，我们对如何利用技术促进师生的密切对话以及如何充分使用线上的丰富资料进行了探索，同时加强了学生在课堂上的合作并记录每堂课的情况，使得信息成为学生和教师获得反馈的来源。

在开发ALF原型的过程中，我们从亲身经验和自有技术的一些外部试验中受益良多。我们很快意识到，要实现上述目标，需要满足三个关键条件。首先，我们要让每个学生在每堂课上都感觉到自己好像就坐在教师旁边；这是在传统教室中最受教师关注的位置，因而能给学生带来强烈的互动体验。其次，我们要逐渐淡化技术，以至于用户几乎感觉不到它的存在。课程的重点必须是学生和教师之间的讨论，而不是他们所用的技术。最后，我们需要确保研讨课的体验不会在课程结束后从网络上消失，而是被记录下来以便日后重播，进而生成个性化的反馈并促进教学的改进。

ALF就是上述工作的成果。下面我们将介绍ALF的搭建方法，以及我们如何通过ALF帮助学生深入掌握学习材料、学会将其迁移到新的情境，并且在学完很久之后依然可以牢记这些技能。

搭建主动式学习平台

ALF的诞生是一个曲折的过程。最早的课程由教职工进行试运行，他们用一个原始但实用的平台原型来相互授课。这些试用过程积累了宝贵的数据，帮助我们理解哪些教学技法最能吸引学生参与、哪些最能激发课堂活力。

然后，我们根据上述早期课堂以及以"设计冲刺"形式（谷歌风投，日期不明）进行的内部设计练习的结果，不断地改进原型。我们在在校大学生中测试了新功能和提案，以验证我们的一些想法。经过数个月的测试和示例课教学，我们完成了ALF的初始产品版本，但它还缺了点儿人情味。

为了找到这个问题的解决方案，我们决定回到产品初始设计原则，包括：（1）深度参与，（2）重点突出，（3）消除阻力，（4）促进协作，（5）支持互连，（6）富有意义。

想要报考密涅瓦的学生急切地想了解ALF的外观和功能，为此，我们设计制作了一个简短的视频，展示了一个雄心勃勃的设计方案，突破了ALF当时版本在功能和外观上的极限。这一具有前瞻性的版本也激励了ALF团队，在此后的三个月中他们废寝忘食地工作，让初始版本尽可能地朝着视频中承诺的样子改进。

2014年3月，我们完成了开发工作，只比密涅瓦未来学生首次预览平台的那个周末早了几天。现实中的第一次考验是让学生用平台上课。我们默默地观察，当时的感觉就好像在看奥运会花样滑冰运动员完成一系列复杂的跳跃动作。我们屏

205

住呼吸，看着学院院长带领学生完成调查、分组讨论和密涅瓦典型课堂的其他环节。结果整个班的学生都为之叫好——我们的产品团队则无比兴奋！

当年9月，我们的创始届学生开始上课——两年零一个月后，我们开始为ALF的长远愿景努力。我们继续观察课程并从教师和学生处收集反馈意见，持续不断地改进产品。

完全主动式学习：坐在教师旁的体验

在ALF上完整进行的第一堂研讨课，是密涅瓦的创始院长为产品团队讲授学习科学（参见第11章）的课程。过去数年，学习科学的研究已经围绕人类的学习方式积累了惊人的洞见，但学校课堂并没有进行系统的变革，没能运用好这些研究发现。这正是我们打算填补的空白。

学习科学相关文献最根本的发现之一，是积极参与的学生比被动听讲的学生要学得远远更好。我们希望每个学生都尽可能100%地积极参与课堂活动。为此，我们决心借助产品设计和学习科学来实现这一目标。以下是我们产品设计原则的一个例子，显示了我们如何让学生深度参与，并突出课程重点。

ALF的基本设计

ALF从一开始就是为了支持小型研讨课的主动式学习而设计的。从产品设计的视角来看，ALF的课堂没有后排，学生也没有办法躲起来或者坐得离教师远远的。教师和每个学生都能清楚地看到班上的每一个人。任何人发言时，都会自动占据屏幕的中心位置（如图15.1）。密涅瓦创始届学生苏尔塔那·克里斯皮尔（Sultanna Krispil）这样描述ALF平台："在普通的教室里，有人坐在你后面，也有人坐在你旁边，但（在ALF平台上）你能看到每个同学，以及他们对课堂讨论的反应，这很有帮助。"（密涅瓦，2015）我们甚至将每堂课上学生视频的显示顺序设置为随机，这样，学生的图像就不会总是位于屏幕上的同一个地方。

206

图15.1

ALF的课堂没有后排，学生也没有办法躲起来或者坐得离教师远远的。教师和每个学生都能清楚地看到班上的每一个人。任何人发言时，都会自动占据屏幕的中心位置。

　　我们的许多学习活动都会要求教师迅速点名让学生参与。这类教学技法虽然让人紧张，但也创造了一个沉浸式的环境，使学生和教师都能完全沉浸其中。我们经常听师生不约而同地说，密涅瓦的课程是自己经历过的最能吸引人参与的课程，而且能让自己与其他参与者保持更多的情感连接。

　　在此基础上，我们让产品设计聚焦于那些能更好地促进学习的活动。ALF设计背后的理念是，用少而精的功能，打造好用且效果一流的学习平台。我们还尽可能减少显示的元素，从而降低使用者的认知负荷。

　　ALF能促进完全主动式学习，这并非偶然：平台的核心是一系列以学习科学为根基、以实证为依据而设计的教学活动。活动均基于学习科学，例如同伴教学和苏格拉底式快速对话，这些活动的模板则存储在共享的机构数据库中，课程开发者可以从数据库里提取活动模板，然后为任何课程定制活动教案。我们将教案编写的过程与教学环境相结合，以系统地收集数据和主观反馈，从而不断改进课程。另外，构建了长期课程体系后，单节课的设计就可以建立在过去教学材料的基础之上，确保学生有间隔练习的机会，进而实现近迁移和远迁移。

组织课堂结构

学生们来到课堂时，已经完成了与该堂课主题相关的阅读和作业，已经做好了证明各自所学的充分准备。为此，他们会进行一系列热烈的讨论和活动，在此过程中既提高自己对课程主题的掌握程度，又帮助同班同学理解。密涅瓦的课都是各个类型的翻转课堂，因此运用我们设计的ALF平台实施此类教学法时效果尤为突出。

因为每节90分钟的课包含了非常多的内容，所以时间的有效利用就极为关键。许多ALF上最为常见的活动，要是放入一节同样时长的传统课堂，就会因为过于烦琐和耗时而根本无法实施。

分组讨论

在实施分组讨论时ALF尤其有用。分组讨论时，教师可以很容易地将全班分为几个小组，通常每组会被指定完成或讨论一个不同的小任务（如图15.2）。在小组讨论环节结束后，各组立即逐一展示各自的发现，并接受其他学生和教师的挑战。换作在实体课堂中，这种做法就要求学生确定组员、移动座椅，还要努力在吵闹嘈杂且"各自为政"的课堂空间中完成讨论，而且每次小组讨论都要重复此过程。

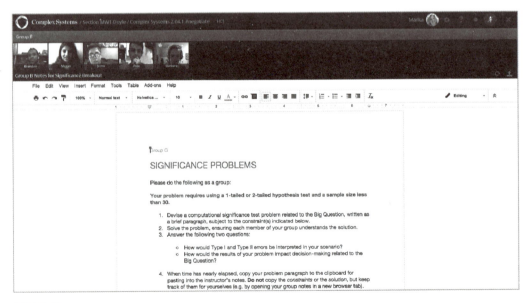

图15.2

分组讨论时，教师可以很容易地将全班分为几个小组，通常每组会被指定完成或讨论一个不同的小任务。

相反，在ALF平台上，分组过程只需要点击一个按钮即可触发，学生随即会被安排进入一个独立"教室"，他们可以专注于手头上的任务，也可以向教师提问，还可以访问电脑桌面或者互联网上的任何内容，以及轻松查看讨论剩余时间。教师则能够观察学生在小组内的互动情况以及每个小组的进度。此外，教师还可以"访问"（即加入）小组，或者只是旁听讨论。在分组讨论结束后，还可以立即轮换小组，将各组作品展示给其他组的同学并听取他人意见。这样一来，课堂活动就能有效促进学生协作。

调查和投票

ALF还可以很容易地进行各种调查和投票。几乎每堂课都会使用调查来评估学生对某个话题的掌握程度，或者了解全班对特定主题的感受（如图15.3）。ALF向学生和教师提供（关于学生对问题理解情况）的快速反馈，是深度参与原则的表现之一。在课堂总结期间，教师也可以基于调查对学生进行打分反馈。

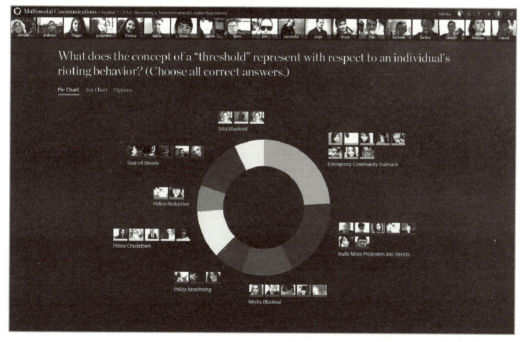

图15.3

几乎每堂课都会使用调查来评估学生对某个话题的掌握程度，或者了解全班对特定主题的感受。调查结果可以迅速向全班展示，并显示每位学生的投票情况。

调查完成后，其结果可以立即以多种格式显示，但更有趣的，是同一项调查可以立即重新进行，教师便能迅速发现哪些学生改变了主意，并请他们解释理由。最常见的做法是重复调查与相关活动交叉进行：先进行一次调查，接着做课堂活动，然后再做调查。类似的情况也出现在协作学习或同伴教学中（Bonwell & Eison，1991；Lee & Hannafin，2016；Mazur，2013；Prince，2004）。

ALF还支持实时连续投票。教师可以在一段时间内采用这种投票方式，以判定学生不断变化的反应。例如，在课堂辩论中，学生可以对发言学生的观点表示赞同或反对，也可以用旗标来主持辩论、指出未遵守规则的某位辩论者。实时投票能够启发教师运用有趣的教学技巧，例如在回顾课程的过程中，教师可以通过不同学生对辩论表现的不同评价，来观察他们是如何产生分歧的，或同一概念的不同解释是如何影响学生的理解的。

协作式白板

协作式白板允许师生进行传统教室中无法实现的操作。不管是一张科学图表，还是课堂上展示的艺术作品，教师均可要求学生在上面绘制曲线图或标出重要内容。

如果有任何类型的活动需要使用尚未置入ALF中的资源，教师和学生就可以将自己电脑桌面或浏览器上的应用程序进行屏幕共享。这项功能可以有效地让师生快速而轻松地把世界各地的学习材料引入课堂。此外，学生还可以展示各种各样的作品，无论是编程习作、论文还是艺术作品。因此，这项功能允许我们为那些无法提前设计的互联提供支持。

所有这些活动都是我们与学术团队一起设计的，这和教学法及课程体系的设计过程无异。其中，我们特别专注于学习科学，因为它为所有活动奠定了基础，并且塑造了学生在每堂课、每学期、每学年和整个大学中的学习体验。学习科学指引我们设计了能在具体课程中启发学生的教学工具，比如让学生参与知识的深层处理，或对生成效应和间隔练习进行体验。

技术搭台，赋能关键讨论

虽然ALF在技术上非常强大，而且能够支持基于学习科学开展的活动，但最重要的，是让ALF在促进学习的同时避免喧宾夺主，确保课堂讨论不被打断。我们的目标是打造引人入胜、充分互动的课堂，以促进讨论、对话和积极思考，而不是让学生被动接受，或者用技术本身来夺人眼球。

上出一堂精彩的研讨课，本身就是一项困难的工作。教师知道自己有一套强大的工具，但我们很早就意识到，如果我们不小心谨慎，课堂上的指导可能反而会变成对教学的干扰。我们希望配备了丰富技术的课堂环境能够增强小型参与式学习的教学体验，而非相反。我们不仅需要鼓励讨论和主动式学习，更要弄清楚如何降低教师的认知负荷，巩固他们对教学本身的关注。

针对上述问题，我们的思考集中在消除阻力、促进协作之上。为消除阻力，我们改进了讨论的流畅度、移开了其中的障碍，还预测了课堂的需求。为促进协作，我们消除了教师的认知障碍，让他们能轻松掌握课堂讨论的管理方法。我们还支持多种交流模式，例如聊天或允许许多学生同时参与的分组讨论。

决策支持工具

为了在增强研讨课体验的同时减少教师的认知负荷，我们采用的机制之一是让教师方便地获取相关数据，帮助其做出课堂决策。我们努力了解教师认为有用的数据或信号，并将这些数据、信号的收集、处理和视觉呈现过程自动化。我们希望教师在上课时能够快速获取这些数据或信号。总之，为专家教师配备获取相关数据的技术，为其决策提供辅助和信息，是密涅瓦教师决策支持工作的通用指导原则。决策支持是一种通用的思路，而非单项特定技术，因此，在下面的讨论中，我们会首先分享早期测试中的一些发现（它们已被运用于当前和未来决策支持工具的设计工作中）：

- 教师有权自主决定是接受还是摒弃决策支持工具提供的任何信息。决策支持工具应当为决策过程提供信息而非加以限制，因此，我们让教师自己做主，来确定将技术自动生成的结果与自己对学生和课程的专业知识相结合的最佳方式。
- 决策支持工具应该一目了然。如果一个工具需要过多的注意力才能被有效地使用，或者会分散教师引导课堂讨论的精力，就可能使课堂变得更糟而不是更好。

- 为教师提供直接叠加在主界面上的整体相关数据，要好过单独显示的数据或仪表板。虽然单独显示的专用视图听上去更有潜在价值，但它需要教师查看两个显示屏而不是一个，这明显增加了认知负荷。

基于过去的经验教训，我们再来考察决策支持工具的一个具体用例，并详细描述我们设计并最终载入ALF平台的这一工具。

在密涅瓦，学生课程成绩的很大一部分是基于对整个学期课堂讨论贡献度的评分。因此，如果少数几个学生"垄断"了课堂讨论，也就意味着限制了其他学生贡献观点和获得评分的机会。为了避免这种情况，教师会尽最大努力为每个学生提供充分参与的机会。但是，我们所有人都容易出现各种认知偏差（包括可得性启发法和性别刻板印象带来的偏差），而这些偏差会影响教师对发言学生的选择。同时，教师不仅要确保点名的公平性，理想情况下还要考虑某个参与机会能让哪些学生获益最多。因为根据讨论问题或主题的差异，不同的学生在参与和反馈中的获益程度也可能不同。例如，刚刚掌握基础概念或思维习惯的学生，可能比已经多次表现出掌握能力的学生要受益更多。从这个意义上讲，对在课堂上回答问题的机会的分配方式，也会有效率高低之分。

虽然任教传统课堂的一位教师，在理论上也能收集相关数据并实时应用于课堂讨论，但这样做所需的额外时间和协调精力让人望而却步。相反，ALF能够帮助教师在无须做额外的课前准备，也不增加课上认知负荷的情况下，充分利用学生参与和表现的相关数据。我们提供的这一工具能让教师以更公平、更高效的方式吸引学生参与课程。

支持教师做出上述决策的ALF工具，被称为"发言时长"。这个工具可以持续记录每个学生课上发言的时间量，教师利用它，就能很容易地查看哪些学生的发言量明显多于或少于其他学生。发言时长工具的工作原理如下：教师在课上按下"t"键时，每个学生的缩略图（在屏幕顶端显示）都会被半透明的红色、黄色或绿色图层覆盖，分别代表学生在该堂课中相对其他学生的发言量（如图15.4）。红色图层表示学生的发言量明显多于其他人，黄色表示接近全班平均值，绿色则表示该学生的发言量明显少于其他学生。这样，教师就可以快速而轻松地使用这个工具，判断哪些学生尚未参与、哪些学生已经获得了充足的发言机会。

图15.4

教师可以用"发言时长"功能确保所有学生均拥有均等的时间参与讨论。教师在课上按下"t"键时，每个学生的缩略图（在屏幕顶端显示）都会被半透明的红色、黄色或绿色图层覆盖，分别代表学生在该堂课中相对其他学生的发言量。

为一节课做准备

时间轴是我们开发的另一个减少教师认知负荷的工具。最早在密涅瓦上课时，教师必须手动改变课程界面的布局，比如要手动把资源和学生拖到"主讲台"（即界面的中心区域）上，还要自己寻找和选择具体的调查和分组讨论功能。很明显，这造成了很大的负担，也不可持续。为了解决这个问题，我们设计了时间轴功能。这个功能的本质，是将每个教案都转化为机器可读的格式，把每堂课分解为一系列活动，每个活动由多个步骤组成。其中的每个步骤则可以是任何内容，不管是重新配置课堂，还是进行分组讨论。（第16章详细讨论了课程设计者用来设计和准备时间轴的技术。）

课程的时间轴只有教师能查看。教师只需点击一个按钮就能提取时间轴并查看整堂课从头到尾的安排（如图15.5）。但是，实际上并不一定要显示时间轴；如果教师希望保持课堂操作界面整洁，就可以将时间轴设置为隐藏，并通过点击快捷键进入课程的下一环节。

图15.5

在时间轴这一功能的帮助下，教师能够看到整堂课自始至终的全部安排，还能修改课堂状态，并根据时间轴保证课堂进度。

而当时间轴显示在界面上时，其中的每一步都会清楚地显示活动名称，以及标明了该活动预计花费分钟数的计时器。如果教师在某一步上花费了太多时间，计时器就会从绿色逐渐变为橙色和红色，从而提醒教师要加快速度。

时间轴还可以提取有关发言时长的信息。例如，时间轴可以自动找出六个发言最少的学生，并把他们的头像挪到教室的主讲台位置并让其发言。此外，该功能还包含一系列操作按钮，教师可以此来推进相应的活动。比如，在分组讨论后的回顾环节，教师可以点击按钮以调出指定小组的讨论结果。

让界面隐形

要让教师更好地教课，同样重要的是避免软件界面成为阻碍。我们毫不留情地删除了无关的功能和用户界面，使教师和学生都可以专注于当下的学习活动。我们还使工具只在合适的时刻出现。例如，教师可以提取调查结果，也可以在不需要时轻松关闭。学生提前填写的有意思的问题或评论，教师也可以迅速向全班展示，从而在必要时吸引所有学生的注意力。

ALF界面中的主讲台可以分为一到八个部分（即"窗口"），这些窗口可以分别显示教师和学生的视频或其他特定内容。协作文档、网站、视频或任何内容都可以通过屏幕共享，快速轻松地向全班展示。

虽然为了聚焦于教学本身，我们淡化了用户界面，并将一些工具隐藏起来，但很快我们就发现，为了创建一个以人为中心、让参与者彼此感受到连接的课堂，我们需要突出参与者的面孔。每当课程进入一个注重讨论的环节时，发言学生的图像会被放大，并在主讲台部分显示出来。随着发言者的变换，讲台上的头像也会快速轮换。更大的窗口能够更有效地显示他们的肢体语言和表情。

我们努力确保研讨课上的每个人都将注意力集中在最重要的东西上：正在发言的人或他们讨论的内容。

我们让教师专注于教学，同时消除产品设计中的杂乱功能，使得课堂充满了密切的讨论。这些热烈的讨论既促进了学习，又使学生和教师之间建立了深刻的连接。许多教师告诉我们，相比在传统教室里教学，他们在使用ALF时能更好地了解学生。我们的学生做出了同样的回应。尤金·陈（Eugene Chan），我们2020届的一位来自其他顶尖大学的转校生，在第一学期仅过了23天后这样说道："到目前为止，与过去经历过的所有课堂相比，我觉得自己在密涅瓦的讨论课上更能积极参与。即使刚睡醒时脑袋昏昏沉沉，一旦我登录平台开始上课，大脑就一下子被激活了。"（Chan，2016）正如谢里·特克尔（Sherry Turkle）在有关"重拾交谈"的著作中所讨论的，我们实际上在创造一个课堂环境，来培养一种常常已经无迹可寻的师生关系（Turkle，2015）。

我们的一位教授兰迪·多伊尔（Randi Doyle）在接受这份工作时有这样的疑虑："我将如何与学生建立密切的关系？"她很快找到了答案："这个疑虑在几堂课后就消失了。在密涅瓦，我觉得和自己教的每个学生，都要比我在传统院校教过的任何一个学生更为亲近。这很可能是因为在密涅瓦，我整堂课都会与学生们一同深入地参与讨论或辩论。"（R. Doyle，私人通信，2016年10月25日）

学生反馈的技术支持

从最早启动密涅瓦技术开发起，我们的任务之一就是为一种不同寻常但有理有据的测评形式提供实施支持。我们不仅要评估学生对具体课程学习成果的掌握情况，还要评估一系列整体的学习成果，以及与批判性思维、创造性思考、有效沟通和有效互动四项核心能力相关的思维习惯和基础概念（HC）。这些HC在第一年课程中引入，学生相应的学习情况将在所有课程和所有学期中进行评估。我们评估的既有学生对所学内容的掌握程度，也有他们将其迁移至新情境的能力。此后，我们还要评估学生在高年级课程中对具体主题学习成果的掌握情况。对于上述所有评估需求，我们并不过分依赖书面作业和期末考试，而是重点关注形成性评估，强调对学生在课堂讨论中所展示的掌握情况进行评估并提供反馈。

与ALF的其他部分一样，测评技术的设计也基于一系列设计原则，而这些原则为多年的迭代设计和开发提供了实用的框架。具体而言，我们希望实现：（1）使用学习成果，（2）确保评分标准一致，（3）基于评估语境提供反馈，（4）进行有意义的汇总，（5）展示（并分享）进展，（6）用外部测量工具做补充。（第17章详细讨论了密涅瓦如何评估学生的学习情况，以及每条原则如何为我们的技术规划工作提供指导。）在这里，我们将简要总结ALF特有的技术。

因为学生的评估将由许多不同的教师、在持续数年的多门课程中分别完成，所以我们在制定评估内容以及测评学生的回答或习作的标准时，需要尽可能地保持前后一致。为此，密涅瓦本科整体学习成果（所有HC以及高年级课程中具体主题内容的学习成果）中的每一项都有清晰的定义和详细的评估标准。我们所有的测评工具都是基于学习成果的定义和评分量规设定的——不管是对书面作业的评价，还是对视频多媒体作品、课上发言和当堂反思写作的评估均是如此。在每种情况下，教师都使用评价量规来给出分数，并写下详细说明，着重向学生提出具有操作性的反馈。所有课程和学期中的所有学生评估结果都会返回中央评估数据库。有些作业反映了学生对几项各不相关的学习成果的掌握情况，对此我们不要求教师提供总体字母等级。相反，我们单独记录每一项量规的评价，以便把各个不同教学情境下的学习成果所对应的学习表现进行有意义的汇总。正因为我们对不同情境中特定学习成果的评估标准是一致的，对分数的汇总才有意义。

在ALF平台上，学生可以看到自己在各个学习成果上的总体表现，相应成绩按学习成果（例如，密涅瓦大一四门基石课程所对应的四个核心能力）的层级排列。

学生可以围绕每个学习成果查看各种相关信息，包括学习成果的详细描述、范例和应用、完整的评分量规、首次引入该学习成果的原始课程的链接、学生分数的可视化呈现（如直方图），以及该学习成果各次评估的综合数据表，其中包括被评估的学生习作档案的超链接。

我们希望教师给学生的反馈是对学生所写或所说的具体内容的回应，同时，我们给出的形成性反馈都要基于当下情境。"基于当下情境"是指，反馈会根据媒介的不同而变化，因此我们的评分工具也会根据评估内容所用媒介的不同，而给出不同的反馈。对书面作业而言，每一个评价都会关联作业中高亮显示的相应文本；对视频作业而言，评价则会关联视频中被标记了的特定时刻；对软件作业而言，评价则会关联特定的代码片段，或者Jupyter笔记本（Kluyver et al., 2016）和其他结构化编程作品所包含的相应说明、图标或其他类型的富媒体内容；对研讨课上的讨论而言，每项评估也与学生对课堂讨论的某次具体参与相关联，无论是课堂上的口头评论、在聊天框中提交的观点，还是一次可用于评分的调查的书面答案。

整套评估工具中最与众不同的地方在于，我们能够将基于量规的评估与课堂讨论中某一时刻的情况相结合。为了实现这一功能，我们录制了每节课，并将录制视频与根据每个学生的讨论自动生成的文字记录相匹配。教师使用课堂讨论专用评估工具，对文字记录和视频进行回顾（类似于运动教练察看比赛录像或小提琴家重温音乐会录音），同时，教师在课后也可以根据评价量规，直接为记录中任一项学生完成的内容打分。文字记录中的每项内容又都直接和课堂录像中的相应片段相联系（如图15.6），这就使评估和视频录像中的相应时刻建立了双向关联。通过这种方式，教师很容易回顾课程，并确切地根据学生在课堂讨论中的具体贡献内容来点评和打分。明确了每项评估所针对的学生发言内容，教师就可以为学生提供更有意义和价值的反馈。

218

结语

当我们把各个方法协同起来，同时实现了三个主要设计目标时，就给学生提供了引人入胜、让人难忘的课程体验和美妙的学习机会，并让他们与教师建立了深刻的联系。正如薇琪·钱德勒院长所说："（ALF平台）具有高度交互性，且灵动

219

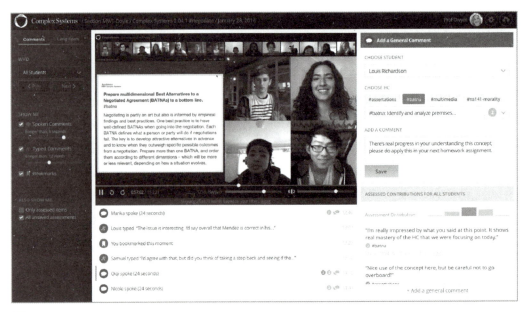

图15.6

教师很容易回顾课程，并根据学生所说和所写的内容，或某个可用于评分的调查的回答，给学生相应的书面反馈和分数。

而快捷。我感觉自己和所有学生就坐在同一间教室里，完全忘记了自己正坐在电脑前。"（密涅瓦，2015）这也赋予了学生某种体验，正如学生哈兹克·阿兹奇·艾哈迈德·扎克尔（Haziq Azizi Ahmad Zakir）所说："在这种学习体验中，我们是积极的参与者，而不是被动的接受者。学生和老师共同参与的不只是对话，还有辩论和角色扮演，这比传统教室有趣太多了。"（密涅瓦，2015）在这个过程中，电脑的存在感慢慢消失，学生和教师沉浸在手头的材料中。最后，同样重要的一点是，学生真正参与了深度学习，而这只有在一个有利于真人辅导的环境中才能实现。这样做的结果，是我们实现了最后一条设计原则：富有意义。我们让学生在与同伴合作的过程中更深入地探索自我，同时与同学和教师建立牢固的联系。

致谢

我们要感谢致力于打造ALF平台的密涅瓦产品团队。除了本章的作者之外，过往和现在的团队成员还包括阿舍·金·艾布拉姆森（Asher King Abramson）、埃弗里·安德森（Avery Anderson）、贾森·本（Jason Benn）、贾维尔·切尔维诺（Javier Cerviño）、本·丘恩（Ben Chun）、安德鲁·柯林斯（Andrew Collins）、保罗·可拉楚努（Paul Craciunoiu）、卡森·戴维斯（Casen Davis）、布赖恩·菲尔茨（Brian Fields）、成·龚（Cheng Gong）、劳伦斯·法夫罗（Laurence Favrot）、尼克·菲什曼（Nick Fishman）、吉恩·霍尔曼（Gene Hallman）、大卫·雅各布斯（David Jacobs）、杰森·莫里森（Jason Morrison）、简·纳尔逊（Jan Nelson）、埃兰姆·奥扎斯兰（Eylem Ozaslan）、阿瑟·里欧（Arthur Rio）、佩德罗·罗德里格斯（Pedro Rodriguez）、杰夫·鲁特（Jeff Root）、埃林·斯班南（Erin Spannan）、米歇尔·蒂利（Michelle Tilley）和尼克·扎尔克辛斯基（Nick Zarczynski）。我们还要感谢一路以来并肩而行的出色伙伴——密涅瓦学术团队。

16. 用教案促进21世纪主动式学习

阿里·巴德-纳塔尔（Ari Bader-Natal）、乔舒亚·福斯特（Joshua Fost）、
詹姆斯·杰农（James Genone）

221 　　密涅瓦本科前三年的所有课程都基于教案来教授，讲授同一课程的教师共享同一份教案（如何实现一致性已在第14章中阐述）。我们最初使用标准的文档编辑工具来撰写这些课程计划，但当我们更急迫地需要增加课程数量时，就不得不直面一些问题：我们如何围绕一整套专门为主动式学习而设计的课程和教案，进行协作设计、系统协调和迭代改进？更进一步说，我们怎么将其规模化，让几十位编写者和审核者同时推进几十门课程的工作？

　　随着最初四门课程的创建和完善，我们也找到了上述问题的初步答案，或者至少清晰地认识到了这样一种需求：我们必须开发一套共享的流程、规范和模板。在开发最初四门课程的两年中，我们通过文档模板、跟踪电子表格、电子邮件通知等功能满足上述需求。这样做虽然实现了基本功能，但极其耗费人力。为了扩展这些解决方法，以支持随后几年更大规模的课程开发，我们选择自己开发定制软件，以便将所有工作融入一个连贯的课程开发流程。

　　在本章中，我们会对课程创建工具进行介绍，这是一套用于设计、协调和改进密涅瓦主动式学习平台（ALF）课程大纲和教案的软件系统。我们将概述该系统的设计目标以及基于此目标而实现的关键产品功能。然后，我们将分享教案设计者利用课程创建工具系统开发教案的过程。

222 ## 设计目标

　　和密涅瓦其他所有教学和学习支持软件一样，课程创建工具是工程师团队和学术团队密切合作的结果。经过两个团队一系列有针对性的讨论，我们确定并完

善了这一系统的一系列未来目标和理想特性。为实现整体目标，我们确定了以下具体设计目标：

1. 课程和教案的开发应当流程化。技术应当帮助我们将课程设计和教案开发工作构建为多阶段的协作型流程。

2. 有效的课堂活动设计应当可重复使用。主动式学习教案的设计技术应能支持一整套共享的有效活动设计库，并使这些设计能在课程体系的不同课程中重复使用。

3. 教案应能让ALF自动完成课堂配置。课堂活动的设计技术应当与实施技术密切配合，使ALF能根据课堂进度自动完成动态的配置。

4. 系统中应当内置关键流程和惯例。开发课程和教案的技术应当"有自己的见解"，应能促使课程设计者更倾向于开发包含共享的规范、目标和以学习科学为基础的最佳实践在内的教案。

5. 完成课程后应对其进行审阅和改进。技术应当有助于课程评价，方便在每学期进行迭代。

6. 应当为管理多门课程开发工作的院长提供支持。技术应当为管理着多门课程或项目开发的团队成员提供相应课程各部分开发状态的宏观视野，将所有教案和其他材料保存在同一个地方。

在下面的讨论中，我们将逐项讨论上述设计目标，详细说明每个目标背后的思考以及我们为实现这些目标做出的产品决策。作为讨论的基础，我们将首先简述课程创建工具系统的一些具体功能。

系统功能

223

为了阐述得更具体，我们将纵览一门新课程的开发过程，从目录摘要开始，到第二次讲授该课为止。作为示例的这门课是一门新的专业细分方向课程，即学生通常会在大三学习的专业相关课程。

课程开发的第一步是在课程创建工具的课程层级模板列表（例如，基石课程或高阶课程）中，选择并创建课程。评估和打分政策因不同的课程类型而异（在同一类课程中则相同）。密涅瓦的所有教师都使用同一个模板库，以确保所选课程类型的模板中包含相应政策的最新版本。

第二步是设置角色和权限。课程的开发、审阅和教学将有多人参与，这些人都会被添加到课程中，并配备相应权限。一名具备课程主题相关专业知识的教师会被指定为课程主要编写者。因为这是第一次开发该课程，所以这名内容专家通常也会是讲授该课程第一个版本的教师之一，因此会获得编写者和讲授者两类权限。该教师须向院长汇报工作，由院长对其工作进行审阅、修改并最终批准，因此院长在课程中担任审阅者的角色。角色和权限的定义较灵活，每个人都可以对课程创建工具中的用户界面进行自定义设置。

设置了角色和权限后，下一步是由课程编写者构建课程大纲。密涅瓦的课程大纲非常详细，对于一学期15周的课程而言，其课程大纲就算以单倍行距打印，也常常超过20页。课程编写者会将一学期分为几个单元（通常每个单元为期三到四周），然后分别就每个单元的内容总结学习目标、描述具体话题、分配每堂课的阅读和作业，并指定每堂课的课程目标和学习成果。课程编写者在撰写这些细节时，就能针对其中的各个要素——从课程总体概要，到学生个人学习成果的评价量规——与课程审阅者在与内容直接相关的讨论消息组中进行探讨。

在课程审阅者通过了课程大纲的草案后，课程创建工具就会导出一个可共享的PDF文档，由课程审阅者发送给外部评审，评审的反馈则由课程编写者和审阅者
224 纳入课程大纲的草案。编写者最终敲定大纲，并提交审阅者批准通过后，就可以在课程创建工具中单击按钮，将课程发布到ALF上。与此同时，课程创建工具还会以PDF形式生成课程大纲的更新版本，并发布在ALF的相应课程页面，供学生查看。如果此后教学大纲又进行了修订和重新发布，那么PDF也会相应更新，此前的各版本则被归档。

课程开发的下一步是编写教案——本章后面将详细介绍此过程。在此，我们仅仅指出，课程大纲编写工具的许多功能也在教案编写工具中出现，包括按角色设置的界面、基于相应讨论消息组的协作、基于可用信息的定制化模板，以及文档版本管理和归档功能等。不过，在教案层面，课程创建工具还引入了一种新的交互方式，即以拖放界面的形式对一系列课堂活动进行定义和配置（如图16.1）。教案发布到ALF上后，课堂界面的侧栏会显示一系列按钮，教师可以此实现上述操作，以便重新安排课堂进度（参见第15章中的图15.5）。

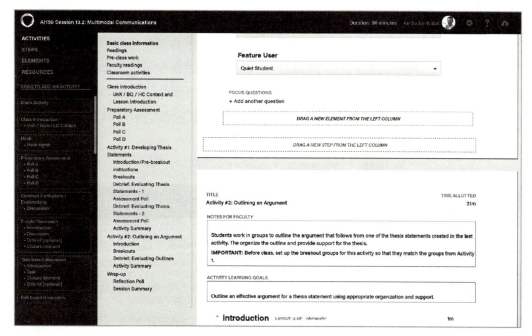

图16.1

教案编写工具的界面分为三栏，左侧是活动和步骤模板库，中间是自动生成的教案框架，右侧是具体的教案编辑器。右侧一栏的编辑器标明了可以从左侧一栏中拖入一项活动或一个步骤的每个节点。

课程编写者起草完教案（参见下文更详细的说明）后，就可以提交审核了。审阅某课程的院长很可能同时参与其他几门课程的开发，因此仪表板视图就很有帮助（如图16.2）。审阅者首次登录课程创建工具系统时，默认视图就是这样的仪表板，其中会显示他们参与的每门课中各组成部分的开发状态。这一视图既可用作项目管理仪表板，也是一个导航工具，还是一个快速解答课程相关问题的交互界面。

以上就是课程创建工具的大致情况，在此基础上我们就可以讨论各设计目标和课程创建工具功能组件之间的联系。

设计目标1：课程和教案的开发应当流程化

一方面，我们首先认识到，一份好教案的编写工作要经历起草、修改、整合反馈、完善和随时改进的过程。无论是否承认，我们所用的工具都会塑造我们的流程和工作结果。起初，我们用一种基于网络的文档协作编辑器——谷歌文档（Google

Docs）来编写教案。该工具能够促进设计过程中的协作，因而我们使用得非常多。

另一方面，学习管理系统（LMS）中的课程开发工具则是围绕着向表单中输入内容的动作来设计的，这些表单内容通常作为结构化数据存储在关系数据库中——这恰恰是谷歌文档无法实现的功能。但是，表单输入界面的设计并不便于我们实现新课程开发所依赖的协作方式，也无法促进用户以增强学生学习的方式来整合材

226

图16.2

仪表板视图为审阅者综合显示了其参与的所有课程的教案、作业和课程大纲的开发状态。左侧边栏包括筛选和查询课程的工具。课程名称旁的图标和颜色显示了审阅者批注、课后反馈、视频打分内容和课程开发状态。

料。在这样的系统中，多个课程编写者之间、编写者和审阅者之间的任何协作，都需要在系统外使用其他工具（如电子邮件、打开了修订功能的Word文档、在共享的谷歌文档中添加的建议和备注等）才能完成。

我们希望在使用谷歌文档时所形成的协作和审阅流程的基础上，构建一种全新的、远远优于标准LMS的课程设计和管理系统。相比之下，课程创建工具便于用户直接在编写界面中进行讨论和反馈，而我们又希望这些讨论能够直接和相应的内容关联。因此，从课程总体目标这样的高层级内容，到预备的评估问题这样的低层级细节，每份课程大纲、每份教案和每项作业的各个要素都要允许用户进行评论、添加个人笔记和提醒、建立协作讨论消息组以及添加审阅者的正式反馈。这些功能加到一起，才体现出课程创建工具是如何将协作性讨论与结构化数据的编辑界面相关联，从而实现不断迭代的课程设计和编写流程的。

我们在此讨论的迭代设计过程，是一个结构化的、历经多个审阅阶段的工作流程。首先，课程开发者（通常是具备相应领域专业知识、将首先讲授该课程的教师）和课程审阅者（受命担任此职位的学院院长或经验丰富的教师）一同讨论该课程的目标和宗旨。随后，课程开发者创建一个课程大纲草案，如上文所述。草案将由学院院长和首席学术官进行内部审核，再由其他大学的专家进行外部评审。

课程创建工具有一些具体功能来协助上述流程的开展。例如，我们在开发课程创建工具之前，需要手动将密涅瓦的学术政策粘贴到每份教学大纲中。然而，一旦学术政策更新，就不可避免地会遗漏一些相应内容的更新。课程创建工具则可以解决这一问题。它在集中管理包括学术政策在内的各课程共用文本的同时，还能够重新发布自动更新了的所有课程大纲。

教案和作业的编写工作也要经历类似的过程。课程开发者和课程审阅者一同讨论初步想法，然后由课程开发者编写教案或作业的草稿，该草稿经过反复审核和迭代，直至审阅者批准后才会被发布到ALF上。其中，学院院长要对专业核心课程和细分方向课程的教案进行审阅和审批，本科学术副院长和院长委员会主席要协调跨学院的课程开发和培训工作，而首席学术官则要监督整个过程，并对所有专业核心课和细分方向课的教学大纲拥有最终审批权。

上述协作功能确保将所有课程或作业开发的讨论都汇总于一处，而不是分散在多个外部沟通渠道中，从而为整个设计过程提供了极大的便利。

设计目标2：有效的课堂活动设计应当可重复使用

我们在设计一个完全主动式学习的教案时（参见第12章），必须或明或暗地回答一系列广泛的问题：学生在课堂上应该掌握哪些核心概念？哪些课堂活动和教学方法最能帮助学生掌握这些概念？上课期间教师应该提出什么问题？当两名学生辩论时，其他学生要如何参与？在设计整门课程的29节教案时，同样的问题会反复出现，相应地，一系列可重复使用的解决模式也会随之浮现。而在将这些课程组合成精心设计的课程目录时，这些活动设计模式就可以成为有益的工具，用来创造原则一致、质量优异的课堂学习体验。

如第11章和第12章所述，大量文献表明主动式学习技术非常有效。学术文献描述了许多促进学生参与的方法（Barr，2014），包括同伴教学（Mazur，1997）、分小组协作（Macpherson，2015）、辩论（Kennedy，2007）、苏格拉底式讨论（Faust & Paulson，1998）、任务或问题式学习（Allen & Tanner，2007）、角色扮演（DeNeve & Heppner，1997），以及游戏化学习活动（Lepper & Cordova，1992）。起初的教案设计思路借鉴了上述方法和其他活动，然后我们对其进行了调整和改进，以便在ALF上实施。

我们很快意识到，所有课程都具有一个特定的结构：课程层面的学习成果决定了每门课的具体学习目标，而学习目标又指导了活动的设计——最终教师用活动引导学生掌握学习成果并提升其掌握水平。我们还认识到，许多活动中的元素是相通的：同伴教学活动和辩论都可能涉及分组，而所有活动都需要简要介绍，并在过渡到下一个活动前进行收尾。

发现这一结构后，我们就能为活动中经常使用的各连续部分（我们将其称为步骤）创建一组模板。举两个步骤模板的例子，一个模板用来介绍即将进行的分组讨论，另一个模板用来让一组学生出现在屏幕上并进行讨论或汇报。我们围绕一项能够有效地促进学习目标实现的完整活动，找出组成该项目的一系列具体步骤。同时，与活动中的步骤一样，各个活动也可保存为模板，并在其他教案中重复使用。例如，基于调查的讨论就是一个活动模板，它包含了以下步骤：提出调查的问题、
根据调查结果给学生分组并与学生进行分组讨论、针对同一问题再次进行调查、总结以及最后收尾。

我们最初的做法是使用谷歌文档编写教案，当时教案库采用共享文档的形式，编写者需要反复在文档之间进行复制和粘贴。我们发现这样做有不少缺点，其中一

点是，当课程开发者随后把这些模板用于自己的教案时，发现它们并不总能很好地适用于ALF。例如，教案可能会指定分组讨论中某小组的成员以某种特定的组合方式进入新的小组，可如果没有手动输入该课各个小班的大量分组数据，这就无法实现。有了课程创建工具后，我们为每个活动和每个步骤的模板创建了结构化的数据表达方案，并为学术团队提供了用于编写和发布新模板以及修改现有模板的图像化工具，从而解决了上述问题。然后，我们将这些模板收入一个共享库，这个共享库可以在课程创建工具中的教案编写界面显示。在编写界面上，教案编写者只要把模板从共享库拖放到他们正在创建的教案中（参见图16.1）就可以了。这项操作会创建活动的一个副本，教案编写者可以根据教案背景对副本进行彻底的个性化定制。这些模板和自定义选项中所包含的功能都是ALF上真正可实现的内容，从而限定教案编写者可以进行哪些操作。

设计目标3：教案应能让ALF自动完成课堂配置

密涅瓦的每堂课都在可以根据特定的学习活动来重新配置的虚拟教室中进行，因此我们希望教案能够在教师讲授的同时，对课堂进行编码和自动重新配置。为此，在2015—2016学年，我们为每个教案手动创建了一个机器可读文件，来代表其中各活动的顺序（我们称之为"时间轴"）。在该文件的指导下，ALF上的虚拟教室将根据每项活动的不同特征进行自我重新配置。

这种方法有一定效果，但在一些重要方面存在问题：（1）即使只有少数几门课，创建和测试这些文件的工作量也极大；（2）教案编写者写出的活动可能无法转化为程序脚本（例如，"根据专业倾向将学生自动分成小组"），因此在设计完成后还要建立一个协调和解决修订问题的临时系统；（3）这种做法让新的课程设计者感到束手无策，不知如何发现和探索在ALF上设计课堂活动的巨大空间。

为了解决这三个问题，我们决定通过让课程创建工具自动生成机器可解析的指令，来完成课堂配置。新的教案编写工具使编写者能够仔细阅读ALF支持的所有活动步骤，浏览一系列经过挑选的有效活动模板，以及查看和测试每个活动和步骤的定制方法。在编写教案时，因为有了结构化的活动创建工具包（而不是通用文档编辑器的非结构化编写环境），我们就能在教案编写工具里，将ALF配置指令直接编入每个活动、每一步骤的每项组成内容中。等到教案处于待发布状态，课程创建工具会验证所有必填内容是否完整而清晰，然后自动生成配置脚本——此前我们要手

230

动创建该脚本——并将其发送到ALF，从而为该教案完成课程的创建和配置。

教室配置结束后，教师就可以轻松地访问计划活动的步骤列表，每个步骤都有相应按钮，点击后即可针对该步骤重新配置（参见图16.2）。例如，点击分组讨论后进行分享的按钮，就可以将屏幕布局从当前的文档视图更改为五窗格显示，左侧大窗格中显示A组的共享笔记，而右侧较小的窗格中则分别显示A组的四名学生。再次点击按钮，则切换为显示B组的笔记和视频。

预先根据教案配置ALF的好处非常明显：教师因此可以专注于教学和指导学生讨论，而不需要为找不到正确的文件，或找不到学生所在小组而担心。

设计目标4：系统中应当内置关键流程和惯例

我们最初尝试课程开发时，学术团队积累了一系列流程和惯例，这些流程和惯例虽然在沟通和手动实施的过程中相当耗时，但能够持续地营造出色的课堂体验，有很强的实用性。大部分早期经验都已被明确记录在学术团队与每位课程开发者共享的课程、作业和教案开发指南中。对那些公认的最有效的流程和惯例，我们希望将其直接引入课程创建工具的设计，而不是仅作为外部的书面文档保存。

流程和惯例以各种不同的形式内置于课程创建工具中。下面我们选了几个例子，来说明我们如何将流程、惯例和最佳实践融入课程创建工具系统：

- 课程大纲编辑器会自动计算课程所需一切资源的总价格，帮助课程设计者进行成本控制。根据学术团队的设定，单个课程的目标成本不超过50美元。
- 教案模板包括每个活动旁边的"参与提示"输入框，提示编写者在只有少数学生直接参与（如回答教授问题）时，向其他学生说明要做什么。
- 在教案中添加活动时，活动模板各个步骤的文本输入框里，通常会显示过去实施效果良好的问题类型示例。
- 在课程大纲中添加阅读材料时，输入框中会附带内联工具提示，明确文献引用应当遵循APA格式，并链接到一个自动生成APA格式引文的外部网站供参考。
- 是否拥有修改或评论教案的权限，取决于操作者是课程编写者、审阅者、讲授者还是不参与开发本课程的其他教师。

设计目标5：完成课程后应对其进行审阅和改进

我们希望了解每个思维习惯和基础概念（HC）在（基石课程中的）何时、何处被引入，又在（基石课程和高年级课程中）的什么地方被再次提及。为此，我们希望找到一种让我们能够基于软件工具轻松识别和探索HC用法、规律和关系的方法。此外，在课程完成后，我们希望从每位教过该课程的教师那里，收集到细致且有操作性的教案反馈。我们想结合课程背景来存储和查看反馈，以便在课程的下次修改中轻松回顾和纳入反馈内容。通过将课程创建工具中的每门课程、每份教案和每项作业的各个组成部分都以相对应的数据来表示，并存储在关系数据库中，上述想法就可能实现。我们还将这些数据与ALF上的其他数据相结合，进行包括识别HC在内的多种分析，同时创建一个功能远远超过标准LMS的课程设计和管理机制。

虽然每份教案在投入课堂使用之前都经过许多次修订，但我们的迭代过程并不会结束。课程创建工具允许教师对教案中的每个活动添加备注，以记录哪些活动有效、哪些没有奏效。修订课程的教师再次教授该课程时就能够查看、评估和整合其他教师在对教案——以及教学体验——依然记忆犹新时所记录下的反馈和建议。在相关时刻征求教师对教案的反馈意见，与在此后修订课程时再向教师提供这些反馈意见相结合，为各门课程的反复完善和改进创建了一个强有力的机制。

设计目标6：应当为管理多门课程开发工作的院长提供支持

通过为每堂课编写详细说明，在完成前四门课程的开发时，我们就积累了分布在数百个文档中超过3000页的教案。由于我们当时采用的是网络文件存储系统基于单个文档的权限设置机制，这些数以百计的文档在获取、存储和共享方法上并不一致。

在创建和完善四门基石课程，并为每堂课的活动小心谨慎地调试ALF的配置后，我们意识到，随着开设课程数量的增加，在更大规模上复制这一过程可谓难于上青天。此外，我们还希望尽可能减少培训教师正确使用模板和程序的工作负荷。

课程创建工具的仪表板可以显示课程各部分（包括教学大纲、教案和作业）的开发状态，这不仅可供学院院长使用，也可供其他人（编写者、审阅者等）使用。此外，仪表板还可兼作强大的查询工具，学院院长或具有课程层面权限的其他用户可以用它来快速解答有关课程及其内容的各种问题。例如"哪些课程的作业会在第三周截止？""我们设计的个人作业多，还是小组作业多？""下学期的哪些教案已经开始编写，但尚未被批准和最终确定？""本学期有哪些课重点关注线性回归？"等。此类问题现在通过课程创建工具中简单的搜索和过滤功能，就能得到轻松解答。

在课程创建工具中编写教案

在这一部分中，我们将分步骤介绍如何使用课程创建工具编写教案。我们将以第一人称来说明，即以教师或其他教案编写者的视角，向读者尽可能清楚地展现该工具的使用体验。我们从课程开发的中间开始，此时课程大纲已经完成，教学材料和教学日程已经确定，只有教案本身仍待填充。

1. 我登录课程创建工具，看到仪表板上显示着所有与我相关的课程，很快找到了今天想要编写的课程。我点击该课程图标，仪表板视图（如图16.2）显示出相关的主题序列和相应日期。我选择了其中的一节课。

2. 屏幕上出现的"空白"教案实际上并非完全空白。它已经包括了各环节的标题，囊括了基本的课程信息；此外，学习成果和指定阅读或教学材料也已自动从课程大纲中导入。教案模板还包括课前任务、学生学习指南、教师背景阅读以及课堂活动几部分的标题。我并不能编辑这个初始模板，除非返回起初建立此模板的工作流程进行修改（例如，向院长询问是否可修改学习成果）。

3. 第一步，我要用一段话概括这堂课的总体目标和课程结构。我还没有开始设计实现这一目标的活动细节。

4. 虽然在打开教案编写工具时，教案中就预先填写了阅读内容（每个阅读的完整书目都会自动从课程提纲中读取），但我现在需要写几句说明，让学生知道为什么要指定这些阅读内容，以及在阅读时需要关注什么。

5. 现在，我要完成课前任务的部分，即我希望学生提前做的功课。课程创建工具让我可以轻松地将其设置为个人作业或小组作业。无论我选择哪一种，课程创建工具都会适当地修改学生仪表板，确保每个学生都能收到所需指示；而我则不需要用电子邮件去通知他们。

6. 现在我准备开始好好编写教案了。我会思考要强调学习成果的哪些方面，这将指导我列出具体的活动学习目标，从而设计出特定的活动。大多数教案包含两个活动（有时有三个，有时只有一个）。对于第一个活动，我知道课程中某份阅读材料涉及一个特别重要而微妙且容易被学生误解的概念。我想让这个概念自然而然地出现，使学生惊讶于它的复杂性，并想要把它弄明白。我从预置的活动模板集合中，选择了一个名为"分组讨论常见的易混淆概念"的活动模板。我把此模板拖入教案，此时便出现了一系列新的数据输入框和菜单。所有这些内容都用来明确活动模板需要说明的步骤。比如用幻灯片进行简要介绍这样的动作，或是适时插入对学生的提问之类的操作提示，等等。每个步骤都有一个目标时长，以确保我恰当地安排90分钟的课时，并把大部分时间花在我认为最重要的事情上。

7. 澄清潜在的易混淆概念很容易，只需要一张文本幻灯片就可以。对此，我会使用内置的幻灯片编写功能，而无须切换到PowerPoint等其他工具。我只需在课程创建工具中选择一个幻灯片模板，输入文字就可以了；当我在课上使用ALF时，我知道只要按下某个按钮，就能显示这张幻灯片。

8. 在展示幻灯片后，我希望学生进入小组讨论。我决定随机把学生分为三人一组；于是，我选择"随机分组"的选项，并填写每个组将看到的说明文档（我可以选择让各组学生看到相同的指示和说明，也可以选择让每个组看到不同的版本）。在这里，我简要描述了希望学生分组完成的任务。我为任务选择了一个合适的持续时间，这次为12分钟，这段时间将自动从整堂课90分钟的时间中扣除。（这时我还想到，每堂课会自动包含10分钟的"弹性时间"，因为实际课堂总会出现不可避免的偏差。）

9. 在分组后的"汇报"步骤中，课程创建工具提醒我输入一个参与提示，以确保每个学生在随后的课堂讨论中都有要完成的任务。这是我们完全主动式学习方法的重要组成部分（参见第12章）。我写完了这个提示，还设置了ALF的配置，让每个小组的展示笔记旁边都能够同时显示其成员的图像。

235

10. 借此机会，我还为活动中的各个步骤添加了相关教学技巧的标签，比如解决问题、写作和绘制图表等活动。这不会影响课程流程或ALF界面，但为大规模程序化评估提供了元数据。

11. 在设计教案中的其他步骤和活动中，我也会或多或少地重复上述过程。在这一过程中，我会自由地使用活动模板来：（1）节省自己的时间，（2）遵循在该过程中获得的最佳实践，（3）确保我能够充分利用ALF的功能，避免编写出无法实施的教案。

12. 一旦我的教案得到批准，审阅者将点击"发布"按钮。发布功能将触发三个操作。第一，它会生成教案的PDF格式文档，并将各个部分存储为教学过程中能轻松访问的格式。例如，每个活动的标题都会高亮显示，我可以一目了然。第二，它会压缩所有指令、调查提示、分组设置和计时标记等，并对ALF进行相应设置，确保在上课那天一切准备就绪。第三，它会更新学生仪表板，让所有学生都能收到与自己有关的课前指示。

这段陈述虽然未能将全部细节展示出来，但已经整体概括了教案编写者在课程创建工具中设计新教案的基本步骤。

开发课程驱动软件

许多机构都在开发教育软件，一些较为流行的课程管理系统的制作方已经生产出极具吸引力的强大工具。这些组织的许多员工都拥有教育学和教学法背景，并能充分利用焦点小组、测试发布等方法来制作有用的产品。这些我们也同样在做，但我们的软件制作过程中最不同寻常的一点，就是我们的工程师团队与学术相关方（教学管理者、教授和学生）一起零距离合作，并持续保持对话。相比之下，通常一家软件企业只是独立工作的公司。基于独特的定位，我们的开发周期非常短，功能特性与使用需求的联系非常紧密。我们将讨论的，是软件开发和课程开发之间的密切关系如何在课程创建工具的设计和实现过程中体现出来。

在密涅瓦，我们采用一种迭代式的设计流程。也就是说，我们的工程师会尽早制作出可用工具并发布给最终用户，然后收集用户体验、基于反馈进行修改，并每隔几天发布一次更新。起初，我们将课程创建工具项目的重点放在创建更加友好的用户图形界面（而非之前的文本界面），以帮助教师准备适用于ALF的教案。然而事实上正如上文的设计目标所反映的那样，我们真正需要解决的问题要多得多。因此，我们的产品工程师很快就列出了一个长长的待办事项清单，并着手找出巧妙地划分优先级的方法。

在课程创建工具的最早几个版本中，我们使用简单的启发式思维来确定需要优先实现的功能：我们尝试将其他软件开发的课程大纲、作业和教案输入课程创建工具。每当遇到无法输入的内容，我们就核实这项缺失的功能是否已收入开发列表，并安排适当的优先级。这一过程很快暴露出主要的功能盲点，而且越往后问题也就越少了。到第一学期结束时，几十名用户已经完成了大约19门课程的输入，共同打造了一个比此前平台强大许多的新系统。

我们在开发教案中有助于创建主动式学习活动的模板时，采用了另一种不同的路径。我们最初打算发布的课程创建工具仅支持上一年教案中的一部分活动（我们计划在后续版本中增加对其他活动的支持），但是我们意识到，重写已经感到满意的教案要耗费大量精力，于是就重新考虑了此前的计划，并决定课程创建工具在首次发布时就要支持尽可能多的活动设计。然后，我们又根据使用的频率和实施的复杂程度，对各个活动类型进行了优先排序。

确定开发任务优先级的另一种方法，是对用户痛点和耗费时间进行密切观察。一旦课程创建工具的可用版本中包含了所有计划的核心功能，我们就找出其中几项有用但过于费时的功能，探索更高效、更简单的替代方案。创建教案幻灯片的过程就是一个例子。原本静态的教学资源可以使用第三方工具（如PowerPoint或谷歌幻灯片）来创建，然后再将其上传到课程创建工具中。但这个过程需要在多个工具之间来回切换，编写者需要记住自己在哪里存储了可编辑的幻灯片文档（未来修改时需要重新打开该文档才能进行更改，还要重新生成PDF文件）。对此，我们自己设计了新的工作流程，在教案编写工具中搭建了一个自有的幻灯片编辑器，这样，编写者就无须再使用外部工具，而且后续更改时也无须再去寻找源文件。

结语

与密涅瓦的许多项目一样，我们分两个阶段开发解决方案，使方案既能解决眼前的问题，又能在未来几年满足机构的发展需求。正如预期的那样，我们在第一阶段开发的产品使用起来过于费时，不可持续，但其开发和使用的体验也具有启发性。在此过程中，我们理解了很多问题的本质，并将此过程视作测试变化和修改的机会。这一经历也让我们更清楚最终想要的问题解决方案。在第二阶段，我们将学到的经验应用于自主定制的技术产品设计，致力于确保理想的系统同时具有可持续性和可扩展性。在这种情况下，我们最终搭建了全新的技术平台。它让我们能够在同一时间对整套课程和教案进行协作设计、系统协调和迭代改进。这项技术提供了新型的课程设计方式和管理系统，专门用于支持在密涅瓦ALF平台上的主动式学习。

17. 评估学生的学习情况

里娜·莱维特（Rena Levitt）、阿里·巴德－纳塔尔（Ari Bader-Natal）、
薇琪·钱德勒（Vicki Chandler）

美国著名教育学家李·舒尔曼在他的文章《计算与再次计算：评估和对问责的追求》（Counting and Recounting: Assessment and the Quest for Accountability）中记录了他的观察："衡量的维度决定了故事叙述的可能方向及评估所能讲述的故事。因此，对问责的追求也要求我们努力负责任地讲好要讲的故事。"（Shulman，2007，p.2）

从一开始我们就清楚，密涅瓦的创新教育思路在评估时也需要一个全新的故事。我们希望学生在毕业时掌握（并迁移到新的情境中应用）一整套核心的思维习惯和基础概念（HC），而且我们希望在学生四年学习的每一门课中跟踪每个人的掌握进度。我们在第一年的四门基石课程中介绍HC，还为学生提供了首次应用所学HC的机会。在其余三年的高阶课程中，我们希望学生在主动式学习课堂和课程作业中继续练习运用HC。

我们的课程设计中有一个特别不同寻常的组成部分，那就是我们会延后确定第一年基石课程的成绩等级：在第一年结束时，我们仅临时判断学生为合格或不合格，然后在此后的每个学期，根据学生在后续课程中应用HC的表现，对大一各课的总分进行向上或向下的调整。只有到学生毕业时，才确定最终的成绩等级。除了要面对前溯式评定成绩等级在实际操作过程中的复杂性，我们还要找到一种方法，记录和汇总学生在多个学期、多门课程中的HC测评结果。

为了使用这种不同寻常的方法评估学生对基石课程内容的掌握情况，我们开发了一套密涅瓦测评设计原则。随着我们在过去几年中不断更新和扩展测评工具套件，这些共享原则在设计创建基于密涅瓦技术平台（在第15章中讨论）的内部评估工具时，已经成为一套有用的决策框架。在本章中，我们将介绍并深入研究以下六个原则：

1. 使用学习成果。学生评估应当基于清晰明确的学习成果。

2. 确保评分标准一致。学生评估应当精确，尽量减少偏差。

3. 基于评估语境提供反馈。教师给学生的反馈应当和评估内容紧密相关，并且应当是可用于改进的形成性反馈。

4. 进行有意义的汇总。课程成绩的汇总方式应当能准确地衡量出学生的掌握程度。

5. 展示（并分享）进展。学生和教师都应当能访问和探究评估数据，从而真正理解分数，并持续跟踪学习进展、提供学习指导。

6. 用外部测量工具做补充。在评估课程有效性的同时，我们应当利用外部工具衡量学生的学习情况。

在下文中，我们将详细讨论上述每条设计原则的含义，并概述我们以此为基础所做的创新。

使用学习成果

每门课程都有一组预先确定的学习成果，这构成了所有测评的基础。学习成果的模型首先是为评估HC——密涅瓦通识教育的基础——而开发的。HC的框架为分层树形结构：顶层是批判性思维、创造性思考、有效沟通和有效互动四项核心能力，中层是每项核心能力的具体方面（如批判性思维下的评判论述和权衡决策），底层是纳入核心能力具体方面的HC（见第2章）。我们希望在不同的细致程度上给学生反馈——事实上，我们设计了一个HC评估仪表板，可以提供各个层级上的分数。专业核心课程和细分方向课程也采用类似的架构，其中课程目标相当于核心能力，学习成果则采用类似HC的框架。课程目标反映了相应专业核心课程和细分方向课程的总体学习目标，定义了学生在课程结束时要获得的关键知识。每个课程目标被分解为二到五个学习成果，均包含具体的技能或知识（参见第9章及表9.2的示例）。与HC一样，教师对学生表现的评估会直接围绕学习成果进行。

HC和学习成果在学生评估中起着类似的作用，为两者所开发的评估技法和技术工具也差别不大，因此在本章中，我们将HC和学习成果统称为成果。

在评估学生的习作时，教师的评分范围既包括作业说明中指定的成果，也包括

241

此前介绍的所有相关成果。相关成果可以由学生自己指出——他们可以用脚注简单描述自己是如何运用该成果的，也可以由教师在评分阶段进行标记。在学生学习的数年中，大量教师会针对不同课程的HC进行评估，相比之下，针对具体学科内容的学习成果进行评估的教师一般来说较少，因为这些学习成果常常仅用于某一门课的材料。

确保评分标准一致

要提高评分标准的一致性，方法之一就是明确地定义成果。此外，我们还利用描述性的得分评级量规来清晰地定义评估规则，从而提高学生习作评价的一致性。采用这样的量规后，我们不仅提高了评分效率、提升了师生的反馈质量，还增强了教同一门课的不同教师在评价时的精确性、减少了对不同学生评价的偏差（Suskie，2009）。

在设计评估成果的量规时，我们面临着不同寻常的挑战。通常而言，教师会为不同的作业设计不同的量规。量规中包括与作业目标相对应的多维度内容，其中每个维度的评估内容又有与学生表现相对应的分值量表——这样，每个分数的标准都要根据具体作业来设定（Stevens & Levi，2005）。这种方法并不适用于密涅瓦，主要有三个原因：（1）评估量表必须在所有成果间保持一致，以便为汇总分数〔例如，将某项核心能力（比如批判性思维）下各个具体方面的HC的分数进行汇总〕打好基础；（2）评分标准的描述要足够灵活，才可用于评价学生课后的所有相关作业；（3）最后，量规要在很长一段时间内适用于学生的不同习作，因此，评估量表的范畴需要足够大，才能捕捉到学生取得的一点一滴的进步。

为满足上述需要，我们开发了掌握度评价量规模板（见表17.1），为密涅瓦的所有成果评估提供了统一的框架。这个模板包括了对各成果掌握情况的描述，覆盖了从缺乏掌握到深刻掌握的各个水平，能够整体地评估单项成果。所谓的整体评估，是指我们仅使用一维的量规，其中每一级得分都能够概述学生在相关知识层面的各方面表现，相比之下，如果使用分析型量规，则要对学生不同方面的表现进行不同维度的评估（Allen & Tanner，2006）。当然，每项HC或学习成果都有基于掌握度评价量规模板定制的详细量表。课程设计者会在定制量规中撰写描述，并根据教师的反馈和信度检验的结果进行完善（Jonsson & Svingby，2007）。

在运用整套评价量规评估学生的作业时，我们会对作业中明确对应的成果以及学生和教师标识的其他成果分别给出分数，从而形成丰富而全面的评价结果。

表 17.1　掌握度评价量规模板

得分	描述
1. 缺乏掌握	哪怕经过提示也无法回忆或使用该学习成果，或回忆和使用得几乎完全不准确。
2. 表面掌握	只有部分借助引用、复述、总结、概括或应用，才能略为准确地回忆或使用，或虽能回忆和使用，但无法解决相关问题或实现目标。
3. 掌握	准确地回忆、使用、复述、总结、概括，或通过再造学习成果的标准或简单示例，来解决相关问题或目标。
4. 深度掌握	通过解释、在复杂和非标准事例中加以运用、辨别不同组成部分、应用关键差别、分析各组成部分的相互关系，展现出对学习成果的较深理解。
5. 深刻掌握	创新而有效地运用该技能或概念，以新的视角（即有别于课程或能轻易从相关文献中找到的内容）改进现有的问题解决方法，或找出更有效的方法、设想出比标准更为巧妙的解决方案、创造出异常机敏和有效的应用方案。

基于评估语境提供反馈

我们希望教师给学生的反馈是针对学生所写或所说的具体内容的回应。比如：对学生在课堂讨论中的某段发言的评价，应当直接与该发言内容相关；对学生的论文进行评分时，每条评论应当针对文章中的具体段落。只有这样，学生才能根据语境来查看每一条反馈。当然，"语境"是一个要依媒介而定的概念，因此，我们需要基于所评内容的媒介，为教授提供不同的评分工具。在下文中，我们将对这些工具分别进行讨论。

课堂讨论的评估

主动式学习平台（ALF）的主要优势之一，是具备回顾学生的课堂投入情况并直接进行评估的功能。为实现这一功能，我们对每堂课进行录像，自动生成课堂的文字记录，并标记每段发言来自哪位学生。在此基础上，教师可以根据评价量规，对文字记录中的任何一段发言进行评估（给出分数和点评），评估内容会直接关联至课堂录像的相应部分。第15章中的图15.6显示了教师在做课后评估时会看到的界面。这样，教师就能够回顾整堂课，并以学生的个人发言或聊天框里的文字发言为基础，给出书面反馈和成果评分。针对课堂讨论的评估技术已在第15章中描述。

每日形成性反馈

学生每天都会收到教师对每堂课必含的两次调查的反馈。其中一次调查在课堂开始时进行，用于评估学生课前准备的情况。这些预热调查的评估也基于掌握度评价量规，评估分数显示了学生对预习材料的掌握情况，同时帮助他们明确要进一步学习的概念。另一次调查在课堂临近结束时进行，用于评估学生对课上讨论内容的理解和消化情况。学生不仅会获得基于评价量规的分数，还会收到教师的书面反馈。反馈意见会澄清学生混淆的概念，并帮助学生巩固掌握得较好的内容。

课程作业的评估

学生会完成各种类型的作业，而这些作业的设计有利于评估他们对学习成果的掌握程度。学生习作会有多种形式，于是我们相应地开发了不同的评估工具。

- 书面作业。成果评估会针对作业中的特定部分（比如一句话或一段话）进行。
- 视频作业。如果学生要自己制作视频，成果评估则会针对学生提交的视频中具体某一时间点的内容进行。
- 以软件为中心的作业。作业形式可以包括计算机代码、富文本、数学公式、图表和富媒体等，而成果评估会针对提交文件只读视图中的某段代码或文字进行。

随着我们将课程体系拓展至专业核心课和细分方向课中的更多专业领域，我们计划继续开发一系列评估工具。我们将确保这些工具能够帮助教师在面对专业领域的作业时，也能基于适合的媒介语境，给出恰当的评估意见。

进行有意义的汇总

如果学生作业中标注了多个大相径庭的评分，那么这份作业的总分应当是多少？比如作业中一半成果的评估得分很高（如创新而有效地应用了学习成果、采用了新颖的视角等），但另一半得分很低（如只部分应用了学习成果或用得完全不准确）。尽管这种情况看上去不太会发生，但它的确指出了一个重要的问题：如何把针对具体内容的评估结果汇总成对学生整体掌握程度有意义的衡量结论？如果把对不同成果的两极分数加总平均，得出一个中庸的平均分，然后在期末时再汇总所有平均分，得出的最终数字就传达不了什么信息。为此我们想到一个古老的笑话：一名统计学家睡觉时把头放在烤箱里，把脚放在冰箱里，因为他认为这样做平均温度就正好了。

为解决这些问题，我们开发了一个作业和评估框架，以学习成果而非单个作业为单元来汇总分数。在这部分中，我们会介绍基石课程的评估模型，然后讨论该模型是如何调整，以适用于专业核心课程和细分方向课程的。

评估类别

我们支架式课程体系的一个方面，是为分别介绍不同系列HC的四门基石课程设计一套通用的评估类别。我们评估的每一类行为或习作（比如课堂发言或书面作业）都有相应的权重，对应的是评价结果预期的稳健性，以及需要投入的工作量：

- 课堂HC得分。教师回顾课堂情况并评分。相应的课堂环节旨在促进学生整合并应用最近的学习成果。与该节课相关的HC评分会作为计算整门课分数权重的基准。

- 一般性作业。此类作业的篇幅相对较短，用于让学生练习最近所学的HC。其中一些作业（比如撰写论文提纲）会为更重要的标志性作业（见下）做铺垫。一般性作业HC的得分权重和课堂HC得分权重相同。

- 地点性任务（LBA）。每项地点性任务都要求学生在当时所在的城市内进行一项活动，并在新的真实情境中运用目标HC。在基石课程中，LBA的得分权重是课堂得分权重的两倍。

- 标志性作业。这些作业要求学生在原创习作（如论文、视频或模型）中融入一系列相关HC。这些作业的评分基于学生对一系列指定HC的运用情况。此外，学生也可以运用之前在本门或其他基石课程中学习的HC。标志性作业的角色相当于许多大学课程中的期中论文或期末考试（但密涅瓦不进行当堂考试）。标志性作业的评估得分权重也是课堂得分权重的两倍。

- **基石课程期末项目**。大一每个学期里，学生都要完成一个覆盖所有四门基石课程的期末项目。临近期末时，学生会提交一个详细的项目提案，不仅要勾勒出项目范畴，还要指出希望运用的HC（必须包括所有四门课程的HC）。在经过教师首轮审阅和反馈后，学生用学期最后一周的全部时间来完成这一项目。期末项目的得分权重是课堂得分权重的四倍。

如上所述，除了对一系列指定HC进行评估外，教师也可针对此前任何一门基石课程所教的HC进行评估。比如，实证分析课的一项研究设计作业，可以针对形式分析课所教的统计学相关HC，而在这项实证分析课作业中对统计学相关HC的评分，则会用于判断学生对统计学相关学习成果的掌握情况，并最终计入形式分析课的分数。尽管教授通过点评给出全面的形成性反馈，但我们并不对任何单独的作业给出单个完整的分数。

计算得分

在一年的基石课程结束后，我们会分几个步骤来评估学生的掌握水平。我们先将单个HC的所有得分进行加权平均，然后对每门基石课中所教的所有HC的加权平均分再汇总取平均数，计算出该课的HC总得分。采用这种双层平均的方法，有两个原因：其一，计算每个HC的总得分，能让学生获得更多细节反馈，从而了解自己在每门课中的优势和改善空间；其二，分两步计算可以控制计分频次的影响，比如，对于实证分析课所教的"解决问题"和"研究方法"两方面HC，学生可能在前者上获得比后者更多的得分，这并不是说"解决问题"的HC天然比"研究方法"的HC更重要。因此，计算总平均分就使得每个HC在课程总得分中拥有相同的权重。

在大一结束时，我们根据学生所有HC的平均分，为每门基石课给出临时的合格／不合格成绩。但是，这只是我们对HC进行分数评估的开始。在此后的学年中，教师需要继续对学生在其他课程中运用HC的情况进行追踪评估。在整个本科期间，我们都会更新基石课程的分数以实现多重目标。首先，在大一之后的学年中继续评估HC，既能让学生巩固这些关键的技能和知识，又能提供反馈以帮助学生继续提高HC的掌握水平。其次，判断HC在被首次引入的基石课程之外的运用情况，能测量学生向新情境迁移知识的能力。最后，我们可以根据学生在后续课程和顶点研究项目中运用HC的情况，判断学生在毕业时是否真正掌握了关键的学习成果。因此，HC评估数据的权重将逐学期增加，直到与此前的HC打分一并汇总。这样，学生在毕业时，才会得到基于所有HC评估数据的每门基石课的最终字母等级。

专业核心课和细分方向课的评估模型以基石课程的模型为基础，仅有少数基于课程结构和目标差异的调整。第一个区别是，我们并不在专业核心课和细分方向课之外对相应的专业学习成果再进行任何评估。这是因为专业核心课和细分方向课都聚焦于具体的学科，旨在教授该领域所必备的知识和技能。因此，这些课程的成果评估数据仅来自相应学期，而非整个四年；成果评估数据的分数在课程结束时即转化为字母等级。第二个重要区别是汇总一门课程得分的层面不同。在专业核心课和细分方向课中，我们在课程目标层面而非（基石课所采用的）学习成果层面计算初始加权平均得分，这使课程设计者能够更灵活地在不同节课中分配学习成果，并避免过分强调课程初期的学习成果目标（对基石课程而言这不是问题，因为所有HC的评估都要持续四年）。

展示（并分享）进展

我们所有的评估工具都基于同样的前提，那就是层级结构严密的学习成果，以及描述性的评分量规。在对学习成果添加标签并打分的同时，教师也要进行书面点评，并着重给出具有操作性的反馈。无论是对提交作业的打分，还是对课堂讨论中口头和书面参与的评估，这种做法在不同打分语境下都适用。我们还开发了工具，帮助学生和教师在丰富的评估数据中寻找价值。

学生可以从HC评估仪表板中获取基石课的成果数据。所有HC的相应评估数据都会汇总到中央评估数据库。而且，因为我们对一项特定学习成果的所有评估均使用同样的量规，所以评估数据可以有意义地汇总，以展示学生多年中、在不同课上围绕某项HC的表现。对仪表板中的每项HC，学生都能看到所有相关信息，包括HC的详细描述、相关示例和应用、评分量规、首次引入该HC的课程链接、学生在该

248

HC上的得分，以及对该HC进行评估的历次记录。HC评估仪表板有一项功能：显示学生在HC层级架构上每一层的汇总得分。比如，学生可以选择查看批判性思维能力下各个HC的相关数据，包括整体能力得分、评估内容的子能力得分，或者单个HC得分。这让学生和教师能发现学生在不同HC层级上的强项和提升空间。

除了HC评估仪表板之外，每门高年级课程都会单独显示学生在该门课的学习成果上表现如何。高年级课程的仪表板很像HC评估仪表板，包括课程的总数据以及各数据源的链接。学术导师和教师都能获得特定学生的相应数据，从而有效地进行学术辅导、识别学习有困难的学生。

用外部测量工具做补充

最后，我们也考虑将一系列非内部研发的测量手段作为补充。比如，我们试图寻找对学生学习状况进行终结性测量的方法，用于判断密涅瓦的课程体系是否实现了目标。为此，我们找到了其他机构开发和使用的测量标准，同时将其测量结果与密涅瓦的做对比。换言之，我们用经他人验证的测试，来评估我们学生学习的有效程度。我们使用了三种测量标准，分别描述如下。

美国大学生学习评估

在密涅瓦开学后的第一年中，我们实施了三次"美国大学生学习评估"（Collegiate Learning Assessment，简称CLA+）的测验：第一次在学生秋季入学时，第二次在第二学期开学时，第三次在春季全学年结束时。"美国大学生学习评估"测量了学生在批判性思维、分析推理、学术写作等方面的表现，被广泛地用于评估大学生的学习状况，因社会学家阿鲁姆和罗克萨的研究（Arum & Roksa，2011，2014）而闻名。他们基于测验结果发现，普通美国大学中的学生并没有学到太多东西。这项测试主要评估的是批判性思维、问题解决和写作能力。基于我们基石课程的本质，我们预计密涅瓦学生在第一学年结束时的测试结果会好于学年开始时的测试表现。

秋季学期开始时进行的第一次CLA+测验明确地显示，密涅瓦的招生录取流程的确从全球各地找出了学业优异、富有才能的学生。在这次测验中，密涅瓦首届学生的测验得分在所有受测学校新生里位居前1%。

因为和其他学校大一学生相比，密涅瓦新生在一开始的表现就异常优秀，因此我们不得不将他们与大四学生做比较，来评估一整年内的进步。起初，密涅瓦大一新生的得分超过了94%—95%的受测大四学生；而在秋季学期与春季学期之间的第二次CLA+测验中，我们的大一学生已经超过了99%的受测大四学生。

因此，测验成绩毫无疑问地证明了基石课程的有效性，同时也印证了我们的主张：密涅瓦的课程和教学预期是让学生实现高水平的学习；我们开设的并非普通大一水平的课程。

加利福尼亚批判性思维能力测评和思维倾向问卷

在查看了2014—2015学年的CLA+测试结果后，我们意识到，CLA+测试并不能充分地测量出密涅瓦四年课程让学生进步的幅度。因此，在2015—2016学年间，我们实施了其他两项评估，即"加利福尼亚批判性思维能力测评"（California Critical Thinking Skills Test，简称CCTST）和"加利福尼亚批判性思维倾向问卷"（California Critical Thinking Disposition Inventory，简称CCTDI）。两项评估各自实施两次，分别在秋季学期开始时和春季学期结束后进行。

250

在CCTST的评估中，和美国其他四年制大学的本科生相比，密涅瓦创始届学生的得分超过了85%的受测者。在春季学期后的测验中，密涅瓦学生的得分超过了92%的受测者。平均而言，每个学生的表现在两次测验间的排名提升了9.2个百分点。我们暂无其他机构按学年整理的比较数据。

CCTDI是学生要完成的另一项评估。该评估旨在测量个体在多大程度上倾向于运用批判性思维能力，并将批判性思维分解为七个隐含维度，即寻找真相、开放思维、求知欲、分析能力、系统化能力、推理信心和认知成熟度。

该测试尚未使用百分位排名。因此，30—40分显示受试者零散地运用了批判性思维，40—50分显示受试者在这方面有积极倾向，50—60分则表明受试者有强烈的积极倾向。在秋季学期的测验中，密涅瓦学生显示出"积极"或"非常积极"地运用批判性思维能力的倾向，测评结果如表17.2所示。很显然，七个维度中有六个维度的得分呈现了显著提升。而且，这些结果也充分证明了密涅瓦课程体系的有效性。

表 17.2　批判性思维倾向问卷测评结果

| | 2015—2016学年CCTDI测评结果 | | |
| | 2015秋季学期 | 2016春季学期 | |
维度	平均分	平均分	差异
寻找真相	38.8	42.2	+3.4
开放思维	46.7	47.2	+0.5
求知欲	50.0	49.8	−0.2
分析能力	45.5	46.25	+0.75
系统化能力	39.5	40.3	+0.8
推理信心	46.4	46.5	+0.1
认知成熟度	45.3	46.5	+1.2
总分	312.2	318.75	+6.55

251

结语

　　密涅瓦的评估方法和技术独辟蹊径。我们创建了与密涅瓦独特的教育体系相匹配的全新的评估模型，利用的是这样几条基本原则：使用学习成果、确保评分标准一致、基于评估语境提供反馈、进行有意义的汇总和展示（并分享）进展，以及用外部测量工具做补充。这么做的结果是形成了全新的评估思路，使我们能够记录和跟踪学生在多个学年和不同学习情境中的成长。另外，我们还用经过外部验证有效的测量工具做补充，从另一些侧面再次证明基石课程获得了预期成效。

第三部分

创建一所新的大学

大学教育远不止课堂上的内容，密涅瓦的雄心壮志也不仅仅是做技术和知识的提供者。我们更希望能够创造各类条件，来滋养学生的社会和情感生活，帮助他们成长为美好的个体。在本书第三部分的各章中，我们会描述密涅瓦课堂之外的整个学校系统，以及我们如何像设计课堂活动一样，怀抱着创建一个真正全球化机构的信念，来设计这所学校的方方面面。

接下来的十章将展开介绍我们在课堂教学之外，是如何设计一所完全经过重新想象的大学，并将其付诸实施的。前三章介绍了机构流程，包括指导原则和生源构成情况。其中，第18章《打造新品牌》探寻了我们对密涅瓦品质的核心定义，包括如何通过明确一系列指导原则来确保密涅瓦的品质，以及如何确保机构能坚守承诺。第19章《全球推广：传递新愿景》讲述了在我们向无数人介绍书中所呈现的理念时，是如何将这些指导原则应用于实践的。第20章《21世纪的录取流程》则详细介绍了密涅瓦遴选未来学生的独特方式与原则。

此后的五章详细介绍了我们是如何既给学生提出挑战，促进他们在校期间的个人成长，又是如何在他们毕业之后继续支持其发展的。其中，第21章《多面向的文化适应：基于社区的沉浸式多元文化教育》详细描述了我们如何帮助学生适应在密涅瓦的生活。适应大学生活从来不是件容易的事，而密涅瓦的国际学生还要面对包括融入城市、应对密集的学习任务以及全球轮转游学机制等在内的额外挑战。因此，机构的组织架构对于确保学生在上述环境中茁壮成长，有着深远的影响。第22章《体验式学习：城市即校园，城市即人际网络》探讨了密涅瓦可能最为人所知的一面，即全球轮转游学机制。但是，本章并不聚焦于游学的后勤运营，而是详细论述我们如何让学生融入所到城市。第23章《精心设计的全球化社区》解释了我们如何基于国际化、多样性的理念，有意识地打造密涅瓦的社区，这也是美国大学本科教育所面对的独特挑战。第24章《21世纪多元化大学的学生心理健康服务》描述了我们如何应对大学所面临的最大挑战之一——学生的心理健康问题，并解决本部分各章中讨论的其他限制条件。第25章《密涅瓦学生职业发展部》介绍了我们为所有学生提供的一项特别服务：不仅积极地帮助学生迈入自己所选的职业道路，而且在学生毕业后为其职业的持续发展提供帮助。

最后两章介绍了确保密涅瓦的理念得以真正实现的组织行为。第26章《办学资质认证：高等教育新探索的官方认可》将概述办学资质认证环境以及密涅瓦的经验。虽然本书用了几百页篇幅讲述密涅瓦的与众不同之处，但就其本质而言，在很大程度上来说，它仍然是一所文理型大学，获得办学资质的过程让我们明确了这一点，也确保我们不会偏离目标。最后，第27章《全新的商业模式和运营模式》则详细讨论了密涅瓦如何规避高等教育高昂成本背后的财务陷阱，并构建新的运营机制，以实现高等教育的最大价值。

上述所有章节都旨在更清晰地描绘出，我们如何将一种经过重新想象的大学体验，呈现给全球最具潜能的一批学生。这些章节共同体现了密涅瓦的使命、宗旨和指导原则，这些内容也持续为我们每天的工作决策指明方向。

18. 打造新品牌

阿约·塞利格曼（Ayo Seligman）、罗宾·B. 戈德堡（Robin B. Goldberg）

2013年1月21日临近午餐的时候，整个办公室空荡荡的，异乎寻常地安静。虽然那时我们还只是一个小团队，但通常到了午餐时间，大家都会热火朝天地讨论我们努力要实现的愿景。那天办公室里几乎空无一人，有人会认为是因为正值法定假期——那一天是马丁·路德·金纪念日，意在致敬这位民权运动领袖的一生和卓越贡献——但实际上，那天的安静源自大家的深思。

不久之前，我们的创始人问了这样一个问题：我们打算怎么通知第一批密涅瓦学生，他们已经被录取了？这个问题可能看上去无关紧要，而且答案可能显而易见——用大信封装上录取通知，但是却激发了深入的讨论，最终结果也充分反映了密涅瓦的运作方式和信奉的价值。尽管密涅瓦当时还只是初具雏形，但创新的理念已经深深刻入了机构的基因。

在迅速前往旧金山联合国广场上聚集的餐车买了食物，又回来喝了创始人的一些私藏酒之后，我们聚在办公室阳台，眺望着市民中心，开始思考上述问题可能的方案。

"如果他们在信箱里收到一把神秘的钥匙，会怎么样？"一位团队成员提出了建议。

这个点子激发了整整四个小时的讨论，随后是紧张的原型建构和设计完善，最终我们得到了一个非比寻常的成果。

3月中旬，整个机构的同事聚到了一起："戴上这些白手套，不能留下任何手印！记得把胶带末端藏到包装纸的缝隙里。每一个细节都在传递信息，而我们要确保每份包裹都完美无瑕。"

此时，招生委员会刚刚完成了对超过2500份申请的审阅，并从中邀请了仅仅2.8%的学生加入密涅瓦创始届的阵营。这份邀请本身必须彰显一系列特质：既要显示我们对细节的强烈关注和对每位学生的承诺，又要蕴含密涅瓦核心教育体验的多层意义以及我们对此的深刻理解，还要让人感觉神奇，正如他们即将踏上的旅程那样富有挑战、激动人心。总之，我们希望学生收到这份邀请后产生情感回应，既能感恩这独一无二的机会，又能领会到作为一所前所未有的新机构的创始届成员所肩负的巨大责任。

我们为学生准备了一个"录取盒"——这是一个胡桃木制成的盒子，上面印刻着"好奇心"（curiosity）一词，里面装着iPad Mini及其配件和操作说明。我们希望这个盒子能帮助首批录取学生打消对加入密涅瓦的所有顾虑。同时在该过程中，我们也向学生展示了作为密涅瓦建校根基的核心原则。

在密涅瓦还只是脑海中的愿景、仅仅存在于几张幻灯片中的展示说明时，投资人就常常问我们，要如何为密涅瓦品牌注入其他大学花费数年才能积累的内涵和声誉。只要在机构品牌价值构建方面有一定经验，你就能理解在一个竞争激烈（或者说饱和）的市场中，品牌认知和口碑有多么重要。但对许多人来说，在讨论一所教育机构时用"品牌"一词，似乎仍然是某种禁忌。学界许多人对此的第一反应，是一所院校一旦将注意力放在品牌上，就会不可避免地将机构的财务利益，甚至是商业利益看得比学生或某种高等教育理想更为重要。可是，只要想想哈佛、斯坦福、剑桥这样响当当的名字，以及它们在学生和家长的决策中所占的巨大分量，就会发现这些大学其实就是品牌的象征。事实上，就连"常春藤联盟"也被视为一个品牌：这些精英大学的毕业生一辈子都带着某种光环。可见，学术领域也确实存在着品牌问题。

定义品牌

品牌一词很难定义。通常有一种错误的观念，认为品牌就是企业的名称和标识（比如，梅赛德斯—奔驰及其经典的三叉星标识）。但事实上，品牌是企业一系列受法律保护的资产及其代表理念的集合，这些理念在名称和商标中得以彰显。在现实中，品牌即人们听到机构名称或看到其标识时所产生的综合印象。

拿奔驰为例，其名称和标识会让人对奔驰公司及其产品和服务产生一系列理解，包括其公认的质量、声誉、产品个性、文化含义、历史传统，等等。企业的名称、标识和"商业外观"与上述品牌联想一起构成了奔驰品牌。品牌虽然是无形的，却极具价值：全球品牌咨询机构Interbrand的报告（2016）显示，梅赛德斯—奔驰的品牌价值达435亿美元。

正因为品牌对任何机构而言都非常重要，所以对品牌的定义不应仅仅从名称和标识设计开始。相反，品牌定义应当基于对品牌含义的仔细思考：这个品牌在社会上代表着什么？对其他人来说意味着什么？

高等教育中的品牌价值

根据国际广告代理公司"扬与罗必凯"（Young & Rubicam）的报告（Rainey，2001），品牌实力可以从以下四个方面来定义：与同品类其他企业的差异化定位、与目标受众的关联度、目标受众对品牌的认知度以及他们对品牌的推崇度。在商业领域，跨国企业每年要在品牌价值方面花数十亿美元。从大众广告到产品组合管理，企业将大量资源集中用于构建、巩固或修复其品牌价值。

相比之下，大学常常最多只有一个宣传办公室，专门用于处理公共关系和进行危机管理。因此，学校可能有应对学生抗议的充分预案，但如果要应对品牌方面的威胁，则大多准备不足。同时，由于许多大学在很长时期内逐步而自然地积累了品牌价值，因此并没仔细思考过差异化和关联度的问题，而是仅仅依赖于公众认知和自己所积累的声望。比如，尽管哈佛、耶鲁、普林斯顿的品牌都备受推崇，但人们却很难说清它们的差异。另外，这些大学提供的教育体验已经明显落后于世界的飞速变化。因为这些大学提供的教育并无明显差异，所以人们又开始怀疑大学教育和学生成就之间的关系，而同时大学内又有无数历史沿袭的条条框框，因此，其他机构就有机会进入高等教育市场，并展现出比现有大学更强的品牌意识。

为声望奠定基础

虽然少有大学集中精力打造品牌，但对于在百家争鸣的高等教育领域中刚刚出现的那些新生机构而言，打造品牌则是至关重要的。密涅瓦要吸引的是异常优秀、求知欲强、积极主动而且心怀天下的学子，因此我们就要与世界各地的顶级学府竞争。为了迅速在这一水平的大学中建立卓越的声誉，我们必须突出重围，巩固密涅瓦深度创新、严进严出而又面向全球开放的品牌形象。

在明确品牌策略时，我们意识到，我们需要清晰地表述品牌的本质内容——究竟是什么让密涅瓦的品牌与众不同且富有意义，并将这些内容清晰、一致地传达给内部受众和外部受众。可以说，一个强有力的、包含核心承诺与价值主张的品牌架构，才能够为我们传递机构核心信条和行为规范奠定基础。我们一旦确定了我们是谁、如何运作、如何与世界发生关系，便能让组织的各个部分协同一致，确保我们与学生、家长、顾问、伙伴机构、投资者以及媒体的所有互动都能始终如一地保持高质量。尽管密涅瓦并不是所有学生的完美选择，但对合适的学生来说，却是他们心目中的理想学校。

确定密涅瓦的行业定位

在定义密涅瓦品牌的过程中，我们首先着力于明确这所大学究竟要实现的目标是什么，为什么要实现这个目标，以及要如何实现的问题。同时，我们还深入了解了高等教育的行业面貌（包括顶尖大学如何进行自我展示），以及目标群体（主要是来自世界各地最优秀的学生）的情况。这样，我们才能将品牌策略与机构运营策略直接联系起来。但是，开发一个有效的品牌架构，还需要将这些思考进行清晰的表达。要实现深入浅出的表达，就需要进行大量广泛的讨论、研究和分析。

我们首先围绕开发品牌架构的目标，进行了一系列全员参加的共创环节。参与者集中到一个房间里，房间的墙上贴满了大号便利贴。大家深入讨论了无数话题，既有内部工作的，也有对外沟通的，其中首先讨论的是一些高层次的问题：密涅瓦要解决的关键问题是什么？为什么密涅瓦最适合解决这些问题？为什么别人没有尝试去解决？（或者，如果有，为什么没能成功？）为什么我们的目标受众要关注密涅瓦？随着讨论的深入，问题也越来越具体：如何支持困难学生？我们到底应该尽量吸收更多学生，还是更有针对性地选择？与此同时，问题也越来越概念化：假如密涅瓦是一个人会怎么样？这个人是什么样的？另外，因为确定战略就意味着要牺牲一些可能性，所以我们也努力明确密涅瓦不会做的是什么、不会用来展示自我的方式又是什么。我们的终极目标，是准确、凝练地对外传递密涅瓦的使命、未来愿景、机构价值观和影响品牌呈现方式的各项概念。

理解目标人群

随后，我们着眼于理解密涅瓦想要吸引的学生的特质。我们与不同地区的大学生进行了一系列的深入访谈，调研他们是如何比较不同选项，最终选出理想大学的。我们想要了解的是：学生会考虑哪些重要因素？高等教育中的哪些内容会令他们兴奋？在做决定的过程中哪些环节会让他们畏惧不前？

在访谈阶段结束之后，我们又调研了其他相关人群，尤其是在学生择校决策过程中有较大影响力的父母和升学顾问。此外，我们还查阅了许多顶尖大学的宣传材料，分析其中的语言和意象。这样做能帮助我们更好地判断高等教育学院如何成功地吸引学生，更重要的，是确定在寻找上进而聪慧的学生时，怎样做才能从各类学校中脱颖而出。

阐明使命和承诺

此时，我们手中已掌握了不少材料，于是便开始调整品牌战略架构的各个部分。从根本上讲，我们的使命陈述要能通过对长期目标的精练表达，为机构打出一个响亮的口号。它不仅需要传递出我们在未来希望实现的影响，也要勾勒出日常的行动愿景。它必须开门见山、简练清晰，必须在一句话中高度概括我们所代表的价值。为此，我们考虑了几十个提案，最终一致聚焦在我们共同的承诺上，那就是：密涅瓦的存在，就是要让学生更聪慧，让世界更美好。这一想法被凝练成短短一句话："为世界培育批判性智慧。"

这句简短而有温度的表达，体现了以学生为中心的教育理念，说明了我们不满足于仅仅教授知识的核心信念，也传递了我们要让全世界最聪明的头脑掌握强大的认知能力，从而为全人类创造更美好未来的衷心期盼。尤其重要的，是这一使命并不会让我们的影响囿于密涅瓦自己的学生。使命陈述也承载了我们的希望和信念，那就是其他院校和机构也会使用我们的最佳实践与课程创新成果（或许可以许可其他机构使用我们的课程、教学法和技术平台，或将其作为范例进行自主创新），使批判性智慧让更广泛的人群受益。

上述使命陈述表达了机构宏观和长远的存在意义，但我们同时需要明确自己的核心承诺，即密涅瓦现在的服务对象是谁、向他们做出的具体承诺是什么。经过深

260

思熟虑，我们选择了最聪慧、最积极的学生，因为我们相信这些学生最有潜力成为新一代的领袖，用有意义的创新为全世界带来积极改变。我们的目标是为这样的学生提供相应的教育体验，加速他们的成长，并培养他们掌握所需的技能，从而针对极具挑战的系统性问题，设计出有效的解决方案。于是，在数轮修改之后，我们确定了这样一句简明的承诺：

> 我们要让全世界最杰出的学生发挥出巨大潜力，以应对这个时代最为复杂的挑战。

提炼品牌精髓

在确立了上述这些基本元素的基础上，我们继而将注意力放到提炼品牌的精髓上。从一开始我们就很清楚，密涅瓦的事业是一项无比大胆的创新，但在工作中，我们也愈发意识到，密涅瓦所追求的卓越，也同样非比寻常。我们正在做的工作是如此与众不同、包罗万象，与传统的顶尖大学有着如此大的区别，因此我们将品牌定位于这样一个核心事实：密涅瓦正致力于成就非凡（Achieving Extraordinary）。

我们特意使用"成就"（achieve）的动名词形式并省略定冠词，就是为了表达我们向理想目标持续前进的决心。在密涅瓦，所有人都热切地感受到这股追求极致的强烈驱动力，期待出色的工作能最终转化为无上的成就。实际上，这个短语很快成为我们所有努力的代名词。

261

确立指导原则

渐渐地，"成就非凡"成为机构的工作准则，于是我们也意识到，需要想办法将这句简单口号中的精妙含义表达出来。我们希望明确陈述密涅瓦的立场，以及为机构和品牌做选择时的评判依据，以便为我们的集体行为和决策提供清晰的指导。秉持着这一目标，全体高管参与讨论，共同细化并通过了机构的价值观和理念，确立了我们工作方法的七条指导原则：超越常规、人文关怀、充满信心、深思熟虑、明辨优劣、实事求是和追求卓越（参见附录B）。

这些指导原则囊括了我们要求自己遵守的各个准则，既没有多余的空话，也没有遗漏的想法。随后，我们又挖掘出每条指导原则背后更深层的定义，包括清晰的描述和相关的特质，同时由于每条原则本身也涵盖一定的范围，我们又规定了需要避免的极端做法。比如，不能过分超越常规，否则就成了古怪；不能过分自信，否则就成了自大。

从原则到实践

接下来，每条原则都要转化为相应的实践——机构成员需要遵循的具体行为准则，包括我们要采取的行动、使用的语言、设计的方式等。当我们讨论机构发展方向或做出重大决策时，我们都将指导原则作为权衡不同选项时的通用语言和依据。我们会扪心自问：这些不同选项中，哪一个与我们的指导原则最为一致？类似地，我们还要利用指导原则推动具体的工作。例如，在为迎新周末设计活动时，为了取得非同凡响的效果，我们力求活动安排超越常规——绝不仅仅让学生参观校园，还力求活动充满人文关怀，在细节安排上深思熟虑。同时，这项一年一度的周末迎新活动以"上行"（Ascent）一词命名，不仅体现了追求卓越的原则，更构成了一系列隐喻，指代学生在各城市游学过程中的里程碑事件。

就这样，指导原则成为决策工具，使我们能更有效地从概念延伸出行动。相比之下，大多数大学——尤其是希望保持现状的既得利益者——要吸收新想法是极其缓慢的（更别说可能性极低），而密涅瓦则始终在寻找改进机会。再举一个例子，我们为新生制作入学行前指南时，有意地将其与通常那些印有校园基本信息、服务部门列表和寝室入住信息的指导手册区分开来，我们将其视为一次与学生互动和激励、鼓舞他们的机会。因此，除了实用信息，我们还加入了有关"离开"与"到达"的哲学内容；附上了城市的交互式地图，包括附近的服务以及有趣的景点；我们甚至还编写了如何融入当地文化的建议。关键在于，哪怕是像新生指南这样简单的东西，我们也像进行机构重大决策一样，秉持一贯的高标准。

同样重要的一点，是指导原则帮助我们决定何时说不。例如，在考虑新的合作机会时，我们把指导原则用作判断标准，来评价合作机构是否也一样明辨优劣、超越常规、深思熟虑、实事求是和充满信心，等等。合适的伙伴会帮我们找到合适的学生，反之则会毁掉我们在关键受众中的名声，破坏我们的定位，甚至引发人们对密涅瓦判断学生能力的质疑。

品牌表达

在定义品牌战略架构的同时，我们还开发了对外沟通的视觉和话语体系。"成就非凡"的价值定位，意味着密涅瓦相应地需要一套独一无二而又细腻深刻的视觉和话语体系。视觉和话语体系既要能传递深刻的意义，又要能广泛地满足不同媒体的需求，最重要的，是要能强化我们的品牌特征。

经过无数轮的讨论和改进，我们最终确定了一个意义丰富的品牌标识以及特制的字标。密涅瓦的标识是一个三次扭转、经过艺术化处理的莫比乌斯环，由一位日本书法大师亲笔画成。在这个标识中，数学几何的精确性和毛笔笔触的天然质感交融在一起，象征着东方艺术传统与西方科技创新的融合，体现出两种迥异观点的优雅平衡。而莫比乌斯环中间的空白部分则构成几所常春藤大学校徽里盾牌的形状，也暗示了我们为超越精英高等教育现有模式付出的努力。

263

基于学校标识和字标的设计，我们又开发了一整套标识的配套视觉形象、灵活的配色体系、定制的图标体系，以及丰富的图像和排版设计系统。随后，我们将整套视觉识别系统用于不同的传播载体，小到名片和对外展示幻灯片，大到学校网站。我们从开始这项工作到第一张名片完成印刷，整整花了三年，这足以显示我们对待品牌工作的认真程度。

除了视觉识别系统本身，我们还为品牌补充了独特的"声音"。一旦我们做出要吸引最优秀学生的决定，品牌的话语体系就必须体现出相应的品质，而同时又足以让千禧一代的学生感到亲切。因此，在话语特征上，我们选择使用研究生院在教学中常用的词汇和句子长度，同时利用节奏和其他结构技巧确保行文的易读性。此外，虽然我们的核心受众遍布全球，但是我们的沟通几乎全用英语进行，因为它是密涅瓦所有课程的授课语言。这一做法或许有违直觉，却设置了密涅瓦潜在学生入学的最低门槛，避免了不合适的学生进入招生候选。总之，我们有意地使用了会给读者造成一些挑战的语言，这也显示了密涅瓦学术课程的严谨性以及全球文化沉浸式教育对学生的要求。

结语

尽管我们在短时间内完成了很多工作，建立了密涅瓦这样一所极具吸引力而又有别于传统精英大学的学校，我们仍然有大量未完成的工作。至今为止，我们已经录取了四届大一新生，并迎来了两届小规模的硕士生班，机构规模是创校之初的十倍还多，而且在全球各个主要地区都有员工。这样迅速的发展是极其必要的，但同时也给品牌管理工作带来了额外的挑战。

我们如何确保新加入的教职员工能与创始团队一样一丝不苟地关注细节？我们如何持续贯彻指导原则，并在整个机构内运用和保持我们的视觉和话语特征？我们如何应对新的项目，将品牌向各类教育项目中拓展？

在上述问题之外，我们还在持续地吸收学生和教职员工的想法，不断回应新信息和新机遇，致力于提升密涅瓦的品牌知晓度、关联度和认可度。重要的是，我们努力地在一致性与灵活度、速度与质量以及远见与现实之间，建立并保持平衡。随着机构的不断发展，我们也在继续学着去理解和吸纳指导原则中蕴含的启示。如果我们真要持续做到"成就非凡"，就要在未来的数十年甚至数百年间不懈地努力。

264

19. 全球推广：传递新愿景

罗凯（Kenn Ross）、罗宾·B.戈德堡（Robin B. Goldberg）

要想让别人认知和欣赏与众不同的新事物，就需要将推广和沟通结合起来，形成合力。对密涅瓦来说更是如此，因为我们既要广泛地构建关键利益相关方的认知，又要有针对性地让符合密涅瓦招生标准的学生参与。密涅瓦的推广工作有明确的目标和审慎的思路，因而自然在许多方面与传统顶尖大学的做法不同。

为了寻找和触及符合条件的学生，密涅瓦的推广思路必须独辟蹊径。这背后有这样几个原因。

首先，我们试图在全世界范围内寻找最出色和最上进的学生，因此就要用明智的方式在杰出的学生群体中构建对密涅瓦项目的认知，使他们更愿意深入了解密涅瓦，并在确定自己适合这所学校时提交申请。其次，我们相信传统大学那些既昂贵又低效的招生方式，在一些方面无法满足我们的需求。密涅瓦摒弃了直邮繁复的招生手册的方式，而是通过公共关系渠道、本地化直接推广以及与志同道合的机构建立合作来进行宣传。密涅瓦致力于提供学生负担得起的大学教育，因此我们在推广时也要注意使用比传统方法更具性价比的推广渠道。我们努力用我们以及学生们最少的钱，来实现最大的推广成效。再次，我们传递的信息也要与众不同：必须充满智慧、令人信服且兼容并包。密涅瓦寻找的是聪慧的学子，因此对学生在申请前想要了解项目各方面的迫切渴求，我们必须尊重。在此之后，我们还要确保推广工作中所做的一切承诺，都能在学生到密涅瓦求学的四年中一一兑现。

围绕上述要求，我们自招生开始至今的推广成果本身就极具说服力：最开始的三年中，一共有来自全球近180个国家的5万名年轻学子提交了密涅瓦大学的入学申请，其中超过四分之三并非来自美国。

我们的战略：着力推广，拒绝招募

密涅瓦的推广工作面临着一些独有的挑战。一方面，我们没有招生限额，也没有必须基于个人背景、国籍、运动能力或其他任何特点录取特定数量学生的目标。也就是说，密涅瓦能够，而且的确会录取所有合格的申请者，无论他们来自哪个国家或地区。但另一方面，我们的录取标准很高，这意味着尽管密涅瓦未来的学生可能遍布各处，但要找到他们却需要相当多的思考和努力。我们之所以保持如此高的录取标准，是因为我们要确保每个被录取的学生都能在密涅瓦茁壮成长并有所成就。密涅瓦的项目非常特别，它并不一定适合所有人。

每一百位申请者中，平均只有两位能够达到这个严苛的录取标准。那么我们怎样才能找到这些符合标准的未来学生？要用什么方式与之分享我们与众不同的考虑？如何与潜在学生深入探讨密涅瓦教育的价值，而且是用多门不同的语言？

着力推广

我们将推广定义为：（1）任何致力于构建关键受众群体（学生、家长、教师、教育家、升学顾问、相关意见领袖等）对密涅瓦（愿景和模式的）认知的行动；（2）找到那些优秀而有上进心，同时可能对密涅瓦感兴趣的学生。这两个目标相互关联，因为经验告诉我们，有效的传播有助于我们找到合适的候选申请者。

媒体报道已被证明是建立人们对密涅瓦的认知、巩固其对项目的基本理解的可行方法。在全国和国际媒体上围绕密涅瓦的机构和项目发布深度报道，能让读者对传播内容产生更多信任。当某个地区的人对密涅瓦有了更多的认知和理解后，要接触该地区的其他关键利益相关方就会更容易。密涅瓦这种颠覆式的新模式并没有被看作威胁，而被视为一股为世界带来积极改变的力量。越多的人了解密涅瓦，吸引到全世界最具竞争力的学生就会越容易。

我们发现，并不需要把自己强硬地推销给学生。相反，我们只需要展现出密涅瓦真实的教育模式，最好能和学生们深入地讨论21世纪大学教育的意义和理念。那些对密涅瓦感兴趣，并且适合这一模式的学生，自然会主动寻求机会进一步了解。密涅瓦最看重的学生特质之一就是上进心或驱动力，因此上述安排就是一种筛选合适学生的好办法。同样，与其强势招募，不如确保未来学生打心眼儿里对项目感兴趣，并且是由于这份浓厚的兴趣而决定申请。当然，我们仍然需要将信息传达给世界各地的学生，并找到最有效的渠道和方式来传递这些信息。

拒绝招募

许多大学把注意力集中在招满一定数量的学生上，但哪怕是这样一个明确了上限的预期目标，很多学校也无法完成。通过我们自己的全球行业网络，我们亲眼看到了这些机构的运作方式：招生办负责人、招生官以及代表学校的第三方中介机构，每次都会花费数周的时间，拜访每一所学校、参加每一次大学招生展，与每一位同他们搭话的人交流。很多时候，大学的关注点在数量而非质量。我们听到同行描述当年度的招生计划，他们的需求是确保能找到在新一年入学的足够多的学生。确保一所大学提供的新生床位能百分之百被用上，显然会给招生工作带来真实的压力。有些学校的招生人员甚至承认，他们的工作就是"凑齐"新一届学生——为校橄榄球队找到下一个合适的四分卫，选出下一位来自巴西的学生，等等。

经常会有学生、家长、升学顾问和老师问我们，密涅瓦打算为下一届招多少学生，或者打算从某个国家招多少学生。我们事先也没有答案。因为我们并不根据国籍、家庭背景、种族、财务状况或类似指标来限制生源构成，也因为我们的录取门槛严苛地定义了绝对标准而非相对标准，所以我们在每年所有招生工作结束之前，并不知道这一年会录取多少学生。这一点也反映在我们的推广方式上。我们有意地在全球配置员工和资源，对世界各地的学生群体和相关人群给予同等重视。我们并不会优先从某些地区选择学生。无论学生住在哪里、家庭背景如何，我们都和他们进行同样的交流。

为什么密涅瓦采用的方式是推广而非招募？因为这样我们才能找到对项目真正感兴趣的学生。我们花了相当多的时间来提升关键受众人群对密涅瓦的认知，在每次沟通中深入讲解，然后与真正表现出兴趣的优秀学生进行充分深入的交流。我们将时间和精力放在最有驱动力的未来学生身上，确保他们在申请密涅瓦时，已经深入地了解并认可了我们的独特价值。

我们的策略：传播的有效方法

我们想出了许多办法让公众了解和认识密涅瓦，包括进行媒体和公关传播、针对目标群体的沟通以及点对点的互动。下文总结了我们在提升密涅瓦公众认知度，或直接接触潜在学生及其升学的主要影响者时，所使用的不同沟通渠道。

媒体和公共关系

大多数大学只在出现争议或丑闻时，才会被媒体曝光；然而，密涅瓦从五年前第一次宣布要创建一种更好的大学教育起，就获得了许多媒体的关注。密涅瓦的模式是如此与众不同、推陈出新，以至于全球的记者都有兴趣报道我们的课程、教师、云端教学平台和学生本身。如今，密涅瓦的媒体曝光量超过百亿，并出现在许多著名的报刊、网站、电视、广播等媒体平台上，如《纽约时报》《大西洋月刊》、半岛电视台、《观察周刊》（巴西）、《时代周报》（德国）以及韩国广播公司等。很多时候，记者本身也毕业于世界各地的传统精英大学，能根据自己的大学学习体验和毕业后的经历，迅速理解密涅瓦模式的核心价值。和其他许多人一样，这些记者能迅速意识到，大学课程必须教给学生可迁移的能力，使他们能够在不同的社会背景和职业环境中获得成功，并持续地学习和适应新环境。简单在网上搜索密涅瓦，就会找到大量的媒体报道，其中大部分给出了非常正面的评价。幸运的是，这些报道中的大部分内容都是准确的，虽然有时候在细节上不一定完整，这也是因为密涅瓦本身的概念比较复杂，要精练地说清楚并不容易。

一些持怀疑态度的记者有时会对密涅瓦的做法提出质疑，这是任何全新的甚至可能是颠覆性的事物出现时，都可能面临的状况。对此，我们尽一切努力来直言不讳地回答每一个问题，并让他们了解密涅瓦各方面的关键内容。值得注意的是，有些一开始极度质疑的记者，最后却发表了盛赞密涅瓦的文章。但是也应当意识到，媒体评论是不可控的：如果我们邀请记者讲述密涅瓦的故事，有少数记者写出的文章并不能精准地展现机构情况。媒体报道必有权衡取舍，不过我们已经发现，准确的报道要远远多于不准确的报道，因此媒体评价整体上能帮助我们更好地讲述密涅瓦的故事。

从第一年开始，最具说服力的故事往往来自我们自己的学生。许多学生对自己在密涅瓦的学习内容和方式感到心满意足，于是主动分享了各自的体验。就这样，来自世界各地、拥有不同高中教育背景的学生，用不同语言讲述着自己的故事。这些故事汇聚和代表了学生们一致而明确的想法：这样一个大学体系不仅值得自己体验，也值得与他人分享。

媒体公关方面的另一个有效做法，是尽早开启对话，并尽可能开放地分享信息。密涅瓦从一开始就不遗余力地为此而努力。我们甚至在愿景和模式尚未完全成形，也远远还没有学生的时候，就开始分享愿景和模式中的细节信息。这个做法很早就激发了社会对"我们在做什么"的深刻讨论，也打开了从不同相关方收集反馈的宝贵渠道。此外，我们还在全球持续搭建社交媒体渠道，从而保持持续的对话。就连这本书本身，也是我们致力于提升透明度的例证。我们相信，这种做法对于实现我们的使命和为其他机构提供一种参照模式而言，都至关重要。

复杂的解释工作

记者在对密涅瓦进行报道时，使用的是从采访和调查中获得的信息，再根据自己的背景知识和想法写成报道——在此过程中，话语权掌握在媒体自己手中。相比之下，我们的网站、展示材料和宣传内容则让我们有机会传达我们认为适合传播的信息。因为我们探索的模式复杂，在多方面致力于创新，所以要把密涅瓦各个独特方面都传播出去就尤为困难，但是，只要受众给予了足够的时间和兴趣，我们就能解释清楚密涅瓦模式究竟有何与众不同之处，以及为什么这些另辟蹊径的做法如此重要。

要想简练地说明项目各方面精深而丰富的内容，以及背后同样博大精深的设计思路，更是难上加难。我们发现，学生对项目了解得越多，就越感兴趣，因此我们小心翼翼地组织信息，随着每一次沟通的深入逐步传递更加细致的内容。此外，我们也努力设想他们会问的问题，并在合适的时机予以回答。

有些人可能会认为，为了传达如此多的信息，且使内容更易读，我们的书面传播内容会使用简单的语言和大量的项目符号。但恰恰相反，我们的书面材料保持着复杂的句法结构、高级的词汇和严肃而充满智慧的语气。虽然我们考虑过这有可能让一些潜在学生（和其他读者）感到我们难以接近，但我们还是决定不妥协，并用这种"高姿态"与对我们而言最重要的读者（即最合适的学生）对话。我们发现，全世界最优秀的学生并不会因为复杂的语言而止步。相反，他们会发现这种异于普通大学的宣传方式其实更加振奋人心。

上述沟通思路的形成也经历了数次迭代。起初，我们传递的信息更注重学校特色和项目特征，因为首要任务就是解释清楚我们在做什么。比如，我们网站的最初版本中就充斥着对课程、教学法、教授团队和学生生活的描述。但我们很快意识到，仅仅对信息进行描述，并无法让我们有力地表达密涅瓦和其他大学的关键差异。此外，这种描述性语言和其他大学宣传材料的说明非常类似。因此，只有添加更多的信息，才能真正说明密涅瓦究竟如何培养学生成为出色的批判性思考者、创新者、领导者、协作者、沟通者和全球公民。我们还在与受众一对一的沟通中发现，如果我们在讲述所作所为的同时，还能解释为什么这么做，他们的反应就会积极得多。这一发现为下一轮的书面传播奠定了基础：在解释密涅瓦的每一个与众不同之处时，我们还会解释这么做的原理。增加第二层信息使我们能更主动地解答许多学生对密涅瓦运作的疑问。

再接下来，我们开始形成引人入胜、令人信服的叙述，旨在吸引合适的学生，并帮助他们确定密涅瓦是否适合自己。我们在与密涅瓦现有学生的交谈中发现了一个特别重要的概念，那就是接受新挑战的兴奋感。这种挑战，既指密涅瓦的学习方式和课堂环境都是全新的，又指密涅瓦的全球游学体验和学生本身多元甚至相互对立的视角所带来的新挑战。密涅瓦申请过程本身也基于一系列独特的、旨在测验学生多维度思考能力的挑战。于是，我们将挑战的概念融入传播内容，使传递的信息又丰富了一层，以便学生能更好地对密涅瓦学习的高要求做好心理准备。

总之，我们希望学生既了解项目本身，也理解其背后的理念，从而明白决定加入密涅瓦的决定有多么重要。我们希望学生，尤其是那些极度聪慧、志向远大而又坚韧不拔的年轻人，能认识密涅瓦并迅速意识到这将是他们未来四年所能经历的最大改变。和世界上的任何一所大学都不同，密涅瓦将带给他们的，是一段既充满挑战，又激发智能的体验。

因地制宜

在密涅瓦的对外推广工作中，有一个其他大学很少采用的做法，就是在世界各地安排常驻员工，专门致力于分享密涅瓦的信息。以密涅瓦目前的规模来看，有适当比例的非学术团队参与到推广活动中，这种做法或许是前所未有的。许多比密涅瓦历史悠久得多、规模也大得多的传统大学，也没有在学校所在地之外分派任何员工。不管是巧合还是有意为之，这种做法背后的原因是：这些大学主要服务于本国学生。而密涅瓦从成立之初就致力于培养全世界的优秀学生，而没有任何地域限制，因此我们推广团队的组成也自然和其他大学不同。

从表面上看，密涅瓦聚焦于在全世界相关的社群里进行本地化参与，这似乎没什么特别之处，但实际上，这些本地推广员工并不像他们在其他大部分美国大学里的同行一样常驻在某个总部。通过雇佣对自己国家、地区和文化了然于胸的当地员工，我们才能确保与每个地区建立和保持深厚的联结。此外，也正是由于有了这些熟谙当地状况的员工，我们才能对全世界的多元文化和社群有了更敏锐的感知和尊重。我们不仅仅是"闯入某地"去做一场巡回招募活动，相反，我们持续地与当地社会建立长远的联系。就这样，通过当地的学校、升学顾问、合作伙伴、政府和学生未来的雇主，我们得以了解当地人、结识当地机构。

密涅瓦推广模式中的另一个重要元素，是有意识地将推广工作和录取工作进行拆分。也就是说，我们的全球推广团队员工并不担任招生官员，也不会在招生录取过程中进行任何正式的参与。这种做法带来了直接和根本的好处，特别是杜绝了招生录取过程中可能产生的偏见。在传统模式中，大学招生官要走遍世界各地，每年或每隔一年就要去拜访某个当地社区。这种做法是有问题的：招生官们不仅被视为外来人士，也更有可能受申请者给人的"第一感觉"影响，而且他们还需要完成工作指标，甚至有可能因此徇私舞弊。这种客观性的丧失，是导致所谓择优录取的机制充斥着偏见的原因之一。

而在密涅瓦，招生官们完全依据可证实、可量化的信息来评价每位申请者，推广专员们则集中精力让更多人了解学校。我们相信，这种层次的细化分工，不仅仅是为了防范一些错误做法，也是为了推广和招生工作能够分别得以专业地开展。

与志同道合者合作

为了发现能够在密涅瓦取得成功的学生，我们寻找的合作机构都与才华横溢、成绩斐然的学生保持着联系；这些机构也同样相信，无论种族、国籍或经济状况如何，最顶尖的学生都应当获得通往成功道路的机会。在寻找潜在的合作伙伴时，我们致力于确保双方价值观与目标的契合，以及从合作中获得各自明确的利益。在合作开始时，双方就要在合作内容上达成一致。通常来说，我们与合作伙伴的学生群体通过电子邮件、社交媒体、网站和活动等渠道进行沟通。作为回报，密涅瓦可能

会以该机构的名义对其有需要的学生提供奖学金。此类合作机构的代表包括全美演讲与辩论联盟、世界青年联盟、巴西Estudar基金、乌干达数学学会等。

这些合作关系不仅帮助密涅瓦增加了新的推广渠道，也激发了更多学生的兴

趣，更隐含了合作伙伴对密涅瓦的背书——让学生知道密涅瓦是自己所在机构推荐的优先选择。当合作伙伴代表密涅瓦发送信息时，学生会因为消息来自可信的渠道而感到安心。而且，学生在考虑申请哪所大学时，常常会把这些机构视为权威的信息来源。

这些合作让我们接触到大量学生，这虽然很容易让人振奋，但也要求我们必须选对合作伙伴。合作伙伴能为密涅瓦带来信任，但也可能适得其反：如果我们与目标不清晰、行事不真诚的机构合作，则可能让人质疑密涅瓦本身的诚信和声誉。因此，密涅瓦对潜在合作伙伴的选择非常严格，这样才能确保每个伙伴都在机构使命、品牌定位和指导原则（参见第18章）上和密涅瓦保持一致。

单一的全球化模式并不适合所有人

与此同时，我们也意识到，在不同地区适当调整与不同学生互动的方法是有好处的，有时甚至是必要的。因此，虽然我们在全世界传递的信息相同，但在各地优先使用的渠道和模式却不尽相同。

密涅瓦在当地的推广团队会决定什么样的活动最能提升该地区或国家对密涅瓦的了解，其中可能包括不同形式的传统媒体报道、社交媒体传播、合作、电子邮件推广和本地化活动等。这些活动的配置方案则取决于不同的受众期待和行为，以及当地的文化和政治环境。比如，在北美大部分地区，人们更尊崇传统媒体，将其视为获取可靠信息的重要渠道，而在中东许多地方，传统媒体则备受质疑。基于这样的差别，我们会用截然不同的办法来使用有限的资源，比如在美国更依赖媒体报道，而在其他国家则更依赖其他推广策略。

举一个更具体的例子，密涅瓦在中国的推广工作不仅和其他国家不同，而且在中国的不同地区之间也有所差别。虽然社交媒体和传统媒体都是与中国学生沟通的重要渠道，但不同的互联网生态以及用中文进行传播的期待，使我们必须实施特定的推广战略。此外，中国许多高中不允许大学到访，这些高中既没有接待大学访问的基础，也没有相应的文化和传统。因此，在这样的环境中，我们就要运用特定的社交媒体平台、直接的邮件沟通和媒体报道，向学生及其家长传递定制的、翻译后的信息。

密涅瓦在推广方法上的周到考虑不断获得中国学生家长的积极回应。几年前，我们发现密涅瓦是唯一一个用中文（而非英语）在微信上与感兴趣的受众进行常态化沟通的美国大学。虽然其他大学也会运营微信账号，而且似乎是由常驻海外的员工来运营，但没有一家是用中文来进行内容发布的。甚至有读者询问，该账号是否真的是密涅瓦的官方账号，因为"没想到一所美国大学可以如此本土化"。当他们知道事实时，都是又惊又喜。

推广不仅限于学生

密涅瓦的推广工作不仅限于未来的学生，也覆盖了对学生的大学选择有直接影响的人群，包括学校管理者、升学顾问、家长以及关乎学生能否成功的更广泛群体。不管是当地政府部门，还是未来的雇主和其他教育创新者，我们在各个地区构建伙伴关系、积累支持资源，这些工作已见成效。我们不仅帮助在校学生获得在全球顶尖组织中实习的机会，还成功地设立了不同的游学场所，包括安排学生在当地的住宿、构建技术基础设施、提供支持服务和寻找活动合作伙伴等，而这一切完成得快速而顺畅。我们现在了解到，不同行业的顶尖企业雇主都很乐于了解密涅瓦这样的大学项目，因为我们周到而用心地填补了学校和职场间的技能鸿沟。这些机构的同事常常兴奋而热情地鼓励学生——包括他们自己的孩子和亲戚——来报考密涅瓦。通过与学生之外的群体互动，我们构建了卓有成效的伙伴关系，让人们更加了解和青睐密涅瓦对高等教育模式所做的创新。

结语

密涅瓦提供的是一种独一无二的教育，因此我们的推广和沟通方法也自然与众不同。无论是注重在不同社群中构建深度接触的互动关系、运用独特的信息和渠道策略，还是致力于与更广泛的受众进行交流，密涅瓦成功地在较短的时间内，运用有限的资源获得了全世界范围内的认可和关注。这些推广工作还会继续。随着密涅瓦本身的持续发展和不断创新，我们也会继续更深入地思考如何让推广工作变得更有效、更全球化，同时也更本地化，以便让世界各地的更多人群理解和支持我们的工作，为世界培养出更多卓尔不群的学子。

20. 21世纪的录取流程

尼金·侯玛法（Neagheen Homaifar）、本·纳尔逊（Ben Nelson）、斯蒂芬·M. 科斯林（Stephen M. Kosslyn）

众所周知，在全球市场化、气候变化、移民以及系统互联的浪潮中，再无任何群体可以隔绝于世。密涅瓦的核心使命之一，就是致力于培养"批判性智慧"，让学生有效应对全球挑战。因此，选择录取哪些学生是一项重大责任。我们既因这份责任而心生敬畏和谦卑，也因此更加明确自己的使命。和密涅瓦其他基础工作一样，我们根据第一性原理设计学生的筛选流程。在本章中，我们将回顾这些原则，并说明我们如何在其基础上制定全新的录取流程。

第一性原理：目标和限制

首先，我们要确定希望学生毕业后做什么。我们整个录取流程的出发点，是我们设想的能够基于密涅瓦的成功标准茁壮成长的那类学生。我们的目标是：让学生成长为领导者，知道如何与他人合作，了解并能够进行创新，能进行广泛的、适应性的思考，具备全球化视角。我们回顾了相关的实证研究文献，识别出学生要想实现上述目标所应当具备的特质。相应地，录取流程在很大程度上就是根据这些目标和相应文献而形成的。

其次，我们意识到，21世纪社会所面临的问题是如此庞大而复杂，以至于任何一个人都无法单独解决。更准确地说，人类现在所面对的各个重大问题，多数都将由团队来解决——团队中的成员将贡献各自不同的力量。我们的学生，要能够开放地与和自己截然不同的人协作，这样才能让团队合作的整体功效大于各部分之和。但更重要的是，我们希望选出在至少一门课中有突出表现的学生，然后让他们学会与具备不同方面优势的同学进行有效的合作。

因此，学生的多样性在密涅瓦的招生录取流程中十分关键——但这并非我们通常所说的多样性。顾名思义，全球重大问题的原因和解决方案自然也是全球性的，因此一个声称要助力解决这些问题的教育机构，最好不要限制学生来自哪个地区。而且，地域上的多样性固然重要，学生社会经济地位、个人兴趣和能力的多样性也同样重要。此外，世界上许多问题的最有效的解决方式是把有不同经历和视角的人们联合起来。未来的世界领导者如果没有接触过多样化的观点、生活体验和文化，就会处于严重的劣势。

所幸人才广泛地分布在不同的地区、社会经济阶层、性别、种族和个人信仰的群体中。我们相信，作为一所大学，密涅瓦有责任利用最好的系统性框架寻找人才，并给他们提供就读的机会。

大多数顶尖大学在录取过程中都会基于生源配额确保学生的多样性，比如筛选出来自尽可能多国家的学生。但是，此类做法可能带来负面效应，比如对不同学生采用不同录取标准，这就会对整体教育质量产生负面影响。

有些人提出，如果取消对不同类型的学生使用不同的录取标准的做法，则有可能在录取过程中将更多国家和高潜力学生排除在外，而非吸收进来。

这种说法非常正确——如果大学用传统方法遴选和录取学生，就会造成这样的困境。

这就是为什么密涅瓦必须重新设计传统录取流程的原因。我们需要在全世界范围内找出符合我们标准的学生，但对于以能力为唯一评判标准的录取原则，我们不会妥协。

从头设计录取流程

在录取流程和程序上，密涅瓦并不是为了改变而改变。我们首先分析了目前的情况，并且只有在发现问题后才考虑可能的改变方案。而我们在仔细考察了现有的大学录取流程后才发现，我们想要调整和摒弃的内容比要保留的内容更多。

传统录取流程的问题

经过考察，我们发现传统录取流程中亟待改善的有以下几个方面：

- 申请文书。普通申请文书收集的信息对遴选工作并无帮助，无法确保申请人的努力得以体现，还可能使那些有能力购买考试指导或备考服务的学生获得很大优势。学生的家庭资源显然在他们撰写文书时起到了作用，而那些请不起顾问，甚至无处获得建议的学生就更处于劣势。如果申请者是家中第一代大学生，其父母通常并不熟悉美国大学的招生录取流程，无法提供帮助，他们的情况就更加糟糕。

- 推荐信。与文书的情况类似，推荐信往往更难比较和辨别。大多数情况下，最好的推荐信往往来自私立学校的升学顾问，而私立学校中升学顾问对学生的比率极低，相比之下，大部分美国公立学校的升学顾问对学生的比例则高达1∶500（美国教育部，2015）。在这些非精英校，升学顾问们并没有时间去一一了解自己要管的500个学生，这样的了解程度也不足以让他写出一篇打动人的推荐信。而且，大部分国际学生甚至根本没有升学顾问，于是校长或某位老师就代为完成推荐表格的填写，但不管是校长还是某位老师，都不确定是否能对该学生整体情况做出准确评价。

- 校外活动。同样地，我们发现，对于学生课外活动的问题，传统录取流程往往仅限于询问学生所担任的正式职位和花费时长，通常很少涉及学生实际完成的工作。更重要的是，我们注意到，并非所有学生都有同样的接触各种校外活动的机会，而且也没有把与众不同的活动与常见的活动相比较的系统性方法。

- 申请费用。美国大学的申请费用平均为70美元，国际学生要支付的甚至可能更多。想要申请精英学校的学生往往会申请多所学校以对冲风险，因为被单独一所学校录取的概率很低，标准也常常模糊不清。因此，学生为了收到一所学校的录取通知，可能最高要花费1500美元（Kaminer，2014）。无法支付这些费用的学生要么需要克服重重障碍以争取免费的机会（如果有的话），要么干脆就不申请，因为前期投入不一定就能获得回报。而国际学生已经意识到他们进入美国大学的概率更低，所以常常根本不去尝试。还有些学生心里明白，哪怕自己被录取了也负担不起上学的费用。

- 标准化测试。标准化入学考试（例如SAT和ACT）是传统大学招生系统的基石。然而我们发现，如果家长让学生去参加1000美元的备考课程或雇一个家庭教师，学生的成绩通常就能提高好几百分。因此，相比智力水平，申请者的考试成绩与家庭收入的相关度更高，这也不足为怪（Rampell，2009）。

280

- **"开后门"**。一些人已经在大学入学上占得先机，而那些竞争激烈的大学甚至还继续为某些学生创造有利条件。其中，受益最大的两类人是传承生（legacy admits）和体育生（college athletes）。在精英大学中，兄弟姐妹、父母、祖父母或其他亲戚曾在该校就读的传承生占学生总数的近五分之一。更糟糕的是，家境尤为优渥的传承生的录取率比普通学生要高出很多。举个例子，有一位曾经在录取率不到10%的精英大学从事筹款和大学发展工作的人告诉我们，定期向学校捐赠的家庭，其子女的录取率比所有学生的平均水平高出10倍！

  申报体育生是进入大学的另一条门路。提到美国大学的体育生，人们通常会想到橄榄球和篮球运动员，但精英大学拥有的运动队远不止这些。举例来说，哈佛大学拥有42个不同体育项目的校运动队，招募的体育生占学生总数的20%（哈佛大学，2016）。这些运动队覆盖的体育项目包括划艇、击剑、高尔夫、帆船、滑雪和水球等，其成员大部分来自富裕家庭的学生。

- **输送学校**。大学显然对来自某些高中的学生给予了大量优待。输送学校（feeder school）的现象众所周知，高门槛的精英高中自然能为学生进入高门槛的精英大学做出好得多的准备。但同时，常春藤学校又经常抱怨招生限额太低，符合条件的报考学生要远超他们能录取的人数。根据这个说法，应当很容易扩大录取高中的范围，而不是像现在这样集中在富裕群体。

281　　简而言之，我们发现财富带来了太多优势，这种录取机制忽略了太多富有才华的学生，而传统大学的申请命题也太难反映申请者的潜力。大学要想真正构建一个完全高质量且真正多元化的学生群体，就必须明确并精心设计一套相应的招生流程。

　　必须注意的一点是，我们不能忽视财富带来的一些优势，也不应当给拥有这些优势的学生贴上负面的标签。家庭稳定、父母曾接受过精英教育、相信专注学习和厚积薄发的价值的学生，常常成长于一个崇尚努力和成就的价值体系。这些价值会让孩子们受益，也会给整个社会带来好处。但是，考虑到财富自带的优势，我们就更需要中和上述机制本身所导致的系统性优待。

　　在密涅瓦取得成功的学生兼具好奇心、智慧和热情；他们既谦逊，又开放；既具有文化意识，又极其勤勉，并且坚信自己能将才能用于改善全球状况。在招生过程中找出这样的学生，就是我们的责任。

另一种遴选

根据密涅瓦的使命和机构设计，以及我们要求学生必须拥有的品质（好奇心、智慧等），我们的招生遴选过程必须非常严格。尽管如此，我们仍尽可能地减少入学障碍，尤其是财力的限制。为此，我们进行了重要的创新，以解决上文提到的问题。

零申请费

我们意识到，人才遍布世界各地，可对许多地区的申请者而言，70美元的申请费可能就是一个很高的门槛，因此我们不收取申请费。

无限额，无倾斜

密涅瓦减少传统弱势群体在大学申请中面临的障碍的重要措施之一，是取消录取人数上限，并不设任何种类的配额。比如，我们并不限定最多录取多少名亚洲学生、女性学生、非体育生、同校毕业的学生或低收入学生。因此，我们不需要因为二选一的踌躇而陷入激烈争论。如果两名申请者都符合条件，我们就同时录取。密涅瓦的申请者要和自己的潜力竞争，而非与其他学生竞争。如果申请者有足够的智慧和好奇心来应对我们的课程，有足够的决心和毅力来学习自己并不感兴趣的高难度学科，有足够的主动性来对所在群体做出贡献，以及有足够的成熟度来应对多元的文化环境和频繁的旅行，那么就能获得密涅瓦的入学席位。我们的遴选并不基于国籍、性别、专业领域或社会经济地位，事实上，我们只有在做出了所有录取决定之后，才会知道未来学生群体的特征。

哪怕是发现某类学生的占比非常低，我们也不会改变招生标准去录取这类学生。首先，我们会花更多时间和精力以确保精准解读申请者的信息（比如，确切理解在肯尼亚获得某个奖项的意义，又比如，由于新加坡学校打分过于严厉，所以相较成绩单，我们会寻找更好的指标来评估该国学生的学术表现）。其次，我们还会尽可能为申请者提供最好的指导。最后，也是最具战略意义的一步，我们会在相应的人群中投入更多精力进行推广。比如，密涅瓦创始届学生中没有人来自东欧或印度，而这两个地区没有任何学生加入密涅瓦是不合理的，尤其在这些地区有大量学生去美国求学的情况下。因此，我们增加了这些地区的推广活动，并成功地在此后各届迎来了这些地区的学生。

我们没有针对国籍、社会经济地位或性别的配额，同样也拒绝传统大学为传承生、体育生或其他相关人群提供的类似优惠待遇。这样的申请者在我们的系统中不会处于任何相对劣势，但我们也不会为其倾斜录取标准，同样我们也不会为传统意义上的弱势学生更改标准。

由于密涅瓦设计了独特的教学方法和分散式的住宿模式，所以有能力录取所有符合条件的申请者。密涅瓦没有教室，因此也没有固定的座位数，更没有限定锁柜数量的健身房等。相反，我们录取所有符合条件的学生，然后再根据需要招募更多教师、寻找额外的学生宿舍。

录取流程

既然密涅瓦不看学生的SAT成绩、推荐信或申请文书的质量，那又拿什么来决定申请者是否达标呢？实际上，密涅瓦有一套全面的录取流程：我们要考虑诸多因素，既包括学生的认知能力，也包括非认知能力，而所有指标的整体情况才决定了录取结果。

正如此前所说，我们设计的录取流程旨在评价能使学生在密涅瓦就读以及毕业后具备成功潜力的一些具体特征（这里的成功，指以我们四个整体教学目标为背景所取得的成就，如前文所述）。具体来说，我们用三组主要指标来审定申请者的水平：个人成就、学术表现以及在一系列不同评估中的表现。

个人成就和社会影响力

我们要求学生有很强的主动性。密涅瓦的根本目标之一，就是培养出会主动改善其所处世界的毕业生。没有这项素质的学生就无法在密涅瓦取得成功。在密涅瓦，我们的课程要求学生在课前做的准备工作远远超过传统大学，在这种情况下，主动性差的学生就很难成功。此外，每年都有许多学生成立的组织要从零开始（因为高年级学生和新生并不在同一个城市），而学生自己创建的课外活动，最终要对同伴们负责。

学生在全球轮转游学的过程中，也要对所处的城市担负责任。积极改变这些城市的当地社区，更是真正的游学旅居体验的一部分（比如，在流浪者密集的旧金山，学生组织了一项活动，争取让城市开设更多的公共厕所）。如果学生更喜欢经过完全测试与验证的体验，喜欢事先安排好的、随时可用的活动内容，那么恐怕并不能在密涅瓦这样的环境中愉快地坚持下去。

因此，在录取过程中，我们有责任找出那些不仅有潜力在毕业后对世界产生影响，而且在密涅瓦的环境中不会被湮没，反而能茁壮成长的学生。为此，我们要求申请者叙述自己在学业之外的成就，包括那些他们引以为豪的、非强制性的、出于本人意志所完成的事情。我们希望知道申请者曾经做过什么决定，以及是如何充分利用时间的。这些信息能帮助我们发现那些曾经克服困难、坚持不懈，对超越个体利益的行动、事业和话题表现出热忱的申请者。我们想找的学生，在解决自己所处社会的一些问题上，要已经有所行动。

很多申请密涅瓦的学生在没有资源的情况下，仅仅凭借意志力和驱动力，就已经做出了不可思议的成绩，应对了重大的挑战。相反，另外有不少申请者即使有光鲜的头衔或者看上去不俗的履历，也没有被录取，因为当我们仔细阅读其陈述时，发现他们并没有真正为实现目标做出太多贡献。他们要么拿别人的努力来邀功，要么并没有为实现改变而付出多少努力。这并不是我们想要的学生。

由于超过70%的申请者来自美国以外的教育系统，上述录取因素给密涅瓦带来了一个有意思的挑战：要想让来自全球的学生都能阐明自己的成就，就要首先定义什么是成就，而这一概念在世界各地的理解很不一样。成就并非仅仅指在学校里获得学生领袖的职位，也不仅指在科学奥林匹克竞赛中获奖，还可以指在社区中提出了某项倡议，在保持成绩优秀的同时完成了大量其他工作，或者是克服了个人的困难。同时，由于文化差异，学生也会用截然不同的方式展示或描述自己。在美国，大部分学生能更容易地说出自己曾扮演的主要角色及其影响，相比之下，拉丁美洲或欧洲的学生由于未接受过这方面训练，或不希望显得那么自吹自擂，因而较难说出自己经历中的一些重要内容。为此，我们常常要主动同申请者接触，辅导他们如何成为自己的最佳代言人。

在辅导过程中，我们首先会告诉申请者，我们要考察来自超过160个国家的申请。因此，理解他们各自成就的重要性、理解他们在各自社会环境中付出的努力，就变得至关重要。比如，在第一年的申请者中，有位学生写道，她在自己的学校中建立了一个性少数者（LGBTQ）社团。如果不是因为她同时解释了这一行动的重要性（尤其是她在一所教会寄宿学校成立了该社团），或者我们事先并不知道她所在国家对性少数话题的禁忌，我们就可能忽略了这位申请者通过其成就所表现出的重要品格——她所拥有的勇气，以及她为自己所相信但其他人怀疑的事物站出来挑战成规的决心。在这一过程中，我们也逐渐改进了指导内容，并通过更多的媒介为申请者提供辅导（如在线会议、预录指导视频、与申请者直接交流、发布博客文章等）。我们还在继续尝试不同的手段，希望无论申请者的兴趣和国籍为何，都可以让他们尽可能充分地展示自己。

在描述自己取得的成就之外，申请者还要提供相应的证明——我们会花时间核实这些证据。申请者可以提供网页链接、文档附件或证明人的联系方式。我们在核实过程中投入的精力，确保了学生真正准备好面对在密涅瓦充满挑战的体验。而且，基于能力的录取机制最终是为学生的利益服务，因为这样才能提升他们在密涅瓦茁壮成长，而非在入学后退却的可能性。比如，有几位学生差一点儿就被录取了，但后来我们发现，他们夸大甚至直接伪造了自己所取得的成就。

学术表现

在我们的整体录取流程中，还有一部分内容是重点关注申请者的学术表现。基于密涅瓦的教育目标，我们希望学生既聪颖，又有长期坚持的动力——学习成绩就很好地体现了这两种特质的结合情况。我们对申请者学术表现的关注与不设录取人数限额的原则完美契合，因为如果不是完全按照学生的能力进行遴选，就有可能导致录取一些本身学习能力不足以应对严苛课程的学生。

但与此同时，我们的录取制度又必须基于一系列多维度的标准，于是有时当申请者的个人成就尤其出色时，我们就要决定是否对其学术水平进行灵活考量。针对该问题，有两种习惯性做法：其一，是录取不具备所需能力的学生，允许他们若跟不上进度再退学，但这样一来，学校和学生都要花费大量的沉没成本；其二，是降低学术标准，确保那些因学术能力以外原因而被录取的学生能继续学业。

我们在道德上同时反对这两种做法。我们认为自己有义务拒绝那些肯定无法应对密涅瓦严苛课程的学生。对这一点，我们深信不疑，并因此对录取制度进行了调整，使一些或许能够在密涅瓦取得成功的学生也无法被录取。相比避免漏掉可能合格的申请者，我们尽最大努力确保的，是录取的每个学生都符合标准，因为我们相信这才是符合道德的做法。同样，我们也拒绝降低学术标准，或者任由分数虚高，造成许多精英大学里几乎没有人挂科的假象。

出于上述考虑，我们在录取过程中为成绩赋予了很大比重。我们考虑成绩的原因之一，是因为它体现了学生的全情投入、坚强意志，以及实现长远目标的渴望。此外，成绩也反映了学生进行宏观和跨学科思考的意愿和能力。在不同学科中取得卓越的能力对于密涅瓦的跨学科学习而言非常重要。如果一个学生在物理课上拿到第一，却漠视其他科目，那么他就不适合做密涅瓦的学生。

这也回应了我们经常听到的一种批判：既然说传统教育体系已经失效，我们为何还要考查学生在该体系中的成败？这种说法听上去很有道理，未来也的确会有许多类似密涅瓦的创新大学，以培养在传统环境中无法成功，但在其他环境中极富潜力的学生为己任。但是，和这样的学生相比，还有更多学生其实在传统环境中明明能成功，但却没有动力去努力。许多时候，他们因为嫌麻烦而主动放弃努力。抱着这种态度的学生也不会在密涅瓦的体系中取得好成绩。对于这两类学生，我们还没有办法加以确切的区分。

不过，我们也并非简单地寻找成绩全优的学生。密涅瓦的学生的确成绩优异且努力，但他们同时也是有趣、成熟、求知欲强和充满激情的个体。虽然我们录取的学生通常在某些学科上极为优异，整体成绩也不错，但在成绩单上也会有一些"瑕疵"。

测评

录取流程中的最后一个重要部分是测评工作。学习成绩让我们得以衡量申请者的智力、毅力和勇气以及在特定兴趣之外广泛学习的能力，除此之外，我们还需要想办法了解申请者未来应对高阶课程中快节奏学习的基础能力。SAT和ACT等现有标准化考试并不能公平和准确地反映学生的智能和能力，因此，我们会开展一整套测评，来衡量学生相关技能和能力的不同方面，包括创造力、数学能力、类比推理能力、理解能力以及英语写作和口头表达能力。

此外，我们还进行自动化的视频面试，以评估学生在压力环境中是否能成功的非认知素养。这些测评结果也用于和申请材料中的其他内容（个人成就和学术表现）进行交叉验证。有时，如果发现前后不一致之处，我们会主动联系申请者以进一步了解情况。

这些测评采用计时、在线的方式并有人监督，学生只要有电脑和网络就可以完成，并不需要专门去一个实际的考场。不仅测试地点更加灵活，而且不收取费用，更没有办法提前备考，所以既没有昂贵的备考材料可以购买，也无须花时间去背

287

题。这样，就又消除了大学申请的一大障碍！

对申请者的评估

概括来说，密涅瓦在录取学生时主要考查三大方面：（1）学生在结构化学术环境之外的个人成就；（2）学生过往的学术表现；（3）相比其他材料，学生在测评中更进一步体现出来的能力和特质。对这几个方面的评估包括以下几个步骤。

量化评价

我们的一些评价指标是定量的（如测评分数），但大部分指标不是。为此，我们利用量规，将定性数据（如学生提交的个人成就和面试内容）转化为分数。招生团队和学术团队通过紧密合作，开发出了将质性指标进行量化的量规。我们对此投入了大量时间，希望尽量减少主观影响。鉴于申请者大多来自不同的文化背景，我们综合考虑了学生有可能做出的所有回答，设计出尽可能适用于评估各种回答思路的量规。

在设计面试问题和测评工具时，我们也会设想学生可能会给出的答案。比如，在进行与文字相关的测评时，我们请来自全世界的不同测试者对所有问题进行预先测试，确保这些问题含义明确，任何说英语的人——而不仅仅是说美式英语的人——都容易理解。

视频面试

如上所述，某些评价指标的结果要通过面试来获得，尤其是非认知能力的相关指标。为了让全球申请者拥有同样标准的面试体验，我们决定采用自动化的视频面试，而非采用Skype直播面试或线下面试，以减少后两者对某些申请者的障碍。人与人交往时都会存在隐形的偏见，有些偏见可能尤为强烈。比如，一位白人男性与一位年轻的亚洲女性谈话的体验，与一位北非女性与同样来自非洲的另一位女性谈话的体验，可能截然不同。当然，面试官通过训练的确能规避某些行为，但这样的体验永远不会是完美的。相反，在自动化的视频面试中，我们为所有申请者创造了完全一致的环境，每个人所面对的问题、允许回答的时间以及获取的反馈（实际上面试中没有任何反馈）都是一模一样的。同时，为了让这一体验尽可能舒适，我们还提供了试练题，申请者可以事先感受，观看视频并在规定时间内录下回答。申请者感觉自己做了足够多的练习后再正式答题，我们就可以考查他们的临场思考能力，这正是我们对他们未来在课堂上的表现所做出的期待。自动化面试的另一个好处是可复制，因为我们不可能亲自面试数万名申请者。

给个人成就打分

申请密涅瓦的学生人数众多而且背景多元，因此我们必须开发出大量标准来评价他们的个人成就。一项活动的重要性和规模通常呈现出许多形式，我们必须将诸多我们认为能显著体现申请者能力的方面纳入考量，并最小化其他不太能体现能力的方面。同时，我们还要考虑学生取得该成就的社会背景。国家、环境和社会经济状况不同，各类成就所体现的重要性也就不同。总之，我们设计的量规需要考虑到学生原本生活和学习环境的巨大差异。

可靠的分数

我们极其严肃认真地对待客观性评估，甚至为每个量规创建了决策树，评估者只要回答了相应的问题，评估分数就会自动生成。这一做法使打分结果的可靠性 289 大为提高，因为我们并不是凭直觉来打分，对某个分数代表什么，也不是凭主观感觉，而是基于多个特定问题的具体答案。我们发现，这样做能更好地确保评估者使用统一标准，并且在他们意见不统一（每个质性回答由至少两位评估者进行解码）时，能更系统性地确定分歧所在，以便调整培训方案、改进答案选项或问题以减少主观性。

分布式评审

我们会对申请材料的各个部分——个人成就、学习成绩、测评结果——分别进行独立的评估，且通常会隐去申请者姓名，避免我们因为看到某部分的内容而在评估另一部分时产生偏见。这意味着成绩不那么完美的申请者也不会在个人成就或视频面试的评估中占下风。

基于算法的评分

大部分大学招生录取流程中包括一个协商环节：招生委员会成员围坐一桌，争取让"自己的"的申请者被录取。我们并不这么做，既是因为我们对将符合录取条件的学生拒之门外这一做法的道德性存有质疑，也是因为基于密涅瓦的教学模式（它对我们每年能招多少学生并无限制），我们没有这么做的必要。

正因为我们不需要对招生人数进行"一刀切"，所以我们得以在遴选申请者的过程中完全遵守原则。每位申请者的全部得分会汇合为一个总分，根据该总分即可判断该学生是否达到了录取线。录取线对每个学生都是一样的，但同时我们的整体录取流程也使具有完全不同优势和兴趣的学生都能够被录取，而不要求学生在录取标准的各个方面均达到优异水准。

密涅瓦的录取工作是非常小心、审慎的。我们希望保证每位申请者都有公平的录取机会。

助学金

在整个美国，只有七所大学的招生录取工作既不考虑学生的经济能力，又能满足所有申请者的需求，无论其国籍是什么，密涅瓦即是其中之一（维基百科，2016）。我们的大部分学生没有优越的家庭背景，因此需要助学金的帮助。密涅瓦相信，为学生的未来投资是我们共同的责任。因此，我们为学生提供了大力支持，并要求学生及其家庭以公平和可控的方式储备教育资金。与此同时，我们用以下几种方式帮助他们承担其在密涅瓦求学的花费。

首先，密涅瓦本身有责任尽量降低价格。我们能确保的，是学生在密涅瓦四年的花费要远远低于同类学校的水平（参见第27章）。我们仔细地核算密涅瓦支出的每一分钱，确认全部花销都用于支持只有我们才能为学生提供的服务，包括不超过20人的小班教学、创新的课程体系、世界顶尖水平的教学团队和一流的生活体验。相反，我们不会在那些并不服务于核心使命的产品或服务上花钱。比如，我们不会像其他学校那样建造昂贵的校园设施，而是利用全球各大城市的充沛资源，作为学校教学、课外活动和文化体验的基础设施——在密涅瓦，城市即校园。总之，在密涅瓦学习的花费比传统四年制非营利私立大学的一半还要低得多，四年间我们可以为学生及其家庭省下超过16万美元。

其次，学生的家庭也有责任根据自身能力为孩子的教育提供支持。不管学生来自哪个国家，我们都会按照统一原则对其家庭承担的费用进行评估，确保每个家庭都能得到公平对待。

再次，如果学生的家庭无法负担所有费用，学生也可以通过密涅瓦安排的勤工俭学和学生贷款自行承担。我们设计的学生贷款偿还机制，可以确保学生在毕业时不会有太大负担。

最后，如果通过上述方式仍存在无法满足的条件，认可密涅瓦使命的慈善力量也能够利用手头积聚的资源，为有需要的学生提供奖学金，以确保这些高潜力的学生能获得世界一流的本科教育。

我们的共同目标是：确保学生在获得密涅瓦教育的同时，不会在毕业时背负沉重的债务负担。

结语

在进行了四年的招生工作、录取了三届学生后，我们有幸从来自179个国家的约5万名申请者身上汲取了经验。从这些申请者中，我们录取了来自超过60个国家的学生，其中没有任何一个国籍的学生占绝对多数，男女生人数几乎相等，学生来自各个不同的社会经济阶层，其中超过80%有一定的资金支持需求。

不同宗教、种族、生活方式、社会阶层的学生都在密涅瓦占据了一席之地，而这并不需要我们去特地"填补空缺"或检查其是否满足相关条件。我们有完全根据学生能力来录取的自由，这更让我们相信每届学生都有扎实的基础和多元的思想，能够创造出充满趣味而又有教育意义的共同学习和生活的体验。而要通过传统的录取流程实现上述程度的社群质量与多样性，几乎是不可能的。因此，如果我们的同行想要优雅地进化，并在未来一代又一代聪慧的学子眼里保持自身价值，那么就不仅需要改变"怎么教"，更要从世界角度考虑，改变"要教谁"。

致谢

密涅瓦的招生录取流程得益于各个团队大胆和跨界的思考。想要构想、设计、打造、发展和实施这样一系列录取体验，给全世界的学生以挑战、启发和服务，需要招生、学术、产品设计、市场与品牌、推广和学生服务团队的通力协作和倾力投入。

我们特别希望感谢一群人，他们的贡献对于我们过去三年实现的体验质量和工作规模而言，具有重大而长远的意义，他们是：劳伦斯·法夫罗、卡拉·加德纳、琼科·格林（Junko Green）、乔纳森·卡兹曼、里娜·莱维特、萨曼莎·马斯奇（Samantha Maskey）、杰森·莫里森、克里斯·斯温默（Chris Swimmer）以及所有申请材料处理员们。

同时，我们还要感谢所有曾经或正在为密涅瓦的录取流程提供支持、帮助其改进的人们：亚历克斯·亚伯格·科博（Alex Aberg Cobo）、埃弗里·安德森、法图·巴蒂安尼－图尔（Fatou Badiane-Toure）、约恩·布朗（Eoin Brown）、特里·坎农、安德鲁·柯林斯、卢西思·科辛奇（Lucian Cosinschi）、保罗·可拉楚努、特里·卡姆斯（Terry Cumes）、林恩·道（Linh Dao）、尼克·弗莱辛斯基（Nick Frezynski）、罗宾·戈德堡、泰西卡·哈奇（Teshika Hatch）、艾米莉·亨德肖特（Emilly Hendershot）、威尔·霍特灵（Will Houghteling）、莉莲·基维尔（Lillian Kivel）、迈克尔·赖（Michael Lai）、奥利维亚·罗（Olivia Luo）、玛丽安娜·米尔楚克（Marianna Mirchuk）、克里提·巴拉夏尔（Kriti Parashar）、杰米·伦道夫（Jamie Randolph）、马特·里甘、莉萨·理查兹（Lisa Richards）、阿瑟·里欧、杰夫·鲁特、罗凯（Kenn Ross）、蒂法尼·舍恩菲尔德（Tiffany Schoolfield）、阿约·塞利格曼、萨莉·希勒（Sally Shearer）、朱尔斯·谢尔（Jules Shell）、埃林·斯班南、乔伊斯·泰嘉尔（Joyce Tagal）、凯文·特兰（Kevin Tran）、玛丽埃尔·范德米尔（Marielle Van Der Meer）和山本英树（Hideki Yamamoto）。

21. 多面向的文化适应：基于社区的沉浸式多元文化教育

诺利安·卡波拉尔-伯科威茨（Norian Caporale-Berkowitz）、詹姆斯·莱达（James Lyda）

和大部分美国大学不同，密涅瓦并没有以美国白人学生为主要录取对象，避免了他们从学校对有色人群、国际学生和其他少数群体的接纳中获益。相反，我们所有的学生都是国际化的学生，没有任何一群人构成主要多数。这是我们刻意为之的结果。密涅瓦的创建是基于第一性原理，而非任何现有机构的默认规则。相应地，密涅瓦的学生文化并不基于任何占据多数地位的群体，也并非一种死板或固化的文化；相反，它的可塑性很强，每个班、每届学生的文化都有所变化，体现出新学生加入和城市间迁移所带来的涌现性。

这样一个不断变化、充满活力的学生文化意味着什么？对学生而言，这种跨文化体验不局限于融入主流文化或接纳少数文化中的某些元素；恰恰相反的是，由于没有某个群体或文化占绝对多数，学生可以从各个角度体验文化适应的过程。对大多数密涅瓦学生而言，文化交流更成为他们个性开发的核心要素。很大程度上，文化适应的过程也促进了全新而统一的密涅瓦文化的形成。

在本章中，我们用"多元文化"（multicultural）一词来概括人类多样性的各个方面，这超越了地理、种族、国籍的多样性。国际化并不能说明密涅瓦多元文化教育的范畴或重点；国际化只是一个显而易见的出发点，基于此我们要构建的，是一种社群驱动、参与式的学生文化，致力于帮助学生与人际差异共生并从中学习。

密涅瓦的多元文化教育包括两大部分：（1）聚集尽可能多元的学生群体，让他们在同样多样化和复杂的环境中共存；（2）组织不同的社群实践，让学生互相传播各自背景的价值观，并在这个过程中积极主动地探索学习成果。

上述策略体现了过去几十年来多元文化教育的变革历程。追溯历史，美国多元文化教育的源头，是将非裔美国人、拉丁美洲人、女性和残障人士等少数群体的历史与经验纳入学校的运动。这项运动最早的表征是学校课程中增加了女性或有色群体中著名人物的相关内容，尽管这不免流于表面文章；到19世纪80年代后期，美国学校就开始着力解决教育中的结构性不平等问题，并随后开始意识到教授批判性思维、全球意识和社会正义的重要性（Banks，2013；Gorski，1999）。

相应地，密涅瓦的多元文化教育也超越了对边缘群体的简单囊括，更注重于创造这样一个学习生态：所有学生都是少数群体，结构化的不平等被尽量降到最低，学生得以主动审视自己跨文化的复杂体验。于是在密涅瓦，理论和实践的结合比大多数传统教育模式都要紧密。我们因此给多元文化——我们所说的"多面向的文化适应"下了一个新的定义：在一个高度多样化的环境中，频繁而密切的文化交换和刺激使每个人都可以像质疑他人的文化价值观一样，深刻地反思自己的文化价值观，个体或群体的文化因之得以进化。

建立多样化的学生社群

密涅瓦聚集了一群高度多样化的学生，并能够通过不同方式，让他们从跨文化的接触、对话和学习中最大限度地受益。

招生

密涅瓦的目标是培养未来的领导者，我们意识到许多全球问题只有站在不同文化、地域、社会经济阶层和多维度的人类体验的视角，才能得以解决。基于这样的认识，我们远在学生到来之前，从招生环节开始，就在为创建多样化的学习环境而努力。

我们并不通过平权运动[①]或刻意纳入某一少数群体的学生，来营造多样化的社群。相反，我们希望构建一个尽可能免于偏见和结构性不平等的招生体系，确保我

---

① 平权运动（Affirmative Action）：始于20世纪60年代，以1961年时任美国总统肯尼迪签署《第10925号行政令》（即"平权法案"）为标志，意在推动政府和社会各部门纠正在招募求职者和对待雇员时因种族、信仰、肤色或原国籍的歧视行为，在大学招生中则意味着对少数族裔给予适当倾斜和特殊照顾。此后人们认为平权运动亦有矫枉过正之嫌，比如可能导致多数族裔群体遭受"逆向歧视"。——译者注

们录取的学生都是名副其实的。比如，密涅瓦自主实施招生考试，不强制要求提交 SAT、ACT或托福等标准化考试成绩，因为这些考试会让能够获取昂贵备考资源的学生占上风。同时，密涅瓦没有传承生的优惠政策，不管学生的父母是否为学校捐赠人或校友，我们都一视同仁；密涅瓦也不会给体育生特别预留录取名额，而相比之下，体育生在传统大学里可能占到每年新生的很大比例。

通过在五个大洲的招生合作、媒体曝光、学校参访和在线推广工作，密涅瓦致力于吸引尽可能多样化的申请者，同时通过减少招生录取过程中的结构性偏见，我们所构建的学生群体也能够反映全球的人才分布状况。因为有了在招生工作中对平等性的承诺和坚守，学生才会知道他们的每位同学都有值得被录取的过人之处，也有值得他人学习的地方——每个人能够出现在密涅瓦，都绝非玩弄招生录取手段的人为结果。此外，多面向的文化适应也要求学生反思自己的文化价值观，积极努力地建立一种适用于整个社群的新的协作式文化。这更需要学生对与自己差异极大的人怀有高度尊重，而其必要的前提就是每位同学都具备录取资格。

另外，密涅瓦不会为了保持学生在地域或人口构成上的稳定而设定任何招生配额，因此基于平等原则的招生流程就会使每年的学生文化得以重新塑造。最终的结果就是，我们的招生方式会让学生身处一个不断变化的文化。这就让学生更愿意发展自己的个体文化，同时共同创造出一片有益于所有学生进行跨文化学习以及文化互惠的沃土。

学生联队

被录取后，学生会被随机分配为25个可以跨届联系的联队（Legacy）或社团小组。每个联队的发起者均为一名创始届学生。联队是学生在密涅瓦组成的小家庭，既是他们首次进行社交活动和新生周城市探索的默认分组，又是此后学习社会情感和七项品格素养成果的社群单元。

联队让学生在四年学习期间（以及毕业后）拥有家人般的支持，并让他们与前后届的学生产生联结。和出生家庭一样，学生不能选择联队，也不能选择联队中的同伴，但同一联队的学生在被密涅瓦学习期间都紧密连接在一起。密涅瓦学生群体拥有极大的多样性，许多学生在被录取后会本能地与来自同一国家或地区的学生交往。而我们就是要改变这种现象，为此，通过设计联队这种制度，我们让学生找到自己在社区中的"大本营"，从而快速地重新扎下根来。所以说，联队这一重要制度紧密地团结了学生，而原本他们可能永远不会成为彼此的挚友。

每个联队会创造自己的仪式和标志物品，并不断传承给下一届学生。这一共同创造联队文化的过程，也是密涅瓦多面向文化适应模式的体现：聚集多元化的学生，让他们彼此深入交流，并基于各自不同的背景，放大其中不同的文化元素，最终建立一个共同的文化。

同届大群

如果说联队既在各届学生之间构建了大社群，也在单届学生中划分了小社群，那么同届大群（Cohort）则以同样的方式填补了联队制度的空白。招收每届学生后，我们都会根据该年度的录取总人数，将学生分成90—150人的大群。和联队类似，学生被随机分配至大群中，每个大群里有来自不同背景的学生。大群的人数在邓巴数的理想区间内（Dunbar，1992），此规模的群组既能保证成员间形成深厚的社交关系，又不会出现分裂或拉帮结派的现象。

在四年的时间里，学生与同一个大群的成员们共同学习、共同生活。第一年，大群成员们在核心课程中一起学习，在旧金山的学生公寓里一起居住，随后一同到全球六个国家旅居。不出几个月，我们就常常听到学生将自己所在的大群称为"密涅瓦大家庭"，而在他们四年的共同生活中，这种感受只会与日俱增。

邓巴数的原理也告诉学生，他们可以，也应当与所在大群内的每位成员建立有意义的伙伴关系。否则，学生就不会那么积极主动地与和自己截然不同的同学交流，并投身于构建更大的社群和文化，在充满意义的跨文化互动中紧密连接彼此。

创建文化

297

密涅瓦的独特之处在于，同一时间各届学生分别生活在不同国家。在大多数大学中，新学生会融入往届学生所形成的主流文化；而在密涅瓦，每到秋季新生入学时，前几届的学生已经开始了全球轮转游学，因此新生必须从头开始创建学生文化。全体新生在同一时间入学，而他们之中又没有哪个群体占多数，这就使得新文化能够基于所有学生的背景和兴趣，而非前人遗留的价值和做法，而真正多面向的文化发展过程得以形成。

新生入学

每届学生在密涅瓦生活和求学的过程中，都会积累一些"最佳实践"。在机构层面，我们希望保留这些知识，并将其用于连接跨届学生。其中的做法之一，是开展线上实时的行前培训，我们将其称为"基训营"（Basecamp）。在此期间，高年级学生会分享过去几年中所做的项目和参与的课外活动组织，新生则可以据此判断，自己希望参加哪些项目（如果有的话）或者希望创建哪些新项目。通过这种模式，我们既为每届学生提供了创造新文化、搭建课外活动体系的体验，又保留了传统及大学文化中的某些内容——这些内容被证明对构建完整而连贯的大学文化非常重要。

此外，所有学生在进入密涅瓦后，都要参与一整周名为"基础周"（Foundation Week）的新生活动。在这一周内，学生要了解旧金山、熟悉住宿环境、认识同学和老师，并了解大一需要掌握的规则和可用资源。无论是在这一周还是就读于密涅瓦期间的各个阶段，我们都会激发学生思考，是哪些价值观和做法，塑造了他们在作为个体、学生，以及城市社区居民时所扮演的角色。比如，2020级学生在基础周中参加了密涅瓦全员参加的座谈会，我们将其命名为"围炉"（Hearth）。在座谈会上，所有人一起讨论成为"密涅瓦人"意味着什么。学生要与教职工一起，参加三场圆桌讨论（从诸多讨论中选择），每场讨论都会围绕密涅瓦的七项品格素养成果中的一项进行，并探讨诸如尊重、宽容、谦逊、坚韧、社群和个人成就等主题。

我们希望，学生从加入密涅瓦的那一刻开始，就能反复参与对密涅瓦集体认同、价值观和实践的讨论，并因此明白，构建他们在密涅瓦的体验的，正是他们自己。这一点非常重要，因为积极创造学生文化的过程，既能促使学生对同伴们获得的体验产生兴趣，又能让他们理解在形成一个多样化群体的文化时必须做出的取舍。

这样一来，学生也常常得以表达对构建理想社群的不同看法。比如，有些学生认为，要消除公用厨房的脏乱现象，就应该安装摄像头，找到违规者并加以惩罚；另外一些学生则更倾向于建立轮值打扫制度，并表彰那些主动帮别人清理残留垃圾的人。这样的讨论以及对不同解决方案的尝试过程，对社群的形成非常重要，我们也希望学生最终选择的解决方案，能在社群不断成熟以及学生在各个城市不断接触新态度、新习惯和新想法的过程中改进。因此，密涅瓦尽可能不提供正确答案，让学生独立解决他们遇到的问题。

跨群组交流

与背景、信仰、技能和能力截然不同的同学共同居住的体验，很大程度上帮助学生完成了文化适应的过程。第一年我们给学生随机分配室友，随后则按情况调整，以解决不匹配的问题（如习惯早起者和夜猫子被分到一起）。不过，为了促进跨文化交流，我们并不允许来自同一国家的学生在大一时就住在一起，在随后几年中也不鼓励学生这样做。这是因为我们意在促使学生适应自己文化舒适区之外的居住环境。事实上，学生经常以室友吃的食物味道太大、总在房间里说母语等为由要求换房间，目的是和同一国家的同学住在一起。我们很少同意这样的要求。

除了分配室友，我们还安排宿舍助理（RA）来组织社交活动，促使学生跨越现有的圈子建立联系。宿舍助理会组织住在不同楼层的学生相互交流，并努力为不同圈子的学生创造相互接触的机会。

另外，我们还有意通过住宿体验，给学生自己设立政策、规范以解决社群中的问题的机会。比如，厨房卫生问题的解决结果是，学生们建立了每周三和周六分组带头打扫宿舍的传统。当然，宿舍管理员有最终干预权，但他们很少出手，我们也更倾向于学生自主设定和管理自己的社群规则。这种做法很接近参与式的行动研究，即当地社区成员作为联合研究者参与，协同解决社区自己的问题（Kemmis，McTaggart，& Nixon，2013）。通过这种做法，我们希望让学生成为社会变化的积极推动者，并在这一过程中更快、更深度地进行彼此互惠和适应，而非仅仅成为复杂文化社群中被动的一分子。

社区项目

促进社会融入、消除孤立感，是多面向文化适应模式中至关重要的内容。只有学生感受拓展文化边界能够带来有益的关系和资源时，他们才会愿意这么做。文化是个体身份必不可少的一部分，原因之一是它将我们彼此相连。如果学生不相信重新审视自己文化的过程的确能让他们改善人际关系、增强与他人的联系，那么他们又为什么要这么做呢？

为了在如此多样化的学生群体中促进社会融合，我们创建了社区项目和实践活动，让每位学生都能将自己独特的人生背景转化为能够与社群共享的一种天赋。比如，每周日晚上，学生们都会轮流制作自己国家的食物，分享自己成长过程中的音乐、舞蹈和流行文化。每周一都会有一位新同学分享自己的人生故事，讲述文化与社会背景如何塑造了自己的人生体验。所有学生也都会加入晚餐会，通过小组活动建立友谊，进而以此为平台进行社会情感学习。总之，这些项目既强调了密涅瓦社群的文化多样性，又让学生积极主动地探究这种多样性如何贯穿和影响他们四年内遍及七个城市的国际化体验。

解散小团体，鼓励内向者

我们还创建了一些项目来解散小团体，并为更多内向的学生提供分享观点和经历的空间。比如，学生事务部会定期组织社交聚会，让尚未成为朋友、来自不同地区的学生有机会相处。我们发现，许多友谊是在默认的分组机制中建立的，比如在宿舍中做室友或邻居，被分到同一个联队，甚至是乘坐同一个航班来到密涅瓦等。因此，我们积极地给学生创造打破已有模式、与其他学生交流的机会，使他们得以接触那些按照普通社交圈发展路径可能永远接触不到的不同文化。

鼓励学生创建项目

除了教职工创建的项目之外，密涅瓦的学生体验团队还会鼓励学生设计和运作自己的社区项目。举例来说，我们和勤工俭学的学生一起孵化了一个新项目，并根据活动中学生们吃的捷克"Pirouette"蛋卷饼干，将该活动命名为"旋转谜踪"（Pirouette Puzzle）。活动会在某个时间突然开始，而且常常是在深夜，任何醒着的学生都可以加入。每次活动可能有超过50名学生参加，每个学生要轮流谈论自己在密涅瓦的体验，而且想说多久就说多久。有时活动会持续好几个小时，其间学生会建立非常深刻的连接，并对来自截然不同的背景、拥有截然不同经历的学生产生共情。

和学生自主发起的项目相比，教职工设计的项目则可能会吸引另一些群体的学生。我们让两种项目共存，目的是希望为学生获得更深刻的人际交流体验提供尽可能多的机会。

宴会与传统

同样，全班宴会和其他传统也是让学生超越各自不同的个体文化背景、建立集体身份的重要途径。在大部分宴会上，全体学生都会欢聚一堂共享食物，并要自行完成食物制作、清理打扫、餐桌准备、现场装饰和分发食物的工作。宴会结束后，通常还会进行才艺表演或者某种类型的演出。此类活动让学生有机会将自己的才华服务于社群，做出自己独有的贡献。

同样在宴会上，学生的集体文化与所在城市的当地文化也会相映成趣。密涅瓦一年中会举办两次主要宴会（也是仅有的两个官方庆祝节日），一次是秋季的"朋友感恩节"（Friendsgiving），另一次是春季纪念古罗马神话中的女神密涅瓦的"智慧女神节"（Quinquatria）。虽然"朋友感恩节"源自美国的感恩节，但它已经成为密涅瓦的一项传统，每年我们都会庆祝这一节日。在美国以外的国家游学的密涅瓦学生也会参与其中，因为它体现的是对密涅瓦而言至关重要的价值观——社群连接与心怀感恩。学生们在美国之外的不同国家欢度"朋友感恩节"，也使庆祝活动体现出了当地文化和环境所赋予的优势和局限：源于美国社会的一项传统变为密涅瓦全校的一项传统，又被密涅瓦各届学生改造为符合当地情况的庆祝活动，在这一过程中，"朋友感恩节"成为学生在四年游学生活中体验文化适应过程的一个有趣缩影。

说到"智慧女神节"，数千年前就有学生向老师（以及所有人向古罗马女神密涅瓦）奉赠礼物的传统。在密涅瓦，它是唯一一个全体学生和教职工都会参与的节日。"智慧女神节"主要是一个用来称颂我们共同目标的庆典，同时也是一个韬光养晦、集体自嘲的机会。在密涅瓦最重要的节日中加一点儿自谦的元素，也能让学生感受到，正如学生社群在持续不断地进化一样，他们在密涅瓦的每一个体验也是一项尚在进行中的工作（而且会一直如此）。

另外，我们也帮助学生在每个游学城市中庆祝当地传统节日，比如在柏林庆祝圣尼古拉斯节，在旧金山庆祝万圣节，在布宜诺斯艾利斯庆祝狂欢节等。其中有些节日，比如万圣节，学生游学的多个国家都会庆祝，但分别有不同的节日习俗。学生是否采用所在城市的这些习俗来庆祝，取决于当地背景和该届学生对传统的理解，这也为学生提供了另外一些体验多面向文化适应的机会。

辅助课程活动与课外活动

密涅瓦提供一系列辅助课程活动，这些活动由教职工组织，内容与课程相关。与此同时，密涅瓦还提供一系列指导框架，帮助学生创建自己的组织和活动。

辅助课程活动

每到周五，密涅瓦都会组织辅助课程活动，学生要在学校与当地人士和机构合办的活动中，将课堂内的所学知识进行实际运用。这些活动不仅提供了体验式学习的机会，也让学生更好地了解当地文化，理解当地人的生活方式。

比如，学生在旧金山的卡斯楚区（Castro，当地同性恋者集中地）参与了一次辅助课程活动，重点探究旧金山当地性少数（女同性恋者、男同性恋者、双性恋者、跨性别者和质疑性别认同的人）运动的发展历程。在该活动中，学生要思考各自成长的社会环境中性少数群体的权利状况，反思哪些因素会促进或制约公民权利运动的形成。来自挪威、阿根廷、印度和美国等不同国家的学生分别比较了各自社会中政治、宗教和文化因素对权利运动的影响，还有一些学生表示，从未看到过任何一个社会环境，能像旧金山这座城市一样包容性少数群体。城市环境和密涅瓦本身对此类问题讨论的开放度，让学生重新思考各自国家和社会最终可能实现的变化。

反过来，如果学生来自更容易接纳性少数人群的地方，那么他们也有机会了解，为什么即使考虑到人们的最大利益，其他国家却不那么宽容。学生在交流彼此经历与观点的过程中，拓宽了对各自国家文化优势和限制的理解，并为整合不同社会体系中的深刻见解、创造新的模式打开了一扇窗口。

学生主导的课外活动体系

在"密涅瓦社群"（MiCos）的帮助下，学生自主发起和推进课外活动。随着学生迁至不同的游学城市，这些活动也常常发生相应的变化。通过这些变化学生得以观察自己发起的组织和项目如何随着地点和文化背景的变化而调整。例如，在旧金山当地，学生与社会服务机构Concrn合作开展志愿服务，为无家可归者提供帮助。由于流浪汉已经成为旧金山亟待解决的社会问题，这样的活动就显得非常重要。然而，到了柏林，学生则积极参与为难民提供高等教育的新型大学Kiron组织的志愿活动，而由于难民危机在当地是重大问题，这一活动也很重要。这些经历让学生意识到，不同的城市和组织要用不同的方法应对不同的问题，而他们也必须在各个城市和国家探索一系列完全不同的问题及其解决方案。得益于密涅瓦的全球轮转游学制度，学生有无数机会去体验文化适应的微小瞬间，并感受当地文化和社会背景对自身体验的影响。

同时，在每天的生活中，学生是这些体验的推动者。举例来说，学生自发组织了"柏林探索日活动"，其中一组学生通过探访全城各种小餐馆，观察了当地的文化习俗，探讨了不同文化规范在现实中的彰显方式。这样的活动由学生自主发起、为学生自身设计，帮助他们探索周围环境并更好地与其互动。要不是这样，我们还会在哪里看到学生每天在找午餐吃什么时，也能积极地思考文化适应和身份认同的问题呢？对此类问题的探讨既出现在课堂上，也出现在密涅瓦校方组织和学生自发组织的活动中，而所有这些讨论，共同营造了一个不断进行跨文化探寻、交流和适应的氛围。

结语

密涅瓦构建的是一个基于社区、高度参与、深度沉浸式的多元文化教育。我们所聚集的这群学生千差万别，来自同样有着天壤之别的地方，而密涅瓦却能帮助他们以个人的看法为依据并将其放大，进而从头创建一种新的文化。此外，我们还为学生提供相应的工具和项目，鼓励他们更积极主动地拓展自己的跨文化体验。在此过程中，密涅瓦建立的是一种氛围和生态，使多元文化教育的理论能与现实更紧密地结合，最终创建出我们称之为"多面向的文化适应"的21世纪教育新架构。

22. 体验式学习：城市即校园，城市即人际网络

Z. 迈克·王（Z. Mike Wang）、罗宾·B. 戈德堡（Robin B. Goldberg）

如果你现在有机会从头开始创建一所新的大学，你会把它建在哪里？是在城市中，还是在郊外？是在一个地方，还是设多个校区？是建在硅谷的帕洛阿尔托、耶鲁大学所在地纽黑文，还是剑桥、上海或华盛顿？为什么？在这个越来越扁平的世界（Friedman，2005），雇主正在热切地寻找拥有国际经历（Malicki & Potts，2013）、实践知识和文化竞争力的新员工，人们也随之对更加国际化的教育有了日益增长的需求。"国际化"一词出现在几乎所有美国大学宣传材料的显眼位置，这已不是什么秘密。但是，究竟是什么构成了教育的国际化？我们究竟如何促进国际理解力？究竟怎样的教学结构和框架，能把许多大学侃侃而谈的国际化落到实处？

本章探讨了密涅瓦如何用基于原则和高度整合的独特方式，设计出国际化的学习和沉浸式体验。在此，我们回顾了全球轮转游学制度背后的愿景，反思了让学生获得国际理解和深度融入城市的方法，以及体验式学习的设计框架。

为什么

我们致力于帮助学生为成为全球领导者和创新者做好准备（其中真正的重点在于"全球"一词），因此，密涅瓦从未动摇过自己的愿景，即让全球化体验成为学生教育历程中不可或缺的一部分。尽管许多大学宣称自己在教育过程中也非常强调国际视角，但密涅瓦的做法与他们大不相同。我们希望学生通过自己的亲身体验来认识这个世界。

背后的思考

密涅瓦学生在四年间要去全球七个不同的大城市生活，在完全不同的地点、文化、经济和生活方式中获得沉浸式体验。我们相信，学生通过在不同城市生活和体验不同文化，会更深入地理解和欣赏一个社会在应对复杂挑战或日常事务时采用的不同观点和方法。

全球轮转游学的模式能让学生获得一系列多种多样的体验。我们希望确保学生走访的城市位于不同大洲、在国际舞台上正扮演着或曾经扮演过不同的角色、拥有不同的文化、处于经济发展的不同阶段、其居民说着不同的语言，并有着不同的宗教积淀。为了满足所有这些基本条件，搭建与教学日程和学期模式同步的游学框架，我们决定选择七个城市作为全球轮转游学的目的地。很显然，我们也可以每年选择一个城市，总共选择四个城市；但是，选择七个而非四个，就意味着学生能更大范围地接触到世界的多样性。

我们对城市的选择和排序并非偶然为之。我们先根据几个城市的各自优势取长补短，搭建全球轮转游学的基本框架，然后，我们综合了学生的意见、实地经验和对已有活动的反馈，对城市选择过程进行了调整和迭代，最终形成了现在的轮转游学项目。

常常有人问我们在确定城市时有哪些考虑。首先，城市安全是显而易见的考虑因素。其次，我们要选择活跃的历史、经济、政治和文化中心，因为这样的城市能积极地接纳学生，使他们能够参与和融入当地的生活和文化。另外，物价水平、住宿质量、当地交通、网络状况、政治稳定性、签证政策和文化开放度以及一系列其他因素也在考量范围之内。最后，我们根据几大城市能否分别提供截然不同的文化视角这一标准，最终确定了入选的城市名单。

七个城市

我们决定让学生的全球旅程从旧金山开始，这里将是他们大一一整年的大本营。旧金山不大，生活和交通方便，作为出发站再理想不过。旧金山是全世界最受瞩目的城市之一，以其创新力闻名于世，但整座城市的人口还不到一百万。许多学生是第一次离开自己的国家生活（很多甚至是第一次离家独自生活），因此，像旧金山这样基础设施极其良好、面积不大且容易适应的城市，能让学生顺利完成过渡。而且，旧金山不仅商业发达，也走在美国社会思潮的前列，学术氛围浓厚。同时，它虽然是全美人口密度第二大的城市，但少数族裔占当地人口的大多数。上述种种因素加到一起，为这座城市丰富的文化、贸易和社会活动构建了基础。在大一期间，学生要充分投入不同的活动和项目，巩固他们在大一基石课程中学到的通用学术语汇，这一切在常常被视为全球创新之都的旧金山，会更容易实现。

在大二期间，学生会体验两座截然不同的亚洲城市：韩国首尔与印度海得拉巴。韩国和印度曾经分别为日本和英国的殖民地，都经历过动荡的历史时期——韩国经历了与朝鲜的分离，印度则经历了与巴基斯坦的分离。而在首尔和海得拉巴，学生会感受到两座城市是如何见证和经历着快速发展的：被穆斯林传统所浸润的海得拉巴，已经成为印度国民生产总值第五大城市，而交织着传统与现代文化的首尔，则凭借家族财团实现了经济腾飞。50多年前，韩国的人均国内生产总值低于印度，但如今已经是后者的15倍还多；10年前，印度全国的国内生产总值低于韩国，如今却比后者要多近50%。两个国家各自有不同的发展历程，而未来的发展路径又非常相似，这为学生比较发展中经济体的异同提供了重要契机。

第三年，学生将跨越两个大洲：欧洲和南美洲。我们选择了德国的柏林和阿根廷的布宜诺斯艾利斯这两座城市，让学生体会到鲜明的对比。柏林从德国的战火、经济衰退和分裂中逐渐崛起，成为欧洲大陆最重要的城市之一。相比之下，布宜诺斯艾利斯则享受了近一个世纪较为和平的外部环境，但阿根廷国内的动荡则阻碍了城市变革，使其与百年之前几乎并无二致。尽管如此，两座城市都不乏独具魅力和颇具启发性的去处，能够为学生提供丰富的学习机会。

第四年，学生将在英国的伦敦和中国的台北驻足。伦敦是全世界最激动人心、异彩纷呈、复杂多样而充满活力的城市之一，对大四学生来说再合适不过了。尽管在这个偌大的城市里行动自如可能更难，但此时学生已经足够成熟，能够从容面对一个复杂的世界都市。伦敦不仅有无数丰富的活动可以参与，还为学生的顶点研究项目提供了充足的资源。最后，我们认为，如果没有让学生获得大中华地区的体验，全球轮转游学就算不上完整。这是一片无法被忽略的地区，因为中国在世界经济舞台上的重要性正在持续增强。

总而言之，在各具特色的地区进行全面的游学，能帮助学生更好地了解整个世界。随着密涅瓦学生人数的增加，我们可能会增加新的城市。同时，随着世界局势的变化，我们也可能不得不改变计划而从游学地列表上删去某些城市。我们一度考虑过土耳其的伊斯坦布尔，但该国政府逐步走向极权，促使我们重新考虑这一选择。有一天，若情况稳定下来，伊斯坦布尔仍然可能为我们的学生提供绝佳的学习机会。无论如何，未来任何游学地点的选择，都会基于原则，并指向我们的总体目标：为学生提供一个安全的沉浸式体验，让他们把在密涅瓦学到的工具和技能运用到实践中去。

不过，哪怕已经有七个城市，也根本不足以向学生展示这个世界真正的多样性。上述限制条件——包括安全性、学术自由度、基础设施的可靠程度等——使得这个世界的大部分地方并不适合全球轮转游学的运作。我们衷心希望这些问题能随时间的推移而得到解决。

全球理解力与城市融入的实现方式

我们相信，实现对世界的理解并融入城市，不能仅靠偶然，因此在为选定的城市开发体验式学习课程时，我们更要恪守原则。和密涅瓦的课程体系一样，我们将四年体验式游学的各部分设计为前后依存的结构。我们用系统的方法完成体验式学习的设计，并将各个城市中的核心体验作为课程设计的重中之重——要理解世界，必须先体验世界。

全球主线和城市话题

我们设计了三条"全球主线"，即学生理解和认识城市所基于的背景认知，分别为：城市演变、城市体系、城市思潮。这三部分背景认知为学生接触每个城市提供了通用语汇和思维方式，帮助他们在不同城市之间进行联系和比较。

城市演变的主线概括了每个城市的历史意义，包括政治、经济、环境、社会和技术趋势。城市体系的主线让学生有机会了解到各个城市中正在应对挑战、推进行动、促进发展和塑造公民社会整体特性的重要人物和机构。城市思潮的主线则意在探寻每个城市的公民思潮，从突出的亚文化和社会习俗，到城市整体的身份认同，不一而足。

在全球主线的框架下，我们设计了"城市话题"，每个城市话题帮助学生探索一座城市的一条全球主线——该城市的特定主题。比如，旧金山的城市话题为"繁荣与萧条"。我们希望学生在硅谷生活的一年中，能了解创新与失败这一对概念，因此"繁荣与萧条"的话题旨在探究创新型经济对旧金山的正面和负面影响。这一城市话题的内容范畴为我们设计、筹备和安排辅助课程活动和其他项目的工作奠定了基础。同时，主线和话题的框架也让我们在为学生安排各个城市的体验时，能做到既兼顾多样，又注重平衡。

联系与对比

只有当学生开始将不同国家、城市和文化放到一起进行对比和联系的时候，才真正产生了对世界的理解力和同理心。以旧金山为例，这个城市孕育了多个社会进程——从20世纪50年代的"垮掉的一代"和60年代的嬉皮士，到后来的性少数运动、创客运动（maker movement）、有机食品运动和创业文化等，因此我们将"反主流文化"作为旧金山在城市思潮方面的话题。旧金山有哪些精神和思想促使这些社会进程在此生根和扩散，而这座城市的居民又有怎样的世界观，在这些社会进程中扮演了什么角色？学生要深挖这些问题的答案，从城市中汲取知识，更好地理解和感知城市。同时，只有学生在生活的每个城市都能考虑同类问题，才能更好地实现对主线问题的理解和对城市本身的认知。

城市即校园：密涅瓦的体验式学习之道

学习并不受地点的局限，也不局限于教室的四壁或校园的高墙。学生渴望的是整合性的学习体验，是一座将课堂所学与真实世界相连的桥梁。当城市化身为校园，学生就可以在现实的经历中获得将所学知识进行运用和锤炼的丰富机会，从而学以致用、择善为师、追随心之所向。

尽管密涅瓦没有传统校园的基础设施，没有图书馆、活动中心、教室和礼堂，但我们相信，让当地的组织、企业和各部门机构——无论是私立、公立还是政府部门——成为我们的社会伙伴，就能通过合作解决这一问题。的确，密涅瓦没有自己的图书馆，但我们与旧金山公共图书馆合作，充分利用其资源；我们也没有创业中心或社会影响力中心，但我们的合作伙伴包括风险投资机构和创业加速器"500 Startups"、旧金山市长办公室市民创新部门（SF MOCI）和阿根廷国家教育部。我们提供的不是基础设施，而是精心挑选的实践者与专家库。我们选择优质的项目和极富挑战性的活动，并基于当地情况设计体验式活动，让学生不断探究，得到意想不到的收获，并将课上所学进行远迁移。

每个城市话题的体验式学习均分为四个阶段——接触、参与、沉浸、洞察和影响。这四个阶段的体验式学习让学生能系统性地融入城市、获得个人成长。

接触式体验

接触式体验的项目活动主要聚焦于知识积累、信息收集和社区接触，旨在让学生了解某个概念、话题、人物或观点。体验形式可以是密涅瓦自主设计的项目活动（比如在"我学到了什么"系列活动上，学生与杰出的思想领袖和实践者进行密切讨论），也可以是与其他组织合作举办的论坛和峰会，或是城市中的公共活动和体验。接触式体验的例子之一，是硅谷的GSV先锋峰会，主办方全球硅谷（Global Silicon Valley，简称GSV）是领先的风险投资公司，也是我们的社会伙伴。GSV先锋峰会汇聚了技术专家、实践者、教育家、投资人和政府官员，共同探讨与旧金山的未来密切相关的一系列挑战。这样的活动让学生有机会接触到一大批社会中的创新者、企业家和投资人，让他们更加了解与旧金山息息相关的最新行动和挑战。

接触式体验能达到的深度有限，但其目的就是通过让学生接触不同的行业和潜在的职业路径，初步了解需要解决的问题、结识所在城市的人脉，从而促进他们在世界观和看法上产生改变。同时，接触式体验常常让学生得以参加一些日常性的活动和聚会，借此进一步探索自己热衷的事物和兴趣爱好。

参与式体验

参与式体验是密涅瓦围绕特定主题设计的体验式学习项目，通常是为期半天的辅助课程合作体验，学生通过交互式的练习、讨论或挑战性任务，形成对某个话题或观点的深刻理解。辅助课程活动的目的是帮助学生将课堂所学融会贯通，并在特定的挑战性任务或问题中应用。我们通常会与一个社会伙伴合作举办，让学生在与社会上领先的实践者进行有益互动的同时，也能了解特定行业所需的具体能力。学生在一次辅助课程活动中的工作成果，并不一定足以形成项目作品集，但我们希望借此与社会伙伴进行长期持续的互动。

参与式体验的一个例子，是我们与全球著名建筑设计、规划与咨询公司Gensler

共创的辅助课程活动。我们向学生讲授Gensler"共情式研究"的方法及其对设计和建筑中的用户体验的影响——这是Gensler在建筑和公共空间中对以人为本的设计理念的阐释。在活动中，学生围绕以人为本的空间设计这一话题进行深入探究，与Gensler的设计师、建筑师和战略官一起讨论该公司设计公共空间的思路。就这样，辅助课程活动在课堂与设计行业所必需的实践技能之间架起了桥梁。

沉浸式体验

沉浸式体验通过让学生与当地机构、企业或组织的持续反复互动以及参与学生自行组织的活动或成立的社团，加深他们对某个话题的理解。它可以是一个研究项目、一个挑战性任务，也可以是由学生体验团队安排和联合设计的一项社会活动或一个学生自主推动的项目。

312

沉浸式体验常常是辅助课程活动的延续，以此实现与某个社会伙伴的持续互动。例如，学生与SF MOCI建立了社会合作项目。SF MOCI当时正努力解决两大问题：一是如何减少垃圾，改善旧金山的居住环境；二是如何创建一个为期八周的"创新训练营"，促进市政府雇员进行跨部门协作，激发员工创新。借此机会，学生得以投身首届"创新训练营"的原型开发工作，并沉浸式地参与旧金山解决垃圾问题的行动。每周，学生都要与政府官员会面，并展开相应研究。同时，因为学生此前接触并参与了"为美国编程"（Code for America，致力于解决数字时代政府部门有效利用技术问题的机构——译者注）、GSV先锋峰会的活动，以及Gensler的共情式研究课程，所以这一沉浸式体验更具成效。

洞察和影响力体验

洞察和影响力体验会根据社会伙伴所表达的需求产出项目成果。这类体验的目标是让学生在全新的情境中运用已有的技能和知识，并迎接具体的挑战。洞察和影响力体验的一个例子，是旧金山生活创新区和公共生活调查项目。我们的社会伙伴之一——旧金山城市规划部门——希望学生可以设计几项研究，以帮助政府探索可以用来评估城市内公共空间使用效果的新方法。

洞察和影响力体验的另一个例子，是由阿根廷国家教育部发起的项目，该项目请密涅瓦学生研究阿根廷半数高中学生无法毕业的问题，并提出干预方案。学生对此展开了研究，并提出了包括教师职业发展项目和课程开发技术平台在内的多种解决方案。

这些社会项目使学生得以直接与致力于解决真实世界重大问题的实践者和思考者建立联系，让学生有机会在行动中学习，并将所学知识和技能进行有意义的运用。

上述四类不同体验让学生在每个城市都能参与一系列学习过程，这些过程并不总是线性的，也并非每个体验最终都会形成项目或产品，但是，这一以目标为驱动的学习方法能帮助学生将城市作为校园，进行系统性的探索、学习并产生影响。

整合式学习：将学术课程与体验式学习统一起来

为了使体验式学习项目更具影响力，我们必须将其与密涅瓦学术课程的重要节点、学习成果联系和整合起来。我们并不认为，提倡体验式学习和提升品格素养的辅助课程活动仅仅是在学术课程基础上的锦上添花；相反，我们坚信正式的课堂学习与现实世界的学习相结合的价值。同样，学生也希望能追随自己的热情，在作业和练习中发现目的，并致力于真正重要和有影响力的问题、任务和想法。课堂和现实世界能互为启发，学以致用也有切实的意义。

我们与密涅瓦的学术团队密切协作，成功地设计出整合式学习在大一学年的原型，未来也计划将其用于此后几个学年。我们的目标是：连通每堂课的期末团队项目、当地行业挑战、探究式学习机会。我们要求学生尝试综合自己的个人兴趣、对所在城市的兴趣和课堂学习任务，为整个学期的学习确定一个总目标。

这个过程中很关键的一步，是将学术语言和实践语言统一起来——想让学生知道课堂所学与真实世界有何联系、如何在此过程中投入自己的热情并实现目标，这一步必不可少。学术课程中的重要节点包括研究和定义问题、基于兴趣形成提案、组建团队、完成最终提案和反馈、完成项目、展示成果。这些重要节点与体验式学习中的节点能很好地契合，后者包括转变视角、接触现实挑战、解决挑战性问题、建立项目作品集、与未来潜在雇主进行有意义的交流（通过竞演、展示和反馈来实现）。我们计划在接下来的几年中，与学术团队持续合作，不断改良整合式学习的模式。

结语

在许多大学里，学习仅限于课堂，其他所有活动都与课堂学习毫无关联，只不过是用来填充学生的空余时间罢了。当然，基于实体校园的课外活动和其他项目也能为学生带来愉快的体验，有时也提供了额外的学习机会，但密涅瓦刻意地采取了不同的做法。我们将全球游学和体验式学习活动作为密涅瓦学习体验中关键的一部分来进行精心设计，旨在为学生提供更丰富的全球学习经历。充分利用各地资源，深度参与当地组织和社区的活动，不仅能使学生有机会探索更多的可能性，而且能让其体会到在全球几个独特的城市中生活和成功所需的种种条件。同样重要的是，学生能够在课堂所学的基础上更进一步，在现实世界中应用知识和技能。通过一系列的探索、参与、沉浸以及洞察和影响力训练，学生最终找到了自己的热情所在，能够集中精力与志同道合的组织一同工作，使自身能力得到锤炼。

23. 精心设计的全球化社区

Z. 迈克·王（Z. Mike Wang）、苏尔塔那·克里斯皮尔（Sultanna Krispil）

2014年9月28日夜晚10:00，天气清冷，"851"（创始届学生宿舍的昵称）厨房里传出经典美式早餐的香味。新鲜出炉的脱脂奶饼干、芝香浓郁的芝士炒蛋、来自旧金山渡轮大厦农夫市集的温室番茄和鳄梨，还有油香可口的厚切培根——很多很多的培根，都出自密涅瓦学生体验团队的教职工之手。咚、咚、咚，下楼的脚步声都能让人听出饥饿感。创始届来自14个国家的28名学生先后雀跃地走进厨房和餐厅，此刻时钟的指针马上就要从10:01滑入10:02。"终于完成作业啦！"他们欢呼着、庆祝着，随后，一起探究了培根和鸡蛋成为美式早餐的起源，紧接着匆忙地在自己的餐盘上盛满美食，囫囵吃着，好像一整个周末都没进食似的。

这天晚上，密涅瓦最受欢迎的一项传统——"10:01"诞生了。在第一年中，所有基石课程的作业都在周日晚10:00截止，因此在截止之前的整个周末，学生都要拼命学习，以期在截止前做最后的冲刺。几周之后，我们就发现了截止时间对学生文化和士气的影响：他们没有融入城市。他们卧室的门紧紧关着，人和人之间的交流越来越少，一双双眼睛紧紧盯着电脑屏幕，没有人发起什么活动。

这样的氛围也自然成为改善学生群体状况的契机。我们的想法是，顺势以周日晚10:01为转折点，创造一种让学生重新建立归属感和连接感的方式。于是，每周我们都会鼓励学生从各自的文化背景出发，组队完成一些自己引以为豪并有益于群体的事情。核心设计原则是必须让学生成为活动的主人翁，否则未来这项传统就很难延续。

起初，这项传统的设计主题为"晚饭吃早餐"，但在学生和教职工的头脑风暴下，很快转变成每周由学生主导的关于文化、仪式和惯例的庆祝活动，而且常常有食物和表演相伴。这些活动创造了一个空间，学生在其中不仅能与同伴们分享"完整的自我"，还能让他人接纳和拥抱自己对社群的贡献；同时，这些活动也成为一个跨文化协作与理解的平台。学生得以离开电脑屏幕，在共同的经历中体会意外的收获与碰撞，找到通常难以发现的未知兴趣。

此后，我们对作业截止时间做了调整，学生们搬了家，课堂日程也有所变化，但"10:01"的传统好像在那里存在了至少101年——它好像永远存在，也永远不会改变。这项传统仍被称为"10:01"，也继续在周日准时开始。它已经深深地扎根在密涅瓦社区尊重、共情的价值观里，将不同年级、不同国籍的学生凝聚在一起。在过去几年如此，在未来也还会如此。

在所有大学教授的发言和演讲里，不管是开学典礼的演讲、校友返校日的发言，还是毕业典礼的演说，有一个词总是反复出现，那就是"社区"（community）。这个词有许多定义，对不同的人来说含义也不同。那么，社区这个词为什么对大学而言如此重要？我们在说社区时，到底在谈什么？社区的目的是什么？我们又如何构建一个社区？

在本章中，我们将探讨密涅瓦如何基于第一性原理设计全球化社区。我们将回顾根据社区价值观确定品格素养成果或学习成果的策略，描述我们如何将社区价值观转化为基于体验、项目和传统的"品格素养课程"，以及在学生的四年学习和未来成长中，如何将社区结构转变为全球化语境。

基础：社区价值观

在密涅瓦，我们相信，举办目不暇接的活动或者举行一年一度劳民伤财的传统庆典，对社区的形成并没有什么助益；是否成功地构建社区，也无法用参与人数和签到率来衡量。密涅瓦的社区是在精心的设计和组织中建立的。这其中当然有些意外之得，但与用心的设计和组织相比，其影响却是微乎其微。换言之，我们的全球化社区是靠设计而形成的。

如果某项活动和传统实践的参加者没有清晰地理解其目的或意图，这些活动和实践就无法持续产生意义。在设计社区活动时，我们依据的是一系列学习成果——由品格素养成果和社区价值观构成，就像密涅瓦课程有特定的教学法指导一样。据此，我们创建了一组社区活动项目（我们称其为体验式"课程"），在各学年和各城市分别依次展开，以启发学生形成社区价值观。社区活动项目的设计会根据地点的不同而变化，以切合各个国家的核心价值和学生的文化体验。

确定社区价值观

建立全球化社区的第一步，是构建一系列独特的社区价值观，并确保其对密涅瓦全球化的学生群体有意义。密涅瓦本身是一个由不同相关方构成的复杂系统，包括教职工、社会伙伴和学生，每个相关方都有不同的立场和优先权。如果我们想要确立一系列全球通用的价值观，就要考虑所有相关方的诉求。这就需要我们在确定价值观时，要自上而下（由密涅瓦创校目标和理念来驱动）和自下而上（以各个相关方的观察为基础）同时进行。

密涅瓦是一座以学生为中心的大学，因此我们希望我们的社区价值观也能为学生最终的成功服务。我们每年向所有学生发送一份问卷——热情与兴趣问卷（Passion-Interest Questionnaire），简称PI-Q问卷。问卷中包含一个极其重要的问题："请分享一个你个人相信，且认为密涅瓦社区应当遵循的价值观，并解释原因。"这就是我们自下而上确立价值观的方式。根据PI-Q问卷的结果（问卷回收率为84%），我们提炼出学生对社区价值观的主题和特质的建议。我们认为，这些主题和特质反映了他们心目中理想社区的模样。

我们将学生的建议最终汇总成24个独特的价值观，包括有目的的行动、勇气、善意、忠于自我、尊重、倾听和理解、先求知再判断等。

随后，我们反思了密涅瓦的七条创校指导原则——超越常规、人文关怀、充满信心、深思熟虑、明辨优劣、实事求是和追求卓越（参见附录B）。同时，我们也考虑了学生体验团队对学生作为全球公民所必须具备的品格素养成果的评估。这就是我们自上而下的路径。

在此基础上，我们结合学生的反馈结果和重点要素，提炼出了七条社区核心价值观——尊重、共情、求知、合作、主动、专注和坚韧。核心价值观为社区宣言的形成打下了坚实的基础。作为社区价值观形成过程的重要一步，社区宣言将展示密涅瓦独有的行动实践，彰显社区成员如何解读价值观、如何努力将价值观付诸实践。

践行社区价值观

社区价值观是我们品格教育学习成果的基础，我们相信，学生应当尽力参与和贡献，共同打造一个强大的社区。这一过程并不以分享价值观为终点，因为人们对价值观可能有不同的解读；重要的是建立整套体系，帮助学生践行这些价值观。为此，我们将社区价值观转化为一系列通行的实践，并保留了大量学生在回答PI-Q问卷时采用的语言。

我们将最终汇总的社区价值观条目和在实践中的解读都分享给学生，以获得他们的认可，完成自上而下（原则或成果驱动）和自下而上（调查反馈驱动）的闭环。我们向学生强调，这些结果并非板上钉钉，我们每年都会重新讨论并确保其依然与学生对社区的愿景相符（现在的版本是"V3"，即第三版）。表23.1列出了社区宣言，其中每一部分都与一项社区价值观相对应。

320

表 23.1　密涅瓦社区宣言（V3）*

- 我们是一个社区。
- 我们相互理解。
  表达真实的自我，
  从彼此的差异中找到力量，
  无条件地属于彼此，
  在多样性中团结在一起。
- 我们展现出谦逊的品格。
  努力以共情和开放之心理解新的观点，
  怀着感激之心，
  承担责任，
  并相互关怀。
- 我们勇敢探索。
  拥抱不确定性，
  勇于冒险，
  直面自己的恐惧，
  探索新的想法，
  在体验中洞悉世界。
- 我们深入追寻。
  在真正重要的事情上，
  投入我们的时间和精力，
  通过专注，
  发挥我们最大的潜力。
- 我们踏实行动。
  通过一致的行动和履行每个人的责任，

　　　　　实现我们的理想，
　　　　　慎思笃行，才可事半功倍。

- 我们与时俱进，坚持不懈。
　　　将每次挑战视为成长的机会，
　　　迎难而上，谨慎践行，
　　　在复杂中坚持，
　　　不懈努力直到终点。

- 我们捍卫公共的胜利。
　　　我们持续协作，
　　　支持彼此，夯实集体力量，
　　　为未来创造更美好的前景，
　　　因为我们相信，在一起，能走得更远。

- 我们珍视尊重、共情、求知、专注、主动、坚韧与合作的价值。

- 我们是一个社区。

- 我们是密涅瓦。

*本表位于英文原版第320页，为便于阅读，中文版将其位置提前，紧随正文。——编者注

　　2020届学生在开学前必须签署社区宣言，做出努力践行这些价值观的承诺后，才能真正成为"密涅瓦人"。这一过程能确保学生在加入密涅瓦时，就形成了价值观上的认同——更重要的是形成了对社区的期待。当然，签署宣言不是最后一步，而是行动的开始。这一步让每个学生和全年级所有人在理解和掌握价值观的过程中拥有通用的语言体系，并帮助他们践行。

形成对价值观的个体理解和群体认同

　　在有了社区价值观，有了一系列用来指导社区成员理解和拥抱社区价值观的实践之后，我们便开始创建组织结构，以便学生们能更深入地理解、应对和践行价值观的内容。我们希望学生勇于探究和理解社区价值观在不同社会背景下的含义，能够既从个体和群体的视角出发，也从微观（小团体）和宏观（整个密涅瓦社区）的层面来思考。

个体视角

要想构建一个成功的社区，首先必须接纳社区成员的个体性和独特性，不可能仅仅通过强制或在网站上公布，就期待社区成员遵守。对于一套既定的价值观，不帮助成员理解其所以然，就要求他们做出相应行为，其结果最多不过是暂时的成功，而不是长期的遵从。

为构建一个欣欣向荣、由价值观驱动的社区，我们首先让学生对整套价值观提出自己的理解和观点。在围绕某项价值观设计活动体验时，我们总是有意地在集体活动之外留出个人反省和内观的空间，在此基础上才让每个人分享自己对价值观的理解。学生来自不同国家，合作与共情对他们来说意味着不同的内容，对那些没有从小习惯于辨别英语当中微妙之处的学生来说更是如此。

上述做法为我们的社区活动提供了丰富的视角：学生会对某项（或几项）社区价值提出问题和不同意见，作为每个人理解价值观的出发点，随后再一起讨论价值观所代表的意义以及如何作为集体（即一个大社区）践行该价值观。在这个过程中，他们会意识到，每个人的个体观点都会对密涅瓦的日常活动和系统结构产生影响，而后又反过来影响他们每个人，形成一个循环。

小社群视角

密涅瓦的学生群体是国际化的，只有不到20%的学生来自美国，所以"国际学生"这一标签并不存在。因此，小社群是构建有意义的关系、加深彼此理解的重要部分。在传统大学中，这类互动往往随机发生，这在某种程度上也合情合理，因为缘分具有神奇的力量。学生在宿舍楼或食堂中碰面，或在合唱队排练、在生物实验室里相遇，都有可能形成超乎期待的友谊。但是更多时候，仅仅让社区靠缘分发展，就可能错过一些机会，甚至导致隔阂，从而迅速产生排斥和对立，牺牲掉社区整体的价值。

在密涅瓦，我们鼓励学生形成小社群，但同时让学生在更宏观的视角上认识各自的"密友圈"。相比仅凭机缘巧合和随意选择形成的圈子，小社群如何才能拓展为充满意外收获、多样性和意义的共同体？

为了解决这一问题，我们进行了几项创新。首先，作为基础，"密涅瓦社群"（MiCos）取代了通常所说的学生社团。它具有包容性、国际化、基于社区和公民意识的特点，其目标是相互合作而非相互竞争。它以话题和兴趣为存在的根基，并在各个城市设立分社；和传统的年级越高、权力越大的层级制度不同，在每个MiCo中，各届学生都有机会在特定城市运作相应的"全球分社"。因此，每个学生都有机会学习如何领导团队（以及如何追随领导者）、如何与全球各地的分社协作。比如，"密涅瓦探索者"（Minerva Quest）是一个以新闻媒体为主题的MiCo，其执行编辑们分别身处旧金山和布宜诺斯艾利斯，这就同时为2020届学生（在旧金山的大一学生）和2019届学生（在布宜诺斯艾利斯的大二学生）提供了扮演领导角色和指导他人的机会。

<span id="322">322</span>

我们鼓励小社群扩大视野的另一种方式，是将背景、文化和兴趣爱好各不相同的学生组合到一起。除了MiCos，我们还希望建立另一种机制，让学生有机会与不同届、在不同城市的同学进行全球联结。这还不包括我们在拥有毕业生之后要建立的校友机制。

于是，学生联队就诞生了。这项机制旨在建立彼此支持、相互理解和共同探索的小社区。25个联队中，每一个都包括一名创始届学生以及数名此后各届的学生，从而在不同届学生间形成跨越实践的垂直连接（参见第21章）。建立联队的目标有两个：（1）将未来各届学生以小社群的形式组织起来，实施相关项目和品格素养课程，深化他们对社区价值观的理解和践行；（2）建立一种架构，让学生感受到与各个游学城市以及与同学的联结。联队在每个城市中都有一个实体的营地，我们也要求学生建立联队与城市联系的程式。这样，联队通过与城市当地元素相连的小社群结构，促进了学生与城市、与同学之间的连接。

大社区视角

我们相信，在密涅瓦最神奇、最具变革性的体验，发生于大社区的机制（无论是同届大群的社区，还是整届学生的社区）。我们希望让同一个大群或同一届的学生能在共同的体验中塑造个体身份与世界观，在毕业后形成对母校长久而深刻的依恋。

大社区层面所产生的影响会渗透到小社群和个人层面，这就要求大社区层面的体验能影响对学生而言最重要的事物，并让他们有意识地与彼此进行充满意义的交流，同时践行社区的价值观。

社区项目与传统

有了基础（品格素养成果和价值观）以及架构（个体、小社群和大社区的实践），我们就可以聚焦于内容的设计。我们将品格素养课程的内容融入一系列标志性的体验和工作坊，让学生基于个体、小社群、大社区和整个学生群体的不同背景，来更深入地理解和掌握社区价值观。我们希望这样的设计所产生的体验机制能兼具灵活性和持续性，同时能让学生在意外和惊喜中更好地巩固品格素养。

每周一次的"密涅瓦对谈"（Minerva Talk），是我们为学生个人成长设计的一项标志性活动。这项活动旨在让学生探索在加入密涅瓦之前，自己在人生经历中所秉持的社区价值观。实质上就是让学生反思自己的人生，成为自己人生故事的讲述者。在活动中，每个学生都会用半小时的时间回顾自己的人生经历，然后回答其他同学的问题。对谈还包含辅导项目，培养学生成为对谈主持人，以更好地协助此后的发言者。对谈活动相当成功，也让学生更为自信。

在小社群层面，我们为学生联队设计了晚餐会项目。晚餐会每两周举办一次，旨在深入探讨一项社区价值观，有时由学生主持讨论，有时则和一项当地体验活动相结合（我们称之为"标志性体验"）。目前，每次晚餐会都会将来自不同联队的学生分为大约15人一组。据此形成的小社群以目标为导向，通过多种练习、工作坊和讨论，共同探索密涅瓦的价值观和品格素养课程。同时，小组成员也能体会到，每个城市或每一年（如大一或者大四）如何体现出价值观中那些微妙和重要的内容。

比如，旧金山本身是一座充满创业、创新精神的城市，而理解坚韧这项品质的最好方式，莫过于在城市北部海滨进行半程马拉松徒步。学生以晚餐会小组为单位集合，以旧金山洋滩（Ocean Beach）为起点，出发前他们会得到一系列指示，然后经过七个关卡（每个关卡都会给出一个反思话题和挑战任务），最终完成13.1英里（约21.1公里——译者注）的徒步。在体验中，我们在各个关卡均设置了结束徒步的选项，但同时向他们强调韧性和坚持的含义。83%的大一学生加入了徒步，而足足75%的学生走完了全程。之后，学生会在晚餐会上一起讨论此次体验对自己的启示，以及各自对坚韧这一品质更深入的理解。

另外一项标志性体验的例子发生在布宜诺斯艾利斯。我们设计了一项在盲人剧院（Teatro Ciego）体验黑暗探戈的活动，让学生学习共情。我们相信，要想让学生充分理解共情的含义，一个好办法就是让他们与搭档在黑暗中跳探戈舞。跳探戈舞时，学生需要不断理解搭档的需要，并努力让对方领会自己下一步的动作，而在黑暗以及集体舞蹈的环境里更能感受到这一点。我们希望，学生通过在黑暗中跳探戈舞的体验能更透彻地理解共情的含义，并在未来的各种情境中将其付诸实践。

在本章伊始，我们描述了最受喜爱的一项传统——周日的"10:01"活动。这是一项大社区的活动，但由于其举办较频繁（每周日晚都会进行），就催生了诸多小社群，也在无意中让许多对话和伙伴关系得以形成。这项活动让学生深深体会到，要主动行动并思考如何为社区贡献价值。虽说"10:01"活动常常和食物有关——学生要彼此协作，从头完成美食的制作，但它也成为一项以文化和传统为主题的体验，让来自全球各地的学生更深入地了解和接纳彼此。主动组织该活动的学生也必须认真考虑整个社区的需求和喜好，并用行动来回应大家的呼声，而不能仅仅考虑个人的偏好。

在大社区层面，有一系列旨在让全体学生践行各项价值观的里程碑式的活动：从"基础周"和"提升课"（Elevations，学生在抵达一座新城市时进行的社区团建和培训活动），到"城市会"（Civitas，介绍每个城市的社会合作伙伴、导师和项目的活动）、宴会（大家聚在一起彼此感谢、回顾整个学期，或举行新学期的开学仪式）和"享谈会"（Symposium，学期末的庆祝活动）。如下所述，这些活动帮助学生领会和践行特定的社区价值观：

- **求知**。"城市会"是一场跨世代的思想与挑战峰会，在学生开始新一座城市的游学之际进行。学生由此开始与当地社区的成员和领导者进行深入的交流与互动，了解当地企业、机构、非营利组织和政府正在进行的社会公共项目，并思考如何将自身精力与所学知识用于这些项目，为城市带来新的真知灼见和影响力。

- **合作**。宴会是密涅瓦全员参加的活动，由学生和教职工共同设计和准备。在此过程中，大家学会了如何与拥有不同技能、专长、工作风格和饮食观念的人们合作，从头开始进行创造。

- **专注和坚韧**。"享谈会"尝试让学生展示自己在每个城市所做的长期项目。他们的项目要对该城市以及更大范围的世界贡献真知灼见或影响力。

325　有些大学要求学生签署诚信承诺书，但密涅瓦并不这么做。我们不要求学生签署什么书面协议，但要求他们遵守一整套价值观和行为规范，并在参与以品格发展为明确主线的社区项目活动中，加深对价值观的理解。这么做的结果是，我们并不着眼于约束学生的特定行为，而是强调学生作为社区成员，应当怎样努力去做，怎样践行社区文化，如何显示出成为密涅瓦社区一员、与同伴联结并为社会做贡献的真正意义。

向全球化社区拓展

密涅瓦社区和项目之所以能够成功，关键在于它们跨越了学年和城市，如支架般辅助学生逐步加深理解。在每个新城市，学生做出的努力都建立在上一年的课程、核心体验和深刻见解的基础上。重要的是，学生不能仅仅重复已有的社区传统和项目，而是要逐年延伸，并在此过程中掌握必要的技能、知识和专长，在项目的迭代和测试中发挥领导力。

全球化社区最重要的一个内容是保护共同知识、留存组织记忆，并用故事来承载所获得的洞见与教训。在未来几年中，密涅瓦将实现在全球七个城市的同步运作，每个城市中将有几百名学生。在每座城市里，我们会继续根据社区传统开发、开展和推广活动，让学生获得沉浸式的核心体验。

我们十分清楚，要发展与保护密涅瓦的文化，必须克服一个重大的挑战：当新一届学生抵达一座新城市时，前几届学生是缺席的。因此，密涅瓦的文化无法按寻常的方法自我存续。为解决这个问题，我们对学生的体验进行记录、反思和处理，并将这些数据收集到名为"Spoke"的中央知识库中，与密涅瓦的维基页面"The Hub"并行。[①] 中央知识库集合了所有我们取得的经验教训、积累的知识、收获的洞见和学生们发现的秘诀。通过阅读这些材料，学生就可以了解他人的心路历程，并基于先行者的做法和惯例进行反思。通过这些做法和惯例，文化得以被组织化地留存。相比随机的延续，这种做法能更好地实现"上传下承"。

最后，我们的目标不仅是建立学生自己的社区，还希望将他们与城市中志同道合的相关方联系起来。只有当学生超越了自己所在的社区，开始在城市乃至整个世界中探求价值观与品格的意义之时，我们才真正实现了密涅瓦的全球化——此刻，

---

① 在英语中，Spoke和Hub分指车轮的辐和毂。——译者注

他们才真正得以锤炼作为全球公民所应具备的技能和素养。MiCos和联队等小社群则为社区参与打下了基础，使无论是基于兴趣还是基于价值观的社区活动都能得到开展。

结语

密涅瓦的社区并非偶然出现的，而是通过精心设计才形成的。在快速变化的世界里，人们对全球公民所需的能力和价值观并无定论，而要如何对待他人、与他人互动，也无通用标准可循。

为此，我们在设计密涅瓦社区活动项目时，结合了品格素养成果（即社区价值观），为学生在四年间品格素养与价值观的形成提供了通用语汇和体验式学习路径。通过这一学习历程，学生将为职场以及个人和人际生活做好准备。通过全球公民的品格教育项目，我们希望学生能够与他人进行良性互动，并给予彼此有力的支持。

24. 21世纪多元化大学的学生心理健康服务

詹姆斯·莱达（James Lyda）、诺利安·卡波拉尔－伯科威茨（Norian Caporale-Berkowitz）

密涅瓦着力于重构高等教育，将学习科学视为重中之重，因此也将学生的心 327
理健康视为教育过程中的关键内容。无论学术能力如何，许多大学生都可能，也的
确会面对心理健康问题，学习效能也会受到影响。从青春期末期迈入成年的过程本
身就会带来一定的压力，加上严苛的学术环境，以及家人陪伴或其他支持系统的缺
失，就可能导致学生耗费大量的心力和情感。更重要的，是密涅瓦实行全球轮转游
学制度，这意味着每学期所有学生都要以国际生的身份进入一种新的文化，这又带
来额外的压力。而且，密涅瓦的课程要求极高，又有大量辅助课程活动、学生社团
的参与要求，同时学生身处好几个全球最有意思的城市，其中让人眼花缭乱的机会
和诱惑，都会继续对学生提出挑战。为此，我们将心理支持看作学生成功不可或缺
的基础。学生只有在心理和社会情感方面保持健康状态，才能充分参与密涅瓦创造
性的学习过程并从中受益。

从根本上来说，心理健康和咨询服务对大学实现使命具有核心意义，因为这些
服务能够促进学术成功，帮助学生实现正向的个人发展。训练有素的咨询师和心理
治疗师能帮助学生消除心理和社交上的疑虑，为学生提供危机咨询服务和短期心理
治疗服务，并尽最大努力避免心理疾病、自杀和暴力现象的发生（Holm-Hadulla &
Koutsoukou-Argyraki，2015）。对于密涅瓦而言也是如此，但截然不同的一点在
于：我们有独特的机会，能将已知的最佳实践与创新的手段相结合，开发出大学心
理健康服务的新模式。不过，这一新的解决方案并不像雇佣一批心理咨询师，然后
告诉学生如何获取服务这么简单。如果只是这样，就算不上是什么创新的手段，也 328
无法适应过去15年来大学心理健康服务领域的新变化。相反，如下文所述，我们采
用的是一种集预防性、综合性和社区性为一体的新手段。

21世纪的大学心理健康服务

进入21世纪，美国大学的心理健康咨询服务正在为更多人所知（Prince，2015）。但是，许多人对此的关注源于一些骇人听闻的悲剧，包括大规模枪击、自杀甚至成群自杀，以及最近美国大学校园内凸显的性侵问题。可是在这些重大的悲剧事件之外，因心理问题而寻求支持的学生数量几乎在所有大学中均呈普遍上升趋势。这不仅仅是需求增加的问题。此前大学心理咨询中心的主要角色，是帮助学生解决适应大学生活、步入成年和职业发展方面的个人心理发展问题，如今从服务内容而言，也早已今非昔比。因此，在提供传统服务的基础上，许多大学的心理咨询中心变得更像心理健康门诊和社区心理危机中心，帮助学生应对不同种类、不同程度的已有或继发的精神问题，包括重度抑郁、严重焦虑、创伤、躁郁症、精神疾病、饮食失调症、药物滥用和自杀意念等。

对致力于提供充分心理咨询服务的大学而言，这种转变对其提出了重大的挑战。许多大学的心理咨询和诊疗服务在急剧增加的需求下疲于应对，其提供服务的方式亟待重大改变。对学生而言，和几十个人一道排队等待好几个星期，已经是家常便饭；限制每个学生的咨询次数，也早就是不得已而为之的规定。

全球各地大学心理健康服务的范围和做法虽然与美国大学不同，但在如欧洲（Rückert，2015）和中国（Yang et al.，2015）等地，大学也将心理健康服务提升到教学使命层面的重要位置。在世界范围内，学生的压力和相应的服务需求都呈现出明显的上升趋势。

大学心理健康的"新常态"

为什么会这样？回答这个问题需要另写一本书，也不是本章的目的。简而言之，这是不同因素综合作用的结果，这些因素包括但不限于：社会整体对心理健康问题有了更多关注；导致千禧一代"被压力击垮"的种种社会性原因，其中很重要的一点是社交媒体的影响；2008年全球金融危机后人们所承受的社会经济压力，与之相关的，是当大学教育越来越多地成为求职门槛时，找到工作所需要花费的成本、精英大学的录取竞争和优异的学习成绩要求；由于药理学和心理治疗领域的进步，一些原本无法进入大学的学生得以顺利入学，但可能同时提出了持续治疗的要求；公共卫生方面的有效努力，提高了公众的心理健康意识，减少了对罹患心理疾病和寻求相关帮助的人群的偏见；大学努力降低学生同质化程度，包括在民族、种族、国籍和社会经济背景方面提升多样性；国际学生大量涌入，他们既要支付最高额的学费，又要承受文化适应和孤立的额外压力；最后，同样重要的一点是，现代育儿理念及父母期待对学生产生了重要影响，这些家长既包括"虎爸虎妈们"，也包括那些自己从未上过大学，无法为成为家中第一个大学生的孩子提供指导和支持的父母。

我们所知道的是，事态已经发生了变化，且没有迹象表明情况会发生逆转。美国大学健康协会（American College Health Association）的年度评估（该评估每年的研究结果都相当可靠）显示，美国任何一所大型寄宿制大学在一个学年中通常都要面对以下情况：

- 大约有四分之三的学生会在某些时刻感到不知所措。
- 大约有30%的学生会在某些时刻感到非常沮丧，以致无法应对学业。
- 大约有三分之一的学生会感到焦虑，有四分之一的学生会感到抑郁，并影响正常学业。
- 大约有6%至7%的学生会认真考虑自杀。
- 有1%的学生会尝试自杀。（美国大学健康协会，2015年）

2014年，即密涅瓦创始届学生入学当年，美国教育委员会（American Council on Education）、美国高校学生事务管理者协会（Student Affairs Administrators in Higher Education）和美国心理学会（American Psychological Association）共同发表了有关大学生心理健康问题的战略性简报（Douce & Keeling，2014）。该报告受奥巴马总统关注心理健康问题的呼吁的启发，有效地记录了心理健康问题会如何破坏学生学习和储存信息的能力。另外，该报告还提出了一个令人信服的观点，即心理和行为问题是学习问题，是学生学业成功的关键障碍。这一观察结果强调，大学心理咨询服务在高等教育实现使命的过程中，发挥着核心的作用。

密涅瓦的心理与行为健康服务

密涅瓦学生和学校本身都能从对心理与行为健康的关注中获益。其他大学必须根据学生迅速变化的心理健康需求来调整现有系统，其困难程度无异于在暴风中调转巨轮，而密涅瓦的优势在于能够参照前人的经验教训，以相关问题的实证理解为基础，并且从头开始设计心理健康服务：我们没有不得不去说服的利益相关方，没有历史问题或组织惯性要克服。密涅瓦的模式及其学生的特点，使这所学校成为创新的沃土。

杜丝和基林在报告中提道："现在的情况是，并非所有有需要的学生都会来咨询中心，他们本可以从心理或行为健康服务中获益。面对已有的服务，学生们可能意识不到自身的需求，也不知道服务是否可用。"（Douce & Keeling，2014，p.6）对于密涅瓦学生这样一群来自不同文化、对心理健康有不同看法的人而言则更是如此。有些学生对心理健康咨询专家抱有非常开放的态度，而有些学生却来自心理健康问题求助和心理疾病治疗依然被污名化、被视作禁忌的地方，另外一些学生则第一次认真思考心理健康和平衡对自己意味着什么。

在报告中，杜丝和基林围绕安全支持网络的建设问题，提出了五项关键目标，我们根据密涅瓦教学模式和国际学生多样性的现实情况，对五项目标进行了调整适配，形成了密涅瓦心理健康服务的基础：

331
第一，杜绝碎片化服务，提高可及性，为学生的健康、福祉和学习提供支持。在建立学生心理健康安全保障网的过程中，最大的挑战之一就是部门隔阂和画地为牢，这二者导致服务支离破碎。因此，一旦学生做出令人担忧的行为或面对情绪挑战，如果学校教师和员工相互不配合、不沟通，不与心理咨询服务提供人员合作，就可能使身处夹缝中的学生得不到应有的帮助。

在密涅瓦，典型的碎片化问题大部分都因全员开放的行政办公空间而消失无踪：心理健康服务主任的座位紧挨着首席认证官，对面便是密涅瓦的创始人兼首席执行官，距学术院长们的座位则仅有十步之遥。尽管个体心理咨询服务在单独的办公空间进行，远离行政办公室，但心理健康服务主任会定期与员工和教师们开会，并随时给所有在办公室或远程办公的同事提供顾问咨询。这样安排，就使所有与学生直接打交道的员工都能获得直接指导。当学生的行为令人担忧时，相应员工也能获得危机支持。同时，这也营造出一种文化，让每个教职工都意识到要对学生的健康和福祉负责，并且认识到学生的心理健康与其学业成就、个人成功息息相关。

学生通过临床服务的模式获取个体心理咨询服务，该模式包括三个关键元素：（1）确保学生——以及为学生提供支持的教职工——都清楚地了解如何发起心理咨询服务并获得支持；（2）在全学年中，每周通过短咨询服务持续接收新的就诊学生，短咨询服务的方式包括非正式咨询、初步评估，以及在学生需要更频繁和专业的治疗时提供向当地服务机构的转诊介绍；（3）积极推广心理咨询服务以及咨询师，让他们通过外展服务和社区参与，为更多人所知。

但是，如何让这一模式在全球多达七个城市中运转起来？这本身不就会导致碎片化吗？为解决这一问题，我们在每个城市中安排了现场心理健康咨询师，他们分别与当地的学生事务与运营团队、学生体验团队和学术团队协作，共同建立当地学生的安全保障。在此基础上，各个城市的安全保障网络又通过例会和沟通来相互连接。学生从一个城市搬到另一个城市时，相应的心理健康服务团队就会进行合作，共同确保有需要的学生能继续获得支持。为进一步提升持续性，我们为学生建立了云端电子健康档案，学生搬到新城市时，咨询师就能调取其治疗记录。同时，我们还定期进行跨部门、跨校区的工作小组会议，这对于建立连贯一致的心理健康体系，支持学生在四年本科期间的全球游学，也起着至关重要的作用。

第二，在校园生活中，识别出可能意味着心理和行为健康问题的表现。密涅瓦是一个以数据为驱动、以科学为基础来运作的组织，通过快速迭代，不断提升我们教育和支持学生的能力。这也意味着我们要定期（正式和非正式地）评估学生状况，及学术水平、住宿生活和机构文化对其心理和行为健康的推动作用。除了直接对学生进行问卷调查之外，我们每周还会举行学生体验团队、学术团队和学生事务团队（包括心理健康服务团队）的跨部门会议，识别出在与学生接触过程中可能要特别关注的行为模式。所有这些都是从零开始创建一所大学必须完成的工作。得益于所有部门的紧密合作，学生的困难和需求才很少会被忽略，我们也能够从各个部门收集观察和思考。

与此同时，我们也理解，全球轮转游学模式日程紧张，学生在八个学期内进驻七个城市，需要不断调整、适应和转变。因此，在学生每次前往新城市之前，我们都会进行行前培训，并在他们抵达新城市之后再次提供迎新活动。如上文所说，我们在每座城市都安排了心理健康咨询师，帮助学生在全球旅程中应对所有的压力。

第三，提供外展教育和顾问咨询服务，帮助社区成员识别和应对有心理或行为健康问题的学生。任何一所大学的心理健康服务最重要的一部分，就是向学生、教师和员工提供外展教育和顾问咨询服务。在这方面，密涅瓦的心理健康服务旨在推动社区视角的行动。为此，我们将临床服务提供者的工作拓展到私人咨询的空间之外，延伸至社区的范畴。心理健康服务的推广和顾问咨询包括一系列精心设计、兼具系统性和创新性的教育活动和资源，强调采用多元文化和发展性的视角看待预防、健康、学生发展和社区建设等问题。心理健康服务团队的员工与其他员工和项目活动一起，为学生的心理、情感和生理健康需要提供支撑。

333
JED基金会[①]提出了校园框架（Campus Framework），其中指出：

> 我们要向那些与学生互动最为频繁的人们，诸如宿舍管理员、学术顾问、教授，甚至同学等学生健康的"守门人"，推广情感健康理念……这十分重要。最关键的，是他们能够识别出哪位学生陷入困境，并将该学生转介给相关人员。（JED校园框架，2016）

密涅瓦采取以下几种做法来达成上述目标。我们为学生宿舍助理和一些社区学生领袖提供适合的学生支持网络（Student Support Network）心理健康观察员培训（Morse & Schulze，2013）以及提问—劝说—转介（QPR）自杀预防培训（Quinnett，2007）。我们也对教师和顾问进行培训，教他们如何识别问题迹象，如何有效地与学生交谈，以及如何将其转介至支持服务部门。此外，在迎新活动上，我们也为学生提供心理健康教育，包括如何应对调整适应、学术压力、冒充者综合征[②]、文化适应压力和过度疲劳等常见问题，并讨论这些问题如何对学生的心理和情感健康产生不利影响。从迎新活动，到每个城市的行前培训，再到全校活动，心理健康服务团队都会参与规划，致力于确保让所有教职工和学生团体做好充分准备，在学生出现心理或情感健康问题并需要帮助时，能加以识别和应对。

第四，通过问卷调查、展示、自测、练习和特别活动等形式，识别出在个人成长、学习和成就方面正遭受心理问题困扰的学生。密涅瓦看重数据、反馈和全员深度参与，因此学生的问题不太会被忽视。我们通过多个渠道追踪学生的心理健康情

---

① JED基金会：美国一家旨在保护高中生与大学生情感健康、减少药物滥用和自杀风险的非营利机构。——译者注

② 冒充者综合征（Impostor Syndrome）：一种怀疑自己已取得的成就，感觉是在欺骗他人，并害怕被他人视为骗子的心理模式。——译者注

况。比如，我们既进行正式的全班调查，又随机组织学生在小规模晚宴上给出质性反馈；针对那些较为内向、可能较不愿意主动寻求员工帮助的学生，我们还特地设计了另外一些活动来发现和满足他们的需要。比如，我们有一项被亲切地称为"巧克力蛋糕角"（Brownie Corner）的活动，由员工邀请一些学生参加甜品派对并相互交流——学生宿舍助理会定期向员工汇报，哪些学生参加积极性不强，或没能参加集体会议和活动，这些学生（在合适的时候）就可能被邀请参加甜品派对。通过这些渠道，一旦发现学生正挣扎于学术、社交或情感问题的证据，我们就会引导他们去获取有效的支持服务。

334

第五，培养支持的氛围和态度，挑战刻板印象，颠覆心理咨询的偏见与污名，鼓励学生反思自身的心理健康情况并在需要时获取服务。密涅瓦的教育模式让我们形成了一个紧密连接的国际化社区，学生来自50个国家，在心理健康的话题上有各自的文化和理念。鉴于这种多样性，我们积极打造一种鼓励每个人寻求帮助、重视心理健康并积极面对心理问题的"密涅瓦文化"。与此同时，尊重不同的信仰体系和世界观也很重要。为此，我们的做法是：创造不同的渠道让学生讨论各自眼中心理健康和社区健康的含义，使对心理健康关怀的讨论成为密涅瓦学习和社区体验中的重要部分。

幸运的是，密涅瓦是一所从头开始建立的新学校，我们得以将跨部门的项目与合作提升至全新的水平。除了学生事务和心理健康服务外，学校的学生体验团队还致力于学生社区的建设、体验式学习环境的打造和学生品格的形成。团队成员每周举行的会议，不仅让我们能够设计跨部门合作项目，而且使心理健康支持服务成为学生生活中重要和稳固的一部分。比如，旨在让学生参与思考社区整体福祉的心理健康观察员培训和"鱼缸式讨论"[①]（Kane，1994），都是由这些团队共同合作开发和实施的。此外，我们还组织学生举行晚餐会，让他们在其中自然地建立友谊，并组成小组进行社会情感学习，掌握密涅瓦的七项品格素养成果：尊重、共情、求知、合作、主动、专注、坚韧。我们基于已有的社区单元以及定期和所有学生互动的团队来开展各类项目活动，目的就是不遗余力地消除人们对心理咨询的偏

---

① 鱼缸式讨论（fishbowl discussion）：一种教学和讨论方法。所有参与者围成一个大圈，其中少数被选定的参与者再围成小圈。内圈的人进行讨论，外圈的人只可旁听。一段时间后，外圈对内圈进行反馈，参与者可在内外圈间调整，选择加入或退出讨论。——译者注

见，自然地创造出学生们可以在其中讨论情感与人际发展话题、获取相关支持资源的空间。

结语

学生的心理健康与其学术成就息息相关。大学心理咨询中心的职责，是为学生提供诊断评估、个体咨询、危机干预和群体咨询服务，并兼顾增强学生的社交能力。更强的社交能力能让学生更好地应对学习中的困难，处理心理和情感健康问题。当全世界的大学都面临着学生心理健康服务需求更多、心理健康问题更严重的"新常态"时，要实现上述目标就变得越来越困难。为此，密涅瓦致力于依据循证实践和已有教训，构建自己的学生心理健康体系。此外，密涅瓦拥有独特的教育模式和多样化、国际化的学生群体，这为创新提供了丰沃的土壤。我们希望，密涅瓦能为大学心理健康服务开拓出一种有效的模式。

25.密涅瓦学生职业发展部

罗宾·B.戈德堡（Robin B. Goldberg）、安妮·考思（Anne Kauth）

我们对学生做出的一项承诺，是让他们能够为走向社会做好准备，为世界带去 337
改变。我们希望学生在毕业后能够迈向成功。既然他们选择在密涅瓦而非其他地方
度过这四年时光，我们就要努力让他们踏上更好的道路。当然，学生们自己也要努
力——按密涅瓦的要求参与所有事务，包括学术活动、学生体验和职业准备等。这
并不仅仅是我们发自内心的愿望，密涅瓦的使命也敦促着我们，用批判性智慧推动
世界的进步。因此，我们将指导和支持学生规划职业生涯视为己任，这项工作从学
生进入密涅瓦开始，并将持续贯穿他们的一生。

学生学业成功、事业有成，也能让我们更快地实现机构使命。学生毕业后在社
会中担负起重要责任，也就为密涅瓦带来了荣耀。我们期待，从长远来看，毕业生
的成功会变成密涅瓦最好的传播方式。它不仅能吸引更多学生加入，也能鼓励其他
院校采用本书描述的各项理念、方法和课程。密涅瓦的价值将不再通过逻辑自证的
方式来呈现，而是体现在毕业生对他们加入或发起的机构所做出的贡献上。学生毕
业后的职业发展将会证明，我们的教育模式所实现的价值，比已经被研究证明的成
效还要广阔和深远。

这一目标不可谓不高远，它赋予我们的既是机会，也是责任，它要求我们对大
多数院校提供的传统大学"学生就业服务"机制进行重塑。大多数美国大学提供的
就业服务，通常包括修改简历、模拟面试、举办招聘会和安排面试等。可对于密涅
瓦的目标而言，这么做就太简单了。于是，我们所面临的挑战，是如何最有效地为
学生提供更有力和更全面的支持。

我们首先考虑的，是目前有哪些服务模式能支持职场人士在所选领域取得和 338
保持成功。电影与电视行业经纪公司的模式就是一个很好的例子——这些公司的工
作，是为明星和艺术领域的人才提供服务。卓有成效的艺人经纪公司能提供一系列

关键的服务和支持人员：中介和经纪团队会保护艺人利益，选角团队会寻找和配置艺人，宣传团队则为艺人对接最好的观众群体，从而推广作品。

此类职业支持体系对艺人大有裨益；而我们坚信，加强对职业发展与支持的重视，能给智力人才带来更显著的影响。为此，我们设计并成立了密涅瓦学生职业发展部（Minerva Professional Development Agency），为学生提供在校期间和毕业后的持续支持。每位学生都会有一名个人顾问，还有为其推荐有趣和相关的机会的团队，以及帮助其锻炼职场技能、促进毕业后职业发展的专家小组。这就是密涅瓦职业发展机制的创建初衷。

顾问和教练

设想一下，如果有人帮助你进行职业规划，指导你确定要争取的职位类型、避免差错，告诉你如何在不同角色间过渡、如何根据自己的目标找到最适合的机会；如果有人在一个绝佳的机会出现时及时提醒你，在你有一个绝佳想法时帮你找到支持资金；如果有人始终惦记着你在职业发展过程中个人品牌的构建，并确保你所有的工作和成就都能被人认可和分享……那会是什么样？

与教练合作

早在大一期间，密涅瓦每位学生就开始接受教练一对一的辅导。教练会通过一系列练习、测试和工作坊，了解每位学生的真正热情所在，学生也会更了解自己。学生在内心深处最珍视的是什么？这是任何一位学生都不会妥协的，无论他们未来想要做什么。学生有没有写作天赋？是不是优秀的口头沟通者、分析型思考者？随着对学生的兴趣、热情和优势的逐步了解，教练会帮助学生认识到自己已有的能力，并用四年间习得的技能来取长补短。教练会花时间深入了解学生对哪些事物深感兴趣，包括行业、角色，甚至是希望效仿的榜样。学生通过接受一对一的教练辅导，在社会合作活动中与自己感兴趣的领域中的职业人士交流，在密涅瓦更广泛的关系网络中与他人对话，获得接触自己感兴趣的行业的机会，得以发现并评估无数可能的职业选项。

在有效的一对一教练辅导中，最关键的就是坦诚对话。这听起来简单，但需要

339

花费大量时间，也离不开一个有经验的教练。设想这样一种情形：学生在接受教练辅导时非常焦虑，他的朋友都陆续确定了下一个暑期的实习安排，但他什么都还没定。在教练辅导中，他决意解决这个问题，并表示自己希望到谷歌工作。此时，教练的职责是帮助学生评估究竟是什么驱动他做出"去谷歌工作"这一决定。"去这个机构实习所能带来的价值，与你曾经说过的对自己而言重要的事物是否匹配？你适合这份实习工作吗？同样重要的是，我们来看看机构的需要，看看你现在是否有合适的技能和优势为这家机构贡献价值。"

有时，教练的反馈可能很尖锐。直面自己很可能不适合自己中意的机构这个现实，并不是件容易的事。但是，正如一家艺人经纪公司因为某个角色从长远角度来看可能损害艺人的演艺生涯，会阻止其接下该角色的邀约一样，密涅瓦的职业教练也会直率而坦诚地告诉学生，他们要确保学生能以开放的心态看待世界。教练常常鼓励学生开放地接纳新想法，考虑那些自己从未想过的行业、角色和工作地点。

教练对学生的个性化关注无比重要，但我们同样也发现，不同的工作坊——时间管理、职业社交、面试准备等——也是学生提升职业发展能力过程中的有力补充。密涅瓦学生职业发展部不仅为学生的当下需求提供支持，也让学生增加了面对未来的自我效能感，让学生能够更深入和广泛地探索不同机会，充满信心地与关键联系人沟通，在有志于从事的职业路径上持续前进。学生职业发展部还有另外一个较少提及的目标，那就是让学生掌握相应的工具和技能，更积极主动、更具前瞻性地考虑一生的职业前景。

服务于广泛的目标

我们创建职业发展部的目的是帮助学生明确如何将自己的热情、兴趣和技能转化为行动，但我们同时也意识到，有些学生可能对加入已有的机构并不感兴趣。创业精神在密涅瓦随处可见，有相当一部分学生对开创自己的事业很感兴趣。因此，学生职业发展部也要为这部分人服务。对这类学生而言，虽然每个人对自己的创业都要有想法，但职业发展团队也可以帮助他们了解自己需要开发和注重的技能，并为他们介绍可能有用的资源。另外，在学生将想法开发为项目的过程中，我们还能为这些未来的创业家寻找潜在的团队成员。

我们已经看到，拥有强烈创业理念的学生已经在同学中找到了联合创始人。随着在校生和毕业生人数的增加，我们希望能为这一过程提供更多支持。此外，初创机构通常也需要资金支持。密涅瓦在风险投资行业有一些人脉，可以把最引人入胜的创业理念推荐给潜在的投资人。当然，要筹得资金，必须靠学生自己拿出有说服力的方案，而密涅瓦做的，是帮助学生敲开相关行业的大门。

学生职业发展部的教练有责任为所有在校生和毕业生提供支持，无论他们在完成本科学业后选择从事何种职业。有些学生并无兴趣进入职场或创业，而是希望进一步学习并获得更高学位，比如在毕业后继续攻读法律、医学、商科和其他职业领域的学位。

为了帮助学生申请研究生课程，密涅瓦所有学院的院长会与其他院校的同行接触，确保后者了解密涅瓦为学生打下的扎实基础。随后，教练与学生直接沟通（相关学院的院长常常也会参与），帮助学生在硕士项目的申请中找准最佳定位。有时，教练会建议学生在暑期里去做某些事情，以提升简历的竞争力。例如，对自然科学感兴趣的学生应当在四年期间积累一定的实验室研究经历。有时教练则会帮助学生定位某些技能或兴趣，并在未来的申请中进行最有说服力的呈现。

无论密涅瓦在校生或毕业生对未来有着怎样的期待，教练都会为他们提供贯穿其一生的支持和指导。这是因为不管学生毕业后选择走哪条道路，都有可能转换职业轨道，寻求新的机会，在现有职位中做得更好。密涅瓦承诺为毕业生提供终生的职业支持，所以无论学生发展到哪个阶段，教练们都时刻准备着为其助力。

雇主网络与招聘工作

密涅瓦学生职业发展部专注于帮助学生消化、吸收职业教练的指导内容，借此将学生的热情、兴趣和价值取向转化为一个个研究、实习和就业机会。再次强调，密涅瓦对这一过程的实施方法与其他院校截然不同。在协调和组织学生与雇主的匹配过程中，我们注重平衡两者的需求，最终让学生获得最合适的实习机会。

让雇主参与

为了给学生提供更多机会，学生职业发展部努力联合雇主，真诚探讨学生所面临的技能鸿沟，并让雇主理解密涅瓦是如何通过课程与学生体验项目，让学生在面对当下的职位和未来的工作时，具备最强的竞争力，并做好最充分的准备的。通过这样的对话，我们搭建了一个坚固的雇主网络，网罗了全球各地咨询、银行、科技和创意等行业中不同规模的机构。在看到密涅瓦培养学生成为未来高效员工的模式及其价值后，雇主们都做出了积极的回应。正如雇主们迅速意识到的，从大一入学开始，密涅瓦的学生就要学习成为适应力、竞争力强的职场人士所必需的各项基础能力，并在四年的学习中不断提升这些能力。这一基础使学生在加入某一机构后，无须接受太多入职培训，就能够立即贡献价值。

虽然这听起来不算什么，但大多数雇主在招聘本科生时并不会有这样的体验。事实上，大学对于学生是否做好进入职场的准备的理解，和各行业招聘者与职场人士在与千禧一代打交道时的感受，显然有着天壤之别。盖洛普全球分析与咨询公司（Gallup）最近的研究显示，高达96%的大学学术领导人认为，自己院校"非常或比较"有效地帮助学生做好了就业准备（Gallup-Lumina，2013）。这是一个惊人的数字，因为相比之下，根据"投资回报比"——在不同行业和核心职能上成功配置人才的情况——来看，美国的企业主和大众对大学在同一指标上的评价越来越糟糕。该研究同时发现，只有14%的美国人强烈认为，大学毕业生已为在职场上取得成功做好了充分的准备。而且，仅仅有约十分之一（11%）的企业主强烈认为大学毕业生拥有职场所需的技能和素质。大学和职场的技能鸿沟不仅对个人和企业不利，也会危及整个国家甚至全世界的经济和劳动力动态。我们不能认为这些数字仅仅反映了非精英大学的问题——事实恰恰相反。与许多精英大学看不起职前教育的情况不同，许多非精英大学往往将职业能力训练放在首位。密涅瓦努力弥补这一鸿沟，让学生掌握四项核心能力——批判性思维、创造性思考、有效沟通和有效互动——以及在所选的专业领域内积累丰富的经验，确保学生在不同的组织和机构中能发挥尤为巨大的影响力。

为学生匹配就业机会

有了摩拳擦掌、准备投身工作的学生以及职业教练们的大力支持，下一步的任务就是为学生匹配合适的机会。密涅瓦的职业发展团队全力投身于为在校生和毕业生寻找卓有成效、能够点燃热情，并与其兴趣志向相关的职业机会。团队与各行各业的雇主建立并维持着密切联系，搭建了一个覆盖全球各类企业、教育机构、非营利组织和政府机构的就业网络。

建立这些关系并非一朝一夕之事，这一过程虽然耗时耗力但极有价值。我们发现，一旦雇主理解了密涅瓦的课程，会更热切地想要合作。有些雇主更为密涅瓦的学生单独设计了招聘流程，甚至跳过了机构招聘实习生的一些传统步骤。

比如，达尔伯格全球发展顾问（Dalberg Global Development Advisors，以下简称"达尔伯格"）是一家由麦肯锡的两位前员工创立的战略和政策咨询公司，致力于针对农业、信息技术、教育和资源管理等国际发展最紧迫的问题提供独特的解决方法。该公司的使命与密涅瓦十分契合，同时也需要尤为出色、高效和使命驱动的人才团队来帮助企业在全球范围内实现目标。达尔伯格很早就表示了对密涅瓦的兴趣，在学生被录取后，便盛情地在驻塞内加尔的达喀尔、肯尼亚的内罗毕和坦桑尼亚的达累斯萨拉姆办公室，为密涅瓦学生设计了有针对性的招聘流程。

此前，达尔伯格直接从顶尖的MBA学院招聘毕业生。该公司管理层意识到，密涅瓦的学生哪怕在大学低年级，就已经具备了找准问题、批判和创造性地思考，以及将尚不成熟的智性能力用于克服最紧迫的业务挑战的独特能力。因此，达尔伯格直接向密涅瓦索要学生简历和申请表，并在学生完成大一学习之后，立即向其开放实习机会。在此过程中，密涅瓦学生职业发展部则努力找出技能合适、对达尔伯格的业务主题有明确兴趣的学生，确保完成最有效的匹配。2016年暑期，双方成功完成试点合作项目，并在2017年暑期将项目扩展到达尔伯格各条业务线和相应地区的各个办公室。

上述例子充分表明，行业领导者的人才需求与密涅瓦的人才培养路径不谋而合，这将最大限度地弥补大学与职场间的技能鸿沟。

另一个例子来自娱乐行业。该领域的某家著名企业曾向密涅瓦职业发展团队透露，企业每年收到的实习申请约达13000份。在查看了密涅瓦的学术课程、职业发展服务模式和已经取得的成绩之后，该企业同意让密涅瓦学生进入快速通道，让招聘经理优先审阅和考虑密涅瓦学生的实习申请。当然，学生依然必须通过面试和遴选流程，证明自己能够胜任应聘岗位，方可获得实习机会。但我们发现，密涅瓦的学习经历已经让他们为这些场合做好了充分准备。密涅瓦的目标是为学生打开大门，但能否充分利用好所有机会，则取决于学生自己。

密涅瓦的做法与大多数大学不同，我们尤为注重每位学生和相应工作机会的匹配。相比之下，在其他大学的就业服务办公室中，每个员工平均要服务850个学生（全美大学与雇主协会，2012），于是不得不将大部分精力花在组织企业前来进行校园招聘和面试上，这样做使学生不得不为共同渴求的面试机会相互竞争。这种做法导致了机制失衡，学生仅仅因为看中雇主品牌就去参与面试，并没有扪心自问未来真正要做什么。这对于雇主和学生两方都没有好处。

对雇主而言，校园招聘也远非获取人才、促进企业和人才正向有效发展的最佳方式。校园招聘既花钱又费时间，企业不得不对大量学生进行面试，而同时又不清楚他们的准备程度，更不知道哪些学生会与各个职能角色最为匹配。密涅瓦希望消除雇主无效劳动的负担，确保参加面试的学生都做好了充分准备，并对该组织或企业有真诚的兴趣。我们给学生提供指导，并谨慎地匹配所有机会，从而使整个过程对各参与方而言都更加高效。

我们与各行业保持真诚和持续的沟通，密切关注雇主的想法动态，深入理解雇主所寻找和需要的人才特质。为此，密涅瓦成立了雇主顾问委员会，学生能将在密涅瓦所学的实践能力用于满足雇主当下和未来的需求。我们在人才发展培训活动中向学生传授这些能力，并根据全球每个游学地的实际情况进行调整，同时按照密涅瓦学术课程的进度逐步深入。比如，我们在实证分析的基石课中教授#找对问题（参见附录A）的同时，还在人才发展的培训活动中介绍如何有效解决问题和进行职场团队合作与沟通，这些技能在学生的暑期实习和学期内的职场体验中都能派上用场。这样的做法使学生能够在职场中做出迅速而有效的贡献，形成可见的应用和成果，并最终为长远的成功做好准备。

持续的职业发展与支持

我们希望密涅瓦的学生能在一生中做出意义重大的贡献，而我们要为在校生和毕业生提供交流想法、分享成就和传播故事的平台与渠道。并非所有成功者都知道如何展示自己的才能，为此，密涅瓦的职业发展中心也会提供相应支持。

传播学生的贡献

密涅瓦的宣传人员会代表在校生（以及毕业生）展示他们的贡献。我们在获得全球媒体报道、运用社交媒体扩大信息传播范围，以及争取多种活动场合的主旨演讲和发言机会方面，积累了丰富的经验，并持续努力地寻找恰当机会，传播学生的成功事迹。对任何大学来说，这样的服务和支持都是极其罕见的（或许也是密涅瓦独有的），但我们深以为，学生的成功将为密涅瓦的持续成功助力。因此，确保在校生和毕业生的事迹得到报道和认可，也最为符合密涅瓦的自身利益。

在密涅瓦，员工团队不仅自主寻找媒体报道的机会，也支持学生争取能展示自我和密涅瓦风采的机会。比如，《纽约时报》报道了一位创始届学生的故事（Miller，2015），英国的《星期日泰晤士报》则刊登了另一位创始届学生的文章（Cohen，2015），这些都很好地诠释了"媒体曝光"的意义。这让学生有机会将自己的见解和事迹与更多感兴趣的读者分享。目前，密涅瓦的学生已经出现在多家全球著名媒体的报道中，随便举几个例子，就有《大西洋月刊》（Wood，2014）、《新闻周刊》（Jones，2014）、《纽约客》（Guerriero，2014）和德国《时代周报》（Drösser，2014）等。当然，密涅瓦的工作远远不止于安排采访，然后让学生自己去应对。我们会帮助学生做好与记者一对一交流的准备。政坛老将和企业高管都会接受媒体训练，我们也为学生提供同样的培训。学生要学会如何应对记者刨根问底的问题，如何传递有说服力的信息，如何优雅从容地展示自己，这对他们的一生都大有裨益。

深度媒体训练

让学生参与纸质媒体报道只是获取媒体经验和曝光量的一个方面，密涅瓦的努力不止于此，学生还有机会接受半岛电视台、美国公共电视网晚间新闻、韩国广播公司等媒体的视频采访。正因为他们能胸有成竹地从容应对，所以能够向全球记者清晰地表述自己的经历。

参与媒体报道的学生不仅能学到终身受益的能力，同时也能建立起个人品牌、丰富个人成果。最终，他们将拥有一个丰富的个人档案，伴随自己人生和职业的成长。

其他曝光渠道

并非所有学生都愿意接受记者采访或渴望在镜头前抛头露面。对于这些学生，我们也会提供其他机会对外展示他们的个人成果。如果学生有扎实的写作能力，密涅瓦的宣传团队可以帮助他们在报刊上发表署名文章，或在博客上发表观点。通过这样的体验，学生会理解传递关键信息、真诚讲述故事和了解受众的重要性——这都是他们在职业生涯中会持续用到的技能。

在传播、推广在校学生和毕业生的成就时，密涅瓦的宣传团队致力于突出其个人成就以及所在组织的贡献。同时我们也希望，才华横溢的学生都有机会在主旨发言和演讲中分享观点。为此，宣传团队还下设演讲者小组，专门寻找和统筹在校学生及毕业生参与诸如西南偏南教育大会（SXSWedu）这样的活动。团队通过提供各类不同的观点、经验和灵感分享平台，帮助学生建立各自的公众形象，展示出创新思考者和未来领域专家的面貌和风采。

结语

学生和家长在与大学沟通时，常常首先会问，该学校的学生毕业时找工作的情况如何。公开报告常常用毕业生的起薪来衡量大学在这方面成功与否，而在密涅瓦，我们考虑得更长远。毫无疑问，第一份工作是极其重要而有意义的，但我们也有责任为在校学生和毕业生此后的人生提供支持，用可扩展的方式服务每个人。我们的目标是助力在校学生和毕业生找到为社会做贡献的最佳方式和相应机会，确保他们有平台与更广阔的世界分享观点和贡献价值。从大一暑期实习机会到顶尖机构的管理层职位，密涅瓦职业发展中心会提供贯穿学生一生的指导和支持，帮助他们在世界舞台上取得职业成功。

26. 办学资质认证：高等教育新探索的官方认可

特里·坎农（Teri Cannon）

349 　　过去20年中，高等教育的价值和效能经历了重大变化和挑战。我们正是在这样的背景下创立了密涅瓦，同时寻求认证机构的认可。本章中，我们首先论述任何高等教育新项目都必须解决的问题，其次讨论认证机构提出的通用限制条件，最后反思密涅瓦如何穿越这些深水区，最终获得办学资质。

高等教育和办学资质认证环境

　　高等教育机构的资质认证工作，与该行业产生的一系列变革与问题息息相关。

教育质量不高

　　从20世纪90年代至今，高等教育面临的最严重的指责，就是学生并未学到应当掌握的知识。大量书籍和文章讨论了博雅教育的衰亡和教学标准的日益淡化。2011年，理查德·阿鲁姆（Richard Arum）和乔西帕·罗克萨（Josipa Roksa）的著作《学海漂流：大学校园中的学习局限》（*Academically Adrift: Limited Learning on College Campuses*）证实了人们的指责。他们对2300名大学生展开研究，发现这些学生从入学到毕业期间，在学习上收获甚微，而在社交活动上花费的时间则远远超过学习和上课的时间。研究还指出，45%的学生在大学前两年没有获得显著的学习进步，36%的学生四年间（通过批判性思考、分析性思考、问题解决和写作能力来反映）都未在学习上展示出显著的进步（Arum & Roksa，2011）。

350 　　另一些研究显示，很大一部分雇主认为，高等教育在培养毕业生掌握职场所需技能方面，做得一般或者很糟糕。大多数雇主提及的技能与大部分博雅教育希望培养的内容是一致的：批判性思考能力、问题解决能力、有效沟通能力、在现实中学以致用的能力、寻找和评估信息的能力，以及创新与创造能力（Arum & Roksa，2014；哈特研究协会，2013，2015）。

针对上述研究所发现的问题，高等教育认证机构努力推动对学生学习成效的评估，以鼓励各院校更好地测量和展示学生的学习进展，尽管许多教师和院校其实对此并不情愿。

服务糟糕、完成率低而花费高昂

大学资质认证不仅考虑到教学成果令人失望的现状，还考虑到大学中另外三个日益堪忧的问题：高等教育并没有为所有社会群体带来同等的好处、学生们没有按时完成学业、大学的花费过于高昂。

第一，某些群体的学生——尤其是非裔美国人、拉美裔、东南亚学生以及家中第一代大学生——普遍在高等教育中占比不足，在综合性研究型大学以及精英院校中尤其稀少。与此同时，来自这些少数群体的学生哪怕进入了大学，也很难毕业（即使能毕业也要花更多时间），并且在毕业时要背负更多的学生贷款（Baylor，2016；Huelsman，2016；Kena，Musu-Gillette，& Robinson，2015；Musu-Gillette，Robinson，& McFarland，2016；美国佩尔高等教育学习机会研究所，2016；Scott-Clayton & Li，2016）。

第二，按时完成学业的目标本身能够有效驱动政策变化。研究显示，美国大学生四年毕业率不到40%，六年毕业率不到60%（Bowen et al.，2009；Kelly & Schneider，2012；Kena，Musu-Gillette，& Robinson，2015）。学生无法在合理的时间内毕业，又同时背负着大量的贷款债务，这不仅给学生本人，也给其就读的院校带来了巨大的危机。因此，政策制定者开始关注学生贷款拖欠率，并将其视为院校诚信和有效性的指标。对此，大多数大学认证机构也做出了回应，至少也会向大学索要学生在学率和完成率的数据，其中包括各种分类数据，并敦促大学制定学生完成率的提高方案。

第三，高等教育的花费也越来越高。个人学生贷款量和学生占所有借款者的比例双双增加，其大部分原因是高等教育花费的提高。20世纪八九十年代，不管是在越来越依赖学生缴纳学杂费的公立学校，还是在运营成本一路飙升的私立院校，每年两位数的学费增长率屡见不鲜（Bok，2013；Bowen，2013；Carey，2015；

Craig，2015；Kelly & Carey，2013）。在美国，越来越多的学生通过《高等教育法》第四编（Title IV）[1]的学生贷款来支撑学业，学生贷款量屡创新高的消息也见诸报端。背负贷款的本科生占比从1992年的45%增至2014年的71%，平均每人贷款额从9000美元增加至35000美元（MK咨询公司，2015）。此外，贷款拖欠率的提高以及贷款对毕业生财务和个人状况的损害，也持续受到研究者和公众的大量关注（Huelsman，2016；Looney & Yannelis，2015）。对此，政策制定者也开始要求认证机构在大学资质审核过程中监测学生的贷款负债率和拖欠率。

资质认证如何帮助应对高等教育的挑战

在美国，大学认证机构最早出现于19世纪80年代，为私立非营利实体。院校作为志愿成员加入，旨在共同维护高等教育的质量并实现学分互换。在20世纪初，认证机构开始标准化和流程化。自始至终，认证的基本属性并没有变，那就是高等教育院校基于一系列已经过良好实践检验的标准和同行评审——由同类院校同事组成的访问团，及主要由各院校代表组成的决策委员会——来进行机构的自查。

认证机构的类型和角色

认证机构分为四种：区域性认证机构、宗教背景的全国性认证机构、职业相关的全国性认证机构和程序性认证机构。全美有七家区域性认证机构，分布于全国六个地区，大多数学术院校都会选择其中一家完成区域认证。区域性认证机构为大约3000所院校颁发了认证，全美经过认证的学位授予院校总共有5000所左右（Eaton，2012；Gaston，2014；美国高等教育认证委员会，2016）。

20世纪四五十年代，随着《高等教育法》扩大了联邦财政援助范围，联邦政府决定将认证结果作为大学院校参与财政援助的筛选门槛，导致区域性认证机构的使命和特点发生了巨大的变化。这一步意味着，在实际工作中，认证不再是

352

---

① 是指1965年美国联邦《高等教育法》第四编授权的学生资助计划。——译者注

一个纯粹自愿的、基于同行评审的过程；而且，大多数机构都想要或需要联邦援助。这种状况导致了认证机构的整体变革。它们不再仅仅要对其成员负责，也要对立法者、教育部和公众负责，同时还必须遵守多项联邦法规，其标准和流程也受到法规约束。

对认证的批判

过去的15年中，前文所述的高等教育面对的挑战陆续浮现，对此，政策制定者往往将注意力集中在认证机构上。政策制定者指责认证机构未能很好地通过监测招生、财务可行性、学生的学习状况、学业完成率和贷款拖欠率等一系列指标，履行其公共保护职责。认证机构的"质量改进"模式已转变为"质量保证"模式，对大学进一步的透明和问责提出了越来越高的要求。

虽然各院校和认证机构反对政府过度和烦琐的监管行为（如美国教育委员会，2015；Miller，2015），立法机构和行政部门的意见还是成功加强了认证标准，甚至借此实现了对营利性院校更多的控制。美国参议院委员会在参议院听证会后准备了一份严厉的报告（美国参议院健康、教育、劳工和养老金委员会，2012），在该听证会上，认证机构被要求对其未能识别和解决的营利性大学滥用招聘职权和学生在学率低的问题，承担相应的责任。

与此同时，来自学术界和决策圈的其他声音则认为，认证过程过于耗时费钱、没有创造增值，应加以改革或将认证与财政援助资格脱钩。目前正在讨论的改革之一，是将流程调整为更着眼于审查院校的优势（即基于风险的认证；Taylor et al.，2016）。其他反对意见已经上升到对同行评审流程本身的批判。同行评审是认证的关键步骤之一，本身就蕴含着多种冲突，它保护现有成员，对新进入者和试图改变者构成壁垒。最后，创新者和变革者会发现，认证是一场漫长而艰难的折磨，它扼杀了可能改善和开拓高等教育的新做法和新思想（Gaston，2014；美国参议院健康、教育、劳工和养老金委员会，2015；美国教育部全国院校诚信与质量咨询委员会，2015）。我们曾经特别在乎最后这一批判，但后来发现，它所指出的问题与密涅瓦的情况无关。

最近，三位参议员提出了《高等教育认证改革和加强问责法案》（Accreditation Reform and Enhanced Accountability Act），要求认证机构采用教育部制定的学生成果数据指标，评估大学的费用可负担性，对正在接受调查或显示出不稳定迹象的院校采取快速行动，提高决策透明度，并"清理"利益冲突；如果认证机构未能满足这些要求，将被终止其权力或罚款（参议院第3380号法案，2016年9月发布）。

认证机构面临着来自多方面强烈而明显的批判，但各部门的压力却似乎在朝着相反的方向推动变革：认证机构如何做得更多、更快、更严格，同时又对某些院校保持宽容，并开放地接纳新模式和创新做法？

正是在这种混乱和争议中，凯克研究院（KGI）和密涅瓦于2013年提出，以一种全新的合作与孵化模式，构建一个国际化的教育项目、一套不同寻常的课程体系，以及一种前所未见的、基于科学研究的教育教学模式。

认证之路

大学区域性认证的基本要求之一是学校已有毕业生（WSCUC，2015），这意味着一所新院校需要在没获得认证的情况下运作数年（至少五年，包括本科学院的筹备年）才能申请认证。这项要求适用于所有希望获得认证的院校，而并非只适用于那些同时申请联邦财政援助资格的院校。

这一限制条件决定了密涅瓦即将做出的认证决策。密涅瓦希望在招生和学术上秉持高标准、严要求，这就使学校的起步工作非常困难。全世界最优秀、最符合条件的学生手握着来自世界各地顶尖大学的录取通知书和助学金邀约，根本不太可能选择加入一所全新的、没有认证的院校。

备选路径

在我们创校时（2013年），共有三个可供新学校采用的认证选项：（1）成立一个独立机构，等到第一批学生即将毕业时再开始申请认证；（2）兼并一所已获得认证的学校，确保其保有认证资质，然后在该机构下运营新项目；（3）找到一所志同道合的已认证院校，确保其能永久或临时承接新项目的运营，直到新项目有学生毕业时再成立单独实体并申请认证（这一模式也被称为"孵化"模式）。

我们意识到，第一个选项是不可取的，并在探索可能性后迅速放弃了第二个选项。首先，那些能够被另一个实体接管的院校，并不具备与密涅瓦理念相契合的使命与文化。这些院校均不以全球化或严格选拔为目标，且有些院校的财务状况严峻，在教学质量方面亦名声不佳。更重要的，是这种做法可能被视为"购买认证"。这样的兼并可能导致学校的使命或重点发生大幅变化，而唯一有价值的资产似乎就是认证资质本身，所以一些认证机构已经拒绝了此类兼并行为。

于是，第三个选项——找到可以"孵化"密涅瓦的机构，就成为我们理所当然的选择。在与加利福尼亚州各大学的校长、副校长会面后，我们最终选定克莱蒙特学院联盟的新成员KGI作为最理想的合作对象。在KGI，我们不仅找到了与密涅瓦相同的价值观和理念，还看到了强大而富有前瞻性的领导团队、与密涅瓦优势互补的学位项目，以及推崇创新、创业精神和主动学习的校园文化。

高度契合的承接院校

KGI致力于通过教育和研究，将生命科学的进展在现实中加以应用并惠及人类。该机构创建于1997年，由凯克基金会（W. M. Keck Foundation）的5000万美元赠款启动；其首位教学团队成员受聘于1998年、首批学生于2000年入学。KGI创设了全美第一个两年制的自然科学专业应用学位——生物科学硕士（Master of Bioscience，简称MBS）学位。该学位项目旨在培养以科学为导向的制药、生物技术、医疗器械和健康诊断行业的领导型人才，其跨学科的课程体系则涵盖了科学、工程、管理和生物伦理的学科内容。项目课程强调探究性、项目式学习，以及团队协作。另外，KGI还为博士后学生提供生物科学管理的专业硕士学位，并开设应用生命科学的博士项目、应用生命科学的理学硕士项目，以及2016年开设的生物工程理学硕士项目、与密涅瓦同一时间设立的药学博士项目。

密涅瓦与KGI刚开始彼此熟悉的时候，KGI正处于实施"盘活和拓展项目组合"这一战略计划的第二年。当时，KGI正在积极寻找实现这一目标的办法。药学博士项目就是在此期间设立的。同时，该战略计划也要求KGI在所有项目中实施主动式学习的策略，这与密涅瓦的教学理念不谋而合。

KGI和密涅瓦的价值观与运作原则存在紧密联系，这为我们稳固而持久的合作关系打下了基础。

- KGI具有全球化的定位，致力于培养生命科学领域的领导者。学校有大量的国际学生，为美国以外的学生提供生物技术课程。同样，密涅瓦希望录取来

355

自世界各地的学生，培养全球公民与领导者。

- KGI采用非常严格的、跨学科的教学思路，强调创造力以及解决问题过程中多种方法的运用。同样，密涅瓦也采用跨学科的课程体系，强调运用各个学科的方法解决重大问题。

- KGI拒绝传统的系所与学科壁垒，同样，密涅瓦在各个专业领域也不设分系。

- KGI的教员大多签署多年协议，有职级和晋升制度，但不设终身教职。同样，这也是密涅瓦采用的教员管理模式。

- KGI采用了有效的教学策略，在所有项目中实施团队合作学习和主动式学习。同样，密涅瓦基于学习科学，采用主动式学习／翻转课堂的模式。

- KGI希望更好地在教学中运用技术，同样，密涅瓦也开发了自己的主动式学习技术平台。

- KGI强调知识的转化，强调为人类共同福祉而探索。同样，密涅瓦强调"实践知识"，强调运用智性能力和知识解决现实世界的问题。

- KGI创立不过20年，直到今天还在继续奋力创新，不断开拓新的、前沿的项目，让学生和毕业生实现高水平的成功。同样，密涅瓦重视并践行创业精神和反思精神，鼓励学生积极试验、大胆创新并承受风险。

最后值得指出的是，KGI现有学位与密涅瓦的计划项目之间没有重复。比如，KGI在承接密涅瓦项目之前，并不提供本科学位。相比一个已经有与密涅瓦类似的本科学位或硕士学位的学校，与KGI的合作会容易得多。

密涅瓦与KGI密切合作，在顾问的建议下合作成立项目联盟，这既能实现两个实体各自的目标，又能确保满足认证机构的标准和政策条件。与密涅瓦确立合作关系时，KGI刚刚启动第二个学校，由应用生命科学学院和药学院构成。随着密涅瓦的加入，KGI成立了第三个学术单元——密涅瓦KGI学校（Minerva Schools at KGI），专门用于开设密涅瓦开发的教学项目。KGI和密涅瓦的合作协议规定，密涅瓦各学院院长和教师要向KGI董事会和校长汇报。密涅瓦的首席学术官和KGI的各位院长一样，要定期向KGI校长汇报。双方设置了审批流程，既包括每一个新项目、每一笔预算和学费，也包括项目重大变化、重要的学术和教师管理政策，以及所有教师的招聘工作。"密涅瓦计划"（Minerva Project）则为密涅瓦KGI学校提供知识产权，以及课程体系、教学法实施、招生管理、学术服务与学生生活的运转经费。

356

与认证机构合作

KGI的认证机构是美国西部学校与学院联盟高等学院和大学认证委员会（Western Association of Schools and Colleges Senior College and University Commission，简称WSCUC）。WSCUC在2012—2013年就制定了相关的规定和程序，直到今天依然有效，其中不少还有非常详细的描述（参见WSCUC网站www.wascsenior.org刊载的2015年《WSCUC认证院校"孵化"关系提案的审核、监测和批准规定》以及更早发布、最近更新的《有关与未认证实体签署合作协议的规定》）。这些规定背后的关键原则，是已获得认证的院校对其支持的任一项目——包括通过协议关系与另一个实体共同运作的项目——都要掌握财务和学术内容的控制权。

2013年KGI与"密涅瓦计划"开始讨论合作时，WSCUC在众人眼里是最为严苛的认证机构之一，但同时又对创新保持着开放态度。希望做出开创性的工作，有志于为教育可及性、学生成功和教学质量做出贡献的机构，都可以向WSCUC员工非正式地咨询，了解所要遵守的规定和审批所需的流程。

357

认证的具体步骤

经过与WSCUC员工以及学校顾问围绕《KGI—密涅瓦联盟协议》的咨询讨论，2013年秋天，KGI提交了"架构变更"的审批申请——"架构变更"指学校在特定项目或地点以上的层面发生了变化，并对机构整体产生影响的情况。机构授予尚未获认证的学位就属于架构变更。此前，KGI仅获得了授予硕士学位的批准，因此授予本科学位就产生了架构变更。除了本项申请的提案，KGI还要提交首次申请开设本科项目的提案，即申请获准开设社会科学理学学士（BS in social sciences）项目。

KGI和密涅瓦在准备上述两份提案的过程中都极有收获。WSCUC对提案细节的要求程度之高，超过其他所有区域性认证机构。因此，准备两份提案的过程使合作双方能够深入反思合作关系、合作的有效方式、对KGI的影响、所提供学位项目的质量以及教师、课程和学生服务的细节。

架构变更提案要求申请者说明变更背景，并描述该变更对机构使命、目标和战略计划的影响；提案中还要列出以往和WSCUC沟通的更新内容，包括最近的重新认证情况和其他重大变化、变更的理由及其对机构治理、领导层、外部关系、教职工和运作现有项目能力的影响。同时，还要提供关于新项目的技术平台、全球性工作和学生支持服务的详细计划。最后，我们还提交了联盟的合作协议以及详细的财务计划，以证明该合作对KGI财务状况的影响（几乎可以忽略不计）和项目的可行性。

另外，社会科学学士项目的重大变更申请，包含了超过50页的说明和40多张图表，内容囊括了KGI开设本科项目的专业性和能力，以及课程体系、全球轮转游学／沉浸式文化体验、教师招聘管理模式、图书馆、学生学习成果、评估方法、学生服务和财务规划的所有详细解释。同时，我们也说明了密涅瓦与KGI的使命、需求评估和招生计划的契合度。申请中还说明了课程将如何达到WSCUC对学生核心能力的期待，并附上密涅瓦基石课程中对思维习惯和基础概念的详细描述，以及对教学理念、主动式学习平台的用法以及测评方式的详尽阐释。申请材料的图表中，既有学生日程和四年学习计划的范例，又有包括顶点课程在内的课程大纲，还有课程地图、测评计划，以及创始院长与教授的简历、招聘机制以及五年预算等。

经过详尽的审阅，WSCUC最终批准了架构变更的申请以及开设首个本科项目的重大变更提案，并将旧金山列为KGI分校所在地。此后的几个月中，我们提交了另外四个本科学位和两个硕士学位项目的申请，并通过了审批。

回顾认证过程

密涅瓦的许多工作都是前所未有的创新：打造了全球化的学生群体、全球轮转游学项目和极其严格的招生筛选机制；取消了必修通识课，代之以没有任何大学开设过的全新课程，对大一学生来说尤其如此；密涅瓦的同步教学平台具有前所未有的强大功能；用学习科学指导教学方法和测评实践，并创建高度结构化的教案。并且这些创新同时在一个机构中出现，这也是前所未有的。除此之外，密涅瓦有些方面又具备传统大学的特征，也完全符合人们对优质高等教育的期待：

- 密涅瓦本科是为期四年的脱产学习，共包括120个学分，学分课时以传统方式计算。本科分为五个大专业，专业领域下主要在课程和细分方向的层面进行创新。在学时、线上课程或项目长度方面，则并未挑战传统做法。

- 密涅瓦招生筛选极为严格，因此对于我们是否能够支持及促进学生完成学业和取得学术成就的质疑，就会相应减少。

- 密涅瓦提出组建主要由全职教师构成的教学团队，防范WSCUC在许多新项目上看到的风险，即大量雇佣兼职教授和临时教员。

- 密涅瓦的学费在所有本科院校中处于较低水平，我们不申请联邦财务支持，减少学生债台高筑的可能性。

- 根据技术条件，课堂规模控制在20名学生以内，因此学生的互动和参与程度必然很高。

- 密涅瓦的教学目标完全符合WSCUC对本科生核心能力的要求和在毕业前衡量学生掌握核心能力水平的期待。

- 密涅瓦学生在校外参与的活动、在求职和整个人生中能获得的支持服务，都要比其他大多数院校更为丰富和充分。

- 最后，密涅瓦提出首先进行一年试点，仅招收有限数量的学生，并为所有学生提供全额奖学金以支付学费和住宿费。这显示出我们的诚意，以及在招收大量学生前，对项目计划各方面进行摸索和改善的决心。

认证工作为KGI和密涅瓦带来了许多好处。WSCUC的员工、材料审核团队和委员会专家无一不秉持着开放、公平的态度，他们提出很好的问题，促使我们更深入地反思项目计划。如今，在我们首次提交申请的四年之后，大多数基础性的假设和计划都没有改变，并给我们带来了许多助益。但是，我们对项目运作和学术事务的几乎所有方面都进行了调整和改进，其中不少考虑了WSCUC在认证过程中给出的建议。

与此同时，密涅瓦认证工作的顺利进行所依赖的那些因素，正好反映出其他申请认证项目可能面临的问题。如果一个项目有数十年的研究基础、聚焦于培养全球最优秀的学生、拥有数千万美元资金，并与一个备受尊崇的现有院校共同致力于实现双方所认可的颠覆性创新，那不难想象它能够顺利完成这样的审批。但是，其他一些同样是高度创新的项目，如果不具备所有这些特征，则可能会困难重重。

当然，哪怕具备了上述巨大优势，密涅瓦在认证之路上也经历了不少高等教育创新所面临的系统性障碍。第一个挑战如上文所述，区域性认证机构要求学校必须先有毕业生，才可获得认证。这条要求导致许多新兴的高等教育机构不得不等到运作好几年后，才去申请认证。这一等待期的代价巨大，通常只有营利性院校和有充足资本的公立院校才熬得下来。虽然如WSCUC在2015年实施的机构孵化政策，为申请院校在独立运作和认证之外开辟了另一条道路，但更好的做法，是给已经具备较完备方案和充足能力的新机构颁发有条件的许可，允许其先开始独立运作。甚至可以只将有条件的许可颁发给那些在认证完成前绝不使用联邦《高等教育法》第四编所涉援助资金的新院校，这就能降低纳税人的风险，并鼓励新机构形成可靠的商业模式。

另一个挑战是联邦法规对"远程教育"的定义和相关条款已经过时，但认证机构必须遵循。远程教育的定义是对不与教师处在同一空间的学生提供教学，既包括同步教学，也包括非同步教学，既包括使用互联网教学，也包括通过公开广播、电缆、闭路电视、微波、宽带、光纤、卫星、无线和音频会议进行的单向或双向教学信息传输。这一定义包罗万象，却不能体现出近年来大幅提升的远程教育质量，更无法对多种教学模式加以区分。密涅瓦的同步、面对面线上课程完全符合传统课时指标，并且一节课控制在20人以内，这与远程教育定义中涵盖的其他任何形式都截然不同。更何况，密涅瓦的学生们住在同一幢学生宿舍中，共同在每个游学城市中进行深度沉浸式体验。

毫无疑问，高等教育和院校认证的挑战将始终存在，学界、立法者、教育部、政策制定者和意见领袖之间的分歧也还将继续。但现在，认证机构必须审慎地履行职责，推动教育质量提升、加强质量保障，并继续建设性地推动高等教育的变革。

27. 全新的商业模式和运营模式

本·纳尔逊（Ben Nelson）

教育是一项昂贵的事业。密涅瓦在运营中要满足一系列条件，其中大多数需要363资金才能实现。密涅瓦提供为期四年的本科教育，每学年包括两个学期，按照卡内基学分制^①，学生需要修完120个学分方可毕业，为此，密涅瓦需要的往往是系统性的资金支持。表面上看，人们或许会以为密涅瓦的花费要远高于传统大学。的确，在全美所有精英大学中，密涅瓦是唯一一所所有课程均采用研讨课形式由教授亲自讲授，且课堂规模不超过20人的学校。密涅瓦的学生在全球几个最让人向往的城市中生活和学习，其中不乏一些生活成本非常高的城市。此外，密涅瓦在学生心理健康上的生均资金投入超过99%的高等教育院校；学校使用的技术平台由硅谷顶尖的开发团队量身打造；而且，密涅瓦要的是全世界最聪慧、最有进取心的学生——为此，我们还在全球各地区创建团队去寻找这样的学生。尽管密涅瓦的运作会产生如此高昂的花费，我们还是会将98%的申请者拒之门外。最后，密涅瓦有着极度严格的新课程研发流程：对每门1.5小时的课程，我们都要提前投入大约100工时进行打磨，才能使新课程达到上线标准。

乍听起来，这些元素好像并未给高等教育带来有效、可复制的解决方案。但是，哪怕我们在许多方面投入了远超其他大学的资源，学校仍然能够实现财务的可持续性。当我们四个年级共招收大约1500名本科生时，每人每年学费、杂费、住宿和生活费的总和还不到30000美元。而且，在创立这样一所全美历史上筛选最严

---

① 卡内基学分制（Carnegie Unit）：美国教育系统普遍采用的学分（credit）制度，由美国卡内基教学促进基金会于1909年提出，用于标准化地衡量一门课程的授课时长与学习分量。一个卡内基单位即一学年修读某一科目达120小时，计为1学分。在此基础上，学校可规定毕业的最低学分，制定衡量学生学习分量和毕业标准的教学管理制度。——译者注

格，也可以说最有成效的大学时，我们的花费总共也不超过2000万美元。到财务完全实现自我可持续的状态之时，密涅瓦的全部投入也将少于普通大学建一栋教学楼的花费，还不算家具陈设。这是怎么做到的呢？

让我们再次回到第一性原理。在设计密涅瓦的成本架构时，我们就下决心要大幅减少甚至干脆取消在传统大学体系中最大的五类花销。在本章中，我们首先会列出传统大学如此昂贵的主要原因，然后讨论密涅瓦体系的运作原理。

传统大学为何如此昂贵

接下来，我们将讨论传统大学如此昂贵的五个主要原因，以及密涅瓦如何迎接每个原因背后的挑战。然后，我们将再退一步，回顾那些指导我们的商业模式和运营模式的总体原则。

校园设施的"军备竞赛"

密涅瓦最明显也最有效地节省开支的方式，是放弃建造传统校园，取而代之的，是将项目所在的城市作为校园。许多位于城市中的大学本可以很容易地用同样的方法来节省开支，却故意不这么做。其背后最重要的原因，就是大学校园设施的"军备竞赛"。

仅仅在几十年前，美国大学讲究的还是斯巴达式的艰苦奋斗。宿舍装修简朴，学生活动中心要么没有，要么造得很寒酸，教室也同样仅能实现基本功能。但到了现在，大学对学生的争夺不再如此仰仗本身的教学质量，而是更多地依赖学校的排名和校园设施。这就导致了校园设施的竞赛：皮质的吧台，悠闲的河道，价值数百万美元的体育馆，漂亮的报告厅，奢华的宿舍，气派的图书馆、博物馆、餐厅，以及对百年前如诗如画的旧建筑进行的保养翻新等。所有这些都要花费学生不少钱。

这就好比在争着为大学生建造更好的主题乐园。其中有两个问题值得讨论。首先，大学并不擅长施工：成本超支随处可见，而教学楼的资金支持又很少考虑到长期运作和维护的开销。其次，大学建好了一座赏心悦目的校园后，其中各类设施却往往不如"现实世界"中的同类设施那么高效，因为后者是由那些真正了解如何建造和运营相应服务的专业人士建造和管理的。只有很少几所大学的博物馆可以称得上世界一流。同样，大学餐厅能比当地餐厅运营得更有效的也不多，提供的食物也无法与校园外的食物相比［他们也不应当如此；可参见《纽约客》记者、畅销书作家马尔科姆·格拉德韦尔（Malcolm Gladwell）2016年的播客节目《修正主义者的历史》（*Revisionist History*）］。类似的例子比比皆是。

更重要的是，用建筑水平而非教育质量来区分大学优劣的做法，对高等教育领域造成了真正颠覆性的影响。几年前在一个会议上，有人让我说说高等教育领域里可能出现哪些出人意料的新机构。我说，如果大学不进行改革，那么迪士尼公司就有可能进入这一领域：如果高等教育要提供的是一个与主题公园类似的沉浸式生活体验，那只需要参考迪士尼的庆典小镇（Celebration Village）就可以了——这是迪士尼在佛罗里达州提供的生活社区，已经成功运营了20多年。那么，为什么迪士尼不能给学生打造类似的服务呢？而且，提供教学服务本身也不会是问题：目前哪怕包括精英大学在内的大学，多数以讲座形式提供教学（我们在本书中反复提及，这是非常低效的教学方式），那么，新大学只需要提供一系列大规模开放式网络课程（MOOC），便能实现同等甚至更好的教学，从而轻松反驳"大学的关键在于提供有质量的教育"这样的质疑。

密涅瓦使用资金的模式完全与上述做法相反。我们唯一的实体投入，是对学生宿舍楼的建设——但是，我们同样尽可能减少专门建造的公用空间。相反，我们希望学生充分利用城市里的公共空间，投身当地文化。

大学校际体育联赛的"生意"

密涅瓦节省开支的第二个办法与第一个相关，但值得单独作为一类开支来讨论，那就是取消运营大学校际体育联赛的"生意"。大学体育比赛不仅会产生巨大的开支，比如，一类大学（Division 1，如斯坦福大学）的体育项目花费高达每年生均10000美元，而且会腐蚀大学本身的职能。举个例子，北卡罗来纳大学决定为体育生开设实际上根本不存在的课程，让他们能够轻松得A，因为根据美国大学体育联盟（National Collegiate Athletic Association，简称NCAA）的规则，这样做才能保住他们的就读资格。虽然该大学表示对此事毫不知情，但这一体系已经存在了18年，而且最近对一些橄榄球生的测试显示，其中几个人在毕业时几乎像没受过大学教育一样（Beard，2014；Wainstein，Jay，& Kukowski，2014）。

有人会说这是特例，但真正关键的是，任何为了赢得校际体育竞争而招募体育生的大学，都必须降低一些学术标准。哪怕不开设虚假课程，有些学校也要专门为体育生开设特别简单的课程并给出虚高的分数，以确保他们能达到特定的相关标准。

学术标准的降低可能导致一系列极具破坏力的后果，包括所有学生的整体成绩不受控制地虚高。耶鲁大学就是个例子：1963年，得A的学生的比例不足15%（Adair et al.，2014；耶鲁大学，1979），但是到2013年，超过68%的学生评分成绩为A！过多的高分也导致低分几乎消失。这就意味着学生在精英学校中几乎不会挂科。正因如此，学校也可以毫无顾虑地招募体育生，并且只要降低所有学生的学习标准，在防控辍学、退学的问题上就可以高枕无忧了。

在精英学校中，体育生并不是一个很小的群体。以哈佛大学为例，整届学生中体育生的占比大约为20%（哈佛大学体育生招生信息中心，2015）。在威廉姆斯学院这样规模较小的学校，则有超过三分之一的学生是校队运动员。为了给校际体育项目配备教练与管理人员、建造运动设施、支付差旅费用等，学校要投入大量资金——而且，相关商品销售和赛事售票收入也很少能补足这些投入（Burnsed，2015）。这并不是说所有体育生都是差生，恰恰相反，许多体育生的成绩也非常优异。但是，每支橄榄球队都要有一定数量的外接手、线卫和四分卫，每支水球队都需要中锋、边锋和平传手。的确，大学或许能为校队中的这些位置找到几个极其优异的学生，但既要让橄榄球队（像斯坦福大学那样）不断卫冕"玫瑰碗"[1]，又要让这些运动员达到严苛的学术标准，其可能性是非常低的。

在这个问题上，密涅瓦的做法很简单：我们拒绝建设任何类型的运动设施，也不组建校际竞赛队伍。相反，我们鼓励学生在游学城市中参与校内体育活动。

以学费补贴科研

在全球的高等教育体系中，像美国大学系统这样不拿政府研究经费来补贴教育的，实在为数不多——和全球同行的做法截然不同，美国大学直接或间接地用高

---

① 玫瑰碗（Rose Bowl）：美国大学体育联盟一年一度的橄榄球比赛，因通常在加利福尼亚州的玫瑰碗球场举办而得名。——译者注

昂的学费收入来补贴科研。直接补贴的做法在精英大学很常见，学校拿花费可高达2000万美元的实验室来吸引新教授加入，并且这笔费用几乎从不来自科研经费资助。与此同时，间接补贴体现在，给教授发工资几乎很少是为了补贴他们在教学上花费的时间：他们享受着学术休假，课时量很少（每学期一门或最多两门课），而且有时一整个学期都要完全投身于研究。这些都证明，学费支持的活动经常与实际的教学没什么关系。

在其他国家，科研活动完全由政府基金和财政拨款支持，这样大学教育的实际成本就可以计算得更为清楚。这就是为什么英国精英大学本科教育的实际成本非常清楚，如剑桥大学的估算为每年生均25000美元。剑桥大学还指出，该费用的60%由学费承担，剩余部分则来自大学的其他收入，包括研究经费中的人力经费。相比之下，美国的精英大学称本科生教育成本每年生均高达10万美元，但其中显然包括了许多与教育本身不相关的成本。

终身教职体系

学生被迫背负的另一项与教师有关的财务压力，是大学的终身教职体系。同样，我们可以比较英国和美国的系统。终身教职很像那些扭曲自由市场的机制，扰乱了市场本应当从成本角度考量的因素。但是，终身教职又和国际贸易中的关税制度不同，因为它单方面地增加了成本。在一些国家（如由牛津大学和剑桥大学领衔的英国，由希伯来大学、以色列理工学院和特拉维夫大学领跑的以色列等），学术市场竞争不那么激烈、分层更为明确和细致，终身教职并不构成成本问题。因为在这类国家中，大学不需要支付更多费用，就能够吸引教授"向上流动"——而增加的薪酬，往往也不足以阻止教师去声誉更为显赫的学校谋职。

美国大学的情形非常不同，因为许多精英大学对学术研究者而言都极具吸引力：许多学者被十几家甚至更多的精英大学所追捧，他们自己也认为在这些大学工作非常理想。当然，同事、学术氛围、当地气候也不失为换学校时应当考虑的因素，但薪酬是否更高、机构是否能给予更多的研究支持，也是重要的选择理由。事实上，薪资待遇和研究支持是双方谈判中的重要内容，而当学者处在事业上升期的时候尤其如此。

终身教职之所以重要，是因为大学每次招聘一名新的终身教授，都好比被迫下一次赌注。不管大学花多少时间来雇佣学者或科学家，一旦这些人拿到终身教职，哪怕无所作为，学校也毫无对策。而且，英国和以色列均规定教授在65岁左右就必须退休，但美国并没有法定的教授退休年龄，这就导致大学在一名教授身上花费的虚高成本，甚至可能持续50年之久。

为此，许多美国大学的解决方案是大幅提高非终身教授的占比——从1975年的30%，到如今的75%以上（Edmonds，2015）。但在精英大学，终身教授的比例比非终身教授的比例仍然要高出很多，而且终身教授的薪酬远远高于其他大学的薪酬（美国《高等教育纪事报》数据，2017）。

终身教职的问题持续已久，但既得利益者强烈捍卫着这一制度，称其为学术自由必不可少的条件。这种观点很容易反驳，只需要考虑一点：如今非终身教授很普遍，而他们也和终身教授一样受到学术自由的保护；更进一步说，学术自由可以在如今的司法体系下通过具有法律约束力的合同来保障，而非通过一纸终身有效的雇佣协议才能实现。

在密涅瓦，教师首先会签署有效期为一年的协议，这样，学校和教师个人都有时间来判断双方是否契合。此后，教师签署的协议为期三年，到期可续签。对如何满足续签标准，我们有明确和精准的说明，其中尤其强调教学和以学生为导向的服务水平（如为学生提供的指导）。通过协议，我们能够确保教师享有学术自由，但并非提供保障一辈子的"铁饭碗"。

行政臃肿

相比教师支出的增长速度（因为兼职教师比例的增加，其增速反而有所降低），大学行政成本的增长速度要快得多（美国国家教育统计中心，2011）。实际上，从1975、1976年到2011年间，大学非学术类岗位的全职员工人数增长了369%，而同一时间段内终身教授和预备走终身教职道路的教员人数增长仅为23%。

369

密涅瓦对行政支出的管理方式与传统大学非常不同。在传统大学中，行政管理成本居高不下，主要由以下三方面综合因素造成。

权责变动

首先，对于过去由教师完成，或根本无人承担的工作，大学会自主决定聘用多少位行政人员来承接相应权责。比如，许多大学的教授获得终身教职后，哪怕不负责学术指导之类的附加事务，也不会被开除。因此，大学就必须雇佣更多的员工来完成这些工作，从而增加了总成本。另一个例子是，近期有研究显示，大学多元化官员（diversity officer）的存在，对学校的多元性并无影响（美国《高等教育纪事报》数据，2017）。显然，尽管多元化是这些官员的工作，但他们并未增加大学的多元性。乍看上去这种现象毫无道理，但是，因为在学术系统中，只有各个院系才有雇佣和开除人的权力，多元化官员并没有这个权力，所以出现这种结果也不足为怪。因此，如果大学有多元化建设的相关经费，更好的用法是直接分配给院系，让它们来组建更多元化的教授团队。

基于对联邦统计数据的分析，我们发现两个看似没有关系的现象：过去25年内，大学非学术岗位的员工人数增长超过一倍，而学生和教师人数的增长却可以忽略不计（Marcus，2014）。

相反，在密涅瓦，我们秉持着"精益创业"的文化。出现问题的时候，我们的第一反应不是雇佣更多的人，而是考虑问题的真实本质（#找对问题），然后想办法用已有资源解决问题。同时，我们的职位描述非常清晰（这在学术界并不多见），相应地，我们还会基于所有教职员工各方面工作的完成情况，对其进行评价。

无经费的强制责任[1]

谈到不必要的行政成本，大学本身并非造成这一现象的唯一原因。用于监管的支出对大学造成了巨大的财务负担；讽刺的是，这些支出的本意是用联邦经费帮助部分人群减少高等教育花销。典型的例子就是《教育法修正案》第九条（Title IX）。它于20世纪70年代实施，目的是在大学体育项目中实现性别平等。如今，该法条被广泛用于确保女性在大学中拥有正向的环境和氛围。

我们很难反对法律范畴的扩展所希望实现的目标——毕竟对女性而言，毒品与酒精泛滥的大学校园本身绝不安全。但是，相关法律法规的实施，并未显著地减少大学校园中针对女性的犯罪，也没能降低大学教育的高昂成本——事实上，在两方面都适得其反。比如，从2009—2013年间，许多相关法规得以实施，但这段时间内大学性侵案的发生率却毫无变化（Sinozich & Langton，2014）。与此同时，针对同类女性群体的侵犯事件，在校园当中的发生率是否低于校外的发生率，也不得而知

370

---

[1] 无经费的强制责任（unfunded mandate）：政治术语，指政府要求执行某项行政命令或措施，却不提供相应资金的制度。——译者注

（DePillis，2014）。但是，我们明确知道的是，为了将罪犯绳之以法，大学的相关支出迅速上涨。

同时，大学本身又不能对此类案件进行司法审理和执法处理。在美国联邦调查局（FBI）全美犯罪统计报告的校园犯罪列表上，强迫的性侵害的严重性仅次于谋杀和非预谋杀人（美国教育部，2016）。在美国刑法体系中，强迫的性侵害是仅次于杀人罪的重罪。大学并非政府部门，唯一能实施的惩罚取决于学生的在校身份。假设有学生被指控谋杀，大学能采取的最严重的惩罚措施也就是将学生开除。有时，大学无法确定学生是否真的有罪，就只能要么把学生调到另外一幢宿舍，要么让学生写报告陈述（这都是大学在面对性侵等类似案件时采取的真实措施）。这着实荒谬。如果有学生被指控绑架了另一位学生或在校内纵火（两种行为在多数司法体系中均被视作与严重性侵同等恶劣的犯罪），学校要是自主对学生定罪施罚，而不移交给刑事司法系统处理，是绝对不可想象的。对于一级重罪，仅仅把学生开除，绝不是社会可以接受的惩罚方式。

现在，接受联邦《高等教育法》第四编援助资金的大学必须雇佣前警探和顾问，对校园犯罪进行调查，并任命一些教授和管理者来做出裁决；在此之后，大学几乎不可避免地要承担受侵害方的费用，因为该方往往对大学的判定并不满意而决定起诉，使得大学产生相应支出。

因《教育法修正案》第九条而产生的支出，仅仅是大学应对法规的所有成本中很小的一部分。据估计，2013—2014学年，四年制非营利大学在非研究方面的合规开支高达100亿美元（范德堡大学，2015），相当于每位学生每年1000美元——在有些学校，这一金额甚至高达2000美元，相当于一所四年制公立大学或密涅瓦学杂费总额的10%还多。

监管开支始终会存在，也应当存在，但如果相应的目标是减少高等教育总体支出，那么明智的监管就极有必要。在这样的改革发生之前，密涅瓦的策略就是依靠当地司法体系，同时尽可能少地从联邦渠道获取经费。具体来说，密涅瓦没有自己的校园警务室，也无须组织教职工委员会成立校园法庭；如果疑似发生犯罪，我们会求助于当地警方。此外，我们也没有申请《高等教育法》第四编（学生佩尔助学金）的经费，因为这会要求我们进行巨大的基础设施投入。由于密涅瓦有大比例的国际学生，他们本身就不会获得为美国学生提供的联邦助学金，所以我们再花精力去应对联邦援助相关的监管就是事倍功半。

帕金森定律

导致大学行政臃肿的最深层原因，通常被称为"帕金森定律"。该词最早出现在1955年《经济学人》的幽默短文中，指的是官僚组织会自然地增大规模的现象。虽然该短文是一篇讽刺小品，我们却很难反驳其中提出的观点：因为运营者需要给彼此制造工作机会，所以组织运营架构越大，就越容易持续增长——这反过来使组织必须雇佣更多的员工，来完成运营者不再有时间完成的工作。与市场化组织相比，大学监管严格且运作效率低，这就为日益庞大的官僚组织提供了肥沃的生长土壤。而在密涅瓦，我们对帕金森定律保持警醒，在出现新问题时会抑制雇佣新员工的冲动。

密涅瓦的运营原则

我们在密涅瓦的运营中，秉持着三个核心原则，以避免上述五种支出的"重灾区"。我们的原则有明确的论证基础，如下所述。

原则1：使用现有资源

第一条原则是，如果市场已经提供了可用且高效的资源，我们就加以使用。比如，密涅瓦的学生在全球最好的一些城市旅居，这些城市中已经提供了设计精良、功能齐全的基础设施，包括世界级的图书馆、体育馆、公园、博物馆、杂货店和餐厅等。它们的运作都达到了专业水平，否则就不可能持续经营、获得政府或慈善组织的资助。因此，我们就让学生利用这些城市已经提供的资源，这也意味着，我们不再需要重复提供所有这些商品和服务，从而降低了我们的运营支出。这的确意味着，城市中的这些设施不会只对学生开放，而学生必须融入当地居民的生活。我们认为，这么做对他们更为有益。

原则2：明确学费用途

第二条原则来源于我们坚信的一个观点：学校直接支出的透明和高效，对于本科教育这样的长期服务而言至关重要。我们认为，从学生那里收取的学费，只能用

372

于直接让学生受益的服务。密涅瓦永远不会通过向学生收取学费来给正在休假的教授支付薪酬，或者给教授发放科研补贴。而其他如资助款或慈善捐赠则能够用于实现这些目标。同样，我们也不会用向所有学生收取的费用，提供仅仅会让一小部分学生受益的服务。这就是我们不建造学生剧院、球场或实验室的另一个原因。

原则3：将激励机制融入机构使命

第三条原则，也可能是密涅瓦运营模式中最重要的部分，就是密涅瓦体系中天然包含的激励和遏制因素。密涅瓦的激励机制让机构避免偏离使命。我们的使命是"为世界培育批判性智慧"。我们很清楚地认识到，人类需要明智的决策才能欣欣向荣，而密涅瓦希望促进更多明智决策的产生。同时，我们意识到，光靠密涅瓦自身做不到这一点。因此，不仅出版这本书是我们努力达成使命的举措之一，而且我们也愿意向其他大学分享密涅瓦开发的课程体系与技术，以助其实现系统性、支架式和完全主动式的教学。密涅瓦体系越成功，就会有越多的大学希望跟随我们的脚步，密涅瓦也就变得越有价值（无论是社会价值还是经济价值）。

因此，我们的每一位相关方——学生、教师、员工、支持者——都怀抱着同样的目标，也都将从目标的实现中受益。我们喜欢这样说：密涅瓦是否成功的唯一指标，就是学生是否成功——激励机制也与目标挂钩，而且对所有相关方皆如此。比如，我们的教师会获得股票期权，随着密涅瓦品牌竞争力持续增强，教师所持股权就会增值，而当学生所学帮助他们在现实世界取得成功时，教师的价值也得以实现。因此，教师在帮助学生学习与成功上，就有了双倍的动力（包括内在动力和外在动力）。

另外，如果各方目标不一致，我们就不可能吸引如此高水准的同行者——如果我们无法证明密涅瓦提供的是另一种更好的选择，就几乎不可能说服学生和教师放弃常春藤名校；同样，如果密涅瓦没能体现出实现深远的社会与经济价值的潜力，也几乎不可能说服资金支持者和员工将他们的时间和财富投入一项数十年的事业。

上述利益取向的结果就是，任何诱惑，只要会妨害密涅瓦的办学质量，我们就会毫不犹豫地拒绝。短期回报的诱惑，将远不及我们通过坚守使命而产生的长远价值。

我们可以拿密涅瓦的招生工作为例说明。在几乎所有传统大学中，对外公布的招生录取率并不能反映富有的捐赠人子女的录取率。有些声望极高的学校，其公开的招生录取率不到10%，但对富有的捐赠人子女的录取率实际上高达该数字的十倍。很多时候，如果我们考察那些所谓的招生时"不考虑学生财务需求"的学校的机构设计就会发现，出现上述捐赠人子女的特例也是合情合理的，因为这些大学很大程度上需要依赖慈善捐赠，才能支付得起上文所述的五类投入。

相反，在密涅瓦，虽然我们的学生也靠奖学金来上学，但学校本身的运营并不依赖于捐款。密涅瓦所依赖的，是给学生提供的具有吸引力的教育和学习体验，因此我们在乎的，是学费收入中有多少真正和教育支出相关。所以，我们的激励因素不再取决于能否让慈善家满意，而是能否让一群卓越的学生满意。如果有一名捐赠人想给密涅瓦捐出1000万美元，但希望其孩子在招生过程中得到特殊优待，我们会断然拒绝这笔赠款。这是因为，一所坚不可摧的高等教育院校能产生的力量，要远远超过任何一笔财政投入能实现的货币价值。哪怕我们可以拿这笔钱做很多好事，也没有办法估量录取任何一名传承生或体育生会对密涅瓦的名声造成的负面影响。

结语

在设计密涅瓦的商业模式与运营模式时，我们认识到传统大学所面临的问题，也清楚地分析了这些问题的发生原因和解决办法。基于密涅瓦的做法，我们可以断言，尽管健康的体格和团队竞争力对年轻一代的社交发展与个体成长至关重要，我们仍旧不会花费精力开展学校自己的体育项目，因为全球每个主要城市都提供了运动场馆和健身房。在密涅瓦，我们不会允许行政臃肿的现象阻碍我们对核心使命的实现，也不会将宝贵的学费收入用于支付自己都说不清必要性的活动。在密涅瓦开创的模式里，成本架构的高效和教育项目的有效性休戚相关。

以世界之名

本·纳尔逊
Ben Nelson

斯蒂芬·M.科斯林
Stepen M.Kosslyn

乔纳森·卡兹曼
Jonathan Katzman

罗宾·B.戈德堡
Robin B.Goldberg

特里·坎农
Teri Cannon

在此我们必须承认：本书的目的就是吸引你加入我们。

这是因为，哪怕密涅瓦成为千年名校，培养出未来最有影响力的领导者、思想者、创新者和变革者，成为世界范围内最受青睐的大学，我们也可能连创校使命都未达成。正如本书反复提到的，密涅瓦存在的目的，是为世界培育批判性智慧。而这一使命本身，光靠我们自己是无法实现的。

我们在谈论解决全球问题时，可能会忘记，这些挑战和问题正在影响我们每一天的生活。如果领导者缺乏效力——无论是在政府、企业、媒体、医疗机构、非营利组织，还是在社会的其他行业——我们每个人都会受到影响。密涅瓦相信，如果我们想要改变世界发展的轨迹，就必须将高等教育机构视为解决方案的出发点。

密涅瓦要开创的，不仅仅是一个高等教育的好模式。我们期待为高等教育带来质的提升，但让人警醒的，是这么做的机构实在太少了。这种状况必须改变。我们希望的，不仅是其他机构也能够采用密涅瓦的课程体系、教学方法和运营理念，比这重要得多的，是我们希望其他机构能够在密涅瓦的模式上继续改进。我们绝不会声称——也从不认为——密涅瓦现有的模式就是教育所能达到的最高水平。我们每个星期都在处理问题，都在迭代解决方案，并尝试用更新的方法让密涅瓦变得更好。而且我们也确信，未来还会有人思考出更好的高等教育模式。

所以，本书提供的是解决方案的"通用基础"，它展示的是如何对机构进行系统性、逻辑性和由"第一性原理"驱动的整体设计，如何坚持不懈地迭代，以构建出教育的新模式。需要指出的是，尽管过程看似让人望而却步，但在撰写本文时，密涅瓦已有超过100位教职员工。这些卓尔不凡的个体共同创造并运营着密涅瓦整个体系。当然，其他人也可能比我们做得要好很多，我们对此深信不疑。

我们想向各位读者抛出一项挑战，你可以在以下两条路径中选择其一：要么加入我们，帮助密涅瓦实现使命；要么设想出更好的计划，并让其变成现实。如果你想继续求学，那么就请申请我们的本科或研究生项目，或者要求其他学校提供经过系统化严密设计的体验，让你获得真正需要并且应得的教育。如果你是一位学者，就请加入我们日益壮大的教师队伍，或者用一次学术休假的时间来学习密涅瓦的教学方法，抑或是帮助你所在的院校认识到，运用完全主动式教学法和支架式课程体系可以取得怎样的成就。如果你能对我们现在的做法提出完善建议，告诉我们如何继续改进，那就更好了！如果你是一名记者，就请监督密涅瓦和其他大学是否担负起了各自的责任。高等教育机构在社会中扮演着无比关键的角色，但其为人所诟病的多是表面现象（如开销、毕业率和可及度）而非真实症结（是否提供了有效的教育）。或许最重要的是，对于那些能对高等教育机构产生影响的人——不管是企业雇主、教育部官员，还是立法者、捐赠人来说，如果你需要寻找一个提高教育标准的理由，本书可以给你答案。

教育领域规模庞大而变化缓慢。哪怕是已经显示出优越性的教育体系，也需要时间才能成为新常态。不过，在历史的长河中，高等教育领域也曾数次为积极变革所席卷，而未来这样的变革依旧会发生。随着越来越多的学生要求获得更好的教育（或许正是密涅瓦式的教育？），其他高等教育机构也必须有所回应。随着越来越多的教授在课堂上锐意创新，实践更有效的教学法，其他教授也会效仿。随着媒体记者开始在报道中关注更有效的高等教育，更多公众也会注意到这一点。同时，高等教育的资助者将能够让这些变革加速发生。高等教育所获捐款中，金额在1亿美元以上的就接近200笔。如果其中有一半捐款用于支持创新而有效的高等教育体系，或用于创建高于现有标准的全新教育体系会如何？如果是这样，学生在毕业时将做好更充分的准备，我们的社会将变得更明智，我们对未来世界的态度将会更积极、乐观！为了更好的社会，让我们共同为世界培育批判性智慧吧。

思维习惯与基础概念

379

密涅瓦的课程旨在教会学生领导团队、与他人协作，并帮助他们成为创新者，以及思路开阔、思维灵活的思考者，同时形成国际视野。密涅瓦的教学目标基于有关领导力与创新力的研究文献以及对不同领域大企业雇主的采访调研而制定，我们从研究和调研数据中提炼出四项核心能力，学生只有具备了这些能力，才能在各个学科领域中取得成功。其中，两项能力关注的是个人技能，即批判性思维（评判论述、分析推论、权衡决策和分析问题的能力）和创造性思考（促进探索、解决问题以及创建产品、流程和服务的能力）；另外两项能力关注的是人际能力，即有效沟通（有效使用语言和非言语沟通的能力）和有效互动（谈判、调解和说服，与他人有效协作，破解伦理困境、具备社会意识的能力）。

思维习惯和基础概念（HC）的教学出现在第一年，所有学生都需要完成四门分别持续一学年的基石研讨课：形式分析（关注批判性思维的核心内容）、实证分析（关注创造性思考的核心内容）、多元沟通（关注有效沟通的核心内容）和复杂系统（关注有效互动的核心内容）。这些教学内容会在此后三年的专业和细分方向学习中得以应用（并接受评估）。每项HC都有一个标签名称，如下所述。

如第2章所说，我们会根据学生、教师、雇主、实习导师和其他相关方的反馈，持续更新HC列表。因此，这是一份"有生命力"的文档，在未来数年中无疑也会不断变化。

以下，我们用字符标注出每项思维习惯或基础概念被首次引入的课程：

CS=在复杂系统课中引入

EA=在实证分析课中引入

FA=在形式分析课中引入

MC=在多元沟通课中引入

I. 批判性思维

批判性思维在几乎任何职业中都是必不可少的，在更大范围的生活中也不可或缺。然而，批判性思维并非单一的认知过程，不同方面的批判性思维需要不同的技能，并可能会用到不同的基础概念。

A. 评判论述

批判性思维的第一个方面，是对论述进行评判，这需要识别论述及其组成部分。要做到这一点，必须具备检查结论合理性、运用信息素养原则的能力。此外，人们也常常需要辨别论述是否建立在健全的科学基础之上，是否符合概率和统计学原理。为强调这一类批判性思维，我们对以下基础技能和概念进行介绍并评估。

1. 提炼复杂的论点，找出并分析论点的前提和结论：
   a. 识别并分析前提和结论。（思维习惯，以下简称为"H"）FA #断言
   b. 积极地、批判性地参与文本及其他形式的交流。（H）MC #批判

2. 运用信息素养的原则：
   a. 判断支持一个论点所需的信息。（H）MC #所需信息
   b. 区分信息的类别，确定信源质量。（H）MC #信源质量

3. 使用预估技巧，判断定量论述是否合理。（H）FA #预估

4. 区分科学的陈述和非科学的陈述：
   a. 评判一项假设的前提是合理的还是臆测的。（H）EA #假设求证
   b. 评判一项假设是否能推导出可被验证的预测。（H）EA #可验证性
   c. 识别并分析伪科学的论述。（基础概念，以下简称为"C"）EA #伪科学
   d. 对科学的假设、理论、事实和定理进行区分。（C）EA #认识论
   e. 评判科学方法的运用情况。（C）EA #科学拆分

5. 恰当地评判概率和抽样：
   a. 应用和解释概率的基本概念。（C）FA #概率

b.应用和解读条件概率。（C）FA #条件概率

c.识别和分析各类分布中的抽样情况。（C）FA #抽样

6. 恰当地评判和使用统计方法：

a.恰当地使用描述统计。（H）FA #描述统计

b.对效应量进行运用和解读。（C）FA #效应量

c.对置信区间进行运用和解读。（C）FA #置信区间

381

d.对相关性指标进行运用和解读；区分相关性和因果性。（C）FA #相关性

e.对回归分析进行运用和解读。（C）FA #回归

f.识别趋均数回归的情况，并据此调整预测。（C）FA #趋均数回归

g.在推论和预估中运用和解读贝叶斯统计。（C）FA #贝叶斯统计

h.对统计显著性进行运用和解读。（C）FA #显著性

B. 分析推论

推论即根据旧知识来理性创造新知识。适当推论的能力具有广泛的适用性。即使一项论述是正确的，从中得出的推论也可能是错误的。形式逻辑提供了确定有效推论和无效推论的方法。逻辑思维的一种类型是归纳推理，即根据特定案例进行概括；另一种类型是演绎推理，即从一组前提中得出结论。许多推论基于人类的观察，因此必须意识到人类注意力、感知和记忆中的特定偏差。比如，在对艺术作品等表现性作品进行推论时，必须首先理解作品的历史和文化背景，了解作品的内部结构，以及受众的个体经验如何影响其解读作品。针对这一类批判性思维，我们介绍并评估了以下基础技能和概念。

1. 运用和解读演绎的形式逻辑。（C）FA #演绎

2. 识别并纠正逻辑谬误。（C）FA #谬误

3. 恰当运用归纳推理；认识到永远可以对事物形成多个不同的归纳：

a.根据已有证据，形成多个合理的归纳。（C）FA #归纳

b.分别对短期和长期行为进行预测。（H）FA #预测

4. 识别在注意、理解、记忆过程中，可能影响推论的偏差（不合理的趋势）：

a.识别出哪些注意力偏差与知觉偏差会影响我们关注的事物，以及对其规律、属性的认识和预估方式，并进行恰当的应对。（C）EA #注意力与知觉偏差

b.识别出哪些偏差会导致记忆的限制和错误，并进行恰当的应对。（C）EA #记忆偏差

c.识别出为确认先入之见而在搜索或解释信息过程中产生的偏差，并最大限度地减少此类偏差。（C）EA #确认性偏差

5. 识别出会影响不同沟通形式所产生的推论的偏差，并进行恰当的应对。（C）MC #解释性偏差

6. 在背景语境（如历史、学科和文化背景）中看待作品。（C）MC #背景语境

7. 识别、分析和整理作品的特点，并基于作品的特点解读沟通模式：

a.识别、分析和整理非虚构作品的特点，以推导或构建其可能的意义。（H）MC #非虚构作品

b.识别、分析和整理虚构作品或诗歌的特点，以推导其可能的意义。（C）MC #虚构作品与诗歌

c.识别、分析和整理视觉沟通作品的特点，以推导其意义。（C）MC #视觉艺术

d.识别、分析和整理听觉沟通作品的特点，以推导其意义。（C）MC #音乐

e.识别、分析和整理多媒体作品的特点，以推导其意义。（C）MC #多媒体

8. 在不同的分析层次对事件或事物特性之间的交互作用进行描述，从而解释现象。（H）CS #层次分析

9. 运用与复杂系统特性有关的知识理解整个系统，反之亦然：

a.将复杂系统分解为各组成部分，并加以运用和解读。（C）CS #多重主体

b.认识到吸引子和敏感性在复杂系统行为的不同条件下所发挥的作用。（C）CS #系统动力学

c.识别复杂系统中的涌现属性，并进行恰当的应对。（C）CS #涌现属性

d.识别多重原因相互作用进而产生复杂效应的方式。（C）CS #多重原因

e.识别网络中的首要、次要和其他效应，包括社交网络中的效应。（C）CS #网络

C. 权衡决策

评判论述和分析推论之所以非常重要，部分是因为这些能力有助于我们做出行动的决策。而为了更理性地做出决策，我们必须分析替代选项、权衡它们各自的得失。决策支持工具能帮助我们进行此类分析，以识别和减少不需要的偏差。针对这一类批判性思维，我们介绍并评估以下基础技能和概念。

1. 识别和评估根本性目标和基础价值观，以及哪些指导性原则决定了个人或群体实现目标的方式。（H）CS #目标

2. 认识到根基性的信念并加以评估。（H）CS #第一性原理 383

3. 为所有相关方进行成本收益分析：

   a.考虑所有相关方的各种潜在成本和收益。（H）CS #效用

   b.识别出激励因素如何影响决策。（H）FA #收益

   c.识别和分析沉没成本在决策中的影响。（H）FA #沉没成本

   d.识别和分析时间贴现在决策中的影响。（H）FA #贴现

4. 识别和分析风险与不确定性的效应。（C）FA #风险

5. 在做决策时考虑多个选项。（H）FA #广泛框架

6. 对决策支持工具进行解释和分析，探究决策的后果：

   a.运用和解释决策树，探究使用替代选项的后果。（H）FA #决策树

   b.运用启发式方法，高效地做出决策并应用决策。（H）FA #高效启发

7. 识别因情绪状态导致的决策偏差。（C）EA #情绪偏差

D. 分析问题

问题的真实解决的确需要创造性思考，但在此之前的分析过程显然属于批判性思维的范畴。在尝试用不同方法解决问题之前，分析问题的过程聚焦于对问题本身的识别、理解和整理。针对这一类批判性思维，我们介绍并评估以下基础技能和概念。

1. 找到（知识、市场供应和各类想法中）亟待利用创造性解决方案来填补的空白。（C）EA #差距分析

2. 定义问题的本质。（H）EA #找对问题

3. 将问题拆解为可处理的部分，从而设计解决方案。（H）EA #拆分问题

4. 识别和分析问题中的变量和指标。（H）FA #变量

5. 对博弈论模型加以评价和运用。（C）FA #博弈论

II.创造性思考

批判性思维注重的是分析。相反，创造性思考则着眼于新事物的创造过程，其中常常涉及的是综合。创造性思考是科学发现的核心，也在实际问题的创新解决以及新产品、新流程和新服务的创建过程中扮演核心角色。

A. 促进探索

如何做出新的探索，并没有固定流程或整套规则。但是，某些做法却能为探索做好铺垫，包括基于充分信息对数据进行假设、预测和解释的能力。此外，有效使用研究方法，也能够增加新发现产生的概率。最后，我们也可以通过在不同的分析层次考量系统、辨别系统类型，促进新发现的产生。针对这一类创造性思考，我们介绍并评估以下基础技能和概念。

1. 基于信息生成假说和猜测：
   a.评估初始数据的收集和此后假说驱动的研究之间的关联。（C）EA #假说驱动
   b.评估理论和研究设计之间的联系。（C）EA #理论验证
   c.识别出运用模型解释数据和生成新预测的方式。（C）EA #模型类型
   d.解释、分析数据并进行可视化呈现。（C）EA #数据可视化

2. 运用研究方法，构思发现的方法：
   a.运用和解释实验性设计原则。（C）EA #实验性设计
   b.设计和解释观察式研究。（C）EA #观察
   c.设计和解释以（个人或群体）访谈或调查形式进行的原始研究。（C）EA #访谈
   d.设计和解释案例研究。（C）EA #案例研究
   e.评估复制性并将其融入实证研究的设计。（C）EA #复制

f.识别和评估实证研究设计中恰当的变量控制。（C）EA #控制

B. 解决问题

在实现目标过程中遇到障碍时，问题就出现了。遇到问题（且并无已知解决方案）时，我们就必须运用创造性思考来加以解决。这样的创造性思考常常依赖于对特定启发式思维（经验法则）和技巧的运用。但是，要有效解决问题，我们也必须意识到思维偏差的存在，并且在其有碍我们探寻良好的解决方案时尽量减少其影响。针对这一类创造性思考，我们介绍并评估以下基础技能和概念。

1. 在解决问题时恰当地运用类比。（C）EA #类比

2. 将识别和运用"约束满足法"作为解决问题的一种方法。（C）EA #限制条件

3. 恰当地评估和运用优化方法。（C）FA #优化

4. 使用问题解决技巧：

   a.运用启发式思维，从一个子问题过渡到下一个子问题。（H）EA #问题启发法

   b.运用"逆向思维"来设计新策略。（H）EA #逆向思维

5. 运用算法策略，解决真实问题。（C）FA #算法

6. 运用和解释模拟模型以测试多种不同情况。（C）FA #模拟

7. 寻找由可用性、代表性和其他问题解决的启发式思维引起的偏差，并学习纠正错误。（C）EA #启发式偏差

8. 运用有效的策略，自学特定类型的材料。（H）EA #自学

C. 创建产品、流程和服务

有各种方法和技术可以帮助我们创建新产品、流程和服务。这些方法和技术包括迭代式设计思维、启发式思维和逆向工程思维等。针对这一类创造性思考，我们介绍并评估以下基础技能和概念。

1. 运用迭代式设计思维，构建和改善产品或解决方案。（H）MC #设计思维

2. 运用启发式思维，寻找问题的创造性解决方案，构建新的产品和流程。（H）

EA #创造性启发法

3. 基于具体问题的某项已有解决方案，运用逆向工程思维，提炼其中可用于解决其他问题的关键元素。（H）EA #提炼

III.有效沟通

作为全球社区中受过广博教育的一员，领导者和创新者尤其需要掌握有效沟通的能力。有效沟通的能力在很大程度上依赖于语言表达，不仅内容要清晰，而且形式要恰当（即以适当的方式向特定的受众传递信息）。此外，有效的沟通也依赖于传递恰当信息的非言语表达，例如面部表情和肢体语言。

A. 有效使用语言沟通

人类的大多数沟通都是通过语言进行的，包括口头语言和书面语言，因此，知道如何有效地使用语言进行交流至关重要。针对这一类有效沟通，我们介绍并评估以下基础技能和概念。

386

1. 写清楚、说清楚：

a.形成清晰的论点。（H）MC #论点

b.有效地组织沟通内容。（H）MC #组织

c.用清晰、精确的方式沟通。（H）MC #构建

d.根据已有准则，专业地呈现沟通内容。（H）MC #呈现

e.理解和使用隐含意义、口吻和风格。（H）MC #隐含意义

2. 根据背景和受众调整口头和书面表达。（H）MC #受众

B. 有效使用非言语进行沟通

非言语沟通对言语沟通的接受程度有重要影响。非言语沟通元素不仅传递了隐含意义，还会为整个信息定下基调。针对这一类有效沟通，我们介绍并评估以下基础技能和概念。

1. 解读面部表情。（H）MC #面部表情

2. 解读和使用肢体语言。（H）MC #肢体语言

3. 将知觉与认知原理用于口头与多媒体的展示和设计。（H）MC #沟通设计

Ⅳ.有效互动

沟通不只是传递信息，也是我们与他人互动的关键部分。然而，人与人的互动并不仅限于沟通。人际互动可能旨在对他人产生特定影响（如在谈判或试图说服他人时），也可能促进或损害团队的运作。此外，在如何与他人互动上，做出符合伦理的决策起着至关重要的作用。

A. 谈判、调解和说服

要与他人进行有效互动，就要预测特定信息可能产生的影响、记录对方的真实回应，并相应地调整沟通方式。这种动态的互动模式，正是谈判、调解和说服的核心。针对这一类有效互动，我们介绍并评估以下基础技能和概念。

1. 谈判与调解，包括寻找共同收益：

    a.调解争议。（H）CS #调解

    b.用结构化的谈判方法，达成期望的目标。（H）CS #谈判

    c.为谈判准备多维度的最佳替代方案（BATNA）。（H）CS #最佳替代方案

2. 运用有效辩论的原则：

    a.考量情绪、逻辑、个人等因素，评价相反观点的有效性。（H）CS #相反观点

    b.意识到自身策略和对手策略的优势和劣势。（H）CS #辩论策略

    c.识别和分析双方的共同点，确定自己可以退让的内容，并进行恰当的应对。（H）CS #共同点

3. 运用说服技巧：

    a. "助推"他人的决策。（H）CS #助推

b.运用认知工具加以说服。（H）MC #认知说服

c.理解和运用情感说服工具。（H）MC #情感说服

d.考虑他人的观点，设计有说服力的论述。（H）MC #观点

e.展示观点，保持适当水平的自信。（H）MC #自信

B. 与他人有效协作

我们每个人在与他人互动时，都会扮演很多不同的角色，有时是领导者，有时是追随者或团队成员。某些具体的行为和做法可以促进这样的互动。针对这一类有效互动，我们介绍并评估以下基础技能和概念。

1. 实践有效领导力的原则和风格：

a.运用有效领导力的原则。（H）CS #领导力原则

b.会合理分配团队成员的角色，这需要对工作性质和角色类型保持敏感。（H）CS #团队角色

c.调用不同类型的权力，影响群体互动。（H）CS #权力动态

d.识别和分析行为如何受强化和惩罚措施的影响。（C）CS #胡萝卜加大棒

2. 作为团队成员进行有效协作：

a.减少群体环境中的从众效应。（H）CS #从众

b.认识和调动人们各自不同的能力、特质、态度和信念。（H）CS #差异

c.理解组织架构对个体表现和协作项目的影响。（C）CS #组织架构

d.认真倾听，保持开放态度。（H）MC #开放心态

388

3. 发现和衡量自身优缺点：

a.自省内观，"知自己有所不知"。（C）CS #元知识

b.识别自身长处与短板，保持谦卑，减少那些能够导致过分自信或阻碍有效表现的行为和习惯。（C）CS #自我认知

c.运用情商进行有效互动。（H）CS #情商

C. 破解伦理问题，具备社会意识

一个人应对伦理问题的方式，直接影响着他与他人互动的方式。其推动因素之一，就是社会意识，即对他人和公共利益的关注。针对这一类有效互动，我们介绍并评估以下基础技能和概念。

1. 评估伦理困境，构建恰当的理解方式以解决困境。（H）CS #伦理框架

2. 运用语境进行优先排序，解决不同伦理原则之间的冲突。（C）CS #伦理冲突

3. 意识到不公平的做法并努力消除。（C）CS #公平性

4. 坚守承诺，主动积极，承担责任。（H）CS #责任

密涅瓦的使命、原则和实践

第一性原理为密涅瓦的行动指引了方向。我们心无旁骛地追寻"成就非凡"的目标，聚焦于提升学生潜力，增强其在创造性地解决当今最复杂问题中的领导力，从而成就更好的未来。

我们的七项指导原则贯穿在所有行动中，确保我们不断夯实密涅瓦的良好声誉、帮助我们践行密涅瓦坚守的一切理念，并最终完成我们的使命——为世界培育批判性智慧。

恪守原则

密涅瓦的指导原则及其含义分别解释如下：

｜超越常规

密涅瓦是独一无二的，它有别于传统大学，其学习模式也截然不同。我们相信更好方案的存在，拒绝安于现状。我们挑战固有思维，寻找需求和渴望，推崇开创性的做法。我们会取得超预期的工作成果——给人带来神秘感或愉悦的时刻，并以此激励更进一步的探索。

我们之所以采取行动，从不是因为其他人也这么做。相反，我们独辟蹊径，开创出更有效的解决方案。

关键特质：独特性、洞察力、创造力；但绝不是粗浅、古怪。

┃人文关怀

密涅瓦积极求知、心怀世界。我们拥抱世界的生命力和复杂性，努力理解所处的多样文化。我们在彼此尊重和一对一连接的基础上，建立与各方的联系。我们赞赏不同观点中蕴含的能量，推动多方相互理解、分享各自的思考。

我们致力于消除人际互动的障碍，重视建立有意义的连接。

关键特质：共情力、好奇心、文化素养；但绝不是迟钝、疏离。

┃充满信心

390

密涅瓦大胆而果断，对所做的承诺和秉持的信念坚定不移。我们谨慎冒险、慎重决策，对失败无所畏惧。我们直面挑战，在逆境和复杂的环境中破冰前行。我们怀抱信念积极行动，推动未来愿景逐步实现。

我们在行动时目标明确，拥有极强的判断力，但也明白，自信并不等于傲慢自大。

关键特质：勇敢、自信、表达清晰；但绝不是缺乏安全感、傲慢自大。

┃深思熟虑

密涅瓦孜孜不倦地进行分析、评估和考察，并兼具广度和深度。我们超越旁人目之所及，探究细节信息，以求理解事物表象之下的细微差别和魅力。我们不仅对自身观点深思熟虑，还主动发起讨论和辩论，尊重反对意见。

我们拒绝表面思考，从不忽视尽职调查，并期待其他人也能进行深入和谨慎的思考。

关键特质：远见卓识、深思熟虑、标准严格；但绝不是羞辱他人、自吹自擂。

┃明辨优劣

密涅瓦享有声望、标准严苛、谨慎细致，吸引着全世界最优秀的人才。我们将时间和精力放在对共同成功而言最为关键的人群、机构和行动之上。我们仔细考虑密涅瓦向全世界呈现的内容，致力于围绕明确的目标，产出高质量的工作成果。

我们并不适合所有人，但也并非精英主义。

关键特质：慎思明辨、目标清晰、专心致志；但绝不是来者不拒、自命不凡。

｜实事求是

密涅瓦的沟通公开而坦诚，直面受众，传递真挚的情感。哪怕是敏感或有争议的话题，我们也期待进行真诚的对话。我们怀着真正的诚意，表达精准的信息，建立互信和尊重。

我们拒绝一切人为、虚假或做作的事物；夸大其词只会引起怀疑、损害信任。

关键特质：直截了当、坦率真诚；但绝不是含沙射影、矫揉造作。

391

｜追求卓越

密涅瓦心怀壮志，坚持不懈地超越平凡。我们积极寻找改善的机会，不断调整方法，为学生和世界带来更好的成果。我们勇攀高峰，追求极致的成就。我们只有孜孜不倦地追求卓越，才能充分发挥一切潜力。

我们从不安于"足够好"的水平。如果无法实现卓越，我们就另辟道路，继续追求。

关键特质：活力、决心、韧性；但绝不是平庸、专横。

参考文献

第1章

Australian Government. (2016). Higher education statistics. https://www.education.gov.au/higher-education-statistics

Bok, D. (2013). *Higher education in America.* Princeton, NJ: Princeton University Press.

Bowen, W. G., & McPherson, M. S. (2016). *Lesson plan: An agenda for change in American higher education.* Princeton, NJ: Princeton University Press.

Carey, K. (2015). *The end of college.* New York, NY: Riverhead Books.

Craig, R. (2015). *College disrupted: The great unbundling of higher education.* New York,NY: Macmillan.

Craig, R. (2017, January 27). Make America first in higher ed: Open the door. *Inside Higher Ed.* https://www.insidehighered.com/views/2017/01/27/us-should-ease-not-restrict-access-its-colleges-international-students-essay

Dewey, J. (1913/1969). *Interest and effort in education.* Boston, MA: Houghton Mifflin.

Freeman, S., Eddy, S. L., McDonough, M., Smith, M. K., Okoroafor, N., Jordt, H., et al. (2014). Active learning increases student performance in science, engineering,and mathematics. Proceedings of the National Academy of Sciences of the United States of America, 111(23), 8410–8415.

Friedman, T. L. (2005). *The world is flat.* New York, NY: Farrar, Straus and Giroux.

Harvard University (2017). Harvard International Office Statistics. http://www.hio.harvard.edu/statistics

Hook, S. (1939). *John Dewey: An intellectual portrait.* New York, NY: John Day Co.

Institute for College Access and Success. (2016). Student debt and the class of 2015.http://ticas.org/sites/default/files/pub_files/classof2015.pdf

Kelly, A. P., & Carey, K. (2013). *Stretching the higher education dollar: How innovation can improve access, equity, and affordability.* Cambridge, MA: Harvard Education Press.

NAFSA: Association of International Educators. (2016). Trends in U.S. study abroad. http://www.nafsa.org/Policy_and_Advocacy/Policy_Resources/Policy_Trends_and_Data/Trends_in_U_S__Study_Abroad

National Center for Education Statistics. (2015). Fast facts: Back to school statistics. http://nces.ed.gov/fastfacts/display.asp?id=372

Selingo, J. J. (2013). *College unbound: The future of higher education and what it means for students.* Seattle, WA: Amazon Publishing.

U.S. Immigration and Customs Enforcement. (2015, August). SEVP (Student and Exchange Visitor Program): Student and exchange visitor information system. SEVIS by the numbers: General summary quarterly review, August 2015. https://www.ice.gov/sites/default/files/documents/Report/2015/sevis_bythenumbers_aug15.pdf

Watkins, K. (2013, January 16). Too little access, not enough learning: Africa's twin deficit in education. *Brookings,* https://www.brookings.edu/opinions/too-little-access-not-enough-learning-africas-twin-deficit-in-education

第2章

Arum, R., & Roksa, J. (2011). *Academically adrift: Limited learning on college campuses.* Chicago, IL: University of Chicago Press.

Barnett, S. M., & Ceci, S. J. (2002). When and where do we apply what we learn? Ataxonomy for far transfer. *Psychological Bulletin, 128*(4), 612–637.

Bligh, D. (2000). *What's the use of lectures?* New York, NY: Jossey-Bass.

Bok, D. (2013). *Higher education in America.* Princeton, NJ: Princeton University Press.

Carnegie, D. (1937). *How to win friends & influence people.* New York, NY: Pocket Books.

Conway, M. A., Cohen, G., & Stanhope, N. (1991). On the very long-term retention of knowledge acquired through formal education: Twelve years of cognitive psychology. *Journal of Experimental Psychology: General, 120*(4), 395–409.

Csikszentmihalyi, M. (1996). *Creativity: The work and lives of 91 eminent people.* New York, NY: HarperCollins.

Dale, E. (1969). *Audiovisual methods in teaching.* New York, NY: Dryden Press.

Derue, D. S., Nahrgang, J. D., Wellman, N., & Humphrey, S. E. (2011). Trait and behavioral theories of leadership: An integration and meta-analytic test of their relative validity. *Personnel Psychology, 4*(1), 7–52.

Feist, G. J. (1998). A meta-analysis of personality in scientific and artistic creativity. *Personality and Social Psychology Review, 2*(4), 290–309.

Feist, G. J., & Barron, F. X. (2003). Predicting creativity from early to late adulthood: Intellect, potential, and personality. *Journal of Research in Personality, 37,* 62–88.

Finke, R. A., Ward, T. B., & Smith, S. M. (1996). *Creative cognition: Theory, research,and applications.* Cambridge, MA: MIT Press.

Gick, M. L., & Holyoak, K. J. (1983). Schema induction and analogical transfer. *Cognitive Psychology, 15*(1), 1–38.

Grosul, M., & Feist, G. J. (2014). The creative person in science. *Psychology of Aesthetics, Creativity, and the Arts, 8*(1), 30–43.

Hart Research Associates. (2013, April 10). *It takes more than a major: Employer priorities for college learning and student success.* Washington, DC: Hart Research Associates for the Association of American Colleges and Universities. https://www.aacu.org/sites/default/files/files/LEAP/2013_EmployerSurvey.pdf

House, R. J., & Aditya, R. N. (1997). The social scientific study of leadership: Quo vadis? *Journal of Management, 23*(3), 409–473.

Judge, T. A., Colbert, A. E., & Ilies, R. (2004). Intelligence and leadership: A quantitative review and test of theoretical propositions. *Journal of Applied Psychology, 89*(3), 542–552.

Kahneman, D. (2011). *Thinking fast and slow.* New York, NY: Farrar, Straus and Giroux.

Lewin, K. (1945). Reserve program of group dynamics: The Research Center for Group Dynamics at MIT. *Sociometry, 8*(2), 126–136.

Lord, R. G., De Vader, C. L., & Alliger, G. M. (1986). A meta-analysis of the relation between personality traits and leadership perceptions: An application of validity generalization procedures. *Journal of Applied Psychology, 71*(3), 402–410.

McGuire, W. J. (1997). Creative hypothesis generating in psychology: Some useful heuristics. *Annual Review of Psychology, 48,* 1–30.

National Association of Colleges and Employers. (2016): Job outlook 2016: Attributes employers want to see on new college graduates' resumes. http://www.naceweb.org/s11182015/employers-look-for-in-new-hires.aspx

Newell, A., & Simon, H. A. (1972). *Human problem solving.* New York, NY: Prentice Hall.

Pawl, A., Barrantes, A., & Pritchard, D. E. (2012, December 10). What do seniors remember from freshman physics? *Physical Review Special Topics—Physics Education Research, 8*(2), 1–12.

Rosovsky, H. (1991). *The university: An owner's manual.* New York, NY: W. W. Norton.

Semb, G. B., Ellis, J. A., & Araujo, J. (1992, August). *Long term memory for ifferent types of classroom knowledge.* Report NPRDC-TR-92-18. San Diego, CA: Navy Personnel Research and Development Center. http://www.dtic.mil/dtic/tr/fulltext/u2/a255235.pdf

Simonton, D. K. (2000). Creativity: Cognitive, developmental, personal, and social aspects. *American Psychologist, 55*(1), 151–158.

Simonton, D. K. (2008). Scientific talent, training, and performance: Intellect, personality, and genetic endowment. *Review of General Psychology, 12*(1), 28–46.

Tetlock, E., & Gardner, D. (2015). *Superforecasting: The art and science of prediction.* New York, NY: Crown.

U.S. Census Bureau. (2016). Educational attainment: Five key data releases from the U.S. Census Bureau. https://www.census.gov/newsroom/cspan/educ/educ_attain_slides.pdf

Zaccaro, S. J. (2001). *The nature of executive leadership: A conceptual and empirical analysis of success.* Washington, DC: American Psychological Association.

Zaccaro, S. J. (2007). Trait-based perspectives on leadership. *American Psychologist, 62*(1), 6–16.

第3章

Barnett, S. M., & Ceci, S. J. (2002). When and where do we apply what we learn? A taxonomy for far transfer. *Psychological Bulletin, 128*(4), 612–637.

Chen, X., & Soldner, M. (2013). *STEM attrition: College students' paths into and out of STEM fields.* Washington, DC: National Center for Education Statistics.

College Board. (2016). *Trends in higher education.* https://trends.collegeboard.org/home

Garton, C. (2015, January 7). Avoid these 3 pitfalls when considering switching majors. *USA Today College.* http://college.usatoday.com/2015/01/07/avoid-these-3-pitfalls-when-considering-switching-majors

Nelson, C. B. (2011). Learning for learning's sake: The foundation for a liberal education. Washington, DC: American Council on Education. http://www.acenet.edu/the-presidency/columns-and-features/Pages/Learning-for-Learning%E2%80%99s-Sake-The-Foundation-for-a-Liberal-Education.aspx

U.S. News & World Report (2017). Columbia University. http://colleges.usnews.

rankingsandreviews.com/best-colleges/columbia-university-2707

第4章

Association of American Colleges and Universities. (2007). *College learning for the new global century.* Washington, DC: Association of American Colleges and Universities.

Boning, K. (2007). Coherence in general education: A historical look. *Journal of General Education, 56*(1), 1–16.

Brint, S., Proctor, K., Murphy, S. P., Turk-Bicakci, L., & Hanneman, R. A. (2009).General education models: Continuity and change in the U.S. undergraduate curriculum, 1975–2000. *Journal of Higher Education, 80*(6), 605–642.

Clifford, W. (1877). The ethics of belief. *Contemporary Review (London, England), 29,* 289–309.

Dunbar, R. I. M. (1992). Neocortex size as a constraint on group size in primates. *Journal of Human Evolution, 22*(6), 469–493. doi:10.1016/0047-2484(92)90081-J

Fost, J. (2013). Semantic technology and the question-centric curriculum. *Innovative Higher Education, 38*(1), 31–44. doi:10.1007/s10755-012-9219-y

Newton, R. R. (2000). Tensions and models in general education planning. *Journal of General Education, 49*(3), 165–181.

Zai, R. (2015). Reframing general education. *Journal of General Education, 64*(3), 196–217. doi:10.1353/jge.2015.0022

第5章

Aristotle. (1994). *Rhetoric* (W. Rhys Roberts, Trans.). http://classics.mit.edu/Aristotle/rhetoric.html

Baranowski, T., Buday, R., Thompson, D., & Baranowski, J. (2008). Video games and stories for health-related behavior change. *American Journal of Preventive Medicine, 34*(1), 74–82.

Bavelas, J., Gerwing, J., & Healing, S. (2014). Hand and facial gestures in conversational interaction. In T. Holgraves (Ed.), *Handbook of language and social psychology* (pp. 11–130). Oxford, UK: Oxford University Press.

Bogost, I. (2007). *Persuasive games: The expressive power of videogames.* Cambridge, MA: MIT Press.

California Academy of Sciences. (2009, April 6). *Science today: Facial expressions* [Video file]. YouTube. https://youtu.be/5G6ZR5lJgTI

Ciccoricco, D. (2013). Games as stories. In B. J. Robertson, L. Emerson, & M.-L. Ryan(Eds.), *The Johns Hopkins guide to digital media* (pp. 224–228). Baltimore, MD: Johns Hopkins University Press.

Clark, H. H. (2016). Depicting as a method of communication. *Psychological Review,123*(3), 324–347.

Cramer, R. J., Brodsky, S. L., & DeCoster, J. (2009). Expert witness confidence and juror personality: Their impact on credibility and persuasion in the courtroom. *Journal of the American Academy of Psychiatry and the Law, 37*(1), 63–74.

Dawes, C. T., Loewen, P. J., Schreiber, D., Simmons, A. N., Flagan, T., McElreath,R., Bokemper, S. E., Fowler, J. H., & Paulus, M. P. (2012). Neural basis of egalitarian behavior. *Proceedings of the National Academy of Sciences of the United States of America, 109*(17), 6479–6483.

de Gelder, B. (2006). Towards the neurobiology of emotional body language. *Nature Reviews. Neuroscience, 7*(3), 242–249.

Duggan, M. (2015, December 15). Gaming and gamers. Washington, DC: Pew Research Center. http://www.pewinternet.org/2015/12/15/gaming-and-gamers/

Festinger, L. (1957). *A theory of cognitive dissonance.* Stanford, CA: Stanford University Press.

Harris, R. A. (2013). A handbook of rhetorical devices. http://www.virtualsalt.com/rhetoric.htm

King, M. L., Jr. (1968). Martin Luther King's last speech: *"I've been to the mountaintop"* [Video file]. https://www.youtube.com/watch?v=Oehry1JC9Rk

Lewin, K. (1947 November 1). Frontiers in group dynamics: II. Channels of group life; social planning and action research. *Human Relations, 1*(2), 143–153.

Luu, P., Collins, P., & Tucker, D. M. (2000). Mood, personality, and self-monitoring:Negative affect and emotionality in relation to frontal lobe mechanisms of error monitoring. *Journal of Experimental Psychology. General, 129*(1), 43–60.

Maloney, D. (2014, April 11). Facial expressions aren't as universal as scientists have thought. *Popular Science.* http://www.popsci.com/article/science/facial-expressions-arent-universal-we-thought

McClean, S. T. (2007). Trick or treat: A framework for the narrative uses of digital visual effects in film. In *Digital storytelling: The narrative power of visual effects in film* (pp. 69–102). Cambridge, MA: MIT Press.

McLuhan, M. (1964/1994). *Understanding media: The extensions of man.* Cambridge, MA: MIT Press.

Nolan, C. (Producer & Director). (2010) *Inception* [Motion picture]. USA, UK: Warner Bros.

Norman, D. (1988). *The design of everyday things.* New York, NY: Basic Books.

PBS Learning Media. (n.d.). *Guernica: Testimony of War.* [Video file]. PBS.com. http://www.pbs. org/treasuresoftheworld/a_nav/guernica_nav/main_guerfrm.html

Revueltas, S. (1936). *Homenaje a García Lorca.* Cond. Jan Latham-Koenig. Orquesta Filarmónica de la UNAM. Performance. https://www.youtube.com/watch?v=BlV54hhB4hc

Ryan, M.-L. (2013). Interactive narrative. In B. J. Robertson, L. Emerson, & M.-L.Ryan (Eds.), *The Johns Hopkins guide to digital media* (pp. 292–298). Baltimore, MD:Johns Hopkins University Press.

Sweeney, H. (2012). *Here at home: In search of a cure for a 21st century crisis* [Interactive video] National Film Board of Canada (Executive Producer).

Wang, Y., Lucas, G., Khooshabeh, P., de Melo, C., & Gratch, J. (2015) *Effects of emotional expression on persuasion.* US Army Research Paper 340. http://digitalcommons.unl.edu/ usarmyresearch/340

第6章

Kahneman, D. (2011). *Thinking, fast and slow.* New York: Farrar, Straus and Giroux.

第7章

Dunbar, K. (2000). How scientists think in the real world: Implications for science education. *Journal of Applied Developmental Psychology, 21*(1), 49–58.

Feynman, R. (1997). *"Surely you're joking, Mr. Feynman!" Adventures of a curious character* (as told to R. Leighton). New York, NY: W. W. Norton.

Gould, S. J. (1996). *The mismeasure of man.* New York, NY: W. W. Norton.

Martinez, M. E. (1998). What is problem solving? *Phi Delta Kappan, 79*(8), 605–609.

Ossola, A. (2014, November 12). Scientists are more creative than you might imagine. *The Atlantic.* http://www.theatlantic.com/education/archive/2014/11/the-creative-scientist/382633

Prud'homme-Généreux, A. (n.d.). Aliens on earth? The #arseniclife affair. Buffalo, NY: National Center for Case Study Teaching in Science, University at Buffalo. http://sciencecases.lib.buffalo. edu/cs/collection/detail.asp?case_id=708&id=708

Reaves, M. L., Sinha, S., Rabinowitz, J. D., Kruglyak, L., & Redfield, R. J. (2012). Absence of detectable arsenate in DNA from arsenate-grown GFAJ-1 cells. *Science, 337*(6093), 470–473.

Spradlin, D. (2012, September). Are you solving the right problem? *Harvard Business Review.* https://hbr.org/2012/09/are-you-solving-the-right-problem

Tretkoff, E. (2007). This Month in Physics History, September 1904: Robert Wood debunks N-rays. *APS News.* https://www.aps.org/publications/apsnews/200708/history.cfm

Wolfe-Simon, F., Blum, J. S., Kulp, T. R., Gordon, G. W., Hoeft, S. E., Pett-Ridge, J., et al. (2011). A bacterium that can grow by using arsenic instead of phosphorus. *Science, 332*(6034), 1163–1166.

第8章

Ballerini, M., Cabibbo, N., Candelier, R., Cavagna, A., Cisbani, E., Giardina, I., et al.(2008). Empirical investigation of starling flocks: A benchmark study in collective animal behaviour. *Animal Behaviour, 76*(1), 201–215.

Bettencourt, L. M., Lobo, J., Helbing, D., Kühnert, C., & West, G. B. (2007). Growth, innovation, scaling, and the pace of life in cities. *Proceedings of the National Academy of Sciences of the United States of America, 104*(17), 7301–7306.

Chen, D. D. (1998). If you build it, they will come ⋯ Why we can't build ourselves out of congestion. *Surface Transportation Public Policy (STPP). Progress, 7*(2), 4–6.

Epstein, J. M. (1999). Agent-based computational models and generative social science. *Complexity, 4*(5), 41–60.

Granovetter, M. (1978). Threshold models of collective behavior. *American Journal of Sociology, 83*(6), 1420(6)–1443.

Green, K. L. (2011, May). *Complex adaptive systems in military analysis.* IDA Document D-4313. Alexandria, VA: Institute for Defense Analyses. https://www.ida.org/idamedia/Corporate/Files/Publications/IDA_Documents/JAWD/ida-document-d-4313.pdf

Hedström, P. (2006). Explaining social change: An analytical approach. *Papers.Revista de Sociologia, 80*, 73–95.

Jackson, M., & Morelli, M. (2011). The reasons for wars: An updated survey. In C.Coyne & R. Mathers (Eds.), *The handbook on the political economy of war* (pp. 34–57). Northampton, MA: Elgar Publishing.

Mitchell, M. (2011). *Complexity: A guided tour.* Oxford, UK: Oxford University Press.

O'Connor, T. (1994). Emergent properties. *American Philosophical Quarterly, 31*(2),91–104.

Page, S. (2007). Making the difference: Applying a logic of diversity. *Academy of anagement Perspectives, 21*(4), 6–20.

Schelling, T. (1971). Dynamic models of segregation. *Journal of Mathematical Sociology, 1*(2), 143–186.

第10章

Arum, R., & Roksa, J. (2011). *Academically adrift: Limited learning on college campuses.* Chicago, IL: University of Chicago Press.

Freeman, S., Eddy, S. L., McDonough, M., Smith, M. K., Okoroafor, N., Jordt, H., et al. (2014). Active learning increases student performance in science, engineering,and mathematics. *Proceedings of the National Academy of Sciences of the United States of America, 111*(23), 8410–8415.

Hart Research Associates (2013, April 10). *It takes more than a major: Employer priorities for college learning and success.* Washington, DC: Hart Research Associates for the Association of American Colleges and Universities. https://www.aacu.org/sites/default/files/files/LEAP/2013_EmployerSurvey.pdf

Hart Research Associates (2015, January 20). Falling short? *College learning and career success.* Washington, DC: Hart Research Associates for the Association of American Colleges and Universities. https://www.aacu.org/sites/default/files/files/LEAP/2015employerstudentsurvey.pdf

第11章

Adams, J. A. (1967). *Human memory.* New York, NY: McGraw-Hill.

Anderson, M. C., & Neely, J. H. (1996). Interference and inhibition in memory retrieval. In E. L. Bjork & R. A. Bjork (Eds.), *Memory: Handbook of perception and cognition* (2nd ed., pp. 237–313). San Diego, CA: Academic Press.

Barnett, S. M., & Ceci, S. J. (2002). When and where do we apply what we learn? A taxonomy for far transfer. *Psychological Bulletin, 128*(4), 612–637.

Bjork, R. A. (1988). Retrieval practice and maintenance of knowledge. In M. M. Gruneberg, P. E. Morris, & R. N. Sykes (Eds.), *Practical aspects of memory: Current research and issues* (Vol. 1, pp. 396–401). New York, NY: Wiley.

Bjork, R. A. (1999). Assessing our own competence: Heuristics and illusions. In D.Gopher & A. Koriat (Eds.), *Attention and performance XVII: Cognitive regulation of performance: Interaction of theory and application* (pp. 435–459). Cambridge, MA: MIT Press.

Bower, G. H., & Clark, M. C. (1969). Narrative stories as mediators for serial learning. *Psychonomic Science, 14*(4), 181–182.

Bransford, J. D., Brown, A. L., & Cocking, R. R. (Eds.). (2000). *How people learn* (expanded ed.). Washington, DC: National Academy Press.

Brown, P. C., Roediger, H. L., III, & McDaniel, M. A. (2014). *Make it stick: The science of successful learning.* New York, NY: Belknap Press.

Butler, A. C., & Roediger, H. L., III (in press). Testing improves long-term retention in a simulated classroom setting. *European Journal of Cognitive Psychology.19*(4/5), 514-527

Cepeda, N. J., Pashler, H., Vul, E., Wixted, J. T., & Rohrer, D. (2006). Distributed practice in verbal recall tasks: A review and quantitative synthesis. *Psychological Bulletin, 132*(3), 354–380.

Cepeda, N. J., Vul, E., Rohrer, D., Wixted, J. T., & Pashler, H. (2008). Spacing effects in learning: A temporal ridgeline of optimal retention. *Psychological Science, 19*(11),1095–1102.

Chi, M. T. H., de Leeuw, N., Chiu, M.-H., & LaVancher, C. (1994). Eliciting selfexplanations improves understanding. *Cognitive Science, 18*, 439–477.

Chi, M. T. H., & VanLehn, K. A. (2012). Seeing deep structure from the interactions of surface features. *Educational Psychologist, 47*(3), 177–188.

Craig, S. D., Sullins, J., Witherspoon, A., & Gholson, B. (2006). The deep-level reasoning effect: The role of dialogue and deep-level-reasoning questions during vicarious learning. *Cognition and Instruction, 24*(4), 565–591.

Craik, F. I. M., & Lockhart, R. S. (1972). Levels of processing: A framework for memory research. *Journal of Verbal Learning and Verbal Behavior, 11*(6), 671–684.

Cull, W. L. (2000). Untangling the benefits of multiple study opportunities and repeated testing for cued recall. *Applied Cognitive Psychology, 14*, 215–235.

Ericsson, K. A., Chase, W. G., & Faloon, S. (1980). Acquisition of a memory skill. *Science, 208*(4448), 1181–1182.

Ericsson, K. A., Krampe, R. T., & Tesch-Romer, C. (1993). The role of deliberate practice in the acquisition of expert performance. *Psychological Review, 100*(3), 363–406.

Erk, S., Kiefer, M., Grothe, J., Wunderlich, A. P., Spitzer, M., & Walter, H. (2003). Emotional context modulates subsequent memory effect. *NeuroImage, 18*(2), 439–447.

Freeman, S., Eddy, S. L., McDonough, M., Smith, M. K., Okoroafor, N., Jordt, H., et al. (2014). Active learning increases student performance in science, engineering, and mathematics. *Proceedings of the National Academy of Sciences of the United States of America, 111*(23),

8410–8415.

Glenberg, A. M., & Robertson, D. A. (1999). Indexical understanding of instructions. *Discourse Processes, 28*(1), 1–26.

Graesser, A. C., Halpern, D. F., & Hakel, M. (2008). 25 principles of learning. Washington, DC: Task Force on Lifelong Learning at Work and at Home. (For a summary, see Graesser, A. C. (2009). *Journal of Educational Psychology, 101*(2), 259–261.)

Graesser, A. C., Olde, B., & Klettke, B. (2002). How does the mind construct and represent stories? In M. C. Green, J. J. Strange, & T. C. Brock (Eds.), *Narrative impact:Social and cognitive foundations* (pp. 231–263). Mahwah, NJ: Lawrence Erlbaum Associates.

Hakel, M., & Halpern, D. F. (2005). How far can transfer go? Making transfer happen across physical, temporal, and conceptual space. In J. Mestre (Ed.), *Transfer of learning: From a modern multidisciplinary perspective* (pp. 357–370). Greenwich, CT: Information Age Publishing.

Hambrick, D. Z., Oswald, F. L., Altmann, E. M., Meinz, E. J., Gobet, F., & Campitelli, G. (2014). Deliberate practice: Is that all it takes to become an expert? *Intelligence, 45*(1), 34–45.

Kahneman, D. (2011). *Thinking fast and slow.* New York, NY: Farrar, Straus and Giroux.

Kosslyn, S. M. (1994). *Image and brain.* Cambridge, MA: MIT Press.

Kozma, R., & Russell, J. (1997). Multimedia and understanding: Expert and novice responses to different representations of chemical phenomena. *Journal of Research in Science Teaching, 43*(9), 949–968.

Levine, L. J., & Pizarro, D. A. (2004). Emotion and memory research: A grumpy overview. *Social Cognition, 22*(5), 530–554.

Mayer, R. E. (2001). *Multimedia learning.* New York, NY: Cambridge University Press.

Mayer, R. E., & Moreno, R. (2003). Nine ways to reduce cognitive load in multimedia learning. *Educational Psychologist, 38*(1), 43–52.

McGaugh, J. L. (2003). *Memory and emotion: The making of lasting memories.* New York, NY: Columbia University Press.

McGaugh, J. L. (2004). The amygdala modulates the consolidation of memories of emotionally arousing experiences. *Annual Review of Neuroscience, 27,* 1–28.

Moreno, R., & Valdez, A. (2005). Cognitive load and learning effects of having students organize pictures and words in multimedia environments: The role of student interactivity and feedback. *Educational Technology Research and Development, 53*(3), 35–45.

Reder, L. M., & Anderson, J. R. (1980). A partial resolution of the paradox of interference: The role of integrating knowledge. *Cognitive Psychology, 12*(4), 447–472.

Roediger, H. L., III, & Karpicke, J. D. (2006). The power of testing memory: Basic research and implications for educational practice. *Psychological Science, 1*(3), 181–210.

Smith, E. E., Adams, N., & Schorr, D. (1978). Fact retrieval and the paradox of interference. *Cognitive Psychology, 10*(4), 438–464.

Van Merrienboer, J., Jeroen, J. G., Kester, L., & Pass, F. (2006). Teaching complex rather than simple tasks: Balancing intrinsic and germane load to enhance transfer of learning. *Applied Cognitive Psychology, 20,* 343–352.

VanLehn, K., Graesser, A. C., Jackson, G. T., Jordan, P., Olney, A., & Rose, C. P.(2007). When are tutorial dialogues more effective than reading? *Cognitive Science, 31*(1), 3–62.

Wandersee, J. H., Mintzes, J. J., & Novak, J. D. (1994). Research on alternative conceptions in science. In D. L. Gabel (Ed.), *Handbook of research on science teaching and learning* (pp. 177–210). New York, NY: Macmillan.

Willingham, D. T. (2009). *Why don't students like school? A cognitive scientist answers questions about how the mind works and what it means for the classroom.* New York, NY: Jossey-Bass.

第12章

Allen, D., & Tanner, K. (2007, Summer). Approaches to cell biology teaching: Learning content in context—Problem-based learning. *Cell Biology Education, 2*(1), 73–81.

Angelo, T., & Cross, K. (1993). *Classroom assessment techniques: A handbook for college teachers* (2nd ed.). San Francisco, CA: Jossey-Bass.

Barr, M. (2013). Encouraging college student active engagement in learning: The influence of response methods. *Innovative Higher Education, 39*(4), 307–319.

Bonwell, C., & Eison, J. A. (1991). ASHE-ERIC Higher Education Report (Vol. 1). *Active learning: Creating excitement in the classroom.* Washington, DC: School of Education and Human Development, George Washington University.

Crouch, C., & Mazur, E. (2001). Peer instruction: Ten years of experience and results. *American Journal of Physics, 69*(9), 970–977.

Deneve, K., & Heppner, M. (1997). Role-play simulations: The assessment of an active learning technique and comparisons with traditional lectures. *Innovative Higher Education, 21*(3), 231–246.

Deslauriers, L., Schelew, E., & Wieman, C. (2011). Improved learning in a largeenrollment physics class. *Science, 332*(6031), 862–864. doi:10.1126/science.1201783.

Faust, J., & Paulson, D. (1998). Active learning in the college classroom. *Journal on Excellence in College Teaching, 9*(2), 3–24.

Freeman, S., Eddy, S. L., McDonough, M., Smith, M. K., Okoroafor, N., Jordt, H., et al. (2014). Active learning increases student performance in science, engineering, and mathematics. *Proceedings of the National Academy of Sciences of the United States of America, 111*(23), 8410–8415.

Gould, S. J., & Lewontin, R. C. (1979). The spandrels of San Marco and the Panglossian paradigm: A critique of the adaptationist programme. *Proceedings of the Royal Society of London. Series B, Biological Sciences, 205*(1161), 581–598.

Jonassen, D. H. (1991). Objectivism versus constructivism: Do we need a new philosophical paradigm? *Educational Technology Research and Development, 39*(3), 5–14.

Kahneman, D. (2011). *Thinking fast and slow.* New York, NY: Farrar, Straus and Giroux.

Kennedy, R. (2007). In-class debates: Fertile ground for active learning and the cultivation of critical thinking and oral communication skills. *International Journal on Teaching and Learning in Higher Education, 19*(2), 183–190.

Kilgo, C. A., Ezell Sheets, J. K., & Pascarella, E. T. (2015). The link between highimpact practices and student learning: Some longitudinal evidence. *Higher Education, 69*(4), 509–525. doi:10.1007/s10734-014-9788-z.

Kuh, G. D. (2003). What we're learning about student engagement from NSSE: Benchmarks for effective educational practices. *Change: The Magazine of Higher Learning, 35*(2), 24–32. doi:10.1080/00091380309604090.

Lee, E., & Hannafin, M. J. (2016). A design framework for enhancing engagement in student-centered learning: Own it, learn it, and share it. *Educational Technology Research and Development, 64*(4), 707–734. doi:10.1007/s11423-015-9422-5.

Lepper, M., & Cordova, D. (1992). A desire to be taught: Instructional consequences of intrinsic motivation. *Motivation and Emotion, 16*(3), 187–208.

Macpherson, A. (2015). *Cooperative learning group activities for college courses.* Surrey, BC: Kwantlen Polytechnic University.

Mazur, E. (1997a). Peer instruction: Getting students to think in class. *AIP Conference Proceedings, 399*(1), 981–988.

Mazur, E. (1997b). *Peer instruction: A user's manual series in educational innovation.* Upper Saddle River, NJ: Prentice Hall.

Prince, M. (2004). Does active learning work? A review of the research. *Journal of Engineering Education, 93*(3), 223–231.

Smith, M. K., Wood, W. B., Adams, W. K., Wieman, C., Knight, J. K., Guild, N., et al. (2009). Why peer discussion improves student performance on in-class concept questions. *Science, 323*(5910), 122–124. doi:10.1126/science.1165919.

第13章

Huston, T. (2009). Teaching what you don't know. Cambridge, MA: Harvard University Press.

Vigen, T. (2016). Spurious correlations. http://tylervigen.com/spurious-correlations

第14章

Angelo, T., & Cross, K. (1993). *Classroom assessment techniques: A handbook for college teachers* (2nd ed.). San Francisco, CA: Jossey-Bass.

第15章

Bloom, B. (1984). The 2 sigma problem: The search for methods of group instruction as effective as one-to-one tutoring. *Educational Researcher, 13*(6), 4–16.

Bonwell, C., & Eison, J. A. (1991). ASHE-ERIC Higher Education Report (Vol.1). *Active Learning: Creating Excitement in the Classroom.* Washington, DC: School of Education and Human Development, George Washington University.

Chan, E. (2016). "23 Days Later. …" https://mystudentvoices.com/23-days-latercc6fad6d9d27.

Freeman, S., Eddy, S. L., McDonough, M., Smith, M. K., Okoroafor, N., Jordt, H., et al. (2014). Active learning increases student performance in science, engineering, and mathematics. *Proceedings of the National Academy of Sciences of the United States of America, 111,* 8410–8415.

Google Ventures. (n.d.) Design Sprints. http://www.gv.com/sprint

Kluyver, T., Ragan-Kelley, B., Pérez, F., Granger, B., Bussonnier, M., Frederic, J., et al. (2016, May). Jupyter Notebooks: A publishing format for reproducible computational workflows. In *Positioning and Power in Academic Publishing: Players, Agents and Agendas: Proceedings of the 20th International Conference on Electronic Publishing* (p. 87). IOSPress.net.

Lee, E., & Hannafin, M. J. (2016). A design framework for enhancing engagement in student-centered learning: Own it, learn it, and share it. *Educational Technology Research and Development, 64*(4), 707–734. doi:10.1007/s11423-015-9422-5.

Mazur, E. (2013). Peer instruction: A user's manual. New York, NY: Pearson Education.

Minerva. (2015, September 17). *The Active Learning Forum: A New Way to Learn* [Video File]. https://www.youtube.com/watch?v=Gk5iiXqh7Tg

Prince, M. (2004). Does active learning work? A review of the research. *Journal of Engineering Education, 93*(3), 223–231.

Turkle, S. (2015). *Reclaiming conversation: The power of talk in a digital age* (pp. 211–248). New York, NY: Penguin Press.

Willingham, D. (2010). Why don't students like school? *A cognitive scientist answers questions about how the mind works and what it means for the classroom.* San Francisco, CA: Jossey-Bass.

第16章

Allen, D., & Tanner, K. (2007, Summer). Approaches to cell biology teaching: Learning content in context—Problem-based learning. *Cell Biology Education, 2,* 73–81.

Barr, M. (2014). Encouraging college student active engagement in learning: The influence of response methods. *Innovative Higher Education, 39*(4), 307–319.

DeNeve, K., & Heppner, M. (1997). Role-play simulations: The assessment of an active learning technique and comparisons with traditional lectures. *Innovative Higher Education, 21*(3), 231–246.

Faust, J., & Paulson, D. (1998). Active learning in the college classroom. *Journal on Excellence in College Teaching, 9*(2), 3–24.

Kennedy, R. (2007). In-class debates: Fertile ground for active learning and the cultivation of critical thinking and oral communication skills. *International Journal on Teaching and Learning in Higher Education, 19*(2), 183–190.

Lepper, M., & Cordova, D. (1992). A desire to be taught: Instructional consequences of intrinsic motivation. *Motivation and Emotion, 16*(3), 187–208.

Macpherson, A. (2015). *Cooperative learning group activities for college courses.* Surrey, BC: Kwantlen Polytechnic University.

Mazur, E. (1997). *Peer instruction: A user's manual.* Upper Saddle River, NJ: Prentice Hall.

第17章

Allen, D., & Tanner, K. (2006). Rubrics: Tools for making learning goals and evaluation criteria explicit for both teachers and learners. *Cell Biology Education, 5*(3),197–203. doi:10.1187/cbe.06-06-0168.

Arum, R., & Roksa, J. (2011). *Academically adrift: Limited learning on college campuses.* Chicago, IL: University of Chicago Press.

Arum, R., & Roksa, J. (2014). *Aspiring adults adrift: Tentative transitions of college graduates.* Chicago, IL: University of Chicago Press.

Jonsson, A., & Svingby, G. (2007). The use of scoring rubrics: Reliability, validity and educational consequences. *Educational Research Review, 2*(2), 130–144. doi:10.1016/j.edurev.2007.05.002.

Shulman, L. S. (2007). Counting and recounting: Assessment and the quest for accountability. *Change: The Magazine of Higher Learning, 39*(1), 20–25. doi:10.3200/chng.39.1.20-25.

Stevens, D. D., & Levi, A. (2005). *Introduction to rubrics: An assessment tool to save grading time, convey effective feedback, and promote student learning.* Sterling, VA: Stylus Pub.

Suskie, L. A. (2009). *Assessing student learning: A common sense guide.* San Francisco, CA: Jossey-Bass.

第18章

Interbrand. (2016). Best global brands 2016 rankings. http://interbrand.com/best-brands/best-global-brands/2016/ranking

Rainey, M. T. (2001). *Inside the minds: Leading advertisers.* New York, NY: Aspatore Books.

第20章

Harvard University. (2016). Harvard Athletics website. http://www.gocrimson.com/information/recruiting/index

Kaminer, A. (2014, November 15). Applications by the dozen, as anxious seniors hedge college bets. *The New York Times.* https://www.nytimes.com/2014/11/16/nyregion/applications-by-the-dozen-as-anxious-students-hedge-college-bets.html?_r=0

Wikipedia. (2016, December 1 [last update]). Need-blind admission. www.wikipedia.org/wiki/Need-blind_admission

Rampell, C. (2009, August 27). SAT scores and family income. *Economix* (blog). *The New York*

Times. http://economix.blogs.nytimes.com/2009/08/27/sat-scores-and-family-income

U.S. Department of Education. (2015). *Common Core of Data State Nonfiscal Survey Public Elementary/Secondary Education: School Year, 2013–14, Version 1a.* Washington, DC: National Center for Education Statistics. https://nces.ed.gov/pubs2015/2015151.pdf

第21章

Banks, J.A. (2013). The construction and historical development of multicultural education, 1962–2012. *Theory into Practice, 52*(suppl. 1), 73–82.

Dunbar, R. I. M. (1992). Neocortex size as a constraint on group size in primates. *Journal of Human Evolution, 22*(6), 469–493.

Gorski, P. (1999). A brief history of multicultural education. http://www.edchange.org/multicultural/papers/edchange_history.html

Kemmis, S., McTaggart, R., & Nixon, R. (2013). *The action research planner: Doing critical participatory action research.* New York, NY: Springer Science & Business Media.

第22章

Friedman, T. L. (2005). *The world is flat.* New York, NY: Farrar, Straus and Giroux.

Malicki, R., & Potts, D. (2013). *The outcomes of outbound student mobility: A summary of academic literature.* AIM Overseas.com. http://aimoverseas.com.au/wp-content/uploads/2013/08/UAAsiaBoundOutcomesResearch-Final.pdf

第24章

American College Health Association. (2015). *American College Health Association—National College Health Assessment II: Reference group executive summary spring, 2015.* Hanover, MD: American College Health Association.

Douce, L. A., & Keeling, R. P. (2014). *A strategic primer on college student mental health.* Washington, DC: American Council on Education, Student Affairs Administrators in Higher Education, & American Psychological Association.

Holm-Hadulla, R. M., & Koutsoukou-Argyraki, A. (2015). Mental health of students in a globalized world: Prevalence of complaints and disorders, methods and effectivity of counseling, structure of mental health services. *Mental Health & Prevention, 3,* 1–4.

The JED Campus Framework. (2016). The JED Foundation Campus Program. http://www.

thecampusprogram.org/framework-for-success

Kane, C. (1994). Fishbowl training in group process. *Journal for Specialists in Group Work, 20*(3), 183–188.

Morse, C., & Schulze, R. (2013). Enhancing the network of peer support on college campuses. *Journal of College Student Psychotherapy, 27*(3), 212–225.

Prince, J. P. (2015). University student counseling and mental health in the United States: Trends and challenges. *Mental Health and Prevention, 3*(1–2), 5–10. doi:10.1016/j.mhp.2015.03.001.

Quinnett, P. (2007). QPR gatekeeper training for suicide prevention: The model, rationale, and theory. Spokane, WA: The QPR Institute. http://citeseerx.ist.psu.edu/viewdoc/download?doi=10.1.1.471.5942&rep=rep1&type=pdf

Rückert, H.-W. (2015). Mental health of students and psychological counseling in Europe. *Mental Health and Prevention, 3*(1–2), 34–40. http://dx.doi.org/10.1016/j.mhp.2015.04.006

Yang, W., Lin, L., Zhu, W., & Liang, S. (2015). An introduction to mental health services at Universities in China. *Mental Health and Prevention, 3*(1–2), 11–16. http://dx.doi.org/10.1016/j.mhp.2015.04.001

第25章

Cohen, K. (2015, January 25). Top of the class. *The Sunday Times*. https://www.thetimes.co.uk/article/top-of-the-class-nb0lftlrqj6

Drösser, C. (2014, September 18). Akademische Nomaden. *Die Zeit*, 37.

Gallup-Lumina. (2013). *What America needs to know about higher education redesign*. Gallup-Lumina Report on Higher Education. http://www.gallup.com/services/176759/america-needs-know-higher-education-redesign.aspx

Guerriero, M. (2014, April 22). Are college campuses obsolete? *The New Yorker*. Jones, A. (2014, December 17). How to solve college debt: An online school may have the answer. *Newsweek*.

National Association of Colleges and Employers. (2012). *2011–12 Career Services Benchmark Survey for Four-Year Colleges and Universities*. http://thekeep.eiu.edu/cgi/viewcontent.cgi?article=1020&context=eiunca_resourcesplanning_docs

Miller, C. C. (2015, October 30). Extreme study abroad: The world is their campus. *The New York Times*. https://www.nytimes.com/2015/11/01/education/edlife/extreme-study-abroad-the-world-is-their-campus.html?_r=0

Wood, G. (2014, September). The future of college? *The Atlantic*. https://www.theatlantic.com/

magazine/archive/2014/09/the-future-of-college/375071

第26章

American Council on Education. (2015). 2015 annual report. http://www.acenet.edu/news-room/Documents/ACE-Annual-Report-2015.pdf

Arum, R., & Roksa, J. (2011). *Academically adrift: Limited learning on college campuses.* Chicago, IL: University of Chicago Press.

Arum, R., & Roksa, J. (2014). *Aspiring adults adrift: Tentative transitions of college graduates.* Chicago, IL: University of Chicago Press.

Baylor, E. (2016, October). Closed doors: Black and Latino students are excluded from top public universities. Washington, DC: Center for American Progress. https://www.americanprogress.org/issues/education/reports/2016/10/13/145098/closed-doors-black-and-latino-students-are-excluded-from-top-public-universities

Bok, D. C. (2013). *Higher education in America.* Princeton, NJ: Princeton University Press.

Bowen, W. G. (2013). *Higher education in the digital age.* Princeton, NJ: Princeton University Press.

Bowen, W. G., Chingos, M. M., & McPherson, M. S. (2009). *Crossing the finish line: Completing college at America's public universities.* Princeton, NJ: Princeton University Press.

Carey, K. (2015). *The end of college: Creating the future of learning and the university of everywhere.* New York, NY: Riverhead Books.

Council for Higher Education Accreditation. (2016). Website. www.chea.org

Craig, R. (2015). *College disrupted: The great unbundling of higher education.* New York, NY: Palgrave Macmillan.

Eaton, J. S. (2012). The future of accreditation. *Journal of the Society for College and University Planning, 40*(3), 8–15.

Gaston, P. L. (2014). *Higher education accreditation: How it's changing, why it must.* Sterling, VA: Stylus Publishing.

Hart Research Associates (2013, April). *It takes more than a major: Employer priorities for college learning and student success.* Washington, DC: Hart Research Associates for the Association of American Colleges and Universities. https://www.aacu.org/sites/default/files/files/LEAP/2013_EmployerSurvey.pdf

Hart Research Associates (2015, January). *Falling short? College learning and career success.*

Washington, DC: Hart Research Associates for the Association of American College and Universities. https://www.aacu.org/sites/default/files/files/LEAP/2015employerstudentsurvey.pdf

Huelsman, M. (2016). *The debt divide: The racial and class bias behind the* "*new normal*" *of student borrowing.* New York, NY: Demos.

MK Consulting (2015, December). Who graduates with excessive loan debt?www. studentaidpolicy.com/excessive-debt

Kelly, A. P., & Carey, K. (Eds.). (2013). *Stretching the higher education dollar: How innovation can improve access, equity, and affordability.* Cambridge, MA: Harvard Education Press.

Kelly, A. P., & Schneider, M. (Eds.). (2012). *Getting to graduation: The completion agenda in higher education.* Baltimore, MD: Johns Hopkins University Press.

Kena, G., Musu-Gillette, L. & Robinson, J. (May, 2015). *The condition of higher education 2015.* Report NCES 2015-144. U.S. Department of Education, National Center for Education Statistics. https://nces.ed.gov/pubs2015/2015144.pdf

Looney, A., & Yannelis, C. (2015, Fall). *A crisis in student loans? How changes in the characteristics of borrowers and the institutions they attend contributed to rising loan defaults.* Brookings Papers on Economic Activity. Washington, DC: Brookings Institution. https://www. brookings.edu/bpea-articles/a-crisis-in-student-loans-how-changes-in-the-characteristics-of-borrowers-and-in-the-institutions-they-attended-contributed-to-rising-loan-defaults

Miller, B. (2015). Up to the job? National accreditation and college outcomes. Washington, DC: Center for American Progress.

Musu-Gillette, L., Robinson, J., & McFarland, J. (2016). *Status and trends in the education of racial and ethnic groups 2016.* Report NCES 2016-007. U.S. Department of Education National Center for Education Statistics. https://nces.ed.gov/pubs2016/2016007.pdf

Pell Institute for the Study of Opportunity in Higher Education. (2016). *Indicators of higher education equity in the United States: 2016 historical trend report.* Washington, DC: Pell Institute. http://www.pellinstitute.org/publications-Indicators_of_Higher_Education_Equity_in_the_ United_States_2016_Historical_Trend_Report.shtml

Scott-Clayton, J. & Li, J. (2016, October 20). *Black-white disparity in student loan debt more than triples after graduation.* Economic Studies at Brookings. Washington, DC: Brookings Institution. https://www.brookings.edu/research/black-white-disparity-in-student-loan-debt-more-than-triples-after-graduation

Taylor, T., Saddler A., Little, B. & Coleman, C. (2016, October). *A framework for outcomes-focused, differentiated accreditation.* Council for Higher Education Accreditation Policy Brief

8. Washington, DC: Council for Higher Education. http://www.chea.org/userfiles/Policy-Briefs/CIQG_Policy_Brief_Vol-8.pdf

U.S. Department of Education, National Advisory Committee on Institutional Quality and Integrity (2015, July). *Higher Education Act Reauthorization: 2015 accreditation policy recommendations.* https://www2.ed.gov/about/bdscomm/list/naciqi-dir/2015-spring/naciqi-finalpolrecom-jul222015.pdf

U.S. Senate Committee on Health, Education, Labor and Pensions. (2012, July). *For profit higher education: The failure to safeguard the federal investment and ensure student success.* https://www.help.senate.gov/imo/media/for_profit_report/PartI.pdf

U.S. Senate Committee on Health, Education, Labor and Pensions. (2015). *Higher education accreditation: Concepts and proposals.* https://www.help.senate.gov/imo/media/Accreditation.pdf

WSCUC. (2015). *How to become accredited.* https://www.wscuc.org/content/How-to-Become

第27章

Adair, R., Eyerman, R., Fair, R., Harms, R., Howe, R., Kalla, J., et al. (2014, February). Report to Dean Mary Miller from the Ad Hoc Committee on Grading. New Haven: Yale College. http://yalecollege.yale.edu/sites/default/files/files/gradingreport201402.pdf

Beard, A. (2014, October 23). Fake classes, inflated grades: Massive UNC scandal included athletes over 2 decades. *StarTribune.* http://www.startribune.com/fake-classes-inflated-grades-unc-scandal-included-athletes-over-2-decades/280072212

Burnsed, B. (2015, September 18). Athletics departments that make more than they spend still a minority. National Collegiate Athletic Association. http://www.ncaa.org/about/resources/media-center/news/athletics-departments-make-more-they-spend-still-minority

Chronicle Data. (2017, January 10). Full-time faculty salaries. https://data.chronicle.com

DePillis, L. (2014, December 19). Rape on campus: Not as prevalent as it is off campus. *The Washington Post.* https://www.washingtonpost.com/news/storyline/wp/2014/12/19/rape-on-campus-not-as-prevalent-as-it-is-off-campus/?utm_term=.120559854856

The Economist. (1955, November 19). Parkinson's law. *The Economist.* http://www.economist.com/node/14116121

Edmonds, D. (2015, May 28). More than half of college faculty are adjuncts: Should you care? *Forbes.* http://www.forbes.com/sites/noodleeducation/2015/05/28/more-than-half-of-college-faculty-are-adjuncts-should-you-care/#9dd3f9b1d9b9

Gladwell, M. (2016). Food fight. *Revisionist History.* http://revisionisthistory.com/episodes/05-food-fight

Harvard Athletics Recruiting Central. (2015, August). Website of Harvard Athletics Recruiting. http://gocrimson.com/information/recruiting/index

Marcus, J. (2014, February 6). New analysis shows problematic boom in higher ed administrators. *The Huffington Post.* http://www.huffingtonpost.com/2014/02/06/higher-ed-administrators-growth_n_4738584.html

National Center for Education Statistics. (2011). Fall staff in postsecondary institutions. *Digest of Education Statistics, & IPEDS Human Resources Survey 2011–12.* Washington, DC: U.S. Department of Education, Institute of Education Sciences. https://www.aaup.org/sites/default/files/files/2014%20salary%20report/Figure%201.pdf

Sinozich, S., & Langton, L. (2014, December). Rape and sexual Assault victimization among college-age females, 1995–2013. https://www.bjs.gov/content/pub/pdf/rsavcaf9513.pdf

U.S. Department of Education. (2016, June). The Hierarchy Rule. In *The handbook for campus safety and security reporting.* Washington, DC: U.S. Department of Education, Office of Postsecondary Education, Retrieved from https://www2.ed.gov/campuscrime/HTML/pdf/cs_hierarchy.pdf

Vanderbilt University. (2015, October). *The Cost of Federal Regulatory Compliance in Higher Education: A Multi-Institutional Study.* Retrieved from https://news.vanderbilt.edu/files/Regulatory-Compliance-Report-Final.pdf

Wainstein, K. L., Jay, A. J., & Kukowski, C. D. (2014, October 16). *Investigation of Irregular Classes in the Department of African and Afro-American Studies at the University of North Carolina at Chapel Hill.* Retriev ed from http://3qh929iorux3fdpl532k03kg.wpengine.netdna-cdn.com/wp-content/uploads/2014/10/UNC-FINAL-REPORT.pdf

Yale University. (1979, October). Women at Yale: A statistical profile 1969–1979. New Haven, CT: Office of Institutional Research, Yale University, http://wff.yale.edu/ sites/default/files/files/1969-1979_Women_at_Yale.pdf

关于作者

斯蒂芬·M.科斯林博士，密涅瓦KGI学校创始院长和首席学术官。曾任斯坦福大学行为科学高级研究中心主任，以及哈佛大学心理学系主任、社会科学院院长和约翰·林德赛心理学教授。拥有加州大学洛杉矶分校的心理学学士学位和斯坦福大学的心理学博士学位。研究方向为视觉认知、视觉传播和学习科学，曾著或合著14本相关书籍和300多篇论文。科斯林荣誉等身，包括国家科学院研究计划奖、古根海姆奖，并获三个荣誉博士学位（卡昂大学、巴黎笛卡尔大学和伯尔尼大学），同时入选美国艺术与科学学院院士。

本·纳尔逊，密涅瓦项目创始人、董事长兼首席执行官，其愿景是重塑高等教育。在创立密涅瓦之前，纳尔逊在Snapfish工作了十余年。Snapfish名列2010年全球顶级电子商务服务商，在22个国家中完成了超过4200万笔交易（几乎是与其最接近的竞争对手的五倍）。纳尔逊于2005—2010年间担任Snapfish首席执行官，并领导公司以3亿美元的价格出售给惠普。在加入Snapfish之前，纳尔逊在美国本地社区门户网络Community Ventures任总裁兼首席执行官。纳尔逊对改革本科教育的热情源于宾夕法尼亚大学沃顿商学院，他在那里获得了经济学学士学位。在大一创建学校课程改革计划后，纳尔逊担任了本科教育学生委员会主席，该委员会堪称教学法智库，也是宾夕法尼亚大学历史最悠久、唯一不经选举的学生治理机构。

阿里·巴德－纳塔尔博士，密涅瓦首席学习科学家，负责预测和设计新的教学和学习支持技术，包括第一版密涅瓦标志性的研讨会课堂、讨论参与的形成性评估和学生表现的终结性评估工具，以及课程设计和管理的技术产品。在加入密涅瓦之前，巴德－纳塔尔是社会化学习公司Grockit的首席学习架构师，开发了该公司的核心社会化学习和测评技术，并设计了一个教育数据分析和学习数据分析的中央系统。巴德－纳塔尔拥有布兰迪斯大学计算机科学学士、硕士和博士学位。在博士研究期间，他建立了点对点在线学习网络，测试了激发同伴学习者之间适当挑战的机制。巴德－纳塔尔还运营Studio Sketchpad网站，让创意编程者可以共同创建和分享交互式的可视化编程工作。网站最初的设计目的是为编程者搭建非正式学习的平台，后来被全球100多个大学、高中和编程工作坊用于入门编程课程。

埃里克·本纳波博士，曾任密涅瓦全球事务负责人。在任职期间，他负责拓展密涅瓦的机构合作伙伴，扩大密涅瓦自有课程和主动式学习平台的影响范围。在此之前，他曾任密涅瓦计算科学学院创始院长，帮助密涅瓦获得计算科学学士学位的认证，并开发了第一年的形式分析基石课程。本纳波博士不仅是拥有14项专利的发明家、35家公司的天使投资人，还于2000年创立了战略咨询公司Icosystem Corporation，并担任执行主席。本纳波是复杂系统和分布式自适应问题解决方面的世界级专家。他的著作《集群智能》（*Swarm Intelligence*）已经畅销15年，并启发作家迈克尔·克莱顿（Michael Crichton）创作了小说《猎物》（*Prey*）。本纳波从巴黎第十一大学奥赛分校获得理论物理学博士学位，并曾在巴黎综合理工大学和法国国立高等电信学校就读。

朱迪思·布朗博士，密涅瓦艺术与人文学院院长，一位卓有成就的学者、教育家和管理者。曾获得众多奖项，包括古根海姆奖以及哈佛大学意大利文艺复兴研究中心和行为科学高级研究中心的奖项。她是研究文艺复兴时期的历史及性别和性行为史的先驱。布朗在约翰斯·霍普金斯大学获得博士学位，在加州大学伯克利分校获得学士和硕士学位。她为密涅瓦带来了丰富的经验，此前曾任教于斯坦福大学，并任莱斯大学人文学院院长和卫斯理大学的学术事务副校长、教务长。布朗认为，解决世界上最大的问题需要运用跨学科的方法，其中艺术和人文学科必不可少。她努力帮助学生从历史中学习，继而在面对当今问题时成为有道德的批判性思考者，愿意在追求知识的过程中承担风险，成为有说服力的沟通者，并对世界产生积极的影响。

特里·坎农，法律博士，密涅瓦学校首席学生事务、运营和认证官。2012年加入密涅瓦之前，她是一名高等教育顾问，帮助大学和法学院处理与认证、学生成绩、组织变革和发展相关的问题。坎农在高等教育领域拥有超过35年的经验，工作经历横跨法律和本科教育以及公立和私立院校。她曾担任美国西部学校与学院联盟高等学院和大学认证委员会（即加利福尼亚、夏威夷和太平洋群岛的区域大学认证机构）的执行副总裁，并曾任加州两所小型法学院院长和一所重要公立大学的副院长。自20世纪70年代以来，作为高等教育的行业评审员和领导者，她积极参与了多个认证机构的认证工作，同时也是两本法律伦理教科书的律师和作者。她曾在多个理事会和认证委员会任职，并在大学认证、高等教育行业变革、法律伦理、法律服务的获取以及法律职业和法律学术的多样性等问题上，发表了丰富的著述和演讲。她以优等成绩获得洛约拉法学院的法律博士学位，并拥有加州大学洛杉矶分校政治学学士学位。

诺利安·卡波拉尔－伯科威茨，密涅瓦学生体验主管，负责面向所有学生的社区构建、社会情感发展及体验式学习项目。在加入密涅瓦之前，他曾是在线教育科技公司Coursera的早期员工，建立了大规模开放式网络课程（MOOC）的第一个社区项目，并与美国和全球顶级大学建立了合作关系。卡波拉尔－伯科威茨在布朗大学获得学士学位，曾是罗德奖学金的最终入围者，并获得了布朗大学生物系的最高奖。他还是心理咨询教育机构"交换咨询学院"的毕业生，并获得了得克萨斯大学奥斯汀分校颁发的最负盛名的研究生奖学金"哈灵顿奖学金"。2017年秋季，他在那里开始攻读咨询心理学博士。

薇琪·钱德勒，密涅瓦自然科学学院院长。过去30年里在植物遗传学领域取得了关键的研究成果，是世界公认的最重要的遗传学家之一。2014年，她被美国总统贝拉克·奥巴马任命为国家科学委员会成员，为期六年。她曾在斯坦福大学从事博士后研究，获加州大学旧金山分校博士学位和加州大学伯克利分校学士学位。在加入密涅瓦之前，钱德勒曾在戈登与贝蒂·穆尔基金会担任首席科学项目官，同时在俄勒冈大学和亚利桑那大学任教。她热衷于帮助学生掌握未来职业成功所需的技能，引导他们成为充满求知欲的终身学习者。

乔舒亚·福斯特博士，密涅瓦研究生院副院长，负责应用分析和决策学，以及应用艺术和科学两个硕士学位项目。此前，他曾任密涅瓦课程开发总监，负责密涅瓦通识教育课程的开发工作。在加入密涅瓦之前，他曾任波特兰州立大学哲学系助理教授，教授神经哲学、认知科学、人类理性和人工生命等课程。在其学术生涯之外，福斯特还曾在汤姆森集团担任咨询顾问，在网络出版公司Infosis和全球商业地产公司高力国际担任首席技术官。2004年，他入选*InfoWorld*杂志全美25名顶级首席技术官。是鲍登学院神经科学和哲学学士、普林斯顿大学计算神经科学博士，以及布兰迪斯大学的博士后。

梅根·加尔博士，密涅瓦自然科学教授。在加入密涅瓦之前，她曾在贝茨学院、阿拉斯加大学东南分校和密苏里大学教授生物学和野外生态学。作为一位有着无尽好奇心的生态学家，加尔更痴迷于解答令人费解的科学问题，而非局限于特定学科的项目。她曾在纽布伦斯威克大学圣约翰分校的加拿大河流研究所从事博士后研究，此前则在缅因大学获得了生态学博士学位。加尔的教学思路重在向学生传授技能，以便他们能够批判性地解决问题。她很高兴能够成为密涅瓦团队的一员，致力于围绕这些技能设计创新的主动式学习课程，以帮助学生在课堂内外都能游刃有余。

卡拉·加德纳博士，密涅瓦负责教师事务的副院长。她在斯坦福大学获得了音乐和人文学博士学位。在斯坦福大学进行人文学科博士后研究期间，她同时教授了四年的人文学科入门课程。此外，她还在旧金山大学从事了十多年的流行音乐、美洲音乐、音乐鉴赏、音乐和性别等课程的设计与教学领导工作。2008年，她因创新的教学法和对促进学生学习的努力，获得南佛罗里达大学的教学奖。她还为旧金山音乐学院的研究生开设强化写作的研讨课程。她的著作《阿格尼斯·德·米勒：讲述百老汇舞蹈中的故事》（*Agnes de Mille: Telling Stories in Broadway Dance*）于2016年由牛津大学出版社出版。

詹姆斯·杰农博士，密涅瓦社会科学副教授兼本科学院副院长。在加入密涅瓦之前，他曾任罗格斯大学肯顿分校哲学系助理教授。他的研究专业领域包括心灵哲学和认知科学，并曾围绕感官意识的本质、语义指向、个人身份和感性认识等主题开展教学与研究工作。他在顶级哲学期刊上发表过论文，并曾在《哲学研究》（*Philosophical Studies*）杂志有关知觉证据的特刊中担任特约编辑并参与编辑牛津大学出版社论文集《单称思想和心理档案》（*Singular Thought and Mental Files*）。杰农在加州大学伯克利分校获得哲学博士学位，并曾担任在斯坦福大学的人文学科导论课的博士后教员。

罗宾·B.戈德堡，密涅瓦首席体验官，负责学生体验的各个方面。戈德堡负责开展全球学生推广、学生生活、城市融入、体验式学习和学生终身职业发展与支持的工作。她同时负责品牌推广和创意工作，包括管理密涅瓦品牌、建立认知和增强与用户的互动。在加入密涅瓦之前，她曾在个人出版平台Blurb工作，曾任营销和业务开发高级副总裁、国际业务高级副总裁。在她任职期间，Blurb在自出版行业得到了广泛认可。作为Blurb国际业务的负责人，戈德堡领导公司进行区域扩张，实现了公司一半以上的营收。在此之前，她曾在孤独星球担任了四年的全球营销高级副总裁，重塑了该组织的营销思路，并成功推动销售收入增长50％。在加入孤独星球之前，她曾在多个技术和消费品牌公司担任重要的市场营销职位，包括雀巢、高乐氏和ClickAction。她在宾夕法尼亚大学沃顿商学院获得工商管理硕士学位，在加州大学伯克利分校获得工商管理学士学位。

理查德·霍尔曼博士，密涅瓦计算科学学院院长。在加入密涅瓦之前，他在卡内基·梅隆大学任物理学教授。他目前的研究涉及粒子物理学和宇宙学之间的交叉话题，特别聚焦于暴胀宇宙模型。他还致力于探究更大胆的推想，如暗能量模型和多重宇宙的可观测效应。霍尔曼职业生涯的亮点之一就是与各层次学生的紧密互动。他所获的教学奖证明了他对成为未来物理学家导师的坚定信念。长期以来，他一直倡导女性进入科学、技术、工程和数学领域，并与匹兹堡公立学校系统和宾夕法尼亚州州长科学学院合作，鼓励年轻学生从事科学工作。霍尔曼曾任费米国家加速器实验室、佛罗里达大学和美国国家航空航天局戈达德太空飞行中心的NRC博士后研究员。他在约翰斯·霍普金斯大学获得了理论粒子物理学博士学位和物理学硕士学位，在哈维·穆德学院获得了数学学士学位。

尼金·侯玛法，密涅瓦招生和助学金负责人，致力于确保才华横溢又有志于对世界产生积极影响的学生能够加入密涅瓦。她的团队负责管理遴选流程，旨在尽可能客观地为来自全世界的所有学生服务。在加入密涅瓦之前，她曾在帕特侬咨询公司担任管理顾问，专注于解决公共部门和私营部门在教育领域面临的挑战。在此之前，她曾在拉丁美洲的经济发展行业工作，在布宜诺斯艾利斯就职于公共政策智库"平等与增长公共政策研究中心"（CIPPEC），在墨西哥城就职于拉丁美洲最大的小额信贷银行Compartamos Banco。侯玛法以优等成绩毕业于哈佛大学，获社会研究学位以及拉丁美洲研究的学历证书。在大学期间，侯玛法曾在拉丁美洲的农村开展民族志研究，重点关注小额信贷社区、性别赋能以及儿童接受教育的机会。

乔纳森·卡兹曼，密涅瓦首席产品官，负责领导产品技术开发工作，致力于为学生提供卓越的学习体验，包括标志性的主动式学习平台。此前，卡兹曼根据个人数据从电脑迁移到云端的趋势，开发了电子邮件整理工具Xoopit。2009年，Xoopit被雅虎收购。此后，卡兹曼继续领导雅虎Social Bar（该产品已发展成为脸书三大应用程序之一）以及雅虎的其他社交产品。从Xoopit被收购到2010年间，卡兹曼还为雅虎邮箱的社交和照片提供管理服务。在创立Xoopit前，卡兹曼创建并运营了语音技术公司Tellme的查号服务，该业务贡献了公司一半的营收。卡兹曼还曾在投资公司Ignition Corporation担任"入驻企业家"，并在微软担任Office和FrontPage的开发负责人和项目经理。卡兹曼为三家创业公司的成功做出了贡献，又以天使投资和咨询工作的方式回馈创业社区。卡兹曼在哈佛大学获得计算机科学学士学位，并以优等成绩毕业。

安妮·考思，密涅瓦雇主网络和合作主管，通过创立职业发展中心的新模式以重新设计传统的学生就业服务。考思正在开发一个聚集了跨行业的雇主、人力资源专家和顾问的全球网络，来宣传密涅瓦学生、填补大学与职场的鸿沟。此前，她曾担任教育技术公司Fullbridge的美国国内项目总监和办公室主任，为大学和政府创建融合式学习项目。考思曾为美国国务院的"公共服务中的女性"项目以及哈佛大学约翰·F. 肯尼迪政治学院工作。她曾获富布赖特奖学金赴巴黎政治学院学习，曾为白宫国家经济委员会实习生。她以优等成绩获得布林莫尔学院政治学学士学位。

鲍勃·克里参议员，密涅瓦科研与奖学金研究所执行主席。曾任内布拉斯加州州长、参议员和新学院大学校长，曾为美国总统候选人。他出生于内布拉斯加州兰开斯特县林肯市，并就读于林肯市的公立学校。他毕业于内布拉斯加州大学林肯分校，随后服务于美国海军海豹突击队特种部队。他在越南受重伤，并因"出生入死，英勇无畏"而被授予国会荣誉勋章。他还曾在美国国家恐怖袭击事件委员会（"9·11"委员会）任职。克里还是两党政治资金变革机构Issue One的顾问委员会联合主席，该机构的使命是"为真正解决政治资金问题而奋斗"。

苏尔塔那·克里斯皮尔，密涅瓦创始届学生，充满激情的社区建设者和阅读者，热爱创造事物和理解世界。主修艺术与人文科学专业和自然科学专业，喜欢在事物间创造前所未有的联结，欣赏用多重视角看待问题。曾经在家乡加拿大的戏剧学校做舞台布景和演出指导，担任过YMCA的营地主任，在明尼苏达州越野滑雪时遭受过严重冻伤，还在葡萄牙北部山区砍伐竹子来搭建豆类种植棚架。

丹尼尔·J. 莱维廷，曾任密涅瓦KGI学校的艺术与人文学院院长，现主管院校合作。曾任麦吉尔大学心理学、计算机科学和音乐系的詹姆斯·麦吉尔教授，并获麦吉尔大学的最高教学荣誉——校长教学奖。他拥有斯坦福大学的心理学学士学位和俄勒冈大学的心理学博士学位。莱维廷的研究主要集中在音乐的认知神经科学上。他撰写或合著了100多篇关于这一主题的论文，并著有三本面向大众的神经科学书籍，均入选纽约时报畅销书榜。莱维廷是加拿大皇家学会、美国科学促进会和美国心理科学协会的会员。

约翰·莱维特博士，密涅瓦计算科学教授。从事代数几何、导出范畴和计数几何的最小模型程序的研究，并曾任教于西方学院和波莫纳学院数学系。他还参与了竞争性机器学习项目。莱维特在课堂内外积累了丰富的主动式学习策略，在其职业生涯中始终努力让学生不再视数学为一系列事实的集合，而是解决问题的过程。作为一名教师，他使用这些策略教授多门不同的数学课程，从微积分和线性代数到几何和集合理论的高级研讨课。莱维特还积极参与多个社区推广活动。

里娜·莱维特博士，密涅瓦负责机构和教育研究的副院长。于2008年获得加州大学圣芭芭拉分校的纯粹数学博士学位。在加入密涅瓦之前，她是波莫纳学院数学系的成员，专门从事探究式和主动式学习方法的设计和实施。在此期间，她开发了旨在促进高等教育多元化的课程，尤其注重招募和保留科学、技术、工程和数学领域的人才。她曾担任波莫纳青年成功学堂（针对一直以来在数学和科学方面的少数学生群体的辅导计划）的教师，并建立了波莫纳学院的数学学习社区。莱维特目前的研究主要聚焦于高等教育中主动式学习、学习成果评价以及教育中的大数据使用。

詹姆斯·莱达博士，执证心理学家、密涅瓦KGI学校心理健康服务中心主任。莱达博士专注于为本科生、研究生和专业学生提供心理健康和保健服务，尤其关注得不到充分服务的少数人群、自杀预防、去污名化和危机干预。他还与教职员工合作，加强大学社区对相关学生的回应。他在西北大学获得心理学学士学位，在俄勒冈大学获得心理咨询博士学位，并获得著名的美国心理学会少数族裔奖。此后，他从事博士后研究，并在加州大学伯克利分校任职，为该校法学院开设了校心理健康服务中心的分支办公室。最近，他在加州大学旧金山分校工作，并统筹加州大学所有分校的"学生心理健康倡议奖学金"项目。

马特·里甘，密涅瓦产品设计总监，负责主动式学习平台的产品设计。曾任雅虎设计总监并屡获殊荣，设计了Social Bar并取得广泛成功，同时推动全公司对雅虎所有产品进行社交化的重新设计。里甘曾在体育网站Citizen Sports担任移动应用程序Sportacular的首席设计师，该应用程序曾入选首批苹果应用商店"名人堂"，此后Citizen Sports被雅虎收购。作为一名拥有多年经验的独立设计师，他为许多客户做线上交互项目的管理，包括甲骨文、丰田、阿迪达斯和微软等。他热衷于创建优雅且以人为本的产品，以促进21世纪高效且有效的教学。

罗凯，工商管理硕士，密涅瓦亚洲区执行总裁，负责管理学校在亚太地区的工作。在加入密涅瓦之前，罗凯创立了非营利组织"国际学术软实力推动基金会"

（IFPASS），致力于在国际教育中推动非认知技能的培养。他曾在清洁能源、高科技和咨询行业的财富30强企业和中型跨国公司担任高管。罗凯的名字时常见诸亚洲媒体，其著作《留学软实力》（*Academic Soft Skills*）在中国广受好评，为学生规划全球教育经历提供了实用建议。罗凯来自美国，在亚洲生活了超过24年，能说一口流利的汉语普通话。他先后毕业于米德尔伯里大学、南京大学—约翰斯·霍普金斯大学中美文化研究中心和哈佛商学院。

阿约·塞利格曼，密涅瓦创意总监，此前在品牌和设计方面已拥有近20年的经验。他是久经考验的团队领袖和创意管理者，曾任设计咨询机构朗涛（Landor）旧金山公司的创意总监。塞利格曼拥有企业与产品品牌战略和品牌识别系统的专业知识，包括视觉系统和语言系统等各方面内容。他既擅长运用发散思维和聚合思维进行战略和创意概念开发，也善于宣传和开展高管层工作会议。他的专长包括视觉和语言识别系统开发、包装、印刷和屏幕设计、动画制作、视频指导、品牌战略和结构开发、讲故事、用户界面设计、广告定义和布局、品牌名称和标语开发、品牌声音和信息传递、创建团队管理层，以及项目实施和流程开发。

伊恩·凡·布斯柯克，密涅瓦创始班学生。曾在世界知名的复杂性科学研究中心圣塔菲研究所做研究，对复杂系统中的个人能动性问题深感兴趣。他很认同密涅瓦的创新教育方法，正在攻读计算科学学院的专业。

Z. 迈克·王，密涅瓦学生体验总监，负责管理密涅瓦全球各游学城市的体验式学习、社区设计和全球参与活动，其团队致力于构建为期四年的体验式学习主线，促进学生的智力开发、品格培育和幸福感形成。在加入密涅瓦之前，他在乔治城大学工作，为首席运营官管理特别项目，为首席信息官领导创新项目（该项目获得2014年CIO 100奖），还联合教务长办公室创建了贝克社会影响力与创新中心，为美国政府"我兄弟的守护人"（My Brother's Keeper）这一倡议设计了第一个黑客马拉松。此前，他曾是巴克莱资本的投资银行家，专注于全球消费者和零售业，也是西南偏南教育大会和旧金山非营利组织"才智决定一切"（致力于帮助成绩优异的低收入家庭高中生进入大学并毕业的机构）的董事会成员。他以优异成绩毕业于乔治城大学，主修会计、金融和英语。他享受美食料理，非常喜欢自己的真空低温烹饪器。

索引 *

《学海漂流：大学校园中的学习局限》

学术表现

    密涅瓦的录取流程与学术表现

    心理健康与学术表现

个人成就

    密涅瓦的录取流程与个人成就

    给个人成就打分

问责

    认证机构与问责

    主动式学习平台与问责

    密涅瓦的指导原则与问责

办学资质认证

    对认证的批判

    高等教育和认证环境

    高等教育的挑战和认证的角色

    认证的类型

    认证的路径

    回顾认证过程

《高等教育认证改革和加强问责法案》

大学认证机构的历史

认证机构

    认证机构的类型和角色

    与认证机构合作

多面向的文化适应

文化适应的压力

在密涅瓦，聚焦"成就非凡"

美国大学入学考试（ACT）

主动和协作式学习变革

A

Academically Adrift: Limited Learning on College Campuses, 349

Academic performance

    admission process at Minerva and, 285-286, 287

    mental health and, 335

Accomplishments

    admission process at Minerva and, 284, 287

    scoring, 288

Accountability

    accrediting agencies and, 352

    Active Learning Forum and, 176

    Minerva's guiding principles and, 261

Accreditation, 254, 349-360

    criticisms of, 352-353

    environment for higher education and, 349-351

    higher education challenges and role of, 351-353

    kinds of, 351

    pathway to, 353-358

    reflections on process of, 358-360

Accreditation Reform and Enhanced Accountability Act, 353

Accrediting agencies, history behind, 351

Accreditors

    types and roles of, 351-352

    working with, 356-357

Acculturation, multifaceted, 293, 294, 303

Acculturative stress, 333

"Achieving Extraordinary" focus, at Minerva, 260, 261, 262, 264, 389

ACT, 280, 286, 295

Active and collaborative learning movement, 166

---

* 索引中的数字，均为英文原版页码，即本书边码。——编者注

主动式学习。另见课程创建工具、完全主动式学习   Active learning, 135, 136, 142, 143, 163, 201, 203. *See also* Course Builders; Fully active learning

    主动式学习平台与主动式学习   Active Learning Forum and, 170

    适应主动式学习   adjusting to, 143

    协作式学习与主动式学习的异同   collaborative learning *vs.*, 166-168

    主动式学习的定义   definitions of, 165

    引导主动式学习   faculty effort and stimulation and, 144-145

    课前准备与主动式学习   preclass work and, 194-195

    研讨课   seminars, 8,11

    以学生为中心的学习与主动式学习   student-centered learning and, 167, 168

    学生参与与主动式学习   student engagement and, 145, 198

主动式学习平台（ALF）   Active Learning Forum (ALF), 67, 136-137, 165, 168, 181, 184, 185, 201, 203-219, 221, 229

    认证过程与ALF   accreditation process and, 358

    主动式学习与ALF   active learning and, 145-146, 170

    ALF的好处   advantages with, 176

    课堂讨论的评估与ALF   assessing class discussions and, 243

    学生学习情况的评估与ALF   assessing student learning and, 137

    ALF的基本设计   basic design of, 205-207

    ALF的优势   benefits of, 12

    分组讨论与ALF   breakout groups and, 207-208

    协作式白板与ALF   collaborative whiteboards and, 210

    搭建ALF   creating, 204-205

    仪表板   dashboard, 59, 70

    决策支持工具   decision support tools and, 211-212

    批判性讨论   discussion as critical to, 210-211

    "关注安静学生"的工具   "feature quiet students" tool, 174

    确立产品设计原则   founding product design principles and, 204

    完全主动式学习：坐在教授旁的体验与ALF   fully active learning: sitting next to the professor and, 205

    让界面隐形   getting the interface out of the way in, 214-215

    评分辅助与ALF   grading support and, 187

    没有后排的ALF课堂   lack of back row in, 205-206

    密涅瓦产品团队与学术团队为ALF而合作   Minerva product team / academic team collaboration for, 203

    新的写作教学方法   new ways to teach writing and, 76

    调查和投票   polling and voting in, 208-210

    在ALF上备课   preparing for particular lessons in, 213-214

    ALF的成果   results with, 218-219

    在ALF上组织课堂   structuring the class in, 207

    学生反馈的技术与ALF   student feedback technologies and, 216-218

    "发言时长"功能与ALF   talk-time feature and, 173-174, 199, 212-213

    在ALF上教学   teaching in, 197-198

    ALF的技术和原型   technology and prototypes of, 203-204

技术为ALF搭台   technology as stage for, 210-211

时间轴与ALF   timeline and, 213-214

线上研讨会与ALF   virtual seminars and, 173

活动学习目标与教案   Activity learning goals, lesson plans and, 195-197

思维灵活   Adaptability, 23

阿迪蒂亚   Aditya, R. N., 24

传统大学的开支与行政臃肿   Administrative bloat, traditional university costs and, 368-371

招生   Admissions

多样化的学生社群与招生   diverse student community and, 294-295

密涅瓦完全平等的招生政策   egalitarian, at Minerva, 12

全球推广   global outreach and, 272

招生的高标准   high bar for, 266

密涅瓦的招生理念   philosophy of, at Minerva, 14

传统招生流程的问题   traditional process, problem with, 279-281

21世纪的录取流程   Admissions process for the twenty-first century, 277-291

学术表现   academic performance, 285-286, 287

个人成就和社会影响力   accomplishments and impact in communities, 283-285, 287

基于算法的评分   algorithmic scoring, 289

测评   assessments, 286-287

招生中的社群多样性与质量   community diversity and quality in, 290-291

从头开始设计   designing from scratch, 278

分布式评审   distributed review, 289

对申请者的评估   evaluating applicants, 287

助学金   financial aid, 289-290

第一性原理：目标和限制   first principles: goals and constraints, 277-278

全面化   holistic, 282-290

零申请费   no application fees, 281

无限额，无倾斜   no quotas or tips, 281-282

量化评价   quantifying responses, 287

可靠的分数   reliable scoring, 288-289

给个人成就打分   scoring accomplishments, 288

视频面试   video interviewing, 288

顾问和教练   Advising and coaching, 338-341

服务于广泛的目标   serving a wide range of goals, 340-341

与教练合作   working with coaches, 338-341

非裔美国学生与高等教育   African American students, higher education and, 350

ALF。另见主动式学习平台   ALF. See Active Learning Forum

基于算法的评分   Algorithmic scoring, 289

半岛电视台   Al Jazeera, 268, 346

阿利格   Alliger, G. M., 24

传统大学的开支与校园设施的"军备竞赛"   Amenities race, traditional university costs and, 364-365

美国大学健康协会，年度评估   American College Health Association, annual assessments, 329

美国教育委员会	American Council on Education, 330
美国心理学会	American Psychological Association, 330
美国大学的	American universities
课程元素	components of curriculum in, 8-9
国际学生	international students and, 13
概括法和类比法	Analogy, generalization and, 90
分析型量规	Analytical rubrics, 243
焦虑	Anxiety, 328, 329
申请费	Application fees
密涅瓦与零申请费	Minerva and lack of, 281
传统录取流程与申请费	traditional admissions process, and, 279-280
应用技法	Application techniques, 151-152, 161
阿劳	Araujo, J., 21
阿根廷国家教育部	Argentina, National Ministry of Education in, 310, 312
分析论证	Arguments, analysis of, 88
亚里士多德	Aristotle, 74
艺术，作为一种沟通工具	Arts, as tool of communication, 78-80
视觉艺术与音乐的结合	combining visual art and music, 80
音乐	music, 79-80
视觉艺术	visual arts, 79
理查德·阿鲁姆	Arum, Richard, 349
学生学习情况的评估原则	Assessing student learning principles, 239-251
进行有意义的汇总	aggregate meaningfully, 240, 244-247, 251
确保评分标准一致	grade consistently, 240, 241-243, 251
使用学习成果	implement learning outcomes, 240-241, 251
基于评估语境提供反馈	provide feedback in context, 240, 243-244, 251
展示（并分享）进展	show (and share) progress, 240, 247-248, 251
用外部测量工具做补充	supplement with external measures, 240, 248-250, 251
评估	Assessments
密涅瓦录取流程与评估	admission process at Minerva and, 287
形成性评估与学生反馈	formative, student feedback and, 216
形成性评估与终结性评估	formative *vs.* summative, 58
思维习惯和基础概念与评估	habits of mind and foundational concepts and, 216
将基于量规的评估与课堂讨论中某一时刻相结合	rubric-based, anchoring to a moment in classroom discussion, 217-218
教案与作业的编写	Assignment authoring, lesson plan authoring and, 227
美国大学和学院协会	Association of American College and Universities, 60
联想	Associations
学习与联想	learning and, 153-154
借助已有联想	prior, building on, 157
使用联想来构造信息	structuring information by using, 156-158
创建关联链	Associative chaining, creating, 159
体育生的优待	Athletes, advantaging, 280

传统大学开支与体育项目　　　　　　　Athletics programs, traditional university costs and, 365-366

《大西洋月刊》　　　　　　　　　　　*Atlantic Magazine, The,* 268, 345

《教学中的视听方法》（爱德加·戴尔）　*Audiovisual Methods in Teaching* (Dale), 20

澳大利亚的大学与国际学生　　　　　　Australian universities, international students and, 13

课程创建工具与编写者角色权限　　　　Author role, Course Builder and, 223

可得性偏差　　　　　　　　　　　　Availability bias, 90

可得性启发法　　　　　　　　　　　Availability heuristics, 212

B

重新思考本科学位课程　　　　　　　Bachelor's degree, rethinking course of study for, 121

传统录取流程与"开后门"　　　　　　Backdoors, traditional admissions processes and, 280

巴伦　　　　　　　　　　　　　　　Barron, F.X., 24

基训营　　　　　　　　　　　　　　Basecamp, 297

BATNAs。另见谈判的最佳替代方案　　BATNAs. *See* Best alternatives to a negotiated agreements

垮掉的一代　　　　　　　　　　　　Beat generation, 309

密涅瓦提供的行为健康服务　　　　　　Behavioral health services, delivering at Minerva, 330-334

德国柏林　　　　　　　　　　　　　Berlin, Germany

　　密涅瓦学生在柏林　　　　　　　　Minerva students in, 14

　　柏林的圣尼古拉斯节　　　　　　　Nikolaustag (St. Nicholas Day) in, 301

　　第三年在柏林的轮转游学　　　　　third-year rotation in, 307

柏林探索日　　　　　　　　　　　　Berlin Exploration Day, 303

谈判的最佳替代方案　　　　　　　　Best alternatives to a negotiated agreements (BATNAs), 36

偏差　　　　　　　　　　　　　　　Bias(es), 91, 95

　　免于偏见的招生体系　　　　　　　admissions system free of, 294, 295

　　可得性偏差　　　　　　　　　　　availability, 90

　　认知偏差　　　　　　　　　　　　cognitive, 94-95, 212

　　确认性偏差　　　　　　　　　　　confirmation, 90, 102

　　决策与偏差　　　　　　　　　　　decision making and, 94, 115

　　实证分析中的偏差　　　　　　　　in Empirical Analyses, 101-102

　　启发法与偏差　　　　　　　　　　heuristics and, 102

　　归纳逻辑与偏差　　　　　　　　　inductive logic and, 90

　　尽可能减少偏差　　　　　　　　　minimizing, 104

大爆炸理论　　　　　　　　　　　　Big Bang theory, 101

"大问题"　　　　　　　　　　　　Big Questions, 66, 69

　　定义和描述问题与"大问题"　　　　characterizing the problem and, 99

　　复杂的社会系统与"大问题"　　　　complex social systems and, 116

　　教学内容的组织与"大问题"　　　　content organization and, 60

　　创造性的解决方案与"大问题"　　　creative solutions and, 100

　　劝说与"大问题"　　　　　　　　persuasion and, 81

　　视觉艺术和音乐的课程与"大问题"　visual art and music sessions and, 78

躁郁症　　　　　　　　　　　　　　Bipolar disorder, 328

布莱

布宜诺斯艾利斯的黑暗探戈

发表博客文章

布隆德洛的N射线

布鲁姆

校董会治理，xvi

身体语言的作用

邦威尔

头脑风暴

品牌。另见密涅瓦的品牌

    学术界品牌的现状

    定义品牌

    品牌实力的各个方面

    梅赛德斯

    大学与品牌开发，16n1

    高等教育中的品牌价值

广度

    广度与深度

    专业与广度

    提供广度

分组讨论

    主动式学习平台与分组讨论

    协作式学习与分组讨论

    教师入职培训与分组讨论

    完全主动式学习与分组讨论

    在课程创建工具中编写教案与分组讨论

脱欧公投的分析与批判性思考

布林特

宏观背景

    宏观背景和远迁移

    宏观背景的重要性

思路开阔

"巧克力蛋糕角"

阿根廷布宜诺斯艾利斯

    布宜诺斯艾利斯狂欢节

    布宜诺斯艾利斯的密涅瓦探索者社群

    密涅瓦学生在布宜诺斯艾利斯

    第三年在布宜诺斯艾利斯的轮转游学

过度疲劳

名片与密涅瓦品牌

Bligh, D., 20

Blind tango, in Buenos Aires, 323-324

Blog submissions, 346

Blondlot's N-rays, 104

Bloom, B., 203

Board governance, xvi

Body language, understanding role of, 77-78

Bonwell, C., 165

Brainstorming, 100

Brand(s). *See also* Minerva's brand

    in academia, reality of, 256

    defining, 256-257

    dimensions in strength of, 257

    Mercedes, 256, 257

    Universities and development of, 16n1

    Value of, in higher education, 257

Breadth

    depth *vs*., 122, 128, 133

    majors and, 124-125

    providing, 122-123

Breakout groups, 196, 197, 205, 228

    Active Learning Forum and, 207-208

    collaborative learning and, 167, 169

    faculty orientation and, 191

    fully active learning and, 176

    lesson plan authoring in Course Builder and, 234

Brexit vote, analysis and critical thinking about, 87-88

Brint, S., 61, 64, 65

Broad context

    far transfer and, 50-52

    importance of, 50-51

Broad thinking capacity, 23

"Brownie Corners," , 333

Buenos Aires, Argentina

    Carnaval in, 301

    MiCo Minerva Quest in, 321

    Minerva students in, 14

    third-year student rotation in, 307

Burnout, 333

Business cards, Minerva's brand and, 263

加利福尼亚批判性思维倾向问卷（CCTDI）

加利福尼亚批判性思维能力测评（CCTST）

剑桥大学

校园框架

利用个人优势与基石课程

顶点课程

顶点项目

 完成顶点项目

 "开放性问题"与顶点项目

 顶点项目的初步提案

 顶点项目的展示

 顶点项目的要求

 以学生为中心的学习与顶点项目

职业教练

终生职业发展

就业服务

雇主优先考虑的因素与学生职业成就

布宜诺斯艾利斯狂欢节

尤金·陈

薇琪·钱德勒

Slack与基于聊天群组的交流

品格发展

品格素养成果

蔡斯

棋盘阴影错觉

中国

融合课程架构与自主选择的空间

促进组块构建

西塞罗

城市

 作为复杂系统的城市

 全球轮转游学中的城市

城市即校园的做法。另见全球轮转游学

 参与式体验

 体验式学习与城市即校园

 接触式体验

 沉浸式体验

 洞察和影响力体验

城市话题

有效沟通与公民生活

California Critical Thinking Disposition Inventory (CCTDI), 250

California Critical Thinking Skills Test (CCTST), 249-250

Cambridge University, 256, 367

Campus Framework, 333

Capitalizing on individual strengths, cornerstone courses and, 185

Capstone courses, 9, 10

Capstone projects, 127-128, 129, 133

 finishing, 55

 "open questions" and, 127

 preliminary proposal for, 127

 presentation of, 128

 requirements of, 54-55

 student-centered learning and, 167

Career coaches, 15

Career development, lifelong, 15-16

Career services, 337

Career success, employers' priorities and, 140

Carnaval, in Buenos Aires, 301

Chan, Eugene, 215

Chandler, V., 218

Channel-based exchange, Slack and, 182

Character development, 325

Character outcomes, 334

Chase, W.G., 153

Checkershadow illusion, 190

China, 273-274, 308

Choice, melding of structure and, 53

Chunking, promoting, 156-157

Cicero, 74

Cities

 as complex systems, 111-112

 in global rotation, 306-308

City as a campus approach, 14, 290. *See also* Global rotation

 engagement experiences, 311

 experiential learning and, 310-313

 exposure experiences, 310-311

 immersion experiences, 308, 311-312

 insights and impact experiences, 312-313

City tracks, 309

Civic life, effective communication and, 74

公民／功利主义教育模式与密涅瓦大一课程

城市会

评判论述

课堂。另见主动式学习平台、课程、成绩与打分、教案

　　主动式学习与课堂参与

　　主动式学习平台与课堂结构

　　密涅瓦模式与课堂规模

克利福德

气候变化的分析和批判性思考

心理咨询与临床服务的模式

解散小团体

开放心态和精读

完结时刻

教练

　　教练的角色

　　与教练合作

辅助课程活动

　　参与式体验与辅助课程活动

　　沉浸式体验与辅助课程活动

为美国编程

认知偏差

降低教师的认知负荷

认知说服技巧

认知科学的进展

科恩

科恩d值

密涅瓦通识教育模式的连贯性和一致性

同届大群

科尔伯特

临时点名与学生参与

合作

　　品格素养成果之一

　　价值观驱动的社区与合作

协作式学习

　　主动式学习与协作式学习

协作式白板与主动式学习平台

大学毕业率与认证机构

弥补大学和职场间的技能鸿沟

美国大学生学习评估

哥伦比亚大学

　　课堂规模、学费与杂费（2017年）

Civic / utilitarian model, Minerva's first-year curriculum and, 64-65

Civitas, 324

Claims, evaluating, 30, 380-381

Classes. *See also* Active Learning Forum; Curriculum; Grades and grading; Lesson plans

　active learning and attendance in, 146

　Active Learning Forum and structure of, 207

　Minerva model and size of, 67, 359

Clifford, W., 70

Climate change, analysis and critical thinking about, 87

Clinical services model, counseling services and, 331

Cliques, dissolving, 299-300

Close reading, open mind and, 75

Closure moments, 195

Coaches

　role of, 339

　working with, 338-339

Cocurricular activities, 15, 301-302, 311, 327

　engagement experiences and, 311

　immersion experiences and, 312

Code for America, 312

Cognitive biases, 94-95, 212

Cognitive load, reducing on the professor, 211, 212, 213

Cognitive persuasion techniques, 81

Cognitive science, advances in, 74

Cohen, G., 21

Cohen's *d*, 93

Coherence, Minerva model of general education and, 66

Cohorts, 296

Colbert, A.E., 24

Cold calling, student engagement and, 199

Collaboration

　as character outcome component, 334

　value-driven community and, 319

Collaborative learning, 209

　active learning *vs.*, 136, 166-168

Collaborative whiteboards, Active Learning Forum and, 210

College completion rates, accrediting agencies and, 350

College-to-career skills gap, closing, 342, 343

Collegiate Learning Assessment (CLA+), 249

Columbia University, 193

　class ratio, tuition, and fees at (2017), 47

有效沟通的核心能力 Communicating effectively, as core competence, 24, 35-36, 40, 54, 57, 73, 122, 342, 379, 385-386

多元沟通与有效沟通 Multimodal Communications and, 73-84

有效使用语言沟通 using language effectively, 35, 385-386

有效使用非言语沟通 using nonverbal communication effectively, 35-36, 386

沟通。另见向全球推广 Communication. *See also* Global outreach

完全主动式学习与沟通 fully active learning and, 11

复杂的沟通方式 sophisticated approach to, 270-271

团队教学模式和沟通渠道 team teaching model and channels for, 181

沟通领域的研究进展 Communication studies, development of, 74

学生作为社会变化的积极推动者 Community change, students as active agents of, 299

密涅瓦推广模式与社区参与 Community engagement, Minerva's outreach model and, 271-272

社区项目 Community programs, 299-301

解散小团体，鼓励内向者 dissolving cliques and nudging the withdrawn, 299-300

鼓励学生创建项目 encouraging student-created programs, 300

宴会与传统 feasts and traditions, 300-301

社区价值观 Community values

社区项目和传统 community programs and traditions, 322-325

确定社区价值观 defining, 317-318

作为密涅瓦基础的社区价值观 as foundational at Minerva, 316-317

社区价值观的个体理解 individual understandings of, 319

践行社区价值观 living, 318

大社区 macrocommunities, 322

小社群 microcommunities, 319, 321-322

密涅瓦社区宣言，第三版 Minerva Community Manifesto, v3, 320-321

向全球化社区拓展 scaling a global community, 325-326

比较和对比的练习与主动式学习平台 Compare-and-contrast exercises, Active Learning Forum and, 12

有竞争力的课程 Competitive curriculum, 132-133

复杂系统 Complex systems

考虑复杂系统中互动的不同方面 addressing aspects of interaction in, 115-117

复杂的社会系统 complex social systems, 110-111

分解复杂系统 decomposing, 114

定义复杂系统 defining, 110

复杂系统的动力机制 dynamics of, 115

复杂系统举例 examples of, 110

识别复杂系统中的涌现属性 identifying emergent properties in, 114-115

以复杂系统的视角考察互动 interactions viewed through lens of, 111-113

网络与涌现属性 networks and emergent properties, 111-112

复杂系统的基石课程 Complex Systems cornerstone course, 29, 109, 379

复杂系统中的领导力与团队协作分析 leadership and teamwork analysis in, 117

密涅瓦复杂系统课程的讲授方法 Minerva's approach in, 109, 118

复杂系统的组成 organization of, 113

细分方向课程	Concentration courses, 122, 125-127, 129, 130, 247
专业中的细分方向课程	within major, 54
细分方向课程矩阵的特征	matrices, characteristics of, 126-127
细分方向课程矩阵的依据	matrices, rationale for, 125
密涅瓦专业中的细分方向课程	in Minerva's majors, 9
社会科学专业的细分方向课程	social science concentrations, 125-126
概念框架的深入学习	Conceptual frameworks, deep learning of, 15
学生与社会服务机构Concrn（旧金山）开展志愿服务	Concrn (San Francisco), student volunteers with, 302
条件／动作组合	Condition / action pair
基础概念与条件／动作组合	foundational concepts and, 26-27
四项核心能力与条件／动作组合	four core competencies and, 25
思维习惯与条件／动作组合	habits of mind and, 25-26
课程创建工具与配置脚本	Configuration script, Course Builder and, 230
确认性偏差	Confirmation bias, 90, 102
一致性	Consistency
贯彻学习科学的决心与一致性	commitment to science of learning and, 179
高度结构化的教案与一致性	highly structured lesson plans and, 190
教学内容	Content
"大问题"与教学内容的组织	Big Questions and organization of, 60
教学内容的固有习惯和做法	old habits and approach to, 141
继续教学日	Continuation days, 58
探索求异思维的作用	Contrarian approach, exploring utility of, 105
宣传学生成就	Contributions, publicizing, 345
康韦	Conway, M.A., 21
核心能力	Core competencies, 24, 30-38, 40, 41n2, 67
有效沟通	communicating effectively, 24, 35-36, 40, 54, 57, 73, 122, 342, 379, 385-386
习惯、概念与核心能力	habits and concepts and, 29
有效互动	interacting effectively, 24, 36-38, 40, 54, 57, 122, 342, 379, 386-388
密涅瓦的通识教育课程	Minerva's general education curriculum, 9
实践知识与核心能力的多个方面	practical knowledge and aspects of, 30
创造性思考	thinking creatively, 24, 30-32, 40, 54, 57, 122, 342, 379, 383-385
批判性思维	thinking critically, 24, 30-32, 40, 54, 57, 122, 342, 379, 380-383
计算专业核心课程的得分	Core courses, computing scores for, 247
密涅瓦大一课程与核心分类必选模式	Core distribution areas model, Minerva's first-year curriculum and, 62
基石课程。另见复杂系统的基石课程、实证分析的基石课程、形式分析的基石课程及多元沟通的基石课程	Cornerstone courses, 29, 58, 239. *See also* Complex Systems cornerstone course; Empirical Analyses cornerstone course; Formal Analyses cornerstone course; Multimodal Communications cornerstone course
基石课程的评估类别	assessment categories for, 245-246
利用个人优势与基石课程	capitalizing on individual strengths and, 185
课程地图与基石课程	curriculum map and, 60-61
深度全面修改	deep overhaul of, 186

基石课程期末项目的评估	final projects, assessments of, 246
跨学科的基石课程	interdisciplinary, 69
心理咨询中心	Counseling centers, 328, 335
心理咨询服务	Counseling services, 331
《计算与再次计算：评估和对问责的追求》（李·舒尔曼）	"Counting and Recounting: Assessment and the Quest for Accountability" (Shulman), 239
课程作业的评估	Course assignments, assessing, 244
课程创建工具。另见课程、教案	Course Builder, 137, 185, 221. *See also* Curriculum; Lesson plans
内置关键流程和规范	built-in key processes and conventions, 222, 230-231
课程创建工具的功能	capabilities of, 223-225
课程和教案开发的流程化	course / lesson plan development treated as processes, 222, 225, 227
课程驱动的软件开发	curriculum-driven development and, 235-237
仪表板	dashboard, 225, 226, 232
课程创建工具的设计目标	design goals for, 222
在课程创建工具中编写教案的分步概览	lesson plan authoring in, step-by-step overview, 233-235
备课与ALF配置的自动化	lesson planning and automation of ALF configuration, 222, 229-230
可重复使用的课堂活动设计	reusable activity designs, 222, 228-229
完成课程后对其进行审阅和改进	reviewing and improving course each time they are offered, 222, 231-232
为管理多门课程开发工作的院长提供支持	supporting deans in management of multiple course, 222, 232-233
课程开发过程与团队教学模式	Course development process, team teaching model and, 179-181
课程目标	Course objectives, 241
创建关联链的原则与"抖包袱"	Creating associative chaining principle, hooks and, 190
创造性人才的特征概括	Creative people, characteristics of, overview, 24
创造性思考与完全主动式学习。另见创造性思考	Creative thinking, fully active learning and, 11. *See also* Thinking creatively
实证分析中的创造性	Creativity, in Empirical Analyses, 97-98
机构合作与诚信	Credibility, organizational partnerships and, 273
危机咨询服务	Crisis counseling services, 327-328
批判性的思考。另见批判性思考	Critical thinking, 38. *See also* Thinking critically
完全主动式学习与批判性的思考	fully active learning and, 11
不同技能和能力的教学	teaching, different skills and abilities in, 29
在密涅瓦培育"批判性智慧"	"Critical wisdom," nurturing at Minerva, 277
奇克森米哈伊	Csikszentmihalyi, M., 24
有线索的回忆	Cued recall, 20
文化沉浸与密涅瓦	Cultural immersion, Minerva and, 14
组织化地保护机构文化	Cultural preservation, institutionalizing, 325
建立文化	Culture, creating, 297-299
跨群组交流	crossing groups, 298-299
新生入学活动	new student orientation, 297-298
文化和伦理道德教育模式与密涅瓦大一课程	Cultures and ethics model, Minerva's first-year curriculum and, 63-64
求知欲，品格素养成果之一	Curiosity, as character outcome component, 334
课程。另见课堂、核心能力、基石课程、教案、实践知识	Curriculum. *See also* classes; Core competencies; Cornerstone courses; Lesson plans; Practical knowledge

有竞争力的课程	competitive, 132-133
内容并非唯一重点	content should not be the sole focus, 129
课程必须具备根基性	courses should be seminal, 129-130
帮助学生做出明智的选择	helping students make wise choices, 130, 132
课程中的实践知识	practical knowledge in, 19-21
课程设计的依据	rationale for design of, 121-122
支架式教学与系统性教学	scaffolding and systematizing, 53-55
结构化的课程	structured, 48, 49, 56, 129
课程的独特性	uniqueness of, 133
在限制中摸索	working within constraints, 128-130
课程地图与基石课程	Curriculum map, cornerstone courses and, 60-61

D

达尔伯格全球发展顾问	Dalberg Global Development Advisors, 343
戴尔	Dale, E., 20
萨尔瓦多·达利	Dali, Salvador, 79
辩论	Debates and debating, 169, 194, 228
主动式学习与辩论	active learning and, 135, 142
运用有效辩论原则	effective, using principles of, 387
汇报	Debrief, 197
完全主动式学习与汇报	fully active learning and, 170
在课程创建工具中编写教案与汇报	lesson plan authoring in Course Builder and, 234
结尾参与提示与汇报	summative engagement and, 172
有效决策	Decision making, effective, 94-95
权衡决策	Decisions, weighing, 31-32, 382-383
决策支持工具与主动式学习平台	Decision support tools, Active Learning Forum and, 211-212
决策树	Decision trees, 94
陈述性信息	Declarative information, 151
分解系统	Decomposing systems, 114
演绎论证	Deductive arguments, 90
演绎逻辑	Deductive logic, 88-89
科学中的演绎推理	Deductive reasoning, in science, 101, 381
深度学习与主动式学习平台	Deep learning, Active Learning Forum and, 219
深度媒体训练	Deep media training, 346
唤起深层处理	Deep processing, evoking, 154
深层结构层面	Deep structural level, 158
投入刻意练习	Deliberate practice, engaging in, 155
教育部	Department of Education, 352, 353, 360,
抑郁	Depression, 329
深度	Depth
深度与广度	breadth vs., 122, 128, 133

在专业课中提供深度	providing, in majors, 125
德鲁	Derue, D.S., 24
描述性的得分评级量规	Descriptive grading rubrics, 241
描述性的评分量规	Descriptive scoring rubrics, 247
描述统计	Descriptive statistics, 92
有效沟通与设计原则	Design principles, effective communication and, 84
主动式学习平台的设计冲刺	Design sprints, for Active Learning Forum, 204
设计思维	Design thinking, 189
选择理想的学习难度	Desirable difficulty, using, 155
迪韦德	De Vader, C. L., 24
约翰·杜威	Dewey, John, 15
《时代周报》（德国）	*Die Zeit*, 268, 345
数字通讯革命	Digital communications revolution, 74
明确学费用途	Directed tuition, 372
促进探索	Discovery, facilitating, 33, 384
讨论	Discussions
主动式学习平台与讨论	Active Learning Forum and, 210-211
将基于量规的评估与课堂讨论中某一时刻相结合	anchoring rubric-based assessment to a moment in, 217-218
对讨论的评估	assessing, 243
课程创建工具与评估	Course Builder and, 227
远程教育与认证问题	Distance education, accreditation issues and, 360
分类必修体系	Distribution requirement system, 20
建立多样化的学生群体	Diverse student body, creating, 294-296
招生	admissions, 294-295
同届大群	cohorts, 296
学生联队	student legacies, 295-296
多样性	Diversity
招生录取流程的关键	at heart of admissions process, 278
密涅瓦学生群体的多样性	of Minerva student body, 23
七个城市游学的模式与多样性	seven cities model and, 64
多元化官员	Diversity officers, 369
双专业	Double majors, 130, 133
杜丝	Douce, L.A., 330
兰迪·多伊尔	Doyle, Randi, 215
课程创建工具与拖放界面	Drag-and-drop interface, Course Builder and, 224
向下逐层分解法	Drill-down techniques, 99
促进双重编码	Dual coding, inducing, 156
邓巴数	Dunbar's number, 64, 296
动态记忆与结构记忆	Dynamic memories, structural memories *vs.*, 151
动态的心理表征与结构性表征	Dynamic mental representations, structural representations *vs.*, 158-159
充满活力的学生文化带来的影响	Dynamic student culture, effects of, 293

E

饮食失调症	Eating disorders, 328
反复修改	Editing, iterative, 76
媒体报道	Editorial coverage, 266, 268-269, 345
教育，巨大的社会平衡器	Education, as the great equalizer, 15
测量效应量	Effect size, measuring, 93
阿尔伯特·爱因斯坦	Einstein, Albert, 99
艾森	Eison, J.A.,165
选修课	Electives, 53, 55
广度要求与选修课	breadth requirement and, 124-125
通识教育与选修课	general education and, 20
密涅瓦的选修课类型	kinds of, at Minerva, 9-10
提升课	Elevations, 324
埃利斯	Ellis, J.A., 21
电子邮件	e-mail, 173
涌现属性	Emergent properties
反馈环与涌现属性	feedback loops and, 117
识别涌现属性	identifying, 114-115
网络与涌现属性	networks and, 111-112
情商	Emotional intelligence, 116
令人信服的叙述与密涅瓦的推广	Emotional narrative, Minerva's outreach and, 271
情感说服技巧	Emotional persuasion techniques, 81
情感	Emotion(s)
唤起情感	evoking, 156
情感的说服力	persuasive power of, 81-82
"共情式研究"（Gensler公司）	"Empathetic research" (Gensler), 311
共情	Empathy, 319
黑暗探戈与共情	blind tango and, 323-324
品格素养成果之一	as character outcome component, 334
全球理解力与共情	global understanding and, 309
实证分析的基石课	Empirical Analyses cornerstone course, 29, 91, 113, 142, 379
实证分析课中的偏差	biases in, 101-102
实证分析课中的案例研究分析	case study analysis in, 105
实证分析课中的创造力	creativity in, 97-98
实证分析课与#知觉偏差的HC	HC #perceptualbias and, 190
实证分析课与#找对问题	identifying the #rightproblem in, 344
实证分析课中的模型	models in, 101
实证分析课的整体目标	overarching goal of, 106
实证分析课中科学方法的不当运用	problematic applications of scientific method in, 104-105
实证分析课中的研究设计	research design in, 103-104
实证分析课中的科学方法	scientific method in, 100-101

实证分析课中的自主学习 self-directed learning in, 98-100

Slack课程专用聊天群组与实证分析课 Slack's course-specific channel and, 183

雇主顾问委员会 Employer Advisory Board, 344

雇主 Employers

让雇主参与 engaging, 341-342

雇主优先考虑的因素和学生的职业成功 priorities of, career success and, 140

为学生匹配就业机会 Employment opportunities, matching students to, 342-344

参与。参见让学生参与 Engagement. *See* Student engagement

参与式体验 Engagement experiences, 311

参与提示 Engagement prompts, 168

明确的参与提示 explicit, 171-172

滚动参与提示 rolling, 171

结尾参与提示 summative, 171, 172

英语与潜在学生 English language, prospective students and, 263

埃里克森 Ericsson, K.A., 153

申请文书与传统录取流程 Essays, traditional admissions process and, 279

巴西Estudar基金 Estudar, 273

破解伦理困境 Ethical dilemmas, resolving, 37-38, 388

伦理框架 Ethical framing, 75

伦理原则与社会系统 Ethical principles, social systems and, 116

评估密涅瓦的申请者 Evaluating applicants at Minerva, 287-290

基于算法的评分 algorithmic scoring, 289

分布式评审 distributed review, 289

助学金 financial aid, 289-290

量化评价 quantifying responses, 287

可靠的分数 reliable scoring, 288-289

给个人成就打分 scoring accomplishments, 288

视频面试 video interviewing, 288

唤起情感的原则与"抖包袱" Evoking emotion principle, hooks and, 190

"多种尺度进化"的专业核心课程、学习成果示例 Evolution Across Multiple Scales major core course, learning outcome example, 196-197

利用适当的实例 Examples, exploiting appropriate, 158

考试 Exams, 70

寻找和触及杰出的学生 Exceptional students, finding and reaching, 265-266

体验式学习与城市即校园的做法 Experiential learning, city as a campus approach and, 310-311

实验性研究设计 Experimental study design, 103

对系统的解释性分析 Explanatory analyses of a system, 114

接触式体验 Exposure experiences, 310-311

接触式体验的举例 example of, 310-311

接触式体验的目标 goal of, 310

学生主导的课外活动 Extracurricular activities, student-driven, 302-303

讨论目击证人证词中的内在问题 Eye-witness testimony, addressing problems inherent in, 102

FAC。参见教师顾问委员会

脸书

ALF与突出参与者的面孔

理解面部表情的作用

教师

　　积极的合作者

　　适应主动式学习

　　努力和激励

　　高超的课堂引导技巧

　　教师入职培训

　　教师股票期权

教师顾问委员会（FAC）

团队教学模式与教员会议

迁移失败

谬误

　　形式谬误与非形式谬误

　　学生群体中与谬误相关的语言

法伦

评估学生家庭承担的费用

远迁移

　　宏观背景与远迁移

　　为远迁移建立不同的学习情境

　　远迁移的重要性

　　远迁移的关键

宴会与传统

主动式学习平台"关注安静学生"的工具

联邦财政援助与大学资质认证

反馈

　　课堂讨论评估

　　课程作业评估

　　课程创建工具与反馈

　　每日形成性反馈

　　自由回答调查与反馈

　　教案

涌现属性与反馈环

输送学校与传统录取流程

费斯特

费斯廷格

理查德·费曼

课堂一线报告与团队教学模式

FAC. *See* Faculty Advisory Committee

Facebook, 165, 173

Faces, ALF and emphasis on, 215

Facial expressions, understanding role of, 77-78

Faculty

　　as active collaborators, 146

　　adjusting to active learning, 143

　　effort and stimulation, 144-145

　　expert facilitation skills of, 201

　　orientation, 190-191

　　stock options for, 373

Faculty Advisory Committee(FAC), 184-185

Faculty meetings, team teaching model and, 184

Failure of transfer, 39

Fallacies

　　formal and informal, 89

　　language of student body related to, 95

Faloon, S., 153

Family financial contribution, evaluating, 290

Far transfer, 39, 152

　　broad context and, 50-52

　　establishing different contexts for, 160

　　importance of, 51-52

　　key to, 158

Feasts and traditions, 300-301, 324

"Feature quiet students" tool, Active Learning Forum, 174

Federal financial aid programs, accreditation and, 351-352

Feedback, 240, 243-244

　　class discussion assessment, 243

　　course assignments assessment, 244

　　Course Builder and, 227

　　daily formative feedback, 244

　　free response polls and, 175, 176

　　lesson plans, 185-186

Feedback loops, emergent phenomena and, 114-115, 117

Feeder schools, traditional admissions process and, 280

Feist, G.J., 24

Festinger, L., 82

Feynman, Richard, 101, 105

Field reports, team teaching model and, 186-187

期末项目   Final projects

期末项目的评估   assessments of, 246

以学生为中心的学习与期末项目   student-centered learning and, 167

助学金   Financial aid, 289-290

传统大学的开支与师生间的财务关系   Financial compact between students and faculty, traditional university costs and, 366-368

第一代大学生   First-generation college students, 350

鱼骨图   Fishbone diagrams, 99

鱼缸式讨论   "Fishbowl" discussions, 334

"5个为什么"   "5 Whys," , 99

500 Startups   500 Startups, 310

翻转课堂与主动式学习平台   Flipped classroom, Active Learning Forum and, 207

专注，品格素养成果之一   Focus, as character outcome component, 334

焦点问题   Focus questions, 169, 195

形式分析的基石课   Formal Analyses cornerstone course, 29, 87, 113

形式分析课与分析论证   analyzing arguments unit and, 88

形式分析课的核心单元   central units of, 88-95

形式分析课与演绎逻辑   deductive logic and, 88-89

描述统计和推论统计   descriptive and inferential statistics, 91-94

形式分析课与有效决策   effective decision making and, 94-95

形式分析课与#相关性的HC   HC #correlation and, 190

形式分析课与归纳逻辑   inductive logic and, 90-91

形式分析课与学生群体的话语   language of the student body and, 95

学习成果示例   learning outcome example, 196

形成性评估   Formative assessment, 216

形成性反馈   Formative feedback, 240, 244

基础概念。另见思维习惯与基础概念（习惯与概念，即HC）   Foundational concepts, 26-27, 58, 121. *See also* Habits of mind and foundational concepts(habits and concepts, HCs)

定义   defined, 26

多元沟通与基础概念   Multimodal Communication and, 73

基础概念的教学   teaching, 28-29, 70

利用思维习惯和基础概念的区别   using distinction between habits of mind and, 27-28

基础概念与教案   Foundational concepts, lesson plans and, 195

首先展示基础内容   Foundational material, presenting first, 157

基础原则   Foundational principles

内容并非重点   content should not be the focus, 46-47

课程内容必须具备根基性   course should be seminar, 48-49

课程体系必须结构化   curriculum must be structured, 48

学生需要获取充分信息以做出明智的选择   students need informed choice, 49

基础周   Foundation Week, 297, 324

首届学生的录取   Founding class, admissions to, 255-256

心理健康安全保障网与杜绝碎片化服务   Fragmentation, eliminating, mental health safety net, and, 331

本杰明·富兰克林

弗里曼

自由回答调查

    主动式学习平台界面与自由回答调查

    自由回答调查的类型

朋友感恩节

默认分组与友谊

完全主动式学习。另见主动式学习

    分组讨论与完全主动式学习

    汇报与完全主动式学习

    定义

    平等参与和完全主动式学习

    明确的参与提示与完全主动式学习

    "关注安静学生"的工具与完全主动式学习

    自由回答调查与完全主动式学习

    完全主动式学习的教学法工具

    课前工作与完全主动式学习

    可重复使用的课堂活动设计与完全主动式学习

    学习科学的原则与完全主动式学习

    坐在教师旁边的体验与完全主动式学习

    学生参与和完全主动式学习

    技术工具与完全主动式学习

    不同的活动类型与完全主动式学习

Franklin, Benjamin, 7, 45, 46

Freeman, S., 165, 166

Free response polls, 174-176

    Active Learning Forum interface and, 174

    types of, 175

Friendsgiving, 301

Friendships, default groupings and, 300

Fully active learning, 11, 136, 165-177. *See also* Active learning

    breakout groups and, 176

    debrief and, 170

    defined, 194

    equal access and, 173

    explicit engagement prompts and, 171-172

    "feature quiet students" tool and, 174

    free response polls and, 174-176

    pedagogical tools for, 168

    preclass work and, 194

    reusable activity designs and, 228

    science of learning principles and, 176

    sitting next to the professor and, 205

    student engagement and, 166

    technological tools and, 173

    varied activity types amd, 168-171

G

基于游戏的教学活动

非合作博弈

差距分析

性别刻板印象

一般性作业

通识课程。另见密涅瓦通识教育模式

    通识课程的开发过程

    密涅瓦对通识课程的重新设计

    重新看待通识课程

    标准大学课程与通识课程

概括法和类比法

生成效应

Gensler公司的"共情式研究"方法

手势

马尔科姆·格拉德韦尔

全球主线

Game-based activities, 169, 228

Game theory, noncooperative, 94

Gap analysis, 99

Gender stereotypes, 212

General assignments, 245

General education curriculum. *See also* Minerva model of general education

    course development process for, 179-181

    Minerva's redesign of, 9

    new look at, 57-70

    standard university curriculum and, 20

Generalization, analogy and, 90

Generation effect, 155, 161

Gensler's "empathetic research" method, 311

Gestures, 73

Gladwell, Malcolm, 365

Global arcs, 309

全球化社区	Global community
精心设计	by design, 315-326
扩大规模	scaling, 325-326
2008年全球金融危机与社会经济压力	Global financial crisis of, 2008, socioeconomic pressures and, 329
全球推广	Global outreach, 265-275
评价，275	assessing, 275
不仅限于学生	beyond students, 274
复杂的解释工作	complexities of explaining Minerva, 269-271
与志同道合者合作	leveraging partnerships with like-minded organizations, 272-273
媒体和公共关系	media, public relations, and, 268-269
着力推广、拒绝招募的战略	outreach, nor recruitment strategy, 266-268
因地制宜	personal approach and, 271-272
推广中的本地化参与	regional methods of engagement in, 273-274
获得全球视野	Global perspective, attaining, 23-24
全球轮转游学	Global rotation, 13, 254, 283
城市即校园的做法	city as a campus approach, 310-313
课程安排与全球轮转游学	class scheduling and, 181
全球轮转游学中的联系与对比	connections and juxtapositions in, 309
全球主线和城市话题	global arcs and city tracks, 309
心理健康服务与全球轮转游学	mental health services and, 327, 331-332
全球轮转游学与行前培训	predeparture orientation and, 332
全球轮转游学背后的思考	rationale for, 305-306
全球轮转游学中的七个城市	seven cities in, 306-308
全球硅谷（GSV）先锋峰会	Global Silicon Valley (GSV) Pioneer Summit, 310
全球理解力	Global understanding
共情与全球理解力	empathy and, 309
密涅瓦的实现方式	Minerva's approach to, 308
谷歌文档	Google Docs, 225, 229
古尔德	Gould, S.J., 169, 170
成绩与评分	Grades and grading
进行有意义的汇总	aggregating meaningfully, 240, 244-245
确保评分标准一致	consistency of, 240, 241-243
五分制评价量规	five-point rubrics for, 146
自由回答调查与评分	free response polls and, 175, 176
HC与评分	HCs and, 67
降低学术标准与分数虚高	inflation in, lowering academic standards, and, 366
分数的水平层级	levels of, 129
密涅瓦与成绩的缺乏	Minerva and lack of, 285, 286
前溯式评定成绩等级	retroactive assignment of course grades, 239
团队教学课程与评分	team-taught courses and, 187-188
"穿越时间"	"time-traveling", 59, 70
课堂讨论的贡献与成绩	Verbal contributions in classroom and, 212

硕士项目	Graduate programs, 340
格雷泽	Graesser, A.C., 150
经典名著模式	Great book model, 45, 63
英国的终身教职体系	Great Britain, tenure system in, 367, 368
格罗索	Grosul, M., 24
小组作业	Group assignments, 167
小组问题解决	Group problem solving, 135, 203
GSV（全球硅谷风险投资公司）	GSV, 312
毕加索的《格尔尼卡》	*Guernica* (Picasso), 79
密涅瓦的指导原则	Guiding principles at Minerva
实事求是	being authentic, 261, 262, 318, 390
充满信心	being confident, 261, 262, 317, 390
追求卓越	being driven, 261, 318, 390
人文关怀	being human, 261, 317, 389
明辨优劣	being selective, 261, 262, 317, 390
深思熟虑	being thoughtful, 261, 262, 317, 390
超越常规	being unconventional, 261, 262, 317, 389

H

思维习惯	Habits of mind, 58, 195
思维习惯的动作部分	action component of, 26
思维习惯的条件部分	condition part of, 25-26
定义	defined, 25
输入	instilling, 70
思维习惯与基础概念（习惯与概念，即HC）。另见核心能力	Habits of mind and foundational concepts (habits and concepts, HCs), 69, 121, 239, 379-388. *See also* Core competencies
跨课程与学期的评估	assessing across all courses and semesters, 216
HC与"大问题"	Big Questions and, 60
HC的广泛适用性	broad applicability of, 68-69
HC与计算得分	computing scores and, 246-247
HC与核心分类必选模式	core distribution areas model and, 62
HC与密涅瓦核心课程	core of Minerva curriculum and, 40
HC与基石课程	cornerstone courses and, 58, 239
HC与在课程创建工具中修改课程	course revisions in Course Builder and, 231
HC与课程地图	curriculum map and, 61
HC与分数	grades and, 67, 188
HC的分层结构	hierarchical organization of, 240
介绍HC	introduction of, 29, 379
HC与教案	lesson plans and, 195
HC与多元沟通	Multimodal Communications and, 73
HC与基于标准的打分	rubric-based grading and, 187

HC与以学生为中心的学习	student-centered learning and, 167
HC教学	teaching, 28-29, 38, 39, 57, 69, 97
HC与"穿越时间"的评分	"time-traveling" grades and, 59
利用思维习惯和基础概念的区别	using distinction between foundational concepts and, 27-28
哈克尔	Hakel, M., 150
旧金山的万圣节	Halloween, in San Francisco, 301
哈尔彭	Halpern, D. F., 150
汉纳芬	Hannafin, M. J., 167
哈特研究协会	Hart Research Associates, 140
哈佛商学院	Harvard Business School, 193
哈佛大学	Harvard University, 256, 257, 280
体育生	athlete population at, 366
非美国学生的招生限额，	quotas on non-American students and, 7
HC评估仪表板	HC assessment dashboard, 240
Slack与"今日HC"	"HC of the Day," Slack and, 183
课堂HC得分	HC-scored class sessions, 245
"围炉"座谈会	"Hearth" colloquium, 297
希伯来大学	Hebrew University, 367
赫拉克利特	Heraclitus of Ephesus, 23
启发式方法与偏差	Heuristics, biases and, 102
高等教育。另见密涅瓦的高等教育目标、传统大学	Higher education. *See also* Minerva's goals of higher education; Universities, traditional
高等教育中的品牌价值	brand value in, 257
高等教育的争论	debate over, xi
密涅瓦与高等教育质的提升	Minerva and qualitative improvement in, 377
需要一种新的高等教育	need for new kind of, 5-16
有关高等教育质量不高的研究	poor quality of, studies on, 349-350
服务糟糕、完成率低而花费高昂	poor service, poor completion rates, and increased costs of, 350-351
少数群体与高等教育	underrepresented groups and, 350
高等教育需要解决什么问题	what problems need to be solved in, 6-8
1965年《高等教育法案》	Higher Education Act of, 1965, 352
旧金山的嬉皮士	Hippies, in San Francisco, 309
密涅瓦与传统弱势群体	Historically disadvantaged populations, Minerva and, 281-282
整体评估的掌握度评价量规模板	Holistic mastery rubric template, 242
《向加西亚·洛尔卡致敬》（雷维尔塔斯）	*Homenaje a García Lorca* (Revueltas), 79
作业	Homework
课堂活动与作业	in-class activities and, 195
"彻底的翻转课堂"中的作业	in "radically flipped classroom,", 11
诚信承诺书	Honor codes, 325
"抖包袱"与团队教学模式	Hooks, team teaching model and, 189-190
豪斯	House, R. J., 24
维基"The Hub"页面	"Hub, The" wiki page, 325

主动式学习平台与以人为中心的课堂   Human-centric classroom, Active Learning Forum and, 215

谦逊   Humility, 118

印度海德拉巴   Hyderabad, India

     密涅瓦学生在海德拉巴   Minerva students in, 14

     大二在海德拉巴的轮转游学   second year student rotation in, 307

双曲折现   Hyperbolic discounting, 94

生成假设   Hypotheses, developing, 101

I

伊莱斯   Ilis, R., 24

"学习幻觉"   "Illusion of learning," , 143

沉浸式体验   Immersion experiences, 311-312

《地球周期的影响》课程目标和学习成果   Implications of Earth's Cycles, course objectives and learning outcomes for, 130-131

冒充者综合征   Imposter syndrome, 333

激励   Incentives

     复杂系统中的社会互动与激励   social interactions in complex systems and, 116, 117

     激励机制   structure for, at Minerva, 372-373

     学生参与和激励   student engagement and, 199-200

《盗梦空间》（电影）   *Inception* (firm), 83

偶然学习   Incidental learning, 153

课程创建工具与课堂界面的侧栏   In-class interface sidebar, Course Builder and, 225

孵化模式   Incubation model, 354

印度   India, 307

归纳论证   Inductive arguments, 90

归纳逻辑   Inductive logic, 90-91

科学中的归纳推理   Inductive reasoning, in science, 100-101, 381

分析推论   Inferences, analyzing, 30-31, 381-382

推论统计   Inferential statistics, 92-94

信息   Information

     陈述性信息与程序性信息   declarative *vs.* procedural, 151

     使用联想来构造信息   structuring by using associations, 156-158

帮助学生做出明智选择   Informed choice, for students, 49

主动   Initiative

     品格素养成果之一   as character outcome component, 334

     密涅瓦学生与很强的主动性   Minerva students and high level of, 283

理解创新   Innovation, understanding, 22-23

创新训练营的原型   Innovation bootcamp prototype, 312

自我选择与自我导向的探究   Inquiry, self-selected and self-directed, 167

洞察和影响力体验   Insights and impact experiences, 312-313

全球化社区与留存组织记忆   Institutional memory archiving, global community and, 325

课程创建工具与教师角色 　　Instructor role, Course Builder and, 223

整合式学习 　　Integrated learning, 313

有效互动的核心能力 　　Interacting effectively, as core competence, 24, 36-38, 54, 57, 122, 342, 379, 386-388

　　有效互动与完全主动式学习 　　　　fully active learning and, 11

　　谈判、调解和说服 　　　　negotiating, mediating, and persuading, 36-37, 386-387

　　解决伦理问题、形成社会意识 　　　　resolving ethical dilemmas and having social consciousness, 37-38, 388

　　有效互动与作为复杂系统的社会系统 　　　　social systems framed as complex systems and, 118

　　与他人有效协作 　　　　working effectively with others, 37, 387-388

多元互动的复合媒体平台 　　Interactive multimedia platforms, 83

大学校际体育联赛的"生意" 　　Intercollegiate athletics, business of, 365-366

避免干扰 　　Interference, avoiding, 160

使用交错技法 　　Interleaving, using, 155-156

密涅瓦的国际化模式 　　International model, at Minerva, 12-15, 293

国际空间站 　　International Space Station, 100

互联网 　　Internet, 165, 173

　　互联网与远程教育 　　　　distance education and, 360

　　互联网与外部记忆 　　　　external memory and, 21

实习 　　Internships, 274, 341, 343

信度检验 　　Inter-rater reliability testing, 243

密涅瓦录取过程与面试 　　Interviews, admission process at Minerva and, 287, 288

以色列的终身教职体系 　　Israel, tenure system in, 367, 368

土耳其伊斯坦布尔 　　Istanbul, Turkey, 308

迭代式的设计流程 　　Iterative design process, 236

迭代式设计思维 　　Iterative design thinking, 385

领会反复修改的重要性 　　Iterative editing, learning importance of, 76

J

JED基金会 　　JED Foundation, 333

托马斯·杰弗逊 　　Jefferson, Thomas, 7, 45, 46

密涅瓦的职位描述 　　Job descriptions, at Minerva, 369

职业能力训练 　　Job skills training, 342

乔纳森 　　Jonassen, D. H., 167

《通识教育学刊》 　　*Journal of General Education, The*, 65

贾奇 　　Judge, T. A., 24

K

卡尼曼，"系统1与系统2"思考 　　Kahneman, D., "System, 1 and System 2" thinking of, 41n3, 91, 94-95, 163

韩国广播公司 　　KBS Broadcasting (Korea), 268, 346

凯克研究院（KGI）

基林

KGI。参见凯克研究院

KGI—密涅瓦联盟协议

基尔戈

马丁·路德·金

Kiron大学（柏林）的学生志愿者

厨房卫生问题

全球化社区与知识保护

克里斯皮尔

库尔

Keck Graduate Institute (KGI), 353, 354-356

Keeling, R. P., 330

KGL. See Keck Graduate Institute

KGL-Minerva Alliance Agreement, 357

Kilgo, C. A., 166

King, Martin Luther, Jr., 78, 255

Kiron (Berlin), student volunteers with, 302

Kitchen cleanliness issues, 299

Knowledge preservation, global community and, 325

Krispil, S., 206

Kuh, G. D., 166

L

语言

　　有效使用语言

　　了解语言的局限

拉美裔学生与高等教育

LBA。参见地点性任务

全球缺乏有效领导者

领导力

　　复杂系统课与审视领导力

　　理解领导力并与他人协作

学习。另见主动式学习、协作式学习、完全主动式学习、
　　学习科学、为了学习的"去学习化"

　　协作式学习

　　深度学习

　　做中学

　　有效学习与不同的活动类型

　　有效学习与城市即校园的做法

　　学习幻觉

　　偶然学习

　　整合式学习

　　精熟学习法

　　记忆与学习

　　问题式学习

　　以学生为中心的学习

　　教与学

在学习管理系统（LMS）中开发课程

学习成果

　　学生评估与学习成果的使用

　　学习成果与教案

Language

　　effective use of, 35, 385-386

　　limits of, understanding, 77

Latino students, higher education and, 350

LBA. See Location-based assignment

Leaders, effective, global shortage of, 5

Leadership

　　Complex Systems course and examination of, 117

　　understanding, and working with others, 22, 387

Learning. See also Active learning; Collaborative learning; Fully active
　　learning; Science of learning; Unlearning to learn

　　collaborative, 209

　　deep, 219

　　by doing, 142

　　effective, varied activity types and, 169

　　experiential, city as a campus approach and, 310-313

　　illusion of, 143

　　incidental, 153

　　integrated, 313

　　mastery, 203

　　memory vs., 151

　　problem-based, 228

　　student-centered, 167-168

　　teaching vs., 149

Learning management system (LMS), developing courses within, 225

Learning outcomes

　　implementing, student assessment and, 240-241

　　lesson plans and, 195-197

学习成果与基于量规的评估   rubric-based assessment and, 217

讲座   Lectures, 47

     主动式学习与讲座式课堂   active learning vs., 143, 149-150

     讲座式课堂的无效   ineffectiveness of, 135, 149, 385

     "彻底的翻转课堂"中的讲座   in "radically flipped classroom", 11

     讲座式课堂的内容与回忆   recall and content of, 20-21

李   Lee, E., 167

给传承生优待   Legacy admits, advantaging, 280

联队小组   Legacy groups, 295-296, 322, 326

撰写教案   Lesson plan authoring

     在课程创建工具中   in Course Builder, 233-235

     教案撰写工具   tool, 224

教案。另见课程创建工具、课程   Lesson plans, 69, 137, 169, 193-201. See also Course Builders; Curriculum

     教案与主动式学习平台   Active Learning Forum and, 197-198, 207

     教案开发   development of, 188-189

     教案与学生参与   engaging students and, 198-200

     教案与完全主动式学习   fully active learning and, 168, 171

     邀请教师评论教案   invited comments on, 185-186

     学习成果与活动学习目标   learning outcomes and activity learning goals, 195-197

     课前工作   preclass work, 194-195

     教案结构   structure for, 200-201

     教案与团队教学   team teaching and, 143, 144

     教案与时间轴   timelines and, 213, 229

     教案与每周会议   weekly meetings and, 182

识别课程结构   Lessons, identifying structure of, 228

推荐信   Letters of recommendation, 279

库尔特·卢因   Lewin, Kurt, 19, 82

列沃汀   Lewontin, R.C., 169, 170

旧金山的性少数运动   LGBTQ movement, in San Francisco, 302, 309

博雅教育课程，重新想象   Liberal arts curriculum, rethinking, 45, 46

博雅教育的衰亡   Liberal arts education, addressing failure of, 349

终身职业发展   Lifelong career development, 15-16

生活技能   Life skills, explicit teaching of, 16

旧金山生活创新区   Living Innovation Zones, San Francisco, 312

LMS。参见学习管理系统   LMS. See Learning management system

密涅瓦推广模式与本地推广员工   Local team members, Minerva's outreach model and, 271-272

地点性任务（LBA）   Location-based assignment (LBA), 82, 245

逻辑   Logic

     演绎逻辑   deductive, 88-89

     归纳逻辑   inductive, 90-91

密涅瓦的品牌与标识设计   Logo configurations, Minerva's brand and, 263

英国伦敦   London, England

大四在伦敦的轮转游学   fourth-year student rotation in, 308

密涅瓦学生在伦敦   Minerva students in, 14

洛得   Lord, R.G., 24

M

大社区   Macrocommunities, 322

专业核心课程。另见专业   Major core courses. *See also* Majors

  专业核心课程的作用   function of, 123

  专业核心课程汇总   summaries of, 123-124

重度抑郁   Major depression, 328

专业   Majors, 132

  专业与广度要求   breadth requirement and, 124-125

  专业中的细分方向   concentrations within, 54

  双专业   double, 130, 133

  专业与通识教育   general education and, 20

  专业与明智选择   informed choice and, 49

  密涅瓦的专业构成   Minerva's components for, 9

  专业内的九门高级课程   nine advanced courses for, 125

  专业与实践知识   practical knowledge and, 54, 129

  提供专业深度   providing depth in, 125

  在密涅瓦选择专业   selecting at Minerva, 10

准则二"创造和使用联想"（学习科学）   "Make and use associations" maxim Ⅱ (science of learning), 166

  避免干扰   avoiding interference, 160

  借助已有联想   building on prior associations, 157

  创建关联链   creating associative chaining, 159

  创建丰富的提取线索   creating rich retrieval cues, 158-159

  说明准则   demonstration of, 153-154

  建立不同的学习情境   different contexts, establishing, 160

  利用适当的实例   exploiting appropriate examples, 158

  首先展示基础内容   foundational material presented first, 157

  促进组块构建   promoting chunking, 156-157

  依靠原理，而非死记硬背   relying on principles, not rote, 158

  使用间隔练习   spaced practice, 159-160

旧金山创客运动   Maker movement, in San Francisco, 309

毕业展示的要求   Manifest session, requirements for, 10

说服与操纵   Manipulation, persuasion *vs*., 80-81

迈克尔·E. 马丁内斯   Martinez, Michael E., 98

大规模开放式的网络课程（MOOC）   Massive open online courses (MOOCs), 365

大规模枪击   Mass shootings, 328

密涅瓦可供选读的硕士学位项目，16n2   Master's degree, optional, offered at Minerva, 16n2

精熟学习法   Mastery learning, 203

掌握度评价量规模板   Mastery rubric template, 242

马歇尔·麦克卢汉   McLuhan, Marshall, 74

通过媒体进行全球推广   Media, global outreach via, 266, 268-269

调解   Mediating, 36, 386

标准课程与内容记忆   Memorizing content, standard curriculum and, 21

记忆   Memory

    双重编码与记忆   dual coding and, 156

    学习与记忆   learning vs., 151

记忆出错   Memory fallibility, 102

心理健康   Mental health

    学术成功与心理健康   academic success and, 335

    重视心理健康   valuing, 334

心理健康服务提供者   Mental health providers, 16

密涅瓦提供的心理健康服务   Mental health services, delivering at Minerva, 330-334

    杜绝碎片化服务和提高可及性   eliminating fragmentation and improving access, 331-332

    "密涅瓦文化"和积极面对心理问题   "Minerva culture" and affirmation of mental health, 334

    提供外展教育和顾问咨询服务   providing outreach education and consultation, 332-333

    识别出可能意味着心理和行为健康问题的表现   recognizing patterns suggesting mental / behavioral concerns, 332

    问卷调查、展示、自测和特别活动   surveys, presentations, self-assessments, and special events, 333-334

大学心理健康服务   Mental health services, university-based, 327-335

    大学心理健康的"新常态"   "new normal" in, 329-330, 335

    大学心理健康服务使命的转变   shift in mission for, 328

    21世纪的大学心理健康服务   in the twenty-first century, 328

梅赛德斯—奔驰   Mercedes-Benz, 256, 257

小社群   Microcommunities, 319, 321-322, 326

"被压力击垮"的千禧一代   Millennial generation, "stressed-out", 329

密涅瓦。另见密涅瓦的指导原则   Minerva. See also Guiding principles at Minerva

    录取所有符合条件的学生   acceptance of all qualified students, 8

    在密涅瓦"成就非凡"   "Achieving Extraordinary" at, 260, 261, 262, 264, 389

    密涅瓦对行政支出的管理   administrative overhead management at, 369

    密涅瓦的招生理念   admissions philosophy of, 14

    密涅瓦的目标   aims of, 6

    与凯克研究院相契合   alignment with Keck Graduate Institute, 354-356

    资质认证的备选路径   alternative paths to accreditation and, 354

    美国教育的国际化模式   American international model, 12-15

    密涅瓦的诞生   birth of, 45

    密涅瓦的全球影响力   broad global reach of, 14

    密涅瓦的核心愿景   central aspirations of, 253

    实时讲授的课程   classes taught in real time at, 165

    复杂的解释工作   complexities in explaining, 269-271

    密涅瓦的核心信念   core beliefs underlying, 5

    骨子里的美式学校   as deeply American institution, 15

密涅瓦的心理与行为健康服务　delivering mental and behavioral health services at, 330-334

在密涅瓦上学的成本　education cost at, 289-290

教师协议　faculty contracts at, 368

前瞻性的教育　forward-looking education at, 133

办学资金　funding for, 363

密涅瓦的高等教育目标　higher education goals of, 21-24

密涅瓦如何教学　how we teach, 10-12

密涅瓦的国际化　internationalism of, 12-15, 293

迭代式的设计流程　iterative design process at, 236

密涅瓦的"精益创业"文化　"lean startup" culture at, 369

终身体验　lifelong experience through, 15-16

使用一生的思维工具　lifelong intellectual tools and, 10

密涅瓦的主要目标　major goals of, 84

密涅瓦的使命　mission of, 56, 372, 373, 377, 378, 389

给每个学生个性化的关注　personalized attention to every student at, 7

创始届学生　pioneering students at , 255-256

遵守原则的做法　principled approach at, 16

原则性的决策　principled decision making at, 139

要解决的问题　problems needing to be solved and, 6-8

密涅瓦与彻底的翻转课堂　radically flipped classroom approach at, 194

密涅瓦的迅速发展　rapid growth of, 263

重新设计美国大学课程内容　redesigned American university curriculum components, 9-10

密涅瓦支架式和系统性的教学方法　scaffolding and systematicity approach at, 53-55

让密涅瓦自我可持续的设计　self-sustainable design for, 363-364

七项品格素养成果　seven character outcomes, 334

以学生为中心的做法　student-centric approach at, 260

密涅瓦与其学生的成功　success of our students and, 16

大量时间投入　time-intensive investment in, 188

学杂费　tuition and fees, 7, 363

我们教什么、为什么教　what we teach and why, 8-10

密涅瓦的全人教育　whole person education at, 16

密涅瓦社群（MiCos）　Minerva Communities (MiCos), 302, 321-322, 326

密涅瓦社区宣言，第三版　Minerva Community Manifesto, v3, 318, 320-321

密涅瓦文化与心理健康　Minerva culture, mental health and, 334

密涅瓦的通识教育模式　Minerva model of general education, 57-65

密涅瓦通识教育的目标　aim of, 57

用于组织教学内容的"大问题"　Big Question used to organize content, 60

密涅瓦通识教育与公民／功利主义教育模式　civic / utilitarian model and, 64-65

比较其他做法　comparison with other approaches, 61

密涅瓦通识教育与核心分类必选模式　core distribution areas model and, 62

密涅瓦通识教育与文化和道德教育模式　cultures and ethics model and, 63-64

课程地图　curriculum map, 60-61

密涅瓦通识教育的重要特点   key features of, 58

密涅瓦通识教育与内容不严谨／课程打折扣的挑战   lack of rigor / watered-down courses challenge and, 66-67

学习目标和评估   learning objectives and assessment, 58-60

掌握度评价量规模板   master rubric template, 59

密涅瓦通识教育与应对共同的挑战   meeting of common challenges and, 65-70

密涅瓦通识教育与多学科或跨学科知识的挑战   multidisciplinary or transdisciplinary knowledge challenge and, 69-70

密涅瓦通识教育与传统博雅教育模式   traditional liberal arts model and, 63

领导层的问题和改革   troubled leadership and reform challenge, 67-69

密涅瓦通识教育与谁能教、谁该教的问题   who can or should teach challenge and, 69

密涅瓦学生职业发展部   Minerva Professional Development Agency, 337-347

顾问和教练   advising and coaching, 338-340

雇主网络与招聘工作   employer network and recruiting, 341-344

密涅瓦学生职业发展部的创建目标   foundational aspiration of, 338

贯穿一生的指导   lifelong guidance and, 347

持续的职业发展与支持   ongoing professional development and support, 345-346

密涅瓦品质的核心定义   Minerva promise, defining essence of, 253

密涅瓦的品牌   Minerva's brand

阐明使命和承诺   articulating our mission and promise, 259-260

为声望奠定基础   building a foundation for prestige with, 258

提炼品牌精髓   distilling out essence, 260-261

确立指导原则   establishing guiding principles, 261

用话语和视觉体系表达   expressing through verbal and visual systems, 262-263

将机构运营策略与品牌策略联系起来   operational strategy tied to brand strategy, 258-259

把原则转化为相应的实践   principles translated into associated practices, 261-262

理解目标人群   understanding the target audience, 259

密涅瓦的高等教育目标   Minerva's goals of higher education, 21-24

获得全球视野   attaining a global perspective, 23-24

思路开阔、思维灵活   thinking broadly and adaptably, 23

理解创新   understanding innovation, 22-23

理解领导力并学会与他人协作   understanding leadership and working with others, 22

密涅瓦对谈   Minerva Talk, 323

辅修专业   Minors, 130, 132

阐明密涅瓦的使命   Mission statement for Minerva, articulating, 259-260, 261, 262, 264, 389

交流   Mixers, 298, 300

记忆术   Mnemonic techniques, 161

密涅瓦视觉形象中的莫比乌斯环标识   Möbius strip symbol, design for Minerva's visual identity, 262

实证分析中的模型   Models, in Empirical Analyses, 101

慕课。参见大规模开放网络课程   MOOCs. See Massive open online courses

识别动机   Motivation, detecting, 116

多元文化教育   Multicultural education

密涅瓦多元文化教育的内容   components in Minerva's approach to, 293-294

基于社区的沉浸式多元文化教育   immersive, community-based, 293-303

"多元文化"一词的用法，293

多学科知识与密涅瓦通识教育模式，69-70

多面向的文化适应，293，294，303

 社区项目，299-301

 建立多样化的学生社群，294-296

 创建文化，297-299

 课内外活动

多元互动的复合媒体平台

多元沟通的基石课程

 说服的艺术

 身体语言和面部表情

 有效沟通与多元沟通

 多元沟通课的介绍

 新技术对沟通的影响

 通过写作教授沟通的新方法

 将艺术作为沟通工具的教学

以音乐为媒介的沟通

品牌名称认知

狭窄框架

职业相关的全国性认证机构

美国国家科学案例教学中心

宗教背景的全国性认证机构

全美演讲与辩论联盟

全国大学生学习参与度调查（NSSE）

近迁移

必备的知识和技能举例

为有需要的学生提供奖学金

谈判

网络与涌现属性

脑科学的进展

牛顿

《纽约客》杂志

《纽约时报》

柏林的圣尼古拉斯节

传统大学里非学术岗位的员工

非美国学生的招生限额

非合作博弈

有效使用非言语沟通

非书面的沟通中识别隐含的演绎论证

"Multicultural" used of term, 293

Multidisciplinary knowledge, Minerva model of general education and, 69-70

Multifaceted acculturation, 293, 294, 303

 community programs, 299-301

 creating a diverse student community, 294-296

 creating culture, 297-299

 curricular and extracurricular activities, 301-303

Multimedia platforms, interactive, 83

Multimodal Communications cornerstone course, 29, 379

 art of persuasion, 80-82

 body language and facial expression, 77-78

 communicating effectively and, 73-84

 description of, 74-75

 effect of technologies on communication, 82-84

 new ways to teach communication through writing, 75-77

 teaching the arts as tool of communication, 78-80

Music, communicating through, 78, 79-80

N

Name recognition, 256

Narrow framing, 94

National career-related accreditation, 351

National Center for Case Study Teaching in Science, 105

National faith-based accreditation, 351

National Speech and Debate Association, 273

National Survey on Student Engagement (NSSE), 166

Near transfer, 39

Necessary skills and knowledge, examples of, 122

Need-based scholarships, 290

Negotiating, 36, 386

Networks, emergent properties and, 111-112

Neuroscience, advances in, 74

Newton, R. R., 65

New Yorker, 345

New York Times, The, 268, 345

Nikolaustag (St. Nicholas Day), in Berlin, 301

Nonacademic staff members, at traditional universities, 369

Non-American students, quotas on, 7

Noncooperative game theory, 94

Nonverbal communication, effective use of, 35-36, 386

Nonwritten communications, articulating implied deductive arguments in, 89

诺曼	Norman, D., 84
朝鲜	North Korea, 307
布隆德洛的N射线	N-rays (Blondlot's), 104

O

巴拉克·奥巴马	Obama, Barack, 330
观察性研究设计	Observational study design, 103
观察与经验主义	Observations, empiricism and, 100
"一分钟论文"的方法	"One-minute paper" technique, 175
开放心态和精读	Open mind, close reading and, 75
对新体验保持开放态度	Openness to new experiences, 140, 147
"开放性问题"与顶点项目	"Open questions" capstone projects and, 127
密涅瓦的运营原则	Operating principles at Minerva, 371-373
明确学费用途	directed tuition, 372
将激励机制融入机构使命	incentive structure, 372-373
使用现有资源	use available resources, 371-372
旧金山的有机食品运动	Organic food movement, in San Francisco, 309
新生入学活动	Orientation, new student, 297-298
定义学习成果	Outcomes, defining, 241
定义推广	Outreach, defining, 266
推广教育和心理健康服务	Outreach education, mental health services and, 332
传统录取流程与校外活动	Outside activities, traditional admissions process and, 279
传统大学的行政开支	Overhead costs, traditional universities
行政开支与帕金森定律	Parkinson's law and, 371
行政开支与权责变动	shifting responsibilities and, 369
行政开支与无经费的强制责任	unfunded mandates and, 369-371
牛津大学	Oxford University, 367

P

巴基斯坦	Pakistan, 307
"专家的悖论"	"Paradox of the expert,", 157
语言之外的暗示	Paralinguistic cues, 73
帕金森定律	Parkinson's law, 371
参与式的行动研究	Participatory action research, 299
与志同道合者合作	Partnerships, leveraging with like-minded organizations, 272-273
帕斯卡雷拉	Pascarella, E. T., 166
热情与兴趣问卷（PI-Q问卷）	Passion-Interest Questionnaire (PI-Q), 317, 318
合格／不合格成绩	Pass / No Pass grade, 247
美国公共电视网晚间新闻	PBS Evening News, 346
教学法	Pedagogy

密涅瓦的教学法与对新体验保持开放态度

密涅瓦的新教学法

教学法与技术

同伴教学

对同行评审和认证的批判

佩尔助学金

每位学生的学习表现反馈

课程创建工具与许可

密涅瓦的推广模式与因地制宜的做法

给每个学生个性化的关注

说服

说服的艺术

认知说服与情感说服

说服中运用的情感

操纵与说服

帕布罗·毕加索

"旋转谜踪"游戏

调查

主动式学习平台与调查

教师入职培训与调查

高阶研修和实习课程

实践知识

核心能力与实践知识

课程中的实践知识

实践知识的定义

基础概念

四项核心能力与实践知识

思维习惯与实践知识

专业的关键

学习成果与实践知识

专业与实践知识

掌握实践知识

多元沟通与实践知识

所需实践知识的类型

产生式系统与实践知识

实践知识的广泛应用

评估实际显著性

主动式学习与课前工作

对系统的预测性分析

预备性评估调查

先修课程

普林斯顿大学

at Minerva, openness to new experiences and, 140

Minerva's new kind of, 11-12

technology and, 137

Peer instruction, 169, 191, 203, 207, 209

Peer review criticisms of accreditation and, 352

Pell grants, 371

Performance feedback, for each student, 132

Permissions, Course Builder and, 223

Personal approach, Minerva's outreach model and, 271-272

Personalized attention, for every Minerva student, 7

Persuasion, 36, 386, 387

art of, 80-82

cognitive *vs*, emotional persuasion, 81

emotion used in, 81-82

manipulation *vs*., 80-81

Picasso, Pablo, 79

Pirouette Puzzle, 300

Polls, 196, 198, 205, 215

Active Learning Forum and, 208-210

faculty orientation and, 191

Practica, senior tutorials and, 128

Practical knowledge, 19-40, 46, 140-141, 194

core competencies and, 30

in the curriculum, 19-21, 77

defined, 19

foundational concepts, 26-27

four core competencies and, 24-25

habits of mind and, 25-26

at heart of majors, 129

learning outcomes and, 195

majors and, 54

mastering, 141-142

Multimodal Communications and, 75

needed types of, 121

production systems and, 25

wide application of, 38-39

Practical significance, evaluating, 93

Preclass work, active learning and, 194-195

Predictive analyses of a system, 114

Preparatory assessment poll, 175

Prerequisite courses, 53, 123, 125

Princeton University, 257

依靠原理，而非死记硬背　　　　　　　　　Principles, relying on, not rote, 158

前摄干扰　　　　　　　　　　　　　　　　Proactive interference, 160

问题式学习　　　　　　　　　　　　　　　Problem-based learning, 169, 228

分析问题　　　　　　　　　　　　　　　　Problems, analyzing, 32, 383

解决问题　　　　　　　　　　　　　　　　Problem solving

　　主动式学习与解决问题　　　　　　　　　active learning and, 142

　　创造性思考与解决问题　　　　　　　　　thinking creatively and, 33-34, 384-385

实证分析中的解决问题　　　　　　　　　　Problem solving in Empirical Analyses, 98-100

　　定义和描述问题　　　　　　　　　　　　characterizing the problem, 99

　　寻找和评估解决方案　　　　　　　　　　identifying and evaluating solutions, 99-100

　　解决问题的整体思路　　　　　　　　　　overarching approach to, 98-99

程序性信息　　　　　　　　　　　　　　　Procedural information, 151

产生式系统与实践知识　　　　　　　　　　Production systems, practical knowledge and, 25

职业发展。参见密涅瓦学生职业发展部　　　Professional development. *See* Minerva Professional Development Agency

项目认证　　　　　　　　　　　　　　　　Programmatic accreditation, 351

展示（并分享）进展　　　　　　　　　　　Progress, show (and share), 240, 247-248

明确的参与提示　　　　　　　　　　　　　Prompts, explicit engagement, 171-172

意识到政治宣传手段　　　　　　　　　　　Propaganda techniques, teaching awareness of, 82

前列腺特异抗原（PSA）化验的批判性分析　Prostate-specific antigen (PSA) assays, critical analysis of, 87

精神疾病　　　　　　　　　　　　　　　　Psychosis, 328

密涅瓦的宣传人员　　　　　　　　　　　　Publicists, Minerva, 345, 346

终身的宣传服务　　　　　　　　　　　　　Publicity services, lifelong, 16

旧金山公共生活调查项目　　　　　　　　　Public Life Survey Project, San Francisco, 312

全球推广与公共关系　　　　　　　　　　　Public relations, global outreach and, 265, 268-269

Python脚本　　　　　　　　　　　　　　　Python scripts, 92

Q

质性反馈的晚餐会　　　　　　　　　　　　Qualitative feedback dinners, 333

提问—劝说—转介（QPR）自杀预防培训　　Question Persuade Refer (QPR) suicide prevention gatekeeper training, 333

安静学生　　　　　　　　　　　　　　　　Quiet students

　　主动式学习平台与安静学生　　　　　　　Active Learning Forum and, 173

　　"关注安静学生"的工具　　　　　　　　"feature quiet students" tool and, 174

智慧女神节　　　　　　　　　　　　　　　Quinquatria, 301

招生限额　　　　　　　　　　　　　　　　Quotas

　　筛选严格的大学与招生限额　　　　　　　highly selective universities and, 278

　　密涅瓦与无招生限额　　　　　　　　　　Minerva and absence of, 8, 266, 281-282, 285, 295

　　非美国学生与招生限额　　　　　　　　　non-American students and, 7

R

彻底的翻转课堂，11, 194　　　　　　　　　Radically flipped classroom, 11, 194

手形图标与课上举手

主动式学习平台与实时投票

讲课内容与回忆，41n1

招募

    校园招聘

    推广而非招募

    传统招生模式的缺点

反思调查

    教案开发与反思调查

    总结环节与反思调查

密涅瓦的通识教育模式与改革

区域性认证

当地推广团队

传统大学与监管支出

再次调查

代表性启发法

美国所基于的代议共和制的概念

课程开发与再现性

研究

    密涅瓦的通识教育模式与研究

    学费与科研补贴

实证分析课中的研究设计

设计研究项目

主动式学习平台与住所灵活性

宿舍助理（RA）

居住体验中的跨群组交流

坚韧，品格素养成果之一

积极主动的心理弹性教育

尊重，品格素养成果之一

在学率与认证机构

提取线索

    独特的提取线索

    创建丰富的提取线索

倒摄干扰

逆向工程

审阅者角色与课程创建工具

西尔维斯特里·雷维尔塔斯

修辞学

密涅瓦的通识教育模式与学术严谨性

风险评估

风险厌恶

专为体育生开设简单课程

Raising hands in class, hand icon and, 199

Real-time voting, Active Learning Forum and, 209-210

Recall, lecture content and, 20-21, 41n1

Recruitment

    on-campus, 344

    outreach rather than, 267-268

    traditional model of, shortcomings with, 265

Reflection poll, 175

    lesson plan development and, 189

    wrap-up sessions and, 200

Reform, Minerva model of general education and, 67-69

Regional accreditation, xv, xvii, 351, 353

Regional outreach teams, 273

Regulatory compliance costs, traditional universities and, 369-371

Repolls, 209

Representativeness heuristics, 90

Representative republic concept, United States based on, 45

Reproducibility, course development and, 181

Research

    Minerva model of general education and, 68

    tuition and subsidization of, 366-367

Research design, in Empirical Analyses course, 103-104

Research project, design of, 9-10

Residence flexibility, Active Learning Forum and, 12

Resident assistants(RAs), 333

Residential experience, crossing groups in, 298-299

Resilience, as character outcome component, 334

Resiliency education, proactive, 16

Respect, as character outcome component, 334

Retention rates, accrediting agencies and, 350

Retrieval cues

    distinctive, 160

    rich, creating, 158-159

Retroactive interference, 160

Reverse engineering, 385

Reviewer role, Course Builder and, 223

Revueltas, Silvestre, 79, 80

Rhetoric, 74

Rigor, Minerva model of general education and, 66-67

Risk assessment, 94

Risk aversion, 94

Rocks for Jocks, 366

乔西帕·罗克萨   Roka, Josipa, 349

角色扮演   Role-playing, 135, 142, 194, 228

滚动参与提示示例   "Rolling" engagement prompts, sample, 171

分配室友   Roommates, assigning, 298

基于量规的评分与HC的广阔范畴   Rubric-based grading, broad scope of HCs and, 187

量规   Rubrics

    分析型量规   analytical, 243

    评估工具   assessment tools, 216-217

    描述性的评级量规   descriptive grading, 241

    描述性的评分量规   descriptive scoring, 247

对申请者的评估与打分   Rubric scoring, evaluating Minerva applicants and, 288-289

S

五项安全支持网络的建设目标   Safety net of support, establishing, goals for, 330-334

试用课程   Sampler courses, 130

抽样   Sampling, 103

旧金山   San Francisco

    卡斯楚区的辅助课程活动   cocurricular event, in Castro district, 302

    大一学生在旧金山   first-year students located in, 82

    旧金山的万圣节   Halloween in, 301

    带学生了解旧金山   introducing students to, 297

    旧金山的密涅瓦探索者社群   MiCo Minerva Quest in, 321

    密涅瓦学生在旧金山   Minerva students in, 14

    旧金山的多个社会进程   multiple social developments in, 309

    在旧金山开始轮转游学   start of student rotation in, 306-307

    旧金山的晚餐会   supper clubs in, 323

旧金山市长办公室市民创新部门（SF MOCI）   San Francisco Mayor's Office of Civic Innovation（SF MOCI）, 312

旧金山城市规划部门   San Francisco Planning Department, 312

旧金山公共图书馆   San Francisco Public Liberary, 310

学术能力评估测试（SAT）   SAT, 280, 286, 295

支架式课程   Scaffolded curriculum, 54-55, 245-246

为有需要的学生提供奖学金   Scholarships, need-based, 290

科学   Science

    科学中的演绎推理   deductive reasoning in, 101

    科学中的归纳推理   inductive reasoning in, 100-101

学习科学   Science of learning, 39, 57, 139, 142, 179, 327

    学习科学与主动式学习平台   Active Learning Forum and, 205, 207

    学习科学与协作式白板   collaborative whiteboards and, 210

    学习科学与实证分析   Empirical Analyses and, 98

    学习科学与自由回答调查   free response polls and, 175-176

    准则二"创造和使用联想"   "make and use associations," maxim ‖, 153-154

学习科学中的准则   maxims in, 11

学习科学的机制和原则   mechanisms and principles of, 149-161

密涅瓦的学习科学   at Minerva, 10-12

"创造和使用联想"包含的原则   principles underlying "make and use associations," 156-160

"深入思考"包含的原则   principles underlying "think it through," 154-156

学习科学原则旨在实现的目标   purposes of the principles in, 152

准则一"深入思考"   "think it through," maxim I, 152-153

使用学习科学的原则   using the principles in, 160-161

科学方法   Scientific method

实证分析课中的科学方法   in Empirical Analyses course, 100-101

科学方法的不当运用   problematic applications of, 104-105

科学家的创造力   Scientists, creativity of, 97

SCL。参见以学生为中心的学习   SCL, See Student-centered learning

评分量规   Scoring rubrics, 67, 216-217

批判性的自我评价   Self-assessment, critical, 75

实证分析中的自主学习   Self-directed learning, in Empirical Analyses, 98-100

自学   Self-study, xiv

森布   Semb, G. B., 21

根基性课程   Seminal courses, 7-8, 48-49, 129-130

研讨课   Seminars

主动式学习平台与热烈的讨论   intense, Active Learning Forum and, 215

学生设计研讨课   student design of, 55

线上研讨   virtual, 173

高阶研修课   Senior tutorials, 10, 128, 129, 133

韩国首尔   Seoul, South Korea

密涅瓦学生在首尔   Minerva students in, 14

第二年在首尔的轮转游学   second year student rotation in, 307

七个城市游学的模式与密涅瓦学生群体的多样性   Seven cities model, diversity of Minerva student body and, 64

美国大学校园内的性侵问题   Sexual assault, on U.S. college campuses, 328, 370

共治   Shared governance, xvi

席茨   Sheets, E., 166

李·舒尔曼   Shulman, Lee, 239

标志性作业   Signature assignments, 245-246

标志性体验   Signature Experiences, 323

西蒙顿   Simonton, D. K., 24

坐在教师旁与完全主动式学习   Sitting next to the professor, fully active learning and, 205

Slack聊天群组   Slack channels

Slack聊天群组与评分辅助   grading support and, 187

Slack聊天群组与邀请教师对教案进行评论   invited comments on lesson plans and, 185

Slack聊天群组与持续的教师支持   ongoing faculty support and, 191

Slack聊天群组与团队教学模式   team teaching model and, 182-183

课程创建工具与创建教案幻灯片   Slides, creating, Course Builder and, 236-237

社交能力   Social competence, enhancing, 335

社会意识   Social consciousness, 37-38, 388

社会工程   Social engineering, 278

社会融入   Social inclusion, fostering, 299

考虑社会互动的不同方面   Social interactions, addressing aspects of, 115-117

社交媒体   Social media

    心理健康问题与社交媒体   mental health issues and, 329

    全球推广与特定的社交媒体平台   specialized platforms, global outreach and, 273, 274

社会科学细分专业   Social science concentrations, 125-126

社会系统   Social systems

    复杂的社会系统   complex, 110-111, 113

    运用复杂系统的方法理解社会系统   complex systems approach applied to, 115-117, 118

    社会系统中的伦理因素   ethical dimension in, 116

苏格拉底式讨论   Socratic discussion, 169, 228

苏格拉底式快速对话   Socratic sprints, 207

《内战的预兆》（达利）   *Soft Construction with Boiled Beans* (Dali), 79

高等教育与东南亚学生   Southeast Asian students, higher education and, 350

韩国   South Korea, 14, 307

使用间隔练习   Spaced practice, using, 159-160

西班牙内战时期   Spanish Civil War era

    用音乐沟通   communicating through music and, 79-80

    用视觉艺术沟通   communicating through visual arts and, 79

演讲者小组   Speaker's bureau, 346

Spoke中央知识库   Spoke repository, 325

主动式学习平台的主讲台   Stage, Active Learning Forum, 213, 215

利益相关方   Stakeholders

    社区价值与利益相关方   community values and, 317

    激励机制与利益相关方   incentive structure and, 372-373

标准化入学考试   Standardized admissions tests, 280

斯坦福大学   Stanford University, 256, 365, 366

斯坦荷普   Stanhope, N., 21

旧金山的创业文化   Startup culture, in San Francisco, 309

评估统计显著性   Statistical significance, evaluating, 93

统计学   Statistics

    描述统计   descriptive, 92

    推论统计   inferential, 92-94

STEM课程的讲座与主动式学习研究   STEM courses, lectures *vs.* active-learning studies, 149-150

挑战刻板印象   Stereotypes, challenging, 334

心理咨询的偏见与污名   Stigmas attached to counseling, challenging, 334

股票期权   Stock options, 373

讲故事   Storytelling, 159, 325, 346

压力   Stress

学术压力 academic, 333

文化适应压力 acculturative, 333

学生压力增加 student, increase in, 328

结构记忆与动态记忆 Structural memories, dynamic memories *vs.*, 151

结构性的表征与动态的心理表征 Structural representations, dynamic mental representations *vs.*, 158-159

融合课程架构与自主选择的空间 Structure, melding of choice and, 53

结构化课程 Structured curriculum

结构化课程与远迁移 far transfer and, 52

在不同层面上的结构化 at multiple levels of scale, 129

结构化学习与基于团队的工作方法 Structured learning, team-based approach and, 181

美国高校学生事务管理者协会 Student Affairs Administrators in Higher Education, 330

以学生为中心的学习（SCL） Student-centered learning (SCL), 167-168

学生参与 Student engagement, 145, 198-200

主动式学习与学生参与 active learning and, 198

分组讨论 breakout groups, 228

临时点名 cold calling, 199

辩论 debates, 228

完全主动式学习与学生参与 fully active learning and, 11

游戏化学习活动 game-based activities, 228

激励学生预习 incentives to prepare and, 199

同伴教学 peer instruction, 228

角色扮演 role-playing, 228

苏格拉底式讨论 Socratic discussion, 228

基于任务或问题的学习 task- or problem-based learning, 228

课堂参与的方法 techniques for, 199-200

总结环节与学生参与 wrap-up sessions and, 200

学生反馈的技术与ALF Student feedback, ALF and technologies for, 216-218

学生贷款 Student loans, 290

平均贷款金额 average amount of debt, 6

拖欠率 default rates, 351, 352

少数群体学生与贷款 students from underrepresented groups and, 350

以学生的学习成效为中心 Student-outcome-centric approach, 68

学生。另见学生学习情况的评估、学生参与 Students. *See also* Assessing student learning; Student engagement

密涅瓦品牌与学生特点 characteristics of, Minerva's brand, and, 259

推广不仅限于学生 engaging audiences beyond, 274

让所有学生都能平等参与 equal access to participation by, 173

学生与传承生群体 Legacy groups and, 295-296

为学生匹配就业机会 matching to employment opportunities, 342-344

新生入学指导 new, orientation for, 297-298

行前指南 pre-arrival guide for, 262

寻找和触及符合条件的学生 qualified prospective, finding and reaching, 265-266

安静学生 quiet, 173

做出明智的选择   wise choices made by, 130, 132

学生支持网络心理健康观察员培训   Student Support Network mental health bystander training, 333, 334

海外学习项目的限制   Study abroad programs, limits with, 13-14

学习指南与教案   Study guides, lesson plans and, 194

写作单元和主题选择   Subject matter, writing unit and choice of, 77

药物滥用   Substance abuse, 328, 333

毕业后的成功与雇主优先考虑的因素   Success, post-graduation, employers' priorities, and, 140

自杀意念   Suicidal ideation, 328

自杀   Suicide

     成群自杀现象   apparent suicide clusters and, 328

     自杀预防   preventing, 333

结尾参与提示示例   "Summative" engagement prompts, sample, 172

终结性评分与学生学习情况评估   Summative scores, assessing student learning and, 246

《星期日泰晤士报》（英国）   *Sunday Times* (UK), 345

沉没成本   Sunk costs, 52, 94

晚餐会   Supper clubs, 299, 323, 334

概论课程   Survey courses, 20

心理健康调查   Surveys, mental health, 332, 333

西南偏南教育大会   SXSWedu, 346

课程大纲。另见教案   Syllabus. *See also* Lesson plans

     提前发布大纲   advance publishing of, 132

     构建大纲   constructing, 223, 227

     最终敲定和通过大纲   finalizing and approving, 223-224

     修订和重新发布大纲   revising and republishing, 224, 227

     大纲与基于团队的教学方法   team-based approach and, 179, 180

符号表达与演绎逻辑   Symbolic forms, deductive logic and, 89

综合   Synthesis, 169

整理综合日   Synthesis days, 58

课程的系统化   Systematizing the curriculum, 53-55

T

标签与标注   Tags and tagging

     自然科学学院大二课程   College of Natural Sciences sophomore classes, 169-170

     有效沟通   communicating effectively, 385-386

     有效互动   interacting effectively, 386-388

     在课程创建工具中撰写教案   lesson plan authoring in Course Builder and, 235

     原型活动   prototype activities, 169

     创造性思考   thinking creatively, 383-385

     批判性思维   thinking critically, 380-383

中国台北   Taipei, Taiwan

     大四学生在台北的轮转游学   fourth-year student rotation in, 308

密涅瓦学生在台北　　　　　　　　　　Minerva students in, 14

经纪公司　　　　　　　　　　　　　　Talent agencies, 15, 338

ALF的发言时长功能　　　　　　　　　Talk-time feature, ALF, 173-174, 199, 212-213

基于任务的学习　　　　　　　　　　　Task-based learning, 169

教与学　　　　　　　　　　　　　　　Teaching, learning *vs*., 149

团队　　　　　　　　　　　　　　　　Teams

　团队任务　　　　　　　　　　　　　　assignments for, 203

　与团队有效互动　　　　　　　　　　　interacting effectively with, 37, 387

　解决重大问题　　　　　　　　　　　　mega-problem solving and, 277

　密涅瓦的通识教育模式　　　　　　　　Minerva model of general education and, 69

团队教学模式　　　　　　　　　　　　Team teaching model, 143-144, 179-192

　利用团队中的个体优势　　　　　　　　capitalizing on individual strengths in, 185

　沟通渠道　　　　　　　　　　　　　　communication channels, 181

　课程开发过程　　　　　　　　　　　　course development process, 179-181

　团队教学模式与保持评分标准一致　　　cross-professorial calibration and, 187

　教师顾问委员会　　　　　　　　　　　Faculty Advisory Committee, 184-185

　教师入职培训　　　　　　　　　　　　faculty orientation, 190-191

　课堂一线报告　　　　　　　　　　　　field reports, 186-187

　全体教员会议　　　　　　　　　　　　full faculty meetings, 184

　评分辅助　　　　　　　　　　　　　　grading support, 187-188

　抖包袱与团队教学模式　　　　　　　　hooks and, 189-190

　邀请教师对教案进行评论　　　　　　　invited comments on lesson plans, 185-186

　教案研发　　　　　　　　　　　　　　lesson plan development, 188-189

　为团队教学模式提供持续支持　　　　　ongoing support for, 191-192

　Slack聊天群组　　　　　　　　　　　slack channels, 182-183

　每周会议　　　　　　　　　　　　　　weekly meetings, 181-182

在复杂系统课中考察团队协作　　　　　Teamwork, examining in Complex Systems course, 117

盲人剧院，布宜诺斯艾利斯　　　　　　Teatro Ciego, Buenos Aires, 323-324

以色列理工学院　　　　　　　　　　　Technion (Israel), 367

技术　　　　　　　　　　　　　　　　Technology

　ALF具体技术综述　　　　　　　　　　ALF-specific, summary of, 216-218

　教学法与技术　　　　　　　　　　　　pedagogy and, 137

　ALF原型与技术　　　　　　　　　　　prototypes of the ALF and, 203-204

　技术为ALF搭台　　　　　　　　　　　as stage for Active Learning Forum, 210-211

　密涅瓦的21世纪技术　　　　　　　　　twenty-first-century, at Minerva, 10-12

技术对沟通的影响　　　　　　　　　　Technology, effect on communication, 82-84

　运用设计原则　　　　　　　　　　　　applying design principles, 84

　认知反应和情感反应的结合　　　　　　integrating cognitive and emotional responses, 83

　新形式的沟通　　　　　　　　　　　　new kinds of communication, 83-84

特拉维夫大学　　　　　　　　　　　　Tel Aviv University, 367

"10:01"传统　　　　　　　　　　　　"10:01" tradition, 315-316, 324

终身教职体系　　　　　　　　　　　　Tenure system, 367-368

假说的可验证性 Testability, of hypotheses, 101

好理论的实用性 Theories, good, usefulness of, 19

创造性思考的核心能力 Thinking creatively, as core competence, 24, 32-34, 54, 57, 122, 342, 379, 383-385

 创造性思考与公民／功利主义教育模式 civic／utilitarian model and, 64

 创建产品、流程和服务 creating products, processes, and services, 34, 385

 实证分析与创造性思考 Empirical Analyses and, 97

 促进探索 facilitating discovery, 33, 384

 解决问题 solving problems, 33-34, 384-385

批判性思维的核心能力 Thinking critically, as core competence, 24, 30-32, 54, 57, 122, 342, 379, 380-383

 分析推论 analyzing inferences, 30-31, 381-382

 分析问题 analyzing problems, 32, 383

 批判性思维与公民／功利主义教育模式 civic／utilitarian model and, 64-65

 评判论述 evaluating claims, 30, 380-381

 权衡决策 weighing decisions, 31-32, 382-383

准则一"深入思考"（学习科学） "Think it through" maxim I (science of learning), 166

 描述和精髓 description and essence of, 152-153

 双重编码 dual coding, 156

 引发生成效应 eliciting the generation effect, 155

 进行刻意练习 engaging in deliberate practice, 155

 唤起深层处理 evoking deep processing, 154

 唤起情感 evoking emotion, 156

 使用交错技法 interleaving, 155-156

 包含的原则 principles underlying, 154-156

 选择理想的学习难度 using desirable difficulty, 155

"虎爸虎妈" "Tiger parent,", 329

时间轴 Timelines

 主动式学习平台与时间轴 Active Learning Forum and, 213-214

 教案中的时间轴 in lesson plans, 229

"穿越时间"的评分系统 "Time-traveling" grades, 59, 70

密涅瓦的无倾斜招生 Tips, Minerva and lack of, 281-282

美国联邦《高等教育法》第四编学生援助计划 Title IV

 佩尔助学金 Pell grants, funding, 371

 学生贷款 student loans, 351

《教育法修正案》第九条用于监管的支出 Title IX compliance costs, 369-370

托福考试 TOEFL, 295

密涅瓦大一课程与传统博雅教育模式 Traditional liberal arts model, Minerva's first-year curriculum and, 63

社区传统 Traditions, community, 322-325

密涅瓦通识教育模式与跨学科知识 Transdisciplinary knowledge, Minerva model of general education and, 69-70

透明度 Transparency

 认证机构与透明度 accrediting agencies and, 352

全球推广与透明度   global outreach and, 269

创伤   Trauma, 328

领导层的问题与密涅瓦通识教育模式   Troubled leadership, Minerva model of general education and, 67-69

唐纳德·特朗普   Trump, Donald, 27

学杂费   Tuition and fees

    哥伦比亚大学的学杂费   at Columbia University, 47

    用途明确   directed, 372

    密涅瓦的学杂费   at Minerva, 7, 358, 363

    补贴科研   research subsidized by, 366-367

    学生贷款与学杂费增加   student indebtedness and increase in, 351

避免圈地   Turfism, avoidance of, 68

谢里·特克尔   Turkle, Sherry, 215

高阶研修课   Tutorials, senior, 10, 128, 129, 133

推特   Twitter, 165, 173

"两个标准差"问题（本杰明·布鲁姆）   "2 Sigma Problem" (Bloom), 203

U

乌干达数学学会   Uganda Mathematical Society, 273

评估不确定性   Uncertainty assessment, 94

本科生人均贷款   Undergraduates, average student loan debt of, 351

高等教育不必要的开支与无经费的强制责任   Unfunded mandates, unnecessary university costs and, 369-371

美国的终身教职体系   United States, tenure system in, 367-368

传统大学。另见高等教育   Universities, traditional. *See also* Higher education

    传统大学管理与行政臃肿   administrative bloat and, managing, 368-371

    传统大学与校园设施的"军备竞赛"   amenities race and, 364-365

    传统大学与品牌开发，16n1   brand development and, 16n1

    传统大学与品牌价值   brand value and, 257

    师生间的财务关系   financial compact between students and faculty, 366-368

    传统大学与校际体育联赛"生意"   intercollegiate athletics business and, 365-366

    传统大学开支高昂的原因   reasons for high expenses with, 364-371

    美国传统大学的学杂费   tuition and fees in U.S., 47

    世界舞台与传统大学的使命   world stage and mission of, 13

北卡罗来纳大学   University of North Carolina, 365

密涅瓦与宾夕法尼亚大学课程改革方案   University of Pennsylvania, Minerva and curricular reform plan for, 45

为了学习的去学习化   Unlearning to learn, 139-147

    适应主动式学习   adjusting to active learning, 143

    适应教学方法   adjusting to how we teach, 142

    适应课堂开展的方式   adjusting to means of delivery, 145-146

    适应教学内容   adjusting to what we teach, 140-141

    教师的努力和激励   faculty effort and stimulation, 144-145

    掌握实践知识   mastering practical knowledge, 141-142

密涅瓦对高等教育的重塑　Minerva's reset button on higher education, 139

对新体验保持开放态度　openness to new experiences and, 140, 147

认识并改变固有习惯　recognizing and changing old habits, 141

学生参与　student engagement, 145

团队教学　team teaching, 143-144

高年级课程　Upper-division courses

高年级课程的开发　course development for, 180, 181

高年级课程的学习成果　learning outcomes for, 195

密涅瓦课程与"实用知识"　"Useful knowledge," Minerva's curriculum and, 7

在主动式学习平台中淡化用户界面　User interface, deemphasizing in Active Learning Forum, 214-125

V

评估有效性　Validity, evaluating, 89

《观察周刊》　*Veja,* 268

风险投资群体　Venture capital community, 340

课堂讨论的贡献与成绩　Verbal contributions in classroom, grades and, 212

密涅瓦的品牌与话语特征　Verbal identity, Minerva's brand and, 263

电子游戏中的沉浸式叙事　Video games, immersive narratives in, 83

密涅瓦录取流程与视频面试　Video interviewing, admission process at Minerva and, 288

虚拟教室　Virtual classroom

虚拟教室的优势　advantages with, 176

教学地理位置的自由　geographic freedom afforded by, 181

线上研讨　Virtual seminars, 173

用视觉艺术沟通　Visual arts, communicating through, 78, 79, 80

职业教育　Vocational education, 45

志愿服务　Volunteerism, 302

主动式学习平台与投票　Voting, Active Learning Forum and, 208-210

W

迪士尼公司　Walt Disney Company, 365

课程打折扣　Watered-down courses, 66-67

微信　WeChat, 274

团队教学模式与每周会议　Weekly meetings, team teaching model and, 181-182

美国西部学校与学院联盟高等学院和大学认证委员会（WSCUC）　Western Association of Schools and Colleges Senior College and University Commission (WSCUC), 356, 357, 358, 359, 360

"我学到了什么"系列活动　"What I've Learned" series, 310

协作式白板　Whiteboards, collaborative, 210

全人教育　Whole person education, 16

阅读或视频材料"为什么用／怎么用"的说明　"Why／use" statements, for readings or videos, 194

威廉姆斯学院的体育生群体　Williams College, athlete population at, 366

威林厄姆   Willingham, D. T., 150

鼓励内向者   Withdrawn students, nudging, 299-300

凯克基金会   W. M. Keck Foundation, 354

密涅瓦的视觉形象与字标   Wordmark, Minerva's visual identity and, 262

支持学生在世界舞台上取得职业成功   World stage, support for successful careers on, 347

世界青年联盟   World Youth Alliance, 273

总结环节   Wrap-up sessions, 200, 201

通过写作教授沟通的新方法   Writing, new ways to teach communication through, 75-77

WSCUC。参见美国西部学校与学院联盟高等学院和大学认证委员会（WSCUC）   WSCUC. *See* Western Association of Schools and Colleges Senior College and University Commission

Y

耶鲁大学   Yale University, 257

"扬与罗必凯"广告代理公司   Young & Rubicam, 257

Z

扎卡罗   Zaccaro, S. J., 24

扎伊   Zai, R., 65

哈兹克·阿兹奇·艾哈迈德·扎克尔   Zakir, H. A. A., 219

图书在版编目（CIP）数据

一所与众不同的大学：密涅瓦大学与高等教育的未来 /（美）斯蒂芬·M.科斯林（Stephen M. Kosslyn），（美）本·纳尔逊（Ben Nelson）编著；沈丹玺译. --北京：中国人民大学出版社，2021.3
书名原文：Building the Intentional University: Minerva and the Future of Higher Education
ISBN 978-7-300-28707-2

Ⅰ.①一… Ⅱ.①斯… ②本… ③沈… Ⅲ.①高等学校—介绍—美国 Ⅳ.① G649.712.8

中国版本图书馆CIP数据核字（2021）第031969号

著作权合同登记号
图字:01-2020-5067号

一所与众不同的大学：密涅瓦大学与高等教育的未来
[美] 斯蒂芬·M.科斯林 [美] 本·纳尔逊 编著
沈丹玺 译
Yi Suo Yuzhongbutong de Daxue: Miniewa Daxue Yu Gaodeng Jiaoyu de Weilai

出版发行	中国人民大学出版社		
社　址	北京中关村大街31号	**邮政编码**	100080
电　话	010-62511242（总编室）		010-62511770（质管部）
	010-82501766（邮购部）		010-62514148（门市部）
	010-62515195（发行公司）		010-62515275（盗版举报）
网　址	http://www.crup.com.cn		
经　销	新华书店		
印　刷	北京华宇信诺印刷有限公司		
规　格	185 mm × 260 mm　16开本	**版　次**	2021年3月第1版
印　张	27　插页1	**印　次**	2021年3月第1次印刷
字　数	420 000	**定　价**	128.00元